Teoria da Investigação Criminal

Teoria da Investigação Criminal

UMA INTRODUÇÃO JURÍDICO-CIENTÍFICA

2019 • 2ª Edição (Ampliada e Revista)

Eliomar da Silva Pereira

TEORIA DA INVESTIGAÇÃO CRIMINAL
UMA INTRODUÇÃO JURÍDICO-CIENTÍFICA
© Almedina, 2019

AUTORA: Eliomar da Silva Pereira
DIAGRAMAÇÃO: Almedina
DESIGN DE CAPA: FBA
ISBN: 978-85-8493-511-6

Dados Internacionais de Catalogação na Publicação (CIP)
(Câmara Brasileira do Livro, SP, Brasil)

Pereira, Eliomar da Silva
Teoria da investigação criminal : uma introdução
jurídico-científica / Eliomar da Silva Pereira. --
2. ed. ampl. e rev. -- São Paulo : Almedina, 2019.

Bibliografia.
ISBN 978-85-8493-511-6

1. Criminalística 2. Direito criminal
3. Investigação criminal 4. Investigação criminal -
Metodologia 5. Justiça 6. Processo penal 7. Verdade
I. Título.

19-28036 CDU-343

Índices para catálogo sistemático:

1. Investigação criminal : Teoria : Direito 343
Maria Paula C. Riyuzo - Bibliotecária - CRB-8/7639

Este livro segue as regras do novo Acordo Ortográfico da Língua Portuguesa (1990).

Todos os direitos reservados. Nenhuma parte deste livro, protegido por copyright, pode ser reproduzida, armazenada ou transmitida de alguma forma ou por algum meio, seja eletrônico ou mecânico, inclusive fotocópia, gravação ou qualquer sistema de armazenagem de informações, sem a permissão expressa e por escrito da editora.

Agosto, 2019

EDITORA: Almedina Brasil
Rua José Maria Lisboa, 860, Conj.131 e 132, Jardim Paulista | 01423-001 São Paulo | Brasil
editora@almedina.com.br
www.almedina.com.br

APRESENTAÇÃO

A Razão Investigativa, entre Ciência e Direito

A primeira edição desta Teoria da Investigação Criminal teve origem em estudos que iniciamos em 2010, na instituição que atualmente se denomina Escola Superior de Polícia (Polícia Federal do Brasil), no contexto de especialização orientada a Delegados de Polícia (2012, 2013), tendo motivações e objetivos que se foram modificando ao longo dos anos dedicados a mestrado e doutorado, nos quais aprofundamos questões epistemológicas, éticas e políticas relacionadas à investigação criminal, em contato com outros profissionais jurídicos que se dedicam ao tema, sobretudo em âmbito acadêmico, em cursos nos quais tivemos o oportunidade de discutir nossa concepção teórica, tanto na graduação em direito da Universidade de Brasília (2013) e no mestrado em ciências policiais do Instituto Superior de Ciências Policiais e Segurança Interna de Portugal (2014, 2015), quanto nas aulas que continuamos a ministrar no Programa de Pós-Graduação da Escola Superior de Polícia, nas suas especializações, em Direito de Polícia Judiciária e em Ciências Policiais (2018, 2019). Mas a motivação para revisar o texto original, atualizando-o com o que se foi publicando ao longos desses anos, veio-me mais por saber que outros institutos e academias de polícia têm utilizado nosso livro como referência em outros tantos cursos.

É, portanto, a todos, genericamente, que agradeço pela recepção do livro, pela discussão acadêmica que me viabilizaram e pelo incentivo que recebi para continuar o estudos sobre o tema e fazer a atualização e revisão para a nova edição que se segue. Mas, especialmente, deixo meus agradecimentos ao amigo e professor, Manuel Monteiro Guedes Valente, pelo incentivo para continuar pesquisando e escrevendo sobre uma matéria que ele certamente foi o primeiro a discutir academicamente em Portugal, estando agora reconhecida em diversas unidades curriculares sem memória de sua fundação disciplinar; agradeço, também, ao meu amigo e mestre, Germano Marques da Silva, Professor Catedrático da Universidade Católica Portuguesa, com quem tive a oportunidade de aprofundar aspectos jurídicos e epistemológicos da investigação sob sua orientação no mestrado e doutorado; agradeço, ainda, por fim, aos amigos e colegas de profissão com que tenho dialogado ao longo dos anos de docência, sobretudo a Sandro Lucio Dezan, pelos conselhos acerca da forma como organizar essa segunda edição; a Célio Jacinto dos Santos, por me ter chamado a atenção para a lógica abdutiva da investigação; a Adriano Mendes Barbosa por me advertir sobre a necessidade de considerar a culpabilidade desde o momento do indiciamento.

Espero que essa segunda edição continue a agradar alunos e professores, delegados e demais profissionais do direito, embora saiba que a mudança de motivação e objetivo, fundada em uma mentalidade mais crítica que positivista, talvez não atenda às necessidades mais imediatas de alguns leitores, aos quais fica aqui a advertência que já fazíamos na primeira edição sobre os limites de uma teoria da investigação criminal, mas que agora se aprofunda nesta nova edição. Mas a esse leitor, que busca aprimorar seu pensamento científico positivista da investigação, essa segunda edição lhe oferece a oportunidade de identificar aquilo que torna a investigação criminal científica suscetível de questionamento jurídico, o que indiretamente pode auxiliá-lo na identificação de vícios epistêmicos que se podem evitar na prática da investigação criminal. Igualmente, o leitor que, tendo algum conhecimento jurídico-processual, pretenda encontrar algum conhecimento metodológico da investigação, encontrará algumas orientações científicas básicas que podem auxiliá-lo na compreensão mais epistemológica de alguns princípios jurídicos fundamentais. O certo, contudo, é que o espírito mais crítico que positivista prevalece na discussão desta teoria da investigação criminal.

Admitimos que tal espirito mais crítico, que se aprofunda nessa segunda edição, tem base em leituras que fizemos do "Tratado da Razão Crítica" de Hans Albert, cujo discurso nos impressionou e tem orientado a nossa mentalidade investigativa, não apenas em matéria criminal, mas em qualquer investigação, baseada numa razão investigativa dubidativa, nem completamente cética, tampouco dogmática, mas essencialmente crítica da capaci-

APRESENTAÇÃO

dade humana para conhecer ao passo que persegue interesses, sobretudo no caso criminal, cujo objetivo é sempre punitivo, nunca de si mesmo, mas sempre do outro. O que chamamos, portanto, de razão investigativa é, em suma, aquela mesma racionalidade zetética que David Hume chamou de "ceticismo moderado" na sua "Investigação sobre o Entendimento Humano". É uma razão que se encontra entre Ciência e Direito, entre a razão científica do conhecimento e a razão jurídica da liberdade.

A Pobreza do "Investigacionismo"

A investigação criminal, quando desenvolvida segundo limites epistêmicos do conhecimento e condicionamentos ético-políticos de ação, possui um papel fundamental na evolução social da humanidade, porque comunica à sociedade que é necessário antes conhecer o outro para somente depois o julgar; mas quando ela se torna a encenação do conhecimento pela autoridade penal despótica, antecipando já em sua atividade o exercício do julgamento público, sem submeter-se a princípios de verificação e falseamento das provas obtidas, ela apenas reproduz o antigo dogmatismo cognitivo das mentes obscuras que tantos horrores produziu na história das instituições penais e processuais, submetendo o outro a interesses publicamente inconfessáveis.

É contra esse "investigacionismo", autoritário e inconsequente, que se escreve esta teoria, na busca por uma investigação criminal melhor, que consiga adquirir consciência dos problemas conceituais que se encontram subjacentes aos problemas empíricos da prática das investigações criminais nos sistemas processuais penais. Bem compreendida, essa mentalidade investigativa autoritária reproduz a mesma mentalidade obscura que Karl Popper reprovou em "A Pobreza do Historicismo", cuja ideia fundamental tomamos de empréstimo, pois, nos dois casos, o que se encontra é o exercício de uma *auctoritas* que pretende sobrepor-se à *veritas*, baseada em máximas de experiência colhidas de uma memória coletiva e histórica de crimes provados e punidos, que pressupõe nas conclusões que antecipa a respeito de um caso particular que pretende ver condenado, antes mesmo que este seja devidamente verificado e submetido ao falseamento do contraditório jurídico.

A tese fundamental de Karl Popper, portanto, "de que não é possível prever o rumo da história por métodos científicos", pode ser lida naquele mesmo sentido da questão subjacente à intuição fundamental que David

Hume suscitava na "Investigação sobre o Entendimento Humano", ao advertir que nenhuma observação de dados particulares passados nos garante que se repetirão no futuro, o que é verdade tanto para eventos naturais e sociais, quanto para eventos jurídicos e criminais, mesmo para o caso de investigação de reincidentes contumazes, se não temos provas particulares para o caso que se investiga especificamente. Em outras palavras, não nos podemos desvencilhar da obrigação social de investigar caso a caso, para os provar individualmente, se o objetivo é a atribuição de alguma responsabilidade penal, sobretudo quando se trata da retirada da liberdade de alguém. A investigação criminal é tão necessária ao sistema jurídico-penal para garantia da justiça, quanto é a investigação em geral ao sistema de pensamento humano para a garantia da verdade.

O AUTOR

APRESENTAÇÃO DA 1ª EDIÇÃO

A obra, que adiante se segue, é resultado de pesquisa desenvolvida pelo autor em programa da Coordenação de Altos Estudos de Segurança Pública, da Academia Nacional de Polícia (Federal). Destina-se aos profissionais de formação jurídica que se dedicam, direta ou indiretamente, à investigação criminal, sobretudo aos Delegados de Polícia (Federal e Civil), sejam os que se iniciam na carreira, em Cursos de Formação Profissional, sejam os que chegaram a Curso de Especialização Policial, sem, contudo, desconsiderar uma possível utilidade prática que possa ter na atividade diária das investigações criminais[1]. Nesse ponto, convém ressaltar que se trata de *teoria* não em sentido axiomático, mas apenas como contraponto de uma *prática de investigação criminal*, para a qual pretende contribuir. Quanto a isso, portanto, advirta-se que a obra não está a propor um *método infalível e único* de investigação criminal, mas a fornecer elementos teóricos que permitam orientar a *construção de métodos*, múltiplos e corrigíveis, ou, em alguns pontos, algo talvez mais modesto, embora não menos importante – apenas a suscitar os grandes problemas teóricos da investigação criminal, tentando sistematizá-los para a continuidade de estudos que possam aprofundar certos aspectos relevantes desse vasto campo de conhecimento, cuja atenção acadêmica ainda não foi devidamente dada.

Teoria da Investigação Criminal: Uma Introdução Jurídico-Científica sustenta uma concepção de *investigação como saber-poder*, na qual o conhecimento

---

[1] N. A.: Atualmente, a Coordenação se chama *Escola Superior de Polícia* e a *Teoria da Investigação Criminal* é disciplina curricular de dois Cursos de Especialização, em *Direito de Polícia Judiciária* e em *Ciências Policiais*.

está intimamente relacionado com as condições políticas em que se desenvolve a atividade investigativa, o que implica, em um Estado Democrático de Direito, relacionar conhecimento científico com limites jurídicos numa ponderação de valores fundamentais. Assim, a partir de uma concepção geral de investigação, fundada na noção instrumentalista de solução de problema, e de um conceito específico de investigação científica, segundo uma abordagem pragmática, a obra sustenta ser possível aproximar as práticas de investigação criminal dos modelos de pesquisa científica, desde que não se desconsiderem certas peculiaridades relativas ao objeto e aos meios de investigação, em que devemos ponderar a aspiração científica com limites jurídicos inerentes às práticas das instituições estatais. Após suscitar e discutir alguns problemas relativos à *verdade* e ao *método* na investigação criminal, o autor faz o levantamento dos múltiplos aspectos de uma investigação criminal, entendida como *pesquisa, ou conjunto de pesquisas, administrada estrategicamente*, no curso da qual incidem certos conhecimentos operativos oriundos da *teoria dos tipos* e da *teoria das provas*, apresentando uma teorização sob várias perspectivas que concorrem para a compreensão de uma investigação criminal científica e juridicamente ponderada pelo respeito aos *direitos fundamentais*, segundo a doutrina do *garantismo penal*.

Em síntese, trata-se de uma *introdução* porque não pretende (nem teria ainda como) ser exaustiva da matéria proposta, sobretudo por se tratar de questões ainda pouco discutidas, para as quais nenhuma ou pouca literatura nacional tem dado atenção pontualmente dirigida. Trata-se, nesse ponto, de uma proposta inicial, uma porta de entrada que o autor pretende abrir para discussões sobre uma disciplina ainda incerta e pouco discutida. Por fim, é uma *abordagem jurídico-científica* porque não pretende exaltar a ciência em detrimento do direito, nem sobrepor este àquela. Quanto a isso, a obra pretende alcançar um ponto de equilíbrio entre *razão científica* e *razão jurídica*, ponderando os valores que consideramos essenciais a uma teoria da investigação criminal – *verdade e justiça*.

Pelo ineditismo de sua proposta e de seu conteúdo, a presente obra certamente se tornará leitura obrigatória para todos os profissionais que têm como objeto de sua atuação a investigação criminal. Trata-se, portanto, de contribuição inestimável às ciências policiais, em sua vertente da *ciência da investigação criminal*, pilar de sustentação de toda a atividade da Polícia Judiciária. Como disse o filósofo John Dewey, citado tantas vezes pelo autor desta obra, "todo grande progresso da ciência resultou de uma audácia da imaginação". Certamente as ciências policiais sentirão o progresso decorrente desta obra. Parabéns ao Professor e Delegado de Polícia, Eliomar da Silva Pereira, pela audácia progressista.

DISNEY ROSSETI
Polícia Federal do Brasil

PREFÁCIO DA 1ª EDIÇÃO

I

A escrita é voz em letras. É a força do agir cognitivo que se espera epistémico e não retórico ou persuasivo. É a construção matemática de um pensamento que se quer claro e preciso, crítico e edificador de um trilho da ciência como manifestação da essência do ser humano. As vozes que há muito vinham reclamando e exortando por uma obra sistematizada sobre a Teoria da Investigação Criminal podem regozijar-se com este precioso livro mergulhado em um ver o mundo para além dos limites imediatos da verdade efémera.

É este o sentimento que carrego ao ler as inúmeras linhas de escrita excelente subordinada não a uma lógica demonstrativista, mas a uma lógica epistémica falibilista. Esta assumpção encontra-se, desde logo, no título do livro de ELIOMAR DA SILVA PEREIRA. O Autor intitula-a de Teoria da Investigação Criminal: Uma Introdução Jurídico-Científica. No subtítulo reside a falibidade de qualquer sistema cognitivo: ao pretenderse que seja uma introdução, pretende-se deixar aos leitores e aos estudiosos espaço de reflexão e de debate científico sobre a construção de futura dogmática de uma nova unidade curricular universitária.

A certeza dos tempos líquidos de BAUMANN e da sociedade de risco de BECK não podia deixar um pensador actualizado e interrogativo da verdade cambiante, segundo o paralelo ou meridiano em que nos situamos, enveredar por outro caminho que não fosse lançar as bases de uma discussão científica – jurídica, filosófica, económica e política – sobre a consciencialização de que as verdades processuais penais não são sem pre as que se entrecruzam nos nossos olhos. Essas verdades não são unidade, nem «felicidade e amor», nem «adequação ao objecto», mas são uma comunicação de afastamento e de domínio, de «ódio e hostilidade» e de um puro e incontrolável «sistema precário de poder». Sistema limitado e exíguo: nada mais era possível porque é fruto do saber cognitivo e prático do ser humano.

Toda a relação ou comunicação humana, da qual não se abstém a comunicação judiciária ou judicial, é, em lógica ferrajoliana, uma comunicação de saber e de poder que assenta na veritas – conhecimento – e na auctoritas – competência para decidir. Estes ensinamentos de raiz garantista responsabilizadora deslizam por toda esta obra que não se espartilha na análise jurídica dos preceitos legais nem na lógica activa do labor da polícia. O Autor interroga aquela sob as construções jus filosóficas e doutrinárias de autores cuja escrita foi sempre o meio de expor as angústias do pensamento humano, dos quais se destacam KARL POPPER, LUIGI FERRAJOLI, MICHEL FOUCAULT, CARNELUTTI, JOHN DEWEY, FIGUEIREDO DIAS e LUIZ DUTRA.

II

Ao longo de todo o livro existe uma preocupação em demonstrar a importância de uma Teoria da Investigação Criminal que crie uma doutrina metodológica científica dirigida à descoberta da verdade do factum criminis. Esta busca, própria dos operadores judiciários responsáveis pela investigação criminal, deve abandonar os métodos da dedução ou indução factualística da imprensa ou da sensitividade popular expressa nos olhares e gestos dos crentes das artes mágicas do mediato saber demonstrativo.

O Autor dá-nos uma panóplia de instrumentos teoréticos e pragmáticos para que o investigador criminal científico – aquele que debruça a sua busca em um método científico de investigação criminal subjacente aos primados de um Estado democrático e de direito – possa iniciar e desenvolver o iter processualis segundo padrões racionais, operativos e histórico-factuais (situados em uma proposição real): o factum criminis. Este trilho, enraizado nesta obra de leitura fácil e reflexiva, alinha o discurso epistémico sobre a dúvida própria dos grandes investigadores e doutrinários: a única certeza e verdade é a dúvida constante sobre todo o edifício do crime a investigar.

PREFÁCIO DA 1ª EDIÇÃO

Acresce a este contínuo olhar do Autor a ideia de que a pragmaticidade defendida por muitos como a lógica do sistema integral de investigação criminal não se afirma como uma lógica assumptiva da construção de uma investigação criminal elucidativa dos factos e da verdade atracada aos limites histórico-factuais e aos ditames jurídicos (ou limites imanentes) exigidos pela Constituição e pelo direito supraconstitucional e infraconstitucional, em especial no que concerne aos direitos fundamentais pessoais. Neste alinhamento ferrajoliano, afasta a descoberta da verdade da mera correspondência, porque àquela estão imbricadas regras e procedimentos disciplinadores da comprovação e impressoras do carácter autoritário e convencional emergente da predicação jurisdicional.

A tese da mera correspondência, própria de um pensamento retórico ou persuasivo, é alienada face à concepção de objecto da investigação criminal dentro da tridimensionalidade da realidade do direito: facto, valor e norma. Esta visão tridimensional impõe ao investigador criminal que se olhe para o crime como uma proposição do mundo real e não do mundo idílico. Este olhar, que o Autor desenvolve e assume na sua obra, é um pequeno passo para a construção de uma teoria da investigação criminal e, desta feita, um grande passo para a edificação de um melhor sistema integral penal. Este caminho obriga-nos a abandonar os ajuizados preconcebidos ou pré-construídos sobre a culpabilidade do agente do crime e enquadrar o nosso pensar no princípio da presunção de inocência ou da não presunção de culpa.

Este ensinamento, que ENRICO ALTAVILLA estudou e desenvolveu no início do séc. XX na sua obra *Psicologia Judiciária*, encontra expressão na obra quando o Autor não limite o «fato do crime» ao evento exclusivo histórico-espacial e nele entronca outros elementos essenciais à construção doutrinária de «evidência fática da prática do crime». A construção elaborada pelo Autor não olvida os princípios reitores da construtividade jurídico-criminal (material e processual) e chama para a discussão da ciência da investigação criminal a teoria do bem jurídico, nem coloca de parte a ideia de que a teoria da investigação criminal não se pode alhear da concepção lisztiana da ciência conjunta, universal, global do direito penal como enfoques essenciais na construção de uma ciência de investigação criminal imbuída do espírito e ensinamento da investigação criminológica e criminalística.

III

O Autor apresenta a teoria da investigação criminal como teoria do conhecimento que arrecada para o seio da discussão a verdade como finalidade da investigação criminal, fato indesmentível, mas conjugado com as outras grandes finalidades – realização da justiça, garantia dos direitos fundamentais de todos os cidadãos e alcance da paz jurídica (pública) –, assim como as teorias linguísticas, semânticas e hermenêuticas, filosóficas e sociológicas do conceito de verdade.

Este conceito finalístico ou instrumental da ciência evolutiva e falibilista leva-nos às indagações da verdade processual e judicial válida. Aborda toda a problemática que envolve a construção da verdade formal e a dificuldade do investigador criminal em enformar um conceito que só existe juridicamente se for preenchido com a verdade do facto e o preenchimento do tipo legal de crime e se não estiver manchada pela nulidade insanável ou pela proibição de prova.

A verdade científica é refutável e não demonstrativista e matemática, pelo que implica que a construção de uma verdade processual penal – missão do investigador criminal – está encurralada por entre as teias jurídicas garantísticas de um Estado democrático e de direito. Mas, esta acepção não esgueira a lógica construtiva da verdade que inicia o seu percurso como verdade provável, passando pela verdade opinativa, diria processual cognitiva, para aportar na verdade resumida ou expressa no "motivo que remete a fatos e normas existentes, capazes sempre de serem verificados e refutados a quem interesse ou prejudique".

Esta verdade processual dá sustentabilidade à teoria da investigação criminal, como se pode aferir da exposição do Autor, e encontra razoabilidade existencial na ciência conjunta que agrega um raciocínio popperiano e ferrajoliano epistémico segundo uma metodologia científica que assenta na ideia de ciência como acção do ser humano quer para o investigador – detentor de virtudes e defeitos – quer para a vítima quer para o agente do crime. A importância do pragmático ganha na dimensão da importância do teórico que justifica a evidência fáctica.

IV

Este processo humano cuja combinação de inúmeros factores incubam a lógica estrutural do pensamento pode entrar em conflito face ao método do processo penal, mas o Autor demonstra que este só é viável e fiável se deixar a lógica do prático e experiente polícia – eficaz no resultado imediato e desastroso no resultado mediato – e mergulhar o pensar e agir investigatório criminal em uma lógica teorética e pragmática científica em que o ser humano, dotado de direitos e deveres, é fundamento e limite da acção punitiva do Estado.

A metodologia de pesquisa que ornamenta a investigação criminal – dando-lhe textura de teoria – e a construção probatória do factum criminis (ou da factualidade real e sentida pela comunidade) implicam um conhecimento histórico e filosófico da cognitividade científica da investigação criminal. O Autor segue esta linha de pensamento e submete a investigação criminal a uma análise crítica do valorativo probatório que não se pode esgotar na mera coincidência de indícios ou vestígios prováveis, mas na "demonstração completa dos fatos arguidos": completa sem quaisquer excepções, sob pena do princípio in dubio pro libertate afastar a responsabilidade penal.

Este caminho que o Autor traçou e seguiu enraíza-se no mar ilocalizável e ilimitável da materialização dos direitos fundamentais que se apresentam ao investigador e ao julgador como fontes de legitimação e de limite inultrapassável da intervenção estatal restritiva de direitos, liberdades e garantias pessoais. Não podia ser outra a estrutura de exposição e de argumentação tendo em conta o substrato ferrajoliano e popperiano de toda a obra. A verdade não é a finalidade absoluta da investigação, nem a livre apreciação da prova pode suplantar a ilegalidade na produção da verdade.

A *Teoria da Investigação Criminal: Uma Introdução Jurídico-Científica* de ELIOMAR DA SILVA PEREIRA, que tenho a honra de prefaciar e que tive o privilégio de ser um dos primeiros leitores, é uma magnífica obra jurídico-filosófico-política. É uma obra científica que nos enriquece e nos faz pensar sobre um futuro melhor, porque terá melhores investigadores criminais. Muito mais haveria para dizer sobre todo o manancial da obra e toda a propriedade científica do Autor, mas deixo aos leitores e, em especial, aos que se dedicam a discretear estas temáticas o juízo científico final.

TEORIA DA INVESTIGAÇÃO CRIMINAL

A criminalidade da sociedade pós-moderna ou dos tempos líquidos implica que se olhe e se sinta a investigação criminal com "uma compreensão mais sistemática" para que o mundo que criamos e deixamos seja um mundo melhor.

É este o contributo de ELIOMAR DA SILVA PEREIRA.

Lisboa, Setembro de 2010

MANUEL MONTEIRO GUEDES VALENTE
Professor da Universidade Autónoma de Lisboa

SUMÁRIO

APRESENTAÇÃO   5
    A Razão Investigativa, entre Ciência e Direito   5
    A Pobreza do "Investigacionismo"   7

APRESENTAÇÃO DA 1ª EDIÇÃO   9

PREFÁCIO DA 1ª EDIÇÃO   13

I. INTRODUÇÃO: QUE TEORIA?
    1. *"Nullum iudicium sine investigatione"*   27
    2. As Abordagens Tradicionais da Investigação Criminal   31
    As Tradições Intelectuais da Investigação   34
       O "Directorium Inquisitorum" e a Tradição Jurídica   34
       Hans Gross e a Tradição Criminalística   36
       Os Manuais Técnicos da Tradição Policial   37
    Os Problemas Empíricos e Conceituais da Investigação   40
    3. A Abordagem Teórica dos Problemas da Investigação Criminal   43
    A Epistemologia Clássica e as Objeções de Gettier   44
    As Objeções Sociológicas e Psicológicas ao Conhecimento   47
    As Objeções Políticas e Éticas ao Conhecimento   52
    A Teoria da Investigação como Epistemologia Processual   55

II. CONCEITO
    4. Investigação Criminal, Fins e Meios   61
    Investigação Criminal, Saber e Poder   62
    5. As Fontes, as Formas e os Princípios da Investigação Criminal   67
    A Investigação Criminal entre "Cognitio" e "Inquisitio"   68
       "Cognitio extra ordinem"   70
       "Processus per inquisitionem"   73

A Forma Jurídica da Investigação Criminal: o Inquérito	77
As Fontes Administrativa e Religiosa do Inquérito	78
"Instruction Preparatoire" e seus Herdeiros Modernos	81
Os Princípios da Investigação: Oficialidade e Verdade	83
A Estrutura Cognitivo-Potestativa da Investigação Criminal	85
6. A Investigação Criminal como Saber e sua Cientificidade	91
A Generalidade da Investigação Criminal	92
Investigação, Lógica e Pragmática	97
Investigação, Dogmática e Zetética	99
As Similaridades Metodológicas: História, Ciência e Sociologia	102
A Investigação Criminal como Pesquisa Histórica	102
A Afirmação Científica da História e suas Ideias Principais	103
As Sínteses Teóricas da Historiografia	107
A Investigação Criminal como Pesquisa Científica	110
Os Limites Epistêmicos das Noções de Ciência	111
Os Condicionamentos Sócio-Culturais da Ciência	115
A Investigação Criminal como Pesquisa Sociológica	121
O Paradigma Acionista	122
A Investigação-Ação	124
As Similaridades Ontológicas: a Criminologia	126
As Distinções no Conjunto das Relações de Reciprocidade	130
O Ponto em Comum: a Fenomenologia Criminal	131
A Especificidade Criminalística da Investigação Criminal	132
A Cientificidade da Pesquisa Criminalistica	136
A Racionalidade Cognitiva da investigação	137
7. A Investigação Criminal como Poder e sua Juridicidade	139
As Funções Político-Criminais da Investigação Criminal	141
Os Limites Jurídicos da Investigação Criminal e suas Garantias	143
Os Direitos Fundamentais como Limitação ao Poder de Investigação	143
Os Sentidos Objetivo e Subjetivo dos Direitos Fundamentais	145
Categorias, Funções e Eficácia dos Direitos Fundamentais	146
As Dimensões dos Direitos Fundamentais	149
As Garantias (Penais e Processuais) do Objeto e do Método	150
O Crime como Objeto Legal da Investigação Criminal	151
O Processo como Método Legal da Investigação Criminal	152
A Processualidade Jurídica da Investigação Criminal	154
O Processo Penal como Procedimento Probatório-Criminal	154
A Investigação Criminal como Contexto de Descoberta do Processo Penal	157
A Racionalidade Potestativa da Investigação	159

SUMÁRIO

III. OBJETO

8. A Complexidade Ontológica do Crime — 163
O Crime como "Objeto Cultural Egológico" — 166
A Tridimensionalidade do Crime como Realidade Jurídica — 167

9. O Crime como Objeto da Investigação — 171
A Legalidade Formal e Material do Objeto: "Nulla investigatio sine cimen" — 171
O Convencionalismo do Objeto da Investigação — 172
As Condições Formais da Investigação da Investigação — 174
As Condições Materiais da Investigação — 177
Nullum crimine sine actione – a Materialidade da Ação — 178
Nullum crimine sine injuria – a Lesividade do Resultado — 179
Nullum crimine sine culpa – a Responsabilidade Subjetiva — 183
As Funções da Teoria Jurídica do Crime — 185
A Diversidade Axiológica e Epistêmica das Teorias — 188
A Estrutura Analítica das Teorias e suas Categorias Conceituais — 192
O Tipo Penal como Hipótese Legal da Investigação — 194
Os Elementos do Tipo — 195
Exceções ao Tipo Padrão — 197
Crimes de Resultado (Lesão ou de Perigo) e de Atividade — 197
Crimes Omissivo, Culposo e Tentado — 199
O Corpus Delicti como Dado Imediato da Realidade — 201

10. A Verdade da Hipótese da Investigação — 207
A Verdade como Valor Epistêmico da Investigação — 207
A Verdade como Acordo entre Tipo e Prova — 208
Verdade como Ferramenta de Investigação — 210
As Teorias da Verdade e seus Problemas — 211
Algumas Distinções Preliminares — 211
As Diversas Teorias da Verdade — 214
A Concepção Clássica da Correspondência — 216
Verdade como Congruência — 216
Verdade como Correlação — 217
A Concepção Semântica da Verdade — 220
Verdade como Verossimilhança — 223
Verdade Aproximada e Adequação Empírica — 224
Verdade e Significado — 226
Concepções Sintática e Pragmática — 227
Verdade como Coerência — 227
Verdade como Utilidade — 229
A Verdade Processual na Investigação Criminal — 230
A Verdade Processual (Fática e Jurídica) — 230

TEORIA DA INVESTIGAÇÃO CRIMINAL

O Fático e o Jurídico na Teoria Analítica do Crime 233
A Correspondência Aproximada 234
 A Noção de Verdade Aproximativa Processual 235
 O Problema do Grau de Cognição da Investigação 236
Os Limites da Verdade no Processo 239
 Abdução Fática e Verdade Provável 240
 Dedução Jurídica e Verdade Opinativa 242
A Decibilidade da Verdade no Processo 243
 Verdade Fática e Coerência do Conjunto Probatório 247
 Aceitabilidade Justificada (no Indiciamento) e Verdade Opinativa 248
A Investigação como Condição da Verdade Processual 249

11. A Prova como Justificação da Verdade 253
A Prova como Justificação da Verdade das Hipóteses da Investigação 253
Aspectos Gerais da Prova 256
 Fato, Vestígio e Prova 256
 Prova e Indícios 258
Aspectos Jurídicos da Prova 260
 Aspectos Materiais: Objeto, Elementos e Meios 260
 Aspectos Processuais: Obtenção, Admissão e Valoração 263
Os Diversos meios de Prova e sua Necessáraia Adequação Típica 265
As Classificações Doutrinárias 265
 A Classificação da Prova Segundo Malatesta 265
  A Prova Penal Segundo o Objeto 266
  A Prova Penal Segundo o Sujeito 268
  A Prova Penal Segundo a Forma 269
 Provas Históricas e Críticas 271
 Prova por Concurso de Circunstâncias, Composta e Imperfeita 272
Algumas Questões Específicas de Investigação 274
 Adequação Probatória Segundo os Elementos do Tipo 274
 Verificabilidade da Prova e Prova Preferencial 276
 A Questão do Corpo de Delito e a "Necessidade" de Exame 277
 O Problema da Prova da Autoria 281
Os Sistemas de Obtenção e Proibição de Prova 282
Liberdade de Produção Probatória 283
Proibição de Provas Ilícitas 285
 Exceções às Proibições 287
Os Sistemas de Valoração da Prova 289
A Insuficiência dos Sistemas de Controle da Prova 291
A Força Probante dos Elementos da Investigação 294
A Prova como Objeto Imediato da Investigação Criminal 297

IV. MÉTODOS

12. O Discurso Geral do Método ... 301
A Noção Primária de Método: as Diversas Racionalidades ... 303
A Racionalidade Analítico-Cartesiana ... 304
A Racionalidade Investigativo-Acionista ... 305
A Racionalidade Sistêmico-Complexa ... 307
A Segunda Noção de Método: Etapas e Técnicas Específicas ... 310
A Distinção dos Contextos Metodológicos ... 312
A Metodologia da Investigação Criminal ... 314

13. As Perspectivas Metodológicas da Investigação ... 317
A Pragmática da Investigação Criminal ... 317
Ações Investigativas como Conhecimento ... 318
A Estrutura Pragmática Fundamental ... 319
A Pragmática com Base em Modelos ... 321
O Papel dos Modelos na Investigação Criminal ... 322
A Lógica da Investigação Criminal ... 325
A Descrição Lógica da Investigação ... 326
A Indução e seus Problemas ... 330
A Lógica da Pesquisa Científica ... 332
O Método Hipotético-Dedutivo ... 334
Os Modos Dedutivos das Provas ... 335
A Abdução na Investigação Criminal ... 336
A Processualística da Investigação Criminal ... 338
O Processo como Método de Legitimação do Conhecimento ... 338
A Dicotomia Acusatório vs. Inquisitório ... 339
Princípios Contraditório e Autoditório como Método ... 340
Intersubjetividade e Intrasubjetividade ... 341
Aspectos Metodológicos do Processo de Investigação ... 342
O Método Legal de Comprovação Processual ... 343
A Prova como Método, suas Condições Epistêmicas e Políticas ... 344
Os Princípios Pragmáticos da Metodologia Processual ... 347
A Igualdade Processual como Condição Pragmática ... 347
O Contraditório como Princípio Pragmático Metodológico Central ... 352
Os Princípios Lógicos da Metodologia Processual ... 357

14. As Etapas Fundamentais do Método ... 361
A Investigação Criminal como Pesquisa ... 361
A Obtenção da Prova e sua Observação ... 365
Os Meios de Obtenção da Prova como Técnicas de Pesquisa ... 365
A Tecnologia Autoritária da Prisão ... 368
A Observação, seus Condicionamentos e Problemas ... 369

TEORIA DA INVESTIGAÇÃO CRIMINAL

A Precedência da Teoria sobre a Observação	371
A Fenomenologia como Método de Observação	373
A Descrição, a Narrativa e a Explicação	375
"Os Fatos não falam por si": a Descrição e seus Mitos	375
A Necessidade da Explicação e sua Diversidade	376
A Explicação Causal Nomológico-Dedutiva das Ciências Naturais	381
A Especificidade do Contraditório das Perícias Científicas	385
A Necessária Ponderação Jurídico-Científica das Provas Periciais	387
A Imputação Jurídica	389
As Fases de Imputação: Natural, Subjetiva e Normativa	391
Causação Natural e Imputação Normativa	391
Os Estágios de Imputação e a Imputação Subjetiva	394
Os Níveis da Imputação: Preliminar, Intermediária e Final	396
Indiciamento e Juízos de Tipicidade, Ilicitude e Culpabilidade	397
A Necessidade da Hermenêutica Jurídica em Todos Níveis de Imputação	398
15. A Devida Metodologia Processual da Investigação	401
Os Parâmetros da Devida Investigação Criminal	401
A Proporcionalidade na Investigação Criminal	404
Alguns Problemas Relativos à Proporcionalidade	409
Alcance, Limites e Equívocos da Proporcionalidade	416
A Divisão do Poder na Investigação Criminal	421
A Divisão Clássica do Poder Estatal	423
A Divisão Intraprocessual do Poder Punitivo	425
O Princípio Investigatório	428
V. CONSIDERAÇÕES FINAIS	
16. A Investigação Criminal entre Teorias e Práticas	437
Problemas, Práticas e Tradições da Investigação	440
Programas e Paradigmas, Anomalias e Crises	443
REFERÊNCIAS	449

I.
INTRODUÇÃO: QUE TEORIA?

"Veritas, non auctoritas facit iudicium" (L. Ferrajoli,
Diritto e Ragione. Teoria del garantismo penale)

1

"Nullum iudicium sine investigatione"

A investigação criminal é função essencial do Estado que postula uma legitimação cognitivista da jurisdição, sem a qual todo poder punitivo se torna puro exercício despótico da autoridade penal.

A *notitia criminis,* seja acerca de um ato de violência, seja de corrupção ou de qualquer outra conduta reprovável segundo as leis penais, suscita reações várias, desde percepções individuais e sentimentos coletivos até instituições sociais, políticas e jurídicas formais, entre as quais a investigação criminal tem sido a resposta oficial nas sociedades organizadas com base no *modelo cognitivo* processual de justiça penal, que postula a máxima *veritas, non auctoritas facit iudicium.* Esse postulado nos pede que os juízos penais sejam predominantemente cognitivos e necessariamente referidos à verdade de fatos (*quaestio facti*) e normas (*quaestio iuris*), sobre a qual exista algum controle intersubjetivo e público. Há, nessa concepção, entre jurisdição e verdade, um nexo indissociável, que vai exigir uma investigação criminal capaz de alimentar esse sistema de justiça penal, sem, contudo, cair no dogmatismo da racionalidade inquisitória com que se funda historicamente e ainda persiste contemporaneamente o processo penal público[2].

---

[2] L. Ferrajoli, *Diritto e ragione. Teoria del garantismo penale,* 2008, p. 8, defende que o *cognitivismo processual,* representado pelo postulado *veritas, non auctoritas facit iudicium,* corresponde ao princípio da *estrita jurisdcionalidade* que deve orientar a epistemologia garantista da justiça criminal, assumida nessa *teoria da investigação criminal* como ponto de partida para ulteriores discussões sobre o alcance dessa máxima em sua pragmática. Em sentido similar, cf. L. Laudan, *Verdad, error y proceso penal,* 2013, p. 23; M. Taruffo, *La prueba de los hechos,* 2011, p. 62-71.

TEORIA DA INVESTIGAÇÃO CRIMINAL

Claro é que se podem pensar outras formas de legitimação das decisões penais, fundamentadas na *utilidade* ou no *contrato* como se encontram no direito comparado (racionalidade pós-moderna), bem como até voltar às antigas práticas de *provas corporais* e de *iudicium Dei* como se encontram na história das instituições penais (racionalidade pré-científica)[3], mas um processo penal que pretenda estar de acordo com o Estado de Direito não deveria admitir sequer o consenso da maioria, ainda que a título de decisão democrática, como justificação de uma condenação qualquer hipótese criminal que não esteja provada[4]. Tampouco será razoável qualquer acordo que se proponha à não-persecução, pois o que pode ser *a posteriori* objeto de negócio processual, deveria estar *a priori* excluído da tutela penal, evitando assim previamente o desnecessário etiquetamento de condutas que se podem depois excluir do sistema penal (minimalismo penal) por um acordo sempre questionável diante da desigualdade com que se realizada entre as partes. É, portanto, ainda a legitimação cognitivista da jurisdição um postulado fundamental do Estado de Direito que se reivindica alguma justiça processual[5].

Essa postulada "legitimação cognitivista da jurisdição", contudo, vai exigir que se reconheça a investigação criminal como parcela essencial da atividade jurisdicional. Afinal, como bem se tem observado, a jurisdição materialmente considerada consiste sempre em um "accertamento di fatti"[6], que não pode prescindir de uma investigação criminal, sem a qual se tornaria o juízo um mero exercício de decisão formal (decisionismo), que corresponde precisamente ao modelo negado pela epistemologia garantista[7]. Assim, parece ser irrecusável que daquela primeira máxima geral decorra uma outra especifica que se segue em relação ao lugar da investigação criminal no sistema jurídico-penal: *nullum iudicium sine investigatione.*

---

[3] Cf. G. Alessi, *Il processo penal. Profilo storico,* 2011; T. Armenta Deu, *Sistemas procesales penales. La justicia penal em Europa y America,* 2012; G. O. Chase, *Direito, cultura e ritual. Sistemas de resolução de conflitos no contexto da cultura comparada,* 2014.

[4] Cf. L. Ferrajoli, *Diritto e ragione. Teoria del garantismo penale,* 2008, p. 42: "não se pode sacrificar a liberdade de um homem, de quem não se tenha verificado a responsabilidade penal, nem ao interesse nem à vontade de todos".

[5] A respeito da ideia de uma justiça processual, cf. nosso E. S. Pereira, *Saber e Poder. O processo (de investigaçãoo) penal,* 2019, p. 263ss.

[6] L. Ferrajoli, *Principia iuris. 1, Teoria del diritto,* 2007, p. 881.

[7] A respeito do "decisionismo"como epistemologia inquisitória, baseada na máxima invertida "auctoritas, non veritas, facit iudicium", cf. L. Ferrajoli, *Diritto e ragione. Teoria del garantismo penale,* 2008, p. 15ss.

Essa máxima, que postulamos inicialmente em seu sentido jurídico esencial ao exercício da jurisdição, encontra uma fundamentação epistemológica consistente no pragmatismo da *Teoria da Investigação* de John Dewey, para quem a investigação assume uma função garantidora das asserções de conhecimento que pretendemos considerar verdadeiras[8]. É com bases nessas premissas teóricas (jurídica e científica) que pretendemos desenvolver nossa *Teoria da Investigação Criminal,* como pragmática do processo penal, que abrange todo o contexto de descoberta das provas, não limitada à fase processual de inquérito, embora concentrada nesta que tende a ser muito mais do que mera peça informativa orientada apenas a subsidiar o órgão de acusação formal, quando a compreendemos adequadamente.

É, portanto, objetivo principal dessa teoria tornar mais evidente a importância central que a investigação criminal tem no sistema de processo penal, bem como indentificar os limites científicos e jurídicos com que precisa desenvolver-se, no interesse não apenas dos sujeitos processuais individualmente considerados, mas sobretudo da justiça penal, coletiva e socialmente considerada.

---

[8] J. Dewey, *Logica. Teoria de la investigación*, 1950, p. 16.

2

As Abordagens Tradicionais da Investigação Criminal

A importância central que a investigação criminal assume no quadro de uma estrita jurisdicionalidade baseada no cognitivismo processual não corresponde, contudo, ao tratamento teórico que se tem dado por diversas tradições intelectuais de abordagem dos problemas que suscita essa atividade em suas perspectivas tanto jurídica quanto científica.

A doutrina jurídica tradicional, diante da notícia-crime, reconhece apenas as condições formais de abertura do inquérito, cujo objeto de investigação vem geralmente reduzido à materialidade do crime, suas circunstâncias e sua autoria. Essa redução do objeto, contudo, está longe de esgotar tudo quanto se exige em uma investigação criminal, quando nos aprofundamos em sua intimidade metodológica, na qual podemos encontrar muitos outros problemas a serem enfrentados.

A título de exemplo, descendo a alguns problemas intermediários, podem-se levantar outros tantos questionamentos que interessam à autoridade investigante e seus agentes: Qual o primeiro passo a dar na investigação? Qual caminho (método) seguir? Quais provas são necessárias? Quais meios de obtenção de provas são possíveis? Quais diligências práticas devem ser ordenadas e em que sequência? Estabelecidas as diligências, quando devem ou podem ser ostensivas ou não? Há necessidade de perícia? Se sim, qual perícia é possível e relevante? Se não há, qual outra espécie de prova é necessária? Como assegurar uma prova com validade jurídica, sob o aspecto da obtenção lícita e da preservação dirigida ao processo judicial? Quando se deve ouvir o suspeito e quando deve ser feito seu indiciamento? Como sustentar logicamente um indiciamento? É possível realmente concluir uma investigação sem juízo jurídico acerca da existência do crime? E quanto a certos elementos do tipo, pode-se evitar juízo valorativo? Quais elementos do crime devem ser investigados, segundo a teoria analítica? E qual grau de cognição é necessário em relação a cada elemento do crime? Estas, entre outras tantas questões que se colocam, somente na prática diária de quem enfrenta tais problemas, apresentam-se com a relevância e clareza, que não se percebem facilmente do ponto de vista externo por quem não lida diretamente com tais questões.

Algumas respostas pontuais a certas questões se podem até encontrar em algumas doutrinas jurídicas relativas ao inquérito, tratados criminalísticos destinados às perícias ou mesmo em manuais de técnicas policiais para investigadores, orientados por metodologias específicas importantes ao desenvolvimento empírico da investigação criminal, mas essas diversas abordagens intelectuais permanecem geralmente na dimensão dos *problemas imediatamente práticos* que interessam às soluções institucionais do sistema penal, sem levar muito seriamente em conta os *problemas mediatamente conceituais* que se referem às condições pelas quais os problemas práticos são considerados[9]. E esses são precisamente os problemas que interessam a uma teoria da investigação criminal.

Não se pode ignorar, contudo, que no *empirismo da atividade policial* existe algo racionalmente bem desenvolvido, em relação a técnicas de investigação do crime, mas lhe falta ainda alguma *cientificidade,* cuja consciência metodológica apenas foi adquirida pela tradição criminalística que encontramos nos tratados periciais[10]. O cotidiano da atividade policial, por sua experiência diária de investigação, tem desenvolvido certas técnicas práticas baseadas na metodologia do acerto-erro, mas a investigação criminal tem requerido uma maior ordenação científica com vistas a uma teoria própria. A "metodologia do acerto-erro", contudo, não é estranha ao alcance de conhecimento, a considerar a teoria falseacionista de K. Popper, para quem a própria Ciência avança nesse sentido, mas mesmo nessa perspec-

---

[9] A distinção entre "problemas empíricos" e "problemas conceituais", que pressupomos nessa introdução, encontra-se bem delimitada em L. Laudan, *El progreso y sus problemsa. Hacia una teoria del crescimento científico,* 1986, p. 43ss, no qual se podem encontrar maiores explicações.
[10] A ideia de periodicização do saber se encontra em M. Foucault, *Arqueologia do saber,* 2005, podendo com proveito ser utilizada para uma "arqueologia do saber investigativo-criminal", cujo maior detalhamento se pode encontrar em E. S. Pereira, *Investigação, Verdade e Justiça,* 2014, p. 17ss.

tiva as conjecturas precisam ser assumidas como teorias que se colocam como hipóteses[11], segundo uma metodologia científica que abdique da atitude dogmática do conhecimento que geralmente se encontra na base da técnica policial de investigação.

É, nesse sentido, necessário pensar uma teoria da investigação criminal, orientada à prática da investigação criminal, visando a conduzi-la a uma melhor eficiência instrumental, que se espera do sistema de justiça penal pela sociedade, mas não apenas quanto aos aspectos de certeza e celeridade. A certeza persiste sendo necessária quanto à autoria do crime, mas não se pode cair na ingenuidade dogmática do conhecimento; a celeridade é igualmente relevante, para permitir a aplicação da pena devida como resposta social ao crime, mas não se pode cair na sedução utilitarista de que uma reposta positiva é sempre necessária, quando também é igualmente importante que uma investigação embora demorada possa excluir uma injusta acusação ao autor errado. Assim, portanto, é igualmente um elemento que integra a eficiência da investigação criminal a sua condução com segurança jurídica, no que se refere ao tratamento do investigado, para evitar equívocos e excessos. Uma investigação criminal eficiente, portanto, deve reunir certeza, celeridade e segurança jurídica, podendo ser avaliada por sua eficiência também em garantir direitos, primeiro pela forma com que se conduz com a menor redução de direitos fundamentais possível, segundo pela garantia de que não seja acusado formalmente por um crime acerca do qual não há uma devida investigação criminal, o que pode exigir uma maior cientificidade.

Ao exigir-se, contudo, uma maior *cientificidade* da investigação, devemos ter em mente a concepção de *ciência como solução de problemas*[12], na qual os problemas empíricos são um ponto de partida da concepção pragmática da investigação, mas não esgotam os problemas da teoria da investigação criminal. É preciso levar a sério os problemas conceituais que concernem aos critérios das soluções apresentadas pelas diversas abordagens teóricas da investigação, tendo em conta os limites jurídicos que se impõem à investigação como condições de validade dos seus resultados. À cientificidade da investigação criminal, portanto, se deve acrescer sua *juridicidade* que abrange aspectos importantes não apenas do método, como também do objeto da investigação. Quando se fala, portanto, em *ciência da investigação*

---

[11] Cf. K. Popper, *Conjeturas e Refutações*, 2006.

[12] A respeito dessa conceção, cf. L. Laudan, *El progreso y sus problemas*, 1986.

criminal, não se pode cair na redução criminalística que pretende postular a ideia de uma polícia científica como um corpo destacado da polícia, como se costuma vulgarmente referir. A polícia científica, nesse sentido, apenas se pode compreender como uma atitude intelectual que concerne a uma dimensão da metodologia da investigação criminal, cujos fundamentos se podem aplicar na técnica policial[13], desde que não se ignorem as condições jurídicas de validade da verdade, das quais não se pode desvencilhar qualquer concepção científica da investigação criminal. É, em suma, necessário articular-se a ciência com o *direito da investigação criminal* para uma teoria da investigação criminal. Essa articulação, entre ciência e direito, que precisa refletir-se na técnica operacional da investigação criminal, é precisamente o que falta nas suas tradições intelectuais[14].

As Tradições Intelectuais da Investigação

O "Directorium Inquisitorum" e a Tradição Jurídica

As primeiras tradições teóricas da investigação criminal se podem encontrar nos manuais medievais dos inquisidores, nos quais se desenvolve uma compreensão meramente normativa dos seus problemas, que ainda se mantém em muitos manuais jurídicos atuais.

Entre os protótipos dessa epistemologia inquisitória, podem-se citar dois proeminentes manuais: *Directorium Inquisitorum*, de Nicolau Eymerich[15]; *De modo, arte et ingenio inquirendi et examinandi hereticos credentes et complices eorumdem*, de Bernard Gui[16]. Nessas obras antigas do discurso investigativo podemos encontrar a abordagem formal que se vai transmitir e persistir na doutrina jurídico-dogmática de interpretação das leis procedimentais de todas as formas instrumentais com que a investigação criminal se desenvolve no processo penal.

---

[13] Cf. A. Barberá, J. V. Luis y Tuyrégano, *Polícia Científica*, 1998, p. 25ss.

[14] É também de L. Laudan, *El progreso y sus problemas*, 1986, p. 113ss, a ideia de "tradição de pesquisa", que se define por um conjunto de teorias sobre objetos (ontologia) e meios (metodologia), orientadas a resolver certa classe de problemas que se podem distinguir em empíricos e conceituais.

[15] Cf. *Directorium Inquisitorum* (*Manual dos Inquisidores*), escrito por Nicolau Eymerich em 1376, revisto e ampliado por Francisco de La Peña, Rio de Janeiro: Rosa dos Ventos; Brasília, Universidade de Brasília, 1993.

[16] Cf. "Les classiques de l'histoire de France au moyen age", publiés sous la direction de Louis Halphien, de Bernard Gui, *Manuel de L'Inquisiteur*. Paris, Société d'Éditon Les "Belles Lettres", 1964.

É desse modelo que a doutrina jurídica herda a característica principal de abordar a investigação criminal exclusivamente segundo o procedimento jurídico que a disciplina, numa redução do método que importa mais por sua instrumentalidade formal, legitimada pela mera legalidade, independente das *questões ético-políticas* que interessam à proteção efetiva de direitos fundamentais. Encontram-se, nesse sentido, obras como as dedicadas especificamente ao inquérito, bem como todos os manuais de processo penal que dedicam capítulo ao estudo do inquérito[17].

A essa redução jurídico-formal da compreensão do procedimento, acresce-se, ainda, uma outra igualmente séria que consiste em reduzir o horizonte da investigação criminal ao inquérito, confinando nesta fase toda a investigação, não enxergando que existe investigação para além desta fase, podendo-se encontrá-la em todo o processo penal[18]. Essa compreensão reducionista, é certo, vem fundamentada por uma ideia equívocada que pretende considerar a investigação criminal como atividade preliminar, que se coloca antes e fora do processo penal, sendo orientada exclusivamente para subsidiar a ação penal.

A investigação criminal, no entanto, precisa entender-se como uma atividade que não se confunde nem se confina na fase de inquérito, embora nesta se concentre a maior parte de seus atos fundamentais. Ademais, não se limita a subsidiar a ação penal, tnedo em conta que suas provas podem servir igualmente à defesa. Não se pode, portanto, confundi-la com a forma do inquérito policial brasileiro, que se constitui numa fase do processo, assim como qualquer outro instrumento jurídico previsto na legislação comparada, a exemplo da *enquete preliminaire* francesa, da *indagine preliminare* italiana, do *sumario* espanhol ou do *inquérito* português[19].

É, em suma, extremamente necessário que se entenda a investigação criminal, não em sentido linear, mas como dimensão que abrange todo o *contexto de descoberta de provas*, distinta da atividade relativa ao *contexto de*

---

[17] Cf. I. E. Garcia, *O procedimento policial*, 1983; A. Mehmeri, A. *Inquérito policial: dinâmica*, 1992.

[18] Essa é uma percepção que a doutrina processual portuguesa já tem, a exemplo do que explica A. H. Gaspar, As exigências da investigação no processo penal durante a fase de instrução, *Que futuro para o Direito processual penal?*, 2009, pp. 87-102.

[19] Cf. B. Bouloc, Procédure penale. Paris, Dalloz, 2014; P. Tonini, *Manuale di procedura penale*. Milano, Giuffrè, 2013; V. Gimeno Sendra, *Derecho procesal penal*. Madrid, Civitas, 2012; G. Marques da Silva, *Do Processo penal preliminar*. Lisboa, 1990.

discussão dessas provas, independentemente da compreensão das fases que se seguem cronologicamente na estrutura formal do processo penal[20].

Hans Gross e a Tradição Criminalística

A tradição criminalística nasce a partir da percepção das insuficiências da tradição jurídica, no contexto da história da criminologia, estando inicialmente confundida com ela, mas vindo aos poucos obter autonomia teórica, em contato cada vez mais frequente com as ciências naturais, depois ampliando sua compreensão com o incremento das ciências sociais.

Entre os pioneiros dessa tradição, encontra-se Hans Gustav Alfred Gross, cujo *Guia práctico para a instrucção dos processos criminaes* (1883) receberá o título "Criminalística" em sua 6ª edição. A eles se seguem as obras fundamentais de Edmond Locard, *A investigçaão criminal e os métodos científicos*; e Pierre Ferdinand Ceccaldi, *A criminalística*[21].

Seguindo essa tradição, encontramos outras tantas obras de abordagem metodológico-científica da investigação criminal, geralmente fundadas nas ciências naturais orientadas às perícias, a exemplo das seguintes: Charles E. O'Hara; James W. Osterburg, *Introdução à Criminalística. Aplicação das ciências físicas na descoberta dos crimes*; Francisco Anton Barberá; Juan Vicente Luis y Turegano, *Policía Científica*; Domingos Tochetto (coord). *Tratado de perícias criminalísticas*[22].

Essas obras partem da experiência pericial da investigação dos crimes que, embora tenham a vantagem de melhor compreensão do possível caráter científico da investigação, com ênfase em métodos de investigação, acabam às vezes restritas a uma visão laboratorial da ciência. Ademais, a terminologia do discurso dessa tradição intelectual é marcada por forte apelo a conceitos que remetem a objetos reais e palpáveis, como "locais de crime", "vestígios e indícios", "locais de morte", "vestígios encontrados em locais de crime" etc., todos destinados a questões periciais, mas sempre partindo da noção de crime como materialidade, alheada dos elementos subjetivos que compõem a complexidade conceitual do objeto da investi-

---

[20] Cf. E. S. Pereira, *Saber e Poder: O processo (de Investigação) Penal*, 2019, p. 233ss.

[21] Cf. H. Gross, *Guia práctico para a instrucção dos processos criminaes*, 1909; E. Locard, *A investigçaão criminal e os métodos científicos*, 1939; P. F. Ceccaldi, *A criminalística*, 1988.

[22] Cf. C. E. O'Hara, J. W. Osterburg, *Introdução à Criminalística. Aplicação das ciências física na descoberta dos crimes*, 1956 ; F. A. Baerberá J. V. Luis y Tuyrégano, *Policía Científica*, 1998; D. Tochetto (coord). *Tratado de perícias criminalísticas*, 1995.

gação. Algumas outras obras, por sua vez, enfatizam as técnicas de identificação humana no problema da autoria do crime, neste caso alheado do problema normativo que constituem o conceito moderno de culpa, não limitado à imputação material e subjetiva. A principal virtude dessa abordagem, contudo, está em trazer a noção de metodologia científica para dentro dos problemas da investigação, embora venha geralmente limitada a uma racionalidade científica natural, que muito constantemente tende a excluir a lógica das ciências sociais orientada a uma explicação finalista que interessa ao conceito típico do crime.

Assim, embora ampliando o horizonte do método para além da limitada redução formal da lei, a tradição criminalística acaba caindo em outra redução, ao abraçar as ciências como fundamento último legítimo, sem enfrentar seriamente as *questões epistemológicas* pressupostas na ideia de um conhecimento objetivo que se assume de forma ingênua, postulando virtudes cognitivas magníficas que a ciência não lhe pode efetivamente oferecer.

O problema, em suma, se reconduz ao fato de que os peritos não entendem seu papel reduzido no amplo campo da investigação criminal[23], a considerar que o crime como objeto de investigação não se reduz ontologicamente a uma entidade material, explicável apenas com base no raciocínio causal, tendo em conta seus elementos subjetivo e normativo, que exigem uma pouco mais das ciências sociais e especialmente do direito.

Assim, essa tradição acaba deixando para trás a necessária imbricação entre ciência e direito que se pressupõe no método da investigação criminal regulado pela legislação processual que lhe impõe restrições normativas à obtenção de prova, embora se possam encontrar exceções louváveis a tentar abarcar essa dupla dimensão, bem como a agregar as ciências sociais ao campo da prova testemunhal geralmente ignorada pela concepção técnico-pericial da criminalística. É, nesse sentido mais ampliado que se encontra a obra de Karl Zbindem, *Criminalística. Investigação Criminal*[24].

Os Manuais Técnicos da Tradição Policial

A tradição pragmática policial tende a reunir as duas perspectivas anteriores (jurídica e científica), mas limitada a uma abordagem tecnológica,

---

[23] A respeito dessa advertência, cf. P. J. van Koppen, O mau uso da psicologia em tribunal, *Psicologia e Justiça*, 2008.

[24] K. Zbindem, *Criminalística. Investigação Criminal*, 1957.

TEORIA DA INVESTIGAÇÃO CRIMINAL

cujo horizonte de máxima eficiência geralmente ignora as questões relativas à verdade e à justiça dos meios técnicos.

Primeiro, porque reduz a justificação do conhecimento a uma mera *descrição* do fato, conforme uma máxima superada de que "os fatos falam por si", não agregando questões relativas à *explicação* e *avaliação* metodológica da investigação; segundo, porque reduz o horizonte de legitimação do poder de investigar, na busca por meios legais cada vez mais amplos que lhes permitam agir em situações excepcionais. A seguir essa concepção teórica, enfatizando a virtude prática do investigador policial, orientada a resolver crimes específicos, há geralmente obras tradicionais de investigação limitadas metodologicamente a crimes específicos. Entre eles, encontram-se as obras de Charles Vanderbosch; William Dienstein; Luis F. Sotelo Regil; Maurice J. Fitzgerald; Herry Soderman; John O'Connel; Bento Garcia Domingues; Coriolano Nogueira Cobra[25].

Essa tradição teórica enfatiza geralmente os crimes contra a pessoa ou contra o patrimônio, cuja relevância não se pode negar, mas acaba criando a falsa impressão (conjugada com programas de televisão) de que o mundo da investigação criminal se resume aos homicídios, dolosos e consumado (crime material, cujos elementos probatórios são mais evidentes), em detrimento de outros crimes formais, de mera conduta, de perigo, omissivos, culposos e tentados, que compõem boa parte de crimes de competência das polícias judiciárias, sobretudo no âmbito federal. É, contudo, nessa tradição que podemos encontrar a percepção de que, embora orientada para "o conhecimento dos métodos ou processos de investigação criminal e seu melhor aproveitamento para a descoberta da verdade", percebe-se que é impossível indicar o método de investigação em qualquer caso[26]. Entrento, mesmo partindo da tentativa de estabelecer métodos específicos de investigação, é nessa tradição que se vai encontrar o esforço de estabelecer alguma metodologia geral de investigação, tratando de questões relati-

---

[25] C. Vanderboch, *Investigacion de delitos*, 1976; W. Dienstein, *Manual técnico del investigador policiaco*, 1965; L. F. Sotelo Regil, *La investigación del crimen: Un curso para el policía profesional*, 1974; M. J. Fitzgerald, *Handbook of criminal investigation*, 1951; H. Soderman, J. O'Connel, *Modern criminal investigation*, 1962; B. G. Domingues, *Investigação criminal: técnica e tática nos crimes contra as pessoas e contra os patrimônios*, 1963; Coriolano Nogueira Cobra, *Manual de Investigação Policial*, 1965.

[26] Nesse sentido, cf. B. G. Domingues, *Investigação Criminal*, 1963: "não é possível indicar de forma esgotante o que deverá fazer-se em todos os casos concretos ou o que há a fazer a respeito de um determinado crime"

vas não apenas à prova, mas antes e sobretudo relativas à lógica, buscando estabelecer estruturas mínimas de investigação que se reduzem a ações de (a) observação, colheita preliminar de informações e conhecimento das provas objetivas; (b) raciocínio, por dedução, indução e analogia, bem como intuições, presunções e hipóteses; e (c) verificação de hipóteses, visando à convicção de certeza[27]. Algumas outras obras chegam até a realizar uma conjugação das tradições jurídica e científica, no tratamento de diversos métodos de investigação previstos na legislação, segundo uma compreensão científica de suas potencialidades investigativas, tanto orientadas à identificação da autoridade, quanto da materialidade e circunstâncias do crime, mas, nesses casos, reduzindo sempre o horizonte do problema da investigação às necessidades práticas de profissionalização policial[28].

Essa tradição se fortalece ainda atualmente pelo maior incremento tecnológico, especialmente nos meios de comunicação, potencializando os meios de obtenção de provas especialmente ocultos, a permitir de forma indireta "confissões espontâneas" que antes exigiram o uso da força no modelo histórico de inquisição. Mas essa nova abordagem acaba instaurando outros problemas que passam a exigir discussões sérias sobre o valor da palavra em relação aos fatos investigados, bem como uma análise do contexto em que a comunicação se desenvolve no conjunto de outras tantas provas que se tornam necessárias a certos elementos do crime.

É certo, contudo, que avanços nessa tradição se tem observado em sentido multidisciplinar (jurídico, científico e gerencial), a exemplo do que podemos encontrar em obras como a de Francisco Anton Barberá e Juan Vicente Luis y Turegano, *Manual de Técnica Policial* entre outras[29]. Mas, mesmo avançando nesse sentido, essa tradição permanece no âmbito dos *problemas empíricos* da investigação criminal, ficando sempre à margem dos *problemas conceituais* que interessam mais diretamente a uma teoria da investigação criminal, como o pretendemos evidenciar.

---

[27] Nesse sentido, cf. C. N. Cobra, *Manual de Investigação Policial*. São Paulo: Escola de Polícia de São Paulo, 1965.

[28] Nesse sentido, cf. L. F. Sotelo Regil, *La investigación del crimen: Un curso para el policía profesional*, Mëxico, Limuasa. 1974

[29] A exemplo de J. Braz, *Investigação Criminal*, 2009; C. J. Santos, *Investigação criminal especial*, 2013; A. M. Barbosa, *Curso de Investigação Criminal*, 2014; S.. S. Sousa, *Investigação criminal cibernética*, 2015.

Os Problemas Empíricos e Conceituais da Investigação

As diversas tradições intelectuais da investigação criminal tendem a enfatizar os problemas empíricos da investigação, cada uma ao seu modo e segundo seus interesses específicos, segundo ontologias e metodologias diversas, mas há uma ordem de problemas conceituais pressupostos que interessa a uma teoria da investigação, cuja discussão nos permite melhor compreender aqueles outros problemas, pois nos dizem sob que condições eles são resolvidos.

O problema segundo a tradição jurídica, limitada à ideia de investigação de autoria e materialidade, conduz a uma redução inaceitável do objeto, pois há muito mais que se exige de uma investigação criminal, tendo em conta os diversos elementos de um crime segundo a definição conceitual da teoria analítica (material, subjetivo e normativo). Ademais, quanto à metodologia, essa tradição tende a limitar-se a uma descrição formal do procedimento legal, sem dar devida atenção ao caráter problemático da legitimação dos meios de obtenção de prova.

O problema segundo a tradição pericial, por sua vez, ainda partindo da ontologia tradicional jurídica, vem muito constantemente reduzido a uma questão de certeza, que se postula obter por uma capacidade extraordinária que se atribui à metodologia científica, sem maiores discussões sobre o caráter falseável da perícia, tendo em conta o problema de justificação do conhecimento na epistemologia.

O problema segundo a tradição policial, por fim, embora consiga ampliar as questões da investigação (que, quando, onde, por que e para que), inclusive estabelecendo um maior diálogo entre direito e ciência, acaba pondo a metodologia jurídica e científica a serviço da máxima eficiência investigativa, encarando o problema metodológico como mera obtenção e mera descrição do objeto (suposto na ideia de que "os fatos falam por si"), em que a legitimação se basta com o mero cumprimento da formalidade da lei.

A abordagem teórica dos problemas, contudo, partindo dos problemas práticos, pergunta-se pelas condições sob as quais esses problemas estão resolvidos. Há, em síntese, dois problemas que estão pressupostos em todas aquelas abordagens práticas da investigação criminal, a considerar que a investigação se deve compreender tanto como meio de aquisição de conhecimento, quanto como meio de exercício do poder. Assim, é necessário que a sua teoria se debata com dois problemas conceituais: *a) problema cognitivo de justificação*, que concerne às condições sob as quais a verdade do fim da investigação estará justificada, considerando as diversas concepções relativas às noções de *descrição, explicação, compreensão* e *valoração; b) problema potestativo de legitimação,* que concerne às condições sob as quais a justiça dos meios da investigação estará legitimada, considerando as diversas concepções relativas a uma legitimação formal (pelo mero respeito ao procedimento legal) ou material (pelo efetivo respeito a direitos processuais fundamentais).

3

A Abordagem Teórica dos Problemas da Investigação Criminal

A investigação criminal requer uma abordagem epistemológica, que possa enfrentar problemas teóricos relativos à verdade, à justificação probatória e ao método de legitimação do conhecimento do crime.

Tendo em conta a perspectiva teórica dos problemas da investigação, precisamos entender que uma *notitia criminis* não suscita apenas o reconhecimento de condições formais de abertura do inquérito. Ela suscita desde o início uma *dúvida primordial* que está no coração da epistemologia a pedir uma atitude intelectual que nos remete à clássica disputa entre ceticismo e dogmatismo, estendendo-se nas discussões atuais que se colocam pela teoria do conhecimento. Afinal, acerca da notícia que nos chega, podemos efetivamente conhecer algo? E se o podemos, o que podemos aceitar como *verdade* e por que razões? Em outras palavras, que provas temos ou podemos obter? E, sobretudo, por quais *métodos*?

Mas o método não se resume apenas a reconhecer teorias científicas que se podem aplicar por perícias. Essas questões, que pertencem originariamente à teoria (geral ou científica) do conhecimento, acabam assumindo uma feição especificamente jurídica na investigação, porque nesta o objeto e o método vêm disciplinados legalmente pelo conceito típico do crime (direito penal) e pelo procedimento do inquérito (direito processual penal), tendo na *prova criminal* um papel concentrador tanto do problema da justificação cognitiva da verdade, quanto do problema da legitimação potestativa do método, o que faz da teoria da investigação criminal uma epistemologia do processo penal. Mas essa epistemologia processual precisa entender-se segundo uma concepção renovada da epis-

TEORIA DA INVESTIGAÇÃO CRIMINAL

temologia clássica para abranger as questões sócio-políticas do conhecimento, que interessam muito seriamente à investigação criminal e sua teoria jurídico-científica.

A Epistemologia Clássica e as Objeções de Gettier

A epistemologia clássica, desde a concepção do *Teeteto* de Platão, considerava o *conhecimento como crença verdadeira e justificada*[30], enfatizando mais o saber conclusivo de uma proposição, em detrimento do caminho percorrido para a sua obtenção. Essa perspectiva, contudo, nos sonega muito do que interessa ao conhecimento, sobretudo quando temos em conta o âmbito de saberes práticos, a exemplo das questões penais às quais uma investigação criminal se destina. Ao direito processual penal interessa não apenas o fim, mas antes e sobretudo os meios de que se utiliza uma investigação criminal. Encontram-se, portanto, nesse contexto prático de conhecimento, várias situações em que uma crença verdadeira e justificada não se aceita como fundamento de uma sentença condenatória, a exemplo do que podemos encontrar no conteúdo de uma interceptação telefônica não autorizada judicialmente. Assim, epistemicamente, por mais verdadeira que seja e justificada por uma prova, parece faltar algo que faça dela um conhecimento válido no contexto jurídico-penal em que se propõe. As diversas razões que se encontram no direito processual penal contemporâneo, no âmbito das questões relativas às proibições probatórias, parecem nos sugerir que há algo mais além das condições da clássica definição tripartite do conhecimento. E mesmo no âmbito da epistemologia geral, a partir dos "problemas de Gettier", tem-se suscitado se não haveria a exigência de algo mais necessário ao conceito do conhecimento.

Embora não nos devamos empenhar na solução desses problemas para a epistemologia em geral, eles são relevantes porque nos permite compreender melhor a questão do conhecimento no processo penal. O problema que Edmond Gettier suscita decorre de dois exemplos, entre os quais um se pode resumir nos seguintes termos: Smith e Jones disputam uma vaga de emprego; (a) Smith sabe que Jones será escolhido porque o presidente

---

[30] Em Platão, *Teeteto*, 201c-d, lê-se: "...o saber é opinião verdadeira acompanhada de explicação...". D. O'Brien, *Introdução à teoria do conhecimento*, 2006, p. 36, apresenta-nos a tradução: "...a crença verdadeira acompanhada de uma explicação racional é conhecimento...". Na fórmula proposta por Edmund L. Gettier: S conhece P, se e somente se, (i) P é verdadeiro; (ii) S acredita que P; e (iii) S está justificado em acreditar que P.

da empresa o disse; (b) Smith conta dez moedas no bolso de Jones e conclui que (c) "quem vai conseguir o emprego tem dez moedas no bolso". Contudo, quem consegue o emprego é o próprio Smith, que ao final constatou ter também dez moedas no bolso, confirmando seu conhecimento propositivo, embora seja falsa a premissa (a) e a premissa (b) seja igualmente verdadeira para o próprio Smith[31].

Esses problemas suscitaram algumas várias respostas que passaram a admitir a necessidade de uma quarta condição para a existência e aceitação do conhecimento[32]. Entre as mais proeminentes que alcançaram maior repercussão, encontra-se *a teoria causal* de Alvin Goldmann, sustentando que deve existir um elo causal entre o conhecimento e o que justifica a crença verdadeira[33]. Jonathan Dancy, contudo, sem descartar a teoria causal, prefere considerar que a suposta quarta condição é na verdade uma teoria causal da justificação, ou seja, uma especificação sobre que tipo de justificação esperamos ter[34]. Essa é uma concepção que se mantém tripartite para apenas especificar o tipo de justificação que se requer da verdade. Nesse sentido, pode-se entender inclusive a teoria da anulabilidade em que se exige que a justificação garantidora do conhecimento não seja anulada[35]. Trata-se, em suma, de definir que tipo de justificação esperamos ter para que um conhecimento se possa considerar aceitável. Essa concepção é especialmente relevante por nos permitir entender que o conhecimento produzido por uma investigação criminal somente é aceitável ao processo penal como conhecimento sob condição de que a justificação seja aceitável e não anulada por razões cognitivas.

Mas, no caso do processo penal, há de fato uma questão a mais, pois é possível que exista conhecimento em condições epistêmicas suficientes de justificação, mas ainda assim ser possível descartá-lo como conhecimento

---

[31] Há um segundo exemplo que se pode conferir em E. Gettier, Is Justified True Belief Knowledge?, *Analysis, vol. 23*, n. 6, 1963, pp. 121-123.

[32] Cf. J. Dancy, *Epistemologia contemporânea*, 2002, p. 44ss, em que se podem encontrar as teorias da anulabilidade, da fiabilidade e das razões convincentes.

[33] A. I. Goldmann, A Causal Theory Knowing, *The Journal of Philosophy*, Vol. 64, No. 12 (Jun. 22, 1967), pp. 357-372.

[34] J. Dancy, *Epistemologia contemporânea*, p. 53: "Qualquer proposta que seja equivalente a uma nova teoria da justificação pode conseguir mostrar que nos casos de Gettier as crenças verdadeiras pertinentes não eram de todo justificadas".

[35] Essa é uma interpretação que faz P. K. Moser [et al.], *A teoria do conhecimento: uma introdução temática*, 2009, p. 107.

suficiente para uma condenação penal. O processo penal nos exige, efetivamente, uma teoria do conhecimento que, além de qualquer especificação sobre o tipo de justificação, traga uma discussão séria sobre a legitimação dos meios utilizados para a obtenção do conhecimento que vão além de razões cognitivas. Pode-se falar, dessa forma, apropriadamente, em uma epistemologia especial que, sem abandonar ou contrariar completamente a epistemologia geral, tem algumas questões específicas a colocar[36]. Devemos, assim, falar em um quatro elemento, para admitir que *o conhecimento é uma crença verdadeira, justificada (cognitivamente) e legitimada (potestivamente)*. Essa é a nossa concepção de conhecimento que se presta muito especificamente a uma teoria da investigação, sobretudo em matéria criminal.

Pode-se, é claro, objetar que esse outro elemento que estamos a considerar como elemento da crença não se refere ao saber produzido no processo, mas ao poder que se exerce nele. E de fato, não se deve desvirtuar essa realidade. Parte do que entra nessa qualificação da crença tem relação com o exercício do poder que se reconduz ao problema geral da legitimação. Mas é relevante insistir na compreensão de que aqui há uma imbricação inextricável entre justificação do saber e legitimação do poder. Afinal, trata-se do exercício do poder que se dirige a produzir um saber, que se dirige segundo certos métodos e técnicas orientados à obtenção de razões (provas) que vão justificar o conhecimento propositivo final. E acreditar que se pode efetivamente desvincular essa forma de obtenção do saber do seu resultado é exatamente uma forma típica de epistemologia clássica que precisamos evitar na análise das relações entre verdade e justiça na epistemologia do processo penal, que tem na atividade de investigação criminal sua essência.

É precisamente esse tipo de epistemologia que a doutrina jurídica tradicional tem utilizado, ao tentar excluir do processo penal a atividade de investigação criminal, confinando-a na fase do inquérito, cuja função vem limitada a mera peça informativa da acusação. Trata-se de uma epistemologia que tende a ocultar as objeções suscitadas pela sociologia do conhecimento e não tem levado a sério as questões ético-políticas imprescindíveis a uma devida investigação criminal. E é contra essa epistemologia que se opõe uma teoria jurídico-científica da investigação criminal.

---

[36] Isso é o que acontece com a epistemologia específica da ciência, como o admite A. Keller, *Teoria geral do conhecimento*, 2009, p. 213ss.

As Objeções Sociológicas e Psicológicas ao Conhecimento

A sociologia do conhecimento, em sua concepção originária, chama-nos a atenção para "determinantes políticos e sociais do conhecimento"[37]. Ela argumenta que o pensamento, não apenas científico, mas sobretudo o social e político, opera em uma atmosfera socialmente condicionada, influenciada por elementos inconscientes e subconscientes, que permanecem escondidos ao observador[38]. Ela pretende sustentar que a estrutura da consciência, da percepção, das ideias, do pensamento e do conhecimento está determinada pela estrutura dos grupos humanos pelos quais são produzidas[39].

Apesar das críticas que se podem fazer à concepção originária da sociologia do conhecimento que viria mesmo a ser reelaborada pelo próprio Karl Mannheim[40], há algo que não se pode ignorar quanto à sua constatação no que interessa ao processo penal[41]. O conhecimento do crime que é produzido por meio da investigação criminal está não determinado, mas condicionado pela posição que ocupa o sujeito responsável pela pesquisa no processo penal. É necessário compreender que podem resultar investigações criminais diferentes, conforme estas se realizem por sujeitos processuais parciais, como a acusação e a defesa, ou por sujeitos processuais imparciais, como o juiz ou a polícia judiciária. Mas não se pode cair na ingenuidade de pensar que em algum caso certos sujeitos estariam livres de condicionamentos, embora estes possam ser diferentes em cada caso.

Não nos interessa aqui, contudo, inventariar os diversos fatores que podem condicionar essa produção de conhecimento conforme os diversos sujeitos. Isso seria um exercício típico de sociologia do conhecimento processual penal a que não nos vamos dedicar. Interessa-nos, no entanto, compreender como nos é possível enfrentar essas condicionantes. E nesse ponto é que a concepção originária parece ter se equivocado, ao depositar

---

[37] K. Mannheim, *Ideologia e utopia*, 1982, p. 220.

[38] Nesse sentido, K. Popper, *A sociedade aberta e seus inimigos, Tomo 2*, 1987, p. 220.

[39] Nesse sentido, N. Elias, Sociologia do conhecimento: novas perspectivas, *Sociedade e Estado*, v. 23, n. 3, 2008, p. 515-554.

[40] A concepção originária de que falamos encontra-se na primeira edição alemã de K. Mannheim, *Ideologie und utopie*, 1929, que viria a sofrer algumas alterações com a primeira edição inglesa de 1960 (*Ideology and utopia*), à qual Mannheim faz anteceder um primeiro capítulo totalmente novo, no qual reformula pontos essenciais que viriam a conformar-se melhor com críticas que se podem encontrar tanto em Karl Popper, quanto em Norbert Elias, cujas concepções nos parecem ser mais adequadas à compreensão do problema.

[41] Cf. E. R. Zaffaroni, Sociologia do processo penal, *Criminalia*, 1968, p. 546.

TEORIA DA INVESTIGAÇÃO CRIMINAL

em uma classe qualificada de pessoas a função primordial de depurar o conhecimento acima de certas classes subalternas de sujeitos cognitivos[42]. Essa é certamente a maior crítica que se pode fazer à concepção originária de Mannheim, que no processo penal nos levaria inequivocamente para uma teoria autoritária do processo penal, fundada na capacidade de uma classe especialmente organizada para esta função e dotada de uma qualidade especial, o que nos remete ao mito do bom poder, que aposta na boa vontade ética e na independência política de certos sujeitos para realizar investigações criminais absolutamente isentas de qualquer interesse. Esse discurso equivocado se encontra subjacente sempre que algum órgão específico postula a direção da investigação criminal, em substituição a outro, independentemente de qualquer mecanismo de controle intersubjetivo a que se submeta. Assim, incorre nesse erro, quando se suscitam os condicionamentos de um juiz instrutor sem atentar para os mesmos condicionamentos de um órgão de acusação.

A questão fundamental da sociologia do conhecimento é que ela nos descreve uma situação de coisas inevitável, pois todos nós partimos de algum espaço-tempo, de uma cultura, de uma cosmovisão, de pré-conceitos que compõem nosso instrumento categorial de pensamento. É nossa condição humana irremediável, que também a psicologia do conhecimento tem adequadamente observado[43]. No entanto, também nos é inevitável estar à procura de conhecimento, sempre de um conhecimento melhor. Mas a solução de entregar o desvencilhamento desses condicionamentos a uma suposta *intelligentsia* revela uma contradição teórica inaceitável.

Nobert Elias parece ter uma melhor solução para esse problema, sustentando que é necessária uma concepção do conhecimento que abandone tanto o dualismo estático entre subjetivo e objetivo, quanto o individualismo gnosiológico que considera o conhecimento como atividade de um único sujeito[44].

O processo de conhecimento pode ser compreendido segundo três modelos, conforme a relação que se entenda estabelecer entre sujeito e objeto. Podemos chamar a esses modelos de *objetivista*, *subjetivista* e *inte-*

---

[42] Na linguagem de K. Mannheim, *Ideologia e utopia,* 1982, p. 38: "Chamamos tais grupos de *intelligentsia*"

[43] A respeito, cf. P. Kinderman, *As novas leis da psciologia,* 2018.

[44] N. Elias, Sociologia do conhecimento: novas perspectivas, 2008, p. 541ss.

racionista. No primeiro modelo (objetivismo passivo), "o objeto do conhecimento atua sobre um aparelho perceptivo do sujeito que é um agente passivo, contemplativo e receptivo".[45] Trata-se de uma construção mecanicista do conhecimento, em que predomina o objeto. No segundo modelo (subjetivismo ativista), ao contrário, considera-se que há predominância do sujeito sobre o objeto, embora se reconheça não ser de forma exclusiva, mas é o sujeito que predomina. No terceiro modelo (interacionismo), substitui-se o "princípio de preponderância" pelo "princípio da interação". O sujeito tem ainda um papel ativo, embora igualmente condicionado por vários fatores, sobretudo algumas determinações sociais que influem na visão social da realidade[46].

Reconhece-se pelo modelo de conhecimento interacionista que o homem é um conjunto de relações, sujeito não apenas a determinações biológicas, mas também sociais, que lhe vão condicionar a subjetividade psicológica. Só esse homem concreto, em sua complexidade biológica e social, é o sujeito concreto da relação cognitiva. Torna-se evidente que o conhecimento não pode ser passivo; ele é um "conjunto de relações sociais", que comporta fatores de domínios diversos relevantes ao conhecimento: uma cosmovisão, uma linguagem conceitual, um sistema de valores. O estudo e demonstração desses condicionamentos têm sido objeto da sociologia do conhecimento, que se poderiam estender por uma sociologia do conhecimento processual penal[47]. Mas essa é ainda uma concepção individualista do conhecimento, que tem sentido na dimensão psicológica do sujeito cognoscente[48].

Norbert Elias, contudo, alçando a discussão a uma dimensão sociológica, contrariando a concepção dualista entre subjetivo e objetivo, bem como a concepção individualista, observa que é necessário um outro paradigma mais adequado para a compreensão do conhecimento como "um

---

[45] K. Popper, *Conhecimento objetivo*, 1999, p. 313-332, chama essa concepção de "teoria do balde mental".

[46] A. Schaff, *Verdade e história*, 2000, p. 63.

[47] A respeito, cf. E. R. Zaffaroni, "Sociologia do processo penal", *Criminalia*, 1968.

[48] Mais especificamente, P. Kindermann, *As novas leis da psciologia*, 2018, p. 102, assim enuncia as leis: "Lei 1. Nossos pensamentos, emoções e comportamentos (e, portanto, nosso bem-estar e nossa saúde mental) são, em grande parte, determinados pelas formas como compreendemos o mundo; Lei 2. Nossa forma de compreender o mundo é, em grande parte, determinada por nossas experiências e nossa criação".

TEORIA DA INVESTIGAÇÃO CRIMINAL

processo que supera a duração de uma vida e a capacidade de descoberta de um indivíduo". Superando, assim, a concepção individual e psicológica do conhecimento, precisamos compreender que se trata de um processo cujos sujeitos são grupos de pessoas que se seguem a gerações de outros tantos grupos[49]. A verdade do conhecimento, nesse sentido, decorre de um longo processo de construção. É claro que aqui podemos inserir, no âmbito da discussão sociológica do conhecimento, aquela mesma distinção que faz Fernand Braudel acerca dos níveis do discurso histórico, para admitir construção de conhecimentos em longa, média e curta duração[50]. Mas assim como mesmo uma história factual requer a congregação de esforços múltiplos, não se pode sonegar ao conhecimento em geral a necessária participação de vários sujeitos.

O conhecimento, nesse sentido, equivale a uma atividade que se desenvolve como processo social contínuo, cuja verdade inteira é a soma de verdades parciais, cuja objetividade decorre de uma intersubjetividade[51]. A objetividade da verdade no conhecimento, portanto, deve ser entendida como uma hipótese do trabalho do investigador (como atividade individual) e uma síntese que ele tende a construir dos fatos observados, mas que se insere em um processo coletivo, que somente se completa pela participação de outros tantos sujeitos. Karl Popper já havia chamado a atenção para esse aspecto social do método científico, criticando a ideia equivocada de ver a objetividade científica no objeto ou no olhar objetivo do pesquisador. A imparcialidade individual é, portanto, resultado do caráter social e público do método científico, organizado institucionalmente[52]. Objetividade, portanto, equivale a intersubjetividade[53]. Assim, apenas se pode superar a subjetividade individual pelo processo social coletivo em que outros sujeitos inserem seu elemento subjetivo de ponderação. É insuprimível o fator subjetivo, mas é somente pela consciência de sua existência que podemos nos acautelar em relação a ele, ao que se exige colocar o conhecimento na perspectiva do controle público recíproco ao longo do tempo.

---

[49] N. Elias, Sociologia do conhecimento: novas perspectivas, 2008, p. 545.

[50] F. Braudel, *Escritos sobre a História*, 1978, p. 104ss.

[51] A. Schaff, *Verdade e história*, 200, p. 72, p. 75

[52] K. Popper, *A sociedade aberta e seus inimigos*, pp. 225-227.

[53] A. Schaff, *Verdade e história*, p. 235; K. Popper, *Lógica da pesquisa científica*, 1975, p. 46; K. Popper, *A sociedade aberta e seus inimigos*, p. 225: "Pode-se definir a objetividade científica como a inter-subjetividade do método científico".

O problema da investigação criminal é que ela não se pode delongar por toda a vida, à espera de refutações tardias ou corroborações atrasadas, tampouco se pode abrir ao controle público do seu método sem anular-se. Mas aquela intersubjetividade precisa, de alguma forma, ser garantida por estruturas funcionais no processo de investigação se não queremos permanecer numa epistemologia que insiste num método incapaz de assegurar a verdade. O crime como objeto de conhecimento é uma construção investigativo-processual que deve superar uma concepção dualista estática entre objeto e sujeito, bem como a concepção individualista cognitiva, se queremos levar a sério o problema que a sociologia do conhecimento nos põe no contexto de descoberta do processo penal.

Isso é precisamente o que o princípio do contraditório, em suas razões históricas fundamentais, parece almejar epistemicamente no processo penal, antes de um qualquer enquadramento exclusivamente jurídico[54]. É sua presença que assegura uma intersubjetividade dialógica e simultânea, permitindo que se estabeleça no processo penal uma condição epistemológica científica que se encontra na ideia de falseabilidade. Encontrar formas de assegurar essa condição epistemológica é o grande problema do processo penal em sua perspectiva cognitiva, mas esse problema se põe precisamente no âmbito da investigação criminal, nos casos em que o contraditório se tem considerado impraticável nos moldes que o direito processual o admite.

Uma forma de assegurá-lo pode ser estabelecer etapas mais numerosas de filtros cognitivos, em que vários sujeitos possam intervir na construção crescente do conhecimento, em que cada etapa tenha que considerar dados evidentes da etapa anterior. Isso é o que se assegura com uma etapa de investigação anterior ao debate e julgamento das provas. Temos assim uma intersubjetividade sucessiva. Mas uma técnica de fases sucessivas evidentemente está na contramão da eficiência do sistema penal, sobretudo se tiver que assegurar iguais condições e tempo que a fase anterior, pois lhe impõe a redução da velocidade de resposta ao problema criminal.

Ademais, se essa etapa é procedida apenas por uma parte dos interessados, como ocorre nos modelos de investigação dirigida pelo órgão oficial de acusação, inevitavelmente ela se torna prejudicada pela falta de

---

[54] Nesse sentido, cf N. Guzmán, *La verdad en el proceso penal: una contribución a la epistemologia jurídica*, 2006, p. 149.

intersubjetividade dialógica desde o início, reduzindo sua capacidade de solução epistemicamente fundada. Teremos menos certeza do crime e de sua autoria, porque toda a busca da prova esteve orientada a fundamentar uma acusação, sem levar em conta as hipóteses de defesa.

Essa introdução, contudo, não se presta imediatamente a resolver esse problema, embora seja objeto de uma teoria da investigação criminal apresentar modelos alternativos possíveis de solução à objeção sociológica do conhecimento investigativo-processual, o que deixaremos para enfrentar ao final em nosso último capítulo.

O importante de toda essa questão, em síntese e por ora, é chamar a atenção para o fato de que no método investigativo-processual de descoberta da verdade, considerado de uma perspectiva sociológica do conhecimento, não se pode deixar de levar em conta o problema do poder e sua necessária limitação. É necessário que tenhamos em conta, no conhecimento do crime, que a sua epistemologia requer algo mais além da justificação epistêmica, embora sejam ainda razões epistemológicas que legitimam a concepção política que divide funções entre diversos sujeitos visando a garantir uma melhor intersubjetividade do conhecimento como método de conformação do poder[55].

Tudo está a confirmar que a tecnologia social adequada para enfrentar as objeções sociológicas ao conhecimento é exatamente submeter a investigação criminal a sua institucionalização jurídica como processo penal, reconhecendo-a como parte do processo penal, cujos princípios se devem entender como garantias não apenas de liberdade e igualdade, mas também e sobretudo de verdade[56].

As Objeções Políticas e Éticas ao Conhecimento

É, portanto, irrecusável evidenciar o papel do poder dentro da teoria do conhecimento, bem como dos valores ético-políticos que o condicionam e refletem-se na construção dos saberes observados na vida cotidiana, no contexto das relações sócio-políticas, sobretudo em casos como a investigação criminal que funciona no âmbito de uma ideologia penal.

---

[55] Cf. "las razones epistemológicas de la conveniencia de la separacion de funciones", em N. Guzmán, *La verdad en el proceso penal*, 2006, p. 189ss.
[56] Nesse sentido, cf. L. Ferrajoli, *Diritto e ragione*, 2008, p. 619ss.

A ABORDAGEM TEÓRICA DOS PROBLEMAS DA INVESTIGAÇÃO CRIMINAL

Michel Foucault a esse respeito tem razão quando adverte que, "se quisermos realmente conhecer o conhecimento, saber o que ele é, apreendê-lo em sua raiz, em sua fabricação, devemos nos aproximar, não dos filósofos, mas dos políticos, devemos compreender quais são as relações de luta e de poder"[57]. Mas é importante entender que Foucault não pretende considerar as condições políticas como obstáculos ao sujeito do conhecimento, destinados a serem superados, mas sim como o solo sobre e a partir do qual se constitui os domínios de saber[58]. Ele pretende refutar o que considera um mito platônico do saber desvinculado do poder, em que o ideal de conhecimento se alcança livre das relações sócio-políticas de poder[59].

É essa mesma concepção que se retoma por Luigi Ferrajoli, ao tratar do "juízo penal" como saber-poder, como produto do exercício de funções jurisdicionais que se desenvolve por procedimento específicos denominados "processos"[60]. Esse juízo possui uma natureza dúplice, pois é, inicialmente, uma atividade pelo menos tendencialmente cognitiva, destinada à comprovação de fatos e de direitos, mas é, igualmente, uma decisão prática que, em virtude dos efeitos que pode produzir, equivale a um exercício de poder. O problema da verdade no juízo penal, portanto, não é nunca apenas um problema epistemológico, mas também um problema de filosofia política, havendo um vínculo inextricável entre verdade judicial e legitimação da jurisdição[61].

Assim, embora tenham um grande valor científico as teorias que se têm interessado pela dimensão epistêmica do processo, em sua forma purificada, não nos é possível entender o processo penal em sua estrutura completa, se não o compreendermos como saber e poder[62]. Afinal, as relações (entre saber e poder) são tais que dificilmente se podem dissociar as con-

---

[57] M. Foucault, *A verdade e as formas jurídicas*, 2002, p. 31, atribui a Nietzsche essa teoria do conhecimento, embora muito dela seja sua própria concepção.

[58] M. Foucault, *A verdade e as formas jurídicas*, 2002, p. 34.

[59] M. Foucault, *A verdade e as formas jurídicas*, 2002, p. 56.

[60] A noção de juízo, em Ferrajoli, retoma uma tradição processual italiana, como a que se encontra em F. Carrara, *Programa do curso de direito criminal, II*, 1957, p. 279: "no sentido ideológico, a palavra juízo exprime a operação intelectual com que o homem reúne suas ideias para extrair delas uma proposição".

[61] L. Ferrajoli, *Epistemología jurídica y garantismo*, 2004, p. 231ss; L. Ferrajoli, *Diritto e ragione*, 2008, p. 18.

[62] Cf. M. Taruffo, *Uma simples verdade: o juiz e a construção do fato*, 2012, sobre as relações entre "epistemologia e ideologia", ao observar que "a descoberta da verdade é um fim essencial do

dições políticas das questões epistemológicas que concernem ao processo penal. Os sujeitos de conhecimento que atuam no processo e as condições de verdade processual somente existem e se definem sob certas condições políticas que se tornam como que o solo possível de desenvolvimento do sujeito e da verdade[63].

Toda essa questão acaba nos remetendo ao domínio dos valores que se exigem no processo penal, não apenas na fase de discussão probatória em julgamento, mas desde logo na fase de inquérito em investigação. É necessário entender que toda e qualquer investigação, seja ela ordinária, científica ou criminal, está embebida de valores, tanto epistêmicos quanto não-epistêmicos. E a proeminência de um sobre os outros depende do tipo de problema que temos a resolver. No processo penal, a verdade como valor epistêmico, embora tenha um papel fundamental no condicionamento de certos fins, não tem proeminência sobre os meios de que se utiliza. Ela cede racionalmente a outros valores, sempre que existem razões suficientes para que assim se escolham. Há uma racionalidade diversa, mas há ainda uma racionalidade, em que o contexto de justificação cognitiva não se liberta do contexto de descoberta, e este se conecta com o problema da legitimação potestativa.

Essa não é, contudo, uma concepção exclusiva de uma epistemologia investigativo-processual. Tem-se admitido, na epistemologia geral, uma teoria ética das virtudes, que inclui tanto virtudes intelectuais quanto morais, com o objetivo de oferecer uma explicação unificada sobre a moralidade das crenças e das ações[64]. E mesmo na epistemologia científica, observou-se que a atividade científica é influenciada por valores epistêmicos e não-epistêmicos que são satisfeitos em maior ou menor grau[65]. Essas concepções, acertadamente, reduzem a verdade, como valor epistêmico supremo, a um valor entre outros, que se põe em relação com outros[66]. Mas essa relação

---

processo e uma condição necessária para a justiça da decisão, mas não é o único fim que o processo persegue".

[63] Nesse sentido, cf. M. Foucault, *A verdade e as formas jurídicas*, 2002, Conferência 1, p. 7ss; em sentido similar, cf. L. Ferrajoli, *Epistemologia juridica y garantismo*, 2004, p. 232.

[64] Cf. L. Zagzebski, O que é conhecimento?, *Compêndio de epistemologia*, 2008, p. 177.

[65] J. Echeverría, *Introdução à metodologia da ciência*, 2003, p. 315; cf. também L. H. Araújo Dutra, *Inrodução à teoria da ciência*, 2009, p. 132.

[66] Uma discussão abrangente nesse sentido se pode encontrar em H. Lacey, *Valores e atividade científica I*, 2008; H. Putnam, *O colapso da verdade e outros ensaios*, 2008.

entre valores vai resultar na proeminência do justo sobre o verdadeiro, pois, segundo Paul Ricoeur, "o justo arregimenta de alguma maneira o verdadeiro em sua circunscrição"[67]. E o processo penal é uma dessas circunscrições, na qual a investigação criminal ocupa uma posição central[68], a exigir uma epistemologia distinta da teoria clássica do conhecimento.

A Teoria da Investigação como Epistemologia Processual

A teoria da investigação criminal é, em suma, uma epistemologia do processo penal, que se interessa por aspectos pragmáticos da obtenção do conhecimento, no que se revelam questões relativas à sua legitimação política, diversamente da epistemologia clássica.

O que a epistemologia clássica sustenta é uma concepção lógica do conhecimento propositivo, baseada na ideia de que existe uma lógica ante--humana, estática e conclusiva, desvinculada de uma concepção pragmática do conhecimento. É isso que John Dewey, antes mesmo de Gettier, pretendia refutar com sua concepção da lógica como resultado da atividade pragmática da investigação[69]. A sua teoria da investigação é importante por nos oferecer bases epistemológicas mais condizentes com investigações reais como a investigação criminal, permitindo-nos entender que a construção do conhecimento por investigação decorre de um saber situado em contexto de problemas práticos. A sua epistemologia centrada na investigação, na atividade de construção do conhecimento, é certamente a mais adequada para estabelecermos os fundamentos jurídico-científicos da investigação criminal.

Afinal, a prova em processo penal nos interessa não apenas pelo que de conclusivo ela nos pode oferecer sobre o conhecimento do crime, mas pelo fato de que essas provas decorrem de uma investigação juridicamente controlada que a fundamenta. É nesse sentido que John Dewey considera o conhecimento como uma assertabilidade garantida pela investigação[70],

---

[67] P. Ricoeur, *O justo 2*, 2008, pp. 64 e 78. Em outras palavras, "a verdade, ..., só encerra o percurso constitutivo de seu sentido com o socorro da justiça".

[68] Cf. nosso E. S. Pereira, *Investigação, verdade e justiça*, 2014, p. 13.

[69] J. Dewey, *Logica: teoria de la investigación*, 1950, cujo original inglês (*Logic: the theory of inquiry*) é de 1938.

[70] J. Dewey, *Logica: Teoria de la investigación*, 1950, p. 137: "...si el conocimiento se halla relacionado con la investigación como su produto garantizadamente asertible y si la investigación es progressiva y temporal, entonces la matéria investigada revela propriedades distintas que necessitam ser designadas con nombres diferentes".

com o que se evidencia a relevância do caminho, da investigação, para a chegada ao conhecimento. Dewey atribui uma importância muito grande à investigação anterior à asserção, como o meio pelo qual se garante o conhecimento final. Nesses termos, considerando a investigação criminal, a noção de assertabilidade garantida, que se pode aplicar ao conhecimento que se produz ao final do processo penal, deve ter em conta a investigação pela qual esse conhecimento foi construído, para que seja garantido não apenas por meios confiáveis de obtenção da verdade, mas por meios que incluem a garantia de que não foram produzidas ofensas inaceitáveis a direitos. Que direitos são esses, isso é coisa que concerne a outro momento de discussão, mas por ora o que nos interessa é trazer para a noção de asserção garantida como produto de uma investigação a garantia de que o poder não submeta outros valores relevantes a seu objetivo de verdade nem exceda a sua real capacidade de verdade.

A compreensão da investigação criminal na perspectiva do poder, portanto, não pode deixar de considerar as condicionantes ético-políticas que esse poder deve ter no processo de conhecimento do crime. Isto, é claro, subverte a concepção epistemológica tradicional, ao trazer para o âmbito do conhecimento elementos que estão no campo da ética e política. Mas uma abordagem da investigação como pesquisa histórica e sociologicamente condicionada parece nos dar motivos suficientes para assim proceder. Em outros termos, implica dizer que a verdade é justificada com base em provas que se obtiveram por meios válidos tanto cognitiva quanto potestivamente.

Não estamos, contudo, a sugerir que Dewey tenha concebido a noção de assertabilidade garantida com esse sentido que lhe atribuímos, ao incluir na tutela da garantia não apenas a verdade, mas também a liberdade e igualdade. Essa extensão atribuída não pretende ser uma interpretação da concepção de Dewey, mas um acréscimo deliberado que fazemos a sua teoria aplicada ao âmbito de uma investigação criminal. Mas não se pode ignorar que Dewey teve grandes inspirações em procedimentos jurídicos na concepção de sua teoria da investigação[71]. E, a esse respeito, é relevante ter em conta que, em 1937, ano que antecede a publicação da "Teoria da Investigação", Dewey liderou no México a comissão que investigou as acu-

---

[71] C. De Waal, *Sobre o pragmatismo*, 2007, p. 170: "Parece que a inspiração primordial de Dewey veio da linguagem e dos procedimentos jurídicos".

sações de conspiração feitas pelos soviéticos a Leon Trotsky. É, por isso, que sua concepção de investigação encontra sem dificuldades uma similaridade muito grande na investigação criminal, a justificar sua assimilação ao contexto jurídico.

A teoria de Dewey, portanto, nos permite entender como é possível que uma investigação criminal se oriente por princípios jurídicos que podem aparentemente negar uma racionalidade puramente epistêmica para abrir-se a uma racionalidade mais ampla que envolve valores não-epistêmicos. É nesse espaço que se podem compreender os princípios jurídicos como diretrizes de racionalidade de uma investigação criminal, não como axiomas de um sistema fechado, mas como postulados de um sistema aberto que continuamente podem aperfeiçoar-se[72]. Eles representam sínteses de soluções possíveis aos problemas conceituais da investigação criminal, segundo uma racionalidade que postula uma justificação cognitiva e uma legitimação potestativa, como as melhores diretrizes que temos acumulado nas experiências jurídicas da história das instituições processuais penais, constituindo fundamentos jurídico-científicos de uma teoria da investigação criminal.

---

[72] Acerca da distinção entre axioma e postulado, cf. N. Abbagnano, *Dicionario de Filosofia*, 2007, p. 116, p. 915; em especial, cf. J. Dewey, *Logica*, 1950, p. 23: "Considera-se que os axiomas são postulados, nem verdadeiros nem falsos em si mesmo, e que seu sentido se determina pelas consequências que se seguem das relações que guardem entre si. Permite-se e até se aconselha a máxima liberdade para formular postulados, libertade submetida à única condição de que tais postulados se encontrem cheios de consequências implícitas fecundas".

II
CONCEITO

4
Investigação Criminal, Fins e Meios

A investigação criminal é pesquisa processualmente orientada a estabelecer a verdade fática acerca de uma lesão penalmente relevante a um bem jurídico decorrente de conduta humana, ao passo que interpretações acerca da verdade jurídica se vão constituindo por diversos sujeitos processuais.

É pesquisa que se faz a partir de uma hipótese típico-legal (direito penal) e segundo formas delimitadas juridicamente (direito processual penal). É atividade que, embora esteja geralmente concentrada no inquérito, não se limita apenas a esta fase do processo penal, pois pode se estender por todas as demais fases processuais. É, sobretudo, a atividade processual que se destina à justificação probatória (verdade fática), antes que se faça a subsunção dos fatos à norma penal (verdade jurídica), mas ao passo que se vai investigando, interpretações não definitivas são necessárias. Investigação e interpretação, portanto, não são atividades estanques que se realizam sucessivamente, mas simultaneamente, embora sem definitividade, até que se chegue a uma sentença penal. E é nesse caminho que vários sujeitos processuais, parciais e imparciais, intervêm com pesquisas de naturezas diversas que se complementam, mas que também se podem contradizer.

A verdade, contudo, é apenas uma condição necessária, imprescindível é certo, mas não suficiente para legitimar as ações de pesquisa, em todas as suas formas, a considerar que a justiça processual reivindica da verdade a proeminência axiológica no conjunto dos valores em jogo. São os meios, portanto, não os fins, que justificam a investigação criminal, salvo se a ela pudermos atribuir fins outros além da busca da verdade, o que faz desta verdade um valor dependente de outros valores concorrentes. Se ao direito

TEORIA DA INVESTIGAÇÃO CRIMINAL

se impõe a prevenção de conflitos, ou sua solução posterior sem recurso à violência, como forma de promover a paz, não pode a investigação criminal, na busca por uma verdade, produzir mais problemas além do que tem a resolver, ou mesmo agravá-los.

O escopo da investigação criminal, nesse sentido, é a solução de problemas por meios menos gravosos a direitos fundamentais. A maior eficiência da investigação criminal, portanto, não estará no aumento do poder com uma cada vez maior restrição de direitos, mas no aumento do saber com uma cada vez menor restrição de direitos, o que corresponde ao sentido de um aperfeiçoamento da investigação criminal, nas sociedades políticas cuja forma de Estado de Direito postula a proeminência da dignidade da pessoa. Não se pode, contudo, ignorar que a investigação criminal é, sobretudo, uma forma de exercício do poder punitivo que se desenvolve no âmbito de uma ideologia penal.

Investigação Criminal, Saber e Poder

A investigação criminal é um saber de domínio prático exercido pelo poder estatal, que se desenvolve no âmbito institucional de ideologia penal, em que se positivam seu objeto e método, ao que se segue uma fase de epistemologização que aspira pela cientificidade de seu conhecimento, conquanto isto possa nunca se realizar efetivamente, ou apenas o possa nos limites da formalização jurídica[73].

O *saber investigativo-criminal*, contudo, não se encontra apenas em campos de discurso exclusivamente jurídico (na legislação processual, na jurisprudência dos tribunais e na doutrina)[74]. Podemos encontrá-lo tanto nas práticas do *jornalismo investigativo*, quanto no *romance policial*[75] e nas *séries televisivas*[76]. Mas é, sobretudo, na rotina das instituições estatais e fun-

---

[73] Essa concepção cronológica do saber (*positividade → epistemologização → cientificidade → formalização*) é de M. Foucault, *A Arqueologia do Saber*, 2005, de quem nos valemos para um esboço da investigação criminal como forma de saber e poder.

[74] Segundo M. Foucault, *Arqueologia do Saber*, 2005, p. 232ss, um saber consiste em um conjunto de elementos que se formam no âmbito de uma prática discursiva, "que são indispensáveis à constituição de uma ciência, embora não se destinem necessariamente a dar-lhe lugar".

[75] Entre os mais populares, encontram-se as aventuras de Sherlock Holmes, de Arthur Conan Doyle, mas não se podem ignorar obras como *O nome da rosa*, de Umberto Eco.

[76] Nesse ponto, podem-se referir as diversas séries CSI (*Crime Scene Investigation*) que se têm tornado popular no mundo pela exaltação da ciência como forma irrefutável de conhecimento do crime.

ções essenciais à justiça (Judiciário, Ministério Público e Polícia Judiciária, Defensoria Pública e Advocacia) que esse saber encontra seu lugar fundamental. E é na história das instituições penais e processuais penais que podemos encontrar sua origem, em institutos jurídicos antigos, medievais e modernos, dos quais emergem as razões de sua fundação e a constituição progressiva da positividade legal de seu objeto e método.

Foi nesse âmbito que se estabeleceu um domínio de saber prático, com certa autonomia, alçando o estágio de *positividade*[77]. Foi pela especificação de seu objeto e pela delimitação de seu método que o saber investigativo-criminal alcançou o estágio de *positividade*, mas segundo positividades jurídicas com a definição legal do crime e a limitação jurisdicional do processo. A positividade do saber investigativo-criminal decorre em grande medida de positividades legais que se estabeleceram em torno da *especificação de seu objeto* e da *delimitação de seu método*. O resultado jurídico é um conjunto de garantias a direitos fundamentais do investigado, representado por princípios acerca do crime e do processo penal, que sob uma *perspectiva cognitiva* definem o campo do saber investigativo-criminal e sob uma *perspectiva potestativa* implica a contenção do poder estatal.

A *epistemicidade* é transposta com o nascimento de uma disciplina, a criminalística, pela proposta de abordagem teórica do saber prático da investigação, com certas pretensões científicas, mas está a depender do estabelecimento de critérios de aceitabilidade e coerência acerca do conhecimento, verdadeiro e justificado, que se pretende sustentar no âmbito do saber investigativo-criminal, em busca de uma *cientificidade* própria e especificamente investigativa, embora dificilmente se possa estabelecer sem uma ponderação de sua *juridicidade* instrínseca e inafastável, bem como suas relações com as ciências criminais.

A investigação criminal situa-se no conjunto das ciências jurídico-criminais, precisamente no entroncamento entre direito penal e direito processual penal, tendo uma relação muito íntima com a investigação criminológica e sendo, mais do que se costuma adimitir, uma instância de efetividade da política criminal que se desenvolve na prática do poder punitivo para além da ideologia legal que postula o seu controle mediante limitações jurídicas.

---

[77] Uma *positividade*, segundo M. Foucault, *Arqueologia do Saber*, 2005, p. 232, caracteriza-se pela formação de objetos, conceitos e escolhas teóricas a partir de uma prática discursiva, um conjunto de enunciações preliminares à formação de um conhecimento.

O desenvolvimento desse saber-investigativo, no âmbito de uma ideologia penal, contudo, não lhe retira as possibilidades científicas, pois a *cientificidade* é possível quando os elementos epistemológicos obedecem a certos critérios formais e seus enunciados obedecem a certas leis de construção de proposições[78]. Entretanto, há que se entender, preliminarmente, que a ciência se produz dentro e a partir de um saber e nele desempenha um papel, segundo o seu discurso. A ciência não precisa se identificar com o saber, mas não o exclui; apenas se localiza nele, estrutura seu objeto, sistematiza seus métodos, orienta seus conceitos e enunciados. A ideologia jurídico-penal, nesse sentido, até pode conduzir a contradições, lacunas e defeitos teóricos, na medida em que seus efeitos fundam a base da prática e seu discurso. A questão é que o papel da ideologia na ciência não diminui à medida que aumenta o rigor na aceitabilidade e coerência do conhecimento. Afinal, tem-se reconhecido que mesmo as ciências constituídas têm permanecido ideológicas, pois seu paradigma, ou sua matriz disciplinar, se originou em um contexto ideológico bem determinado. É necessário, contudo, distringuir entre discurso ideológico de primeiro grau e de segundo grau, conforme se encontrem ou não vestígios da construção das representações da realidade. No primeiro caso, temos discursos científicos com exortações normais a valores declarados, ao passo que no segundo, temos representações apresentadas como evidentes, quando ainda são discutíveis[79]. E os dois se podem encontrar no sistema jurídico-penal.

Essa concepção, lançada sobre o saber investigativo-criminal, permite-nos vislumbrar dois caminhos para uma teoria que se possa construir nesse contexto. Uma no sentido de legitimar o saber de domínio prático, para dominação e diminuição de direitos fundamentais; outra no sentido de minimizar o recurso ao uso da força e exclusão da violência como forma de potencializar os direitos fundamentais. Este último caminho, contudo, é o único condizente com uma investigação criminal, segundo princípios fundamentais do Estado de Direito, que giram em torno do seu objeto e seu método, mesmo dentro e a partir de uma ideologia jurídico-penal. Trata-se da construção de uma teoria que, em consonância com o movimento constitucionalista de limitação do poder e de garantia das liberdades, vise igualmente ao aumento da liberdade do homem.

---

[78] M. Foucault, *Arqueologia do Saber*, 2005, p. 237: "A ideologia não exclui a cientificidade".
[79] G. Fourez, *A construção das ciências*, 1995, p. 186ss.

É nesse sentido que se desenvolve esta parte, cujo objetivo é aprecentar um conceito de investigação criminal que, partindo de sua história institucional, suas formas jurídicas e seus princípios fundamentais, possa nos oferecer uma compreensão imbricada de suas duas faces, cognitiva e potestativa, visando ao final uma compreensão de sua racionalidede complexa, tanto como saber quanto como poder que requer uma juridicidade limitadora de seus possíveis abusos aos direitos fundamentais.

5
As Fontes, as Formas e os Princípios da Investigação Criminal

> "La nascita dell'investigazione criminale si deve collocare in uma storia plurisecolare, caratterizzata dalla diminuzione progressiva della violenza nelle società occidentali"
> (F. Sidoti, *Criminologia e Investigazione*)

A investigação criminal tem uma longínqua história institucional de formação, no curso da qual se alimenta de institutos antigos, medievais e modernos, adquire sua instrumentalidade no inquérito e consolida seus princípios jurídicos fundamentais, com base nos quais podemos compreender sua estrutura cognitivo-potestativa subjacente às formas jurídicas.

A despeito das diversas guerras e dos constantes retrocessos da humanidade, a civilização ocidental ainda pode ser vista como um projeto de tentativa da redução da violência[80], na qual se pode inscrever a investigação criminal como um elemento que contribui para a contenção da violência estatal, na busca por meios de conhecimento que reduzem o recurso ao uso da força, tendo em conta a história das instituições processuais[81]. Entrentanto, a investigação criminal se alimenta historicamente de institutos jurídicos cuja natureza oscila muito frequentemente entre duas

---

[80] A respeito dessa tese de história geral, cf. S. Pinker, *Os anjos bons de nossa natureza*, 2011. A defender que essa é precisamente a racionalidade política, cf. E. Weil, *Filosofia política*, 1990.
[81] A esse respeito em específico, cf. F. Sidoti, *Criminologia e Investigazione*, 2006, p. 168: "La nascita dell'investigazione criminale si deve collocare in uma storia plurisecolare, caratterizzata dalla diminuzione progressiva della violenza nelle società occidentali".

noções ambíguas (*cognitio; inquisitio*), sem as quais nos é impossível compreender a sua dualidade fundamental que ainda atualmente se mantêm na sua forma jurídica institucional: o inquérito.

Essa forma jurídica se consolida entre fins do século XII e início do século XIII, quando o poder político confisca o conflito penal, instituindo o inquérito como substituto do processo por duelos e outras provas não racionais. Suas fontes mais imediatas se encontram em antigos institutos jurídicos que se observam em certas práticas religiosas e administrativas da época merovíngia (sec. V-VIII) e carolíngia (sec. VIII-IX), cujos modelos de gestão espiritual e de bens viriam a ser o embrião do inquérito do processo inquisitório[82]. Mas é necessário, ainda, recorrer a fontes mais remotas do antigo direito romano, bem como avançar na sua prática mais persistente nas instituições inquisitórias.

Essas fontes mais remotas e aquelas outras mais imediatas se constituem nos elementos que configuram a fundação de uma forma de processo por investigação, que se vai expandir e manter no sistema jurídico moderno, mesmo após a tentativa francesa de acabar com o *ancien regime* processual, retomado em parte na fase de *instruction preparatoire* do *Code d'Instruction Criminelle* de 1808, que se constitui no modelo ocidental seguido por diversos sistemas processuais, a persistir ainda atualmente nas diversas formas de investigação que encontramos no direito comparado, a despeito dos nomes diversos com que se apresentam.

Todos esses institutos no conjunto contribuem para a constituição do próprio conceito institucional de investigação criminal que permanece no interior da forma jurídica instrumental do inquérito, no qual persistem os princípios jurídicos da oficialidade e da verdade, a representar sua estrutura cognitivo-potestativa fundamental.

A Investigação Criminal entre "Cognitio" e "Inquisitio"

O primeiro conceito com que podemos compreender a investigação criminal como instrumento do poder punitivo, na história das instituições penais e processuais penais, parece encontrar-se na noção de "cognitio", a esta se seguindo imediatamente a noção de "inquisitio", sem a qual a

---

[82] Essa é a hipótese histórica de M. Foucault, *A verdade e as formas jurídicas*, 2002, que podemos encontrar também em T. Sorrentino, *Storia del processo penale. Dal'Ordalia all'Inquisizione*, 1999, embora neste com alguns argumentos diversos sobre a relação entre saber e poder.

própria "cognitio" parece não ser compreensível historicamente, embora possamos distingui-las semanticamente.

A *cognitio*, inicialmente, em um sentido ordinário, significa essencialmente um "accertamento di fatti", não apenas em sentido jurídico, mas como uma premissa para uma decisão qualquer a tomar. Em sentido técnico-jurídico, contudo, corresponde a uma fase especificamente individualizada de um procedimento. É este significado que subsiste na cultura latina, como atividade de conhecimento[83], podendo-se ainda identificar no interior da diversas formas jurídicas de investigação. Nesse sentido, ela se encontra desde a Roma arcaica, no que se considera o mais antigo procedimento penal romano[84]. Mas é apenas na época do Império que a *cognitio* vem a designar todo o procedimento, incluindo o ato decisório. É quando então ela passa a entender-se como outro tipo de processo, extraordinário, distinto do processo ordinário.

A *cognitio* primitiva, que se pode encontrar no período monárquico (pré-republicano), contudo, se confundia mais com uma pura *coercitio*, manifestação do *imperium* do monarca como chefe militar[85], sem limites nem regras delineadas, que às vezes se fazia auxiliar por *quaestores parricidii*, aos quais se delegavam funções de investigar, processar e julgar[86]. Mas, a respeito dos *quaestores*, que viriam a figurar também no período da legislação decenviral, as fontes não precisam quais eram exatamente suas atribuições, embora se reconheça que eles, como espécie de magistrado, não detinham *imperium*, mas apenas *potestas* correspondente ao seu campo de atividade[87].

---

[83] Cf. G. Pugliese, "Cognitio", *NSDI, III*, 1975, p. 431ss.

[84] Cf. R. L. Tucci, *Lineamentos de processo penal romano*, 1976, p. 107ss; G. Pugliese, "Cognitio", p. 431, observa que ainda nesse sentido, ela está presente também no processo civil ordinário "per formulas" na atividade do pretor

[85] Cf. B. Santalucia, *Derecho penal romano*, 1990, p. 33ss, para quem o exercicio de uma atividade desenvolvida com base em "imperium", sem limites nem regras, não se pode constituir em verdadeira e própria função jurisdicional (iudicatio), mas apenas coercitio. Em sentido contrário, cf. E. De Martino, *La giurisdizione nei diritto romano*, 1937, p. 255ss, para quem "imperium" é um conjunto de poderes, ao passo que a "iurisdictio" é um poder singular e emanação do "imperium".

[86] Cf. R. L. Tucci, *Lineamentos de processo penal romano*, p. 107ss. Sobre a origem dos quaestores, como assistentes do rei no exercicio da jurisdição criminal, cf. S. Di Marzo, *Storia della procedura criminale romana*, 1986, p. 67ss.

[87] Cf. W. Kunkel, *Historia del derecho romano*, 1999, p. 26; B. Santalucia, *Derecho penal romano*, 1990, p. 51, observa que as fontes limitam-se a indicar sua esfera de atividade relativa à persecução dos crimes, embora pareça verossímil que, em virtude de suas funções originárias

TEORIA DA INVESTIGAÇÃO CRIMINAL

A *inquisitio* vem, por sua vez, associada à época do Império, na qual o magistrado e os outros funcionários imperiais não agem com iniciativa própria, mas segundo instruções centrais do imperador, que estabelece critérios aos quais a repressão se deve ater. Ela se estabelece à medida que o sistema da *accusatio* decai. E é na "cognitio extra ordinem" que ela se torna mais evidente. Entende-se, assim, porque, embora não sejam conceitos correlatos, a "cognitio" nos remete necessariamente à noção de "inquisitio". Embora nela se possa semanticamente reconhecer uma referência à aquisição de conhecimento, é sobretudo como representação da ação de ofício do poder que ela se reconhece em oposição à "accusatio"[88]. Essa *inquisitio* é o aspecto que se vai retomar mais evidentemente pelo direito medieval, no "processus per inquisitionem", que constitui uma ponte de continuidade com o inquérito moderno.

A investigação criminal parece ter, portanto, nesses dois conceitos do direito antigo e medieval, o gérmen que ainda moderna e contemporaneamente se vai manter mesmo nos modelos mais desenvolvidos de processo penal. Entre um e outro, contudo, encontram-se certas práticas administrativas (*capitula missorum*) e religiosas (*visitatio*), que se tornam fontes intermediárias de sua constituição jurídico-institucional.

"Cognitio extra ordinem"

A "cognitio extra ordinem" é o mais bem organizado procedimento penal no qual podemos encontrar indícios de elementos com que a investigação criminal se constitui em forma estatal de resolução de problemas penais orientado por uma vontade de saber.

O procedimento *extra ordinem* se desenvolve inicialmente à margem do sistema criminal e processual ordinários, mas posteriormente, na época pós-clássica, vai constituir-se no sistema principal[89]. Iniciado sem necessária *accusatio* formal, embora pudesse ser antecedida por uma *delatio* parti-

---

de caráter indagatório, tinham a tarefa de instruir o processo e promover a acusação perante o juízo popular.

[88] L. Bove, "Inquisitio", *NSDI, VIII*, 1975, p. 716.

[89] O "extra ordinem" se qualifica não apenas por razões processuais, mas também substanciais, pela cominação de novas penas, mais graves e mais variadas que as da "iudicia publica", permitindo assim punir condutas não consideradas originariamente crimes (G. Pugliese, "Cognitio", *NSDI, III*, 1975, p. 435). A "ordo iudiciorum publicorum", que representava o ordenamento legislativo do processo criminal ordinário, consistia no sistema anterior das "quaestiones perpetuae" (A. Burdese, *Manual de derecho publico romano*, 1972, p. 329; p. 339).

cular, o procedimento se desenvolvia de ofício. Na época republicana, uma *cognitio senatus* já se observava, em casos limitados para instruir uma *quaestio extraordinaria*[90], mas ainda estava subordinada a uma acusação pública[91]. O novo procedimento *exra ordinem* é típico do Império, em que a função de jurisdição criminal é exercida pelo imperador, por magistrados ou funcionários seus, mas estes últimos sempre como delegação de um poder de *imperium*. Dessa forma, entende-se porque o magistrado, embora dispondo de uma maior discricionariedade no procedimento, ainda estava vinculado e limitado, pois agia sob prescrições imperiais, que poderiam ter a forma de diretrizes gerais ou de instruções concretas mesmo. Nesse ponto, ela mantem a distinção entre "imperium" e "potestas" que já se observava na *cognitio* primitiva.

Enquanto nos *iudicia publica*[92] os jurados se limitavam a afirmar ou negar a responsabilidade do acusado, na *cognitio extra ordinem* a pena podia variar conforme circunstâncias objetivas ou subjetivas, condições pessoal e social, antecedentes e comportamentos posteriores ao crime[93], o que certamente exigia do magistrado uma maior cognição dos fatos, visando a obter razões correspondentes à diversidade da pena. Na cidade, o *praefectus urbi* era o responsável por esta atividade[94]; nas províncias, era o governador[95]. E nesta função, faziam-se auxiliar por *curiosi, irenarchae, stationarii* – espécies de funcionários responsáveis por realizar uma investigação, cujos resultados eram transmitidos ao magistrado[96].

---

[90] As "quaestiones extraordinariae" se constituam pela criação de tribunais excepcionais para tratar de questões específicas, que tinha gravidade ou repercussão política (A. Burdese, *Manual de derecho publico romano*, p. 316ss).

[91] Cf. A. Burdese, *Manual de derecho publico romano*, 1972, p. 331; cf. também B. Santalucia, *Derecho penal romano*, 1990, p. 113.

[92] Os "iudicia publica" era denominação reservada originariamente aos processos perante jurados, designativo das quaestiones, mas viria a ser utilizada também para as cognitiones. Cf. A. Burdese, *Manual de derecho publico romano*, 1990, p. 339.

[93] Cf. B. Santalucia, *Derecho penal romano*, 1990, p. 115.

[94] A competência judicial do "praefctus urbi" estende-se durante o Império a todo crime cometido em Roma, no raio de cem milhas da Urbe, o que acaba suplantando a justiça ordinária das quaestiones. Cf. R. L. Tucci, *Lineamentos de processo penal romano*, 1976, p. 177; B. Santalucia, *Derecho penal romano*, p. 107.

[95] Em províncias menores, estes governadores se chamavam "procurators", a exemplo do que foi Poncio Pilatos na Judeia. Cf. W. Kunkel, *Historia del derecho romano*, 1999, p. 64.

[96] Cf. R. L. Tucci, *Lineamentos de processo penal romano*, 1976, p. 173.

TEORIA DA INVESTIGAÇÃO CRIMINAL

Muitas questões de natureza técnico-jurídicas são aduzidas entre as razões para o estabelecimento do procedimento *extra ordinem*[97], mas não se podem ignorar certas circunstâncias sociopolíticas como condicionantes de sua instituição. A *cognitio extra ordinem*, inicialmente atribuída ao Senado, tem origem mais em questões de ordem politica, que se explicam pela proeminência de Augusto sobre as instituições republicanas[98]. E é esta proeminência do Principado sobre a República – tendente a expandir-se sem limites e concentrar nas mãos de única pessoa o poder –, que se põe na base do processo *extra ordinem*.

Entende-se, assim, por que a *cognitio extra ordinem*, como expressão do Império Romano, teve natureza preponderantemente autoritária, a ela se associando geralmente a noção de *inquisitio*[99]. Esta tem em si contida a função repressiva iniciada de ofício pelo magistrado que, no sistema anterior da *accusatio*, limitava-se a presidir um colégio judicante[100]. Mas não se deve, contudo, relacionar necessariamente *cognitio* e *inquisitio*. Não se pode ignorar que a *cognitio senatus* ainda estava influenciada pelo sistema acusatório das *quaestiones* e mantém deste o procedimento perante jurados[101].

É necessário, sobretudo, distinguir, na *cognitio extra ordinem*, o procedimento que se conduzia diretamente pelo Imperador dos demais que se conduziam por magistrados ou funcionários seus, pois, enquanto naquele era exercido em nome próprio, como *princeps* do Império[102], nos demais, era expressão de um poder de delegação[103]. Temos, portanto, uma distinção essencial entre o procedimento conduzido pelo imperador (*imperium*) e os

---

[97] B. Santalucia, *Derecho penal romano*, 1990, p. 104ss. R. L. Tucci, *Lineamentos de processo penal romano*, 1976, p. 174. Entre os problemas, encontra-se a competência das quaestiones limitada apenas a crimes específicos; o inconveniente para submeter ao mesmo tribunal casos de concurso de pessoas ou de crimes; a impossibilidade de graduar penas em relação a circunstâncias objetivas e subjetivas.

[98] A. Burdese, *Manual de derecho publico romano*, 1972, p. 331, sustenta que, entre razões da nova ordem politico-constitucional da época de Augusto, a cognitio foi inicialmente concedida ao Senado como compensação da perda de atividades de governo.

[99] Cf. B. Santalucia, *Derecho penal romano*, 1990, p. 113ss; A. Burdese, *Manual de derecho publico romano*, 1972, p. 333ss.

[100] Cf. L. Bove, "Inquisitio", *NSDI, VIII*, 1975, p. 716ss.

[101] Cf. B. Santalucia, *Derecho penal romano*, 1990, p. 112.

[102] Um caso célebre da história antiga é a cognitio pessoal pela qual o imperador Augusto condena o poeta Ovídio ao exílio.

[103] Segundo B. Santalucia, *Derecho penal romano*, 1990, p. 105, o poder de repressão do Imperador congregava a avocação, a apelação e a delegação.

procedimentos conduzidos por magistrados (*postestas*). Enquanto o *imperium* é uma *potestas* absoluta, atribuído apenas ao magistrado supremo[104], referido geralmente a um poder de comando militar e substancialmente ilimitado; a *potestas* é um poder essencialmente limitado[105].

É, portanto, compreensível porque ainda atualmente a investigação criminal se desenvolve por atos que oscilam entre controle e limites tendencialmente incontroláveis pelo sistema jurídico, cujas normas dificilmente conseguem cobrir a totalidade das possibilidades restritivas de direitos durante seu desenvolvimento.

"Processus per inquisitionem"

O "processus per inquisitionem" retorma aspectos relevantes da "cognitio extra ordinem", acrescendo à história da constituição da investigação criminal alguns elementos que vão persistir em suas formas contemporânea.

A inquisição medieval, portanto, retoma aspectos relevantes da *cognitio extra ordinem,* acrescentando-lhes outros elementos, mas nela é que se vai encontrar as fontes do principal modelo processual do direito comum europeu[106]. Contudo, enquanto os duelos, as fainas e ordálias resolvem os conflitos criminais não parecia haver espaço para um processo penal por investigação. Embora não se possa datar o fim desse sistema processual do direito germânico antigo[107], tem-se aceito o ano de 1215 como simbólico a determinar o estabelecimento de um novo processo que vem a delinear-se no direito canônico, com a proibição dos "Juízos de Deus" pelo IV Concílio Laterano, mas é certo que muito antes, Liutpandro, o rei católico dos Longobardos, no século VIII, havia já decidido limitar as ordálias[108], assim

---

[104] Cf. L. Bove, "Imperium", *NSDI, VIII,* 1975, p. 209ss.

[105] Cf. I. C. Colognesi, "Potestas", *NSDI, XIII,* 1976, p. 507ss. Embora se admita que a distinção talvez não tenha existido claramente para os romanos antigos, sendo portanto uma construção moderna, tem-se reconhecido ela com base em formas diversas de manifestação do poder dos diversos magistrados antigos.

[106] O direito comum, também chamado bartolismo, escolástica jurídica ou "mos italicus", refere-se ao direito da Europa ocidental, entre os séculos XII e XVII, que se constitui pela unificação do direito romano justianeu, o direito canônico e direitos locais (Cf. A. M. Hespanha, *Cultura jurídica europeia. Síntese de um milénio,* 2012, p. 114ss).

[107] Como diz G. Alessi, *Il processo penale,* 2011, p. 24: "Non é possibile, naturalmente, raccontare «l'ultima ordalia»: tuttavia disponiammo di documenti tardi e singolari".

[108] G. Alessi, *Il processo penale,* 2011, p. 19.

TEORIA DA INVESTIGAÇÃO CRIMINAL

como os Papas Alessandro III e Lúcio II, antes do Concílio já as tinham vetado aos eclesiásticos[109].

Contudo, é igualmente certo que somente no século XIII essa antiga prática começa, embora ainda em concorrência com as novas práticas[110], a ceder espaço para o que será a forma mais aprofundada, extrema e obscura de um processo penal por investigação[111]. O seu protótipo se encontra no *Directorium Inquisitorum*. Escrito em 1376 pelo frei dominicano Nicolau Eymerich (jurista e teólogo), inquisidor-geral do reino de Catalunha e Aragão em 1357, o Manual do Inquisidor se tornou uma espécie de "direito comum inquisitorial", considerado uma norma geral a ser seguida por todos os inquisidores. Devido às novas heresias que surgiram no século XVI, o manual é revisto e ampliado em 1578 pelo também dominicano Francisco de La Peña. Trata-se de escrito sustentado em fontes bíblicas, pontifícias, conciliares e imperiais, bem como nas práticas do próprio autor como inquisidor[112]. É, portanto, na Inquisição medieval que podemos encontrar o modelo desse processo que se vai estender às inquisições pré-modernas e se consolidar nos Estados nascentes, nas primeiras grandes ordenações, a exemplo da *Ordonnance de 1670*[113].

O *Directorium Inquisitorum*, contudo, não se limitava a descrever um procedimento de inquisição. Nele encontramos matérias que concernem ao objeto da inquisição, à autoridade do inquisidor e ao seu método de investigação[114]. Mas é importante estabelecer as relações que existem entre esses três elementos (objeto, sujeito e método) no processo canônico medieval, para que possamos entender como eles se alimentam e dependem reciprocamente para a realização completa da Inquisição. É importante observar que sem as descrições imprecisas da heresia, com suas disposições obli-

[109] T. Sorrentino, *Storia del processo penale*, 1999, p. 185.
[110] T. Sorrentino, *Storia del processo penale*, 1999, p. 135; G. Alessi, *Il processo penale*, 2011, p. 23.
[111] M. Foucault, *A verdade e as formas jurídica*, 2002, p. 55.
[112] Cf. L. Boff, "Inquisição: Um espírito que continua a existir", Prefácio ao *Manual dos inquisidores*, 1993
[113] As grandes ordenações jurídicas, que começam por volta do século XVI, caracterizam-se pela racionalidade, generalidade e abstração normativa. Elas traduzem juridicamente o que representava a concentração do poder político (A. M. Hespanha, *Cultura jurídica europeia*, 2012, p. 231ss).
[114] Esta, contudo, não é a divisão formal. O Directorium está assim dividido: I. Jurisdição do Inquisidor; II. Prática Inquisitorial; III. Questões referents à Prática do Santo Ofício da Inquisição

quamente estendidas à configuração do herege; sem a autoridade tendencialmente ilimitada do inquisidor, com submissão tanto da investigação pelos comissários quanto da acusação pelo promotor fiscal, dificilmente o processo inquisitorial poderia alcançar o modelo metodológico com que se configura no *Directorium.*

Dos três elementos que constituem o modelo do *Directorium*, a autoridade tendencialmente ilimitada do inquisidor é seu núcleo fundamental, o que torna claro ser impossível delimitar racionalmente uma teoria da investigação sem levar em conta os sujeitos envolvidos e suas posições relativamente ao objeto e ao método. O inquisidor encarna aquilo que Italo Mereu bem caracteriza pela figura do "juiz caristmático", que "não tem vínculos nem limites a respeitar", podendo utilizar o procedimento que considerasse mais conveniente, embora estivesse submetido ao princípio da legalidade. Dessa concepção processual resulta um "discurso moralista sobre o dever que tem o inquisidor de prestar a máxima atenção e a observar o máximo cuidado antes de iniciar uma ação penal". Essa autoridade reconhecida ao juiz-inquisidor se justificava porque nele se via um juiz--confessor e "pastor de almas", o que está em conformidade com a ideia de um juiz carismático[115]. Essa mesma figura está igualmente em conformidade com a noção de *auctoritas*, como vem caracterizado por Giorgio Agamben, a partir do seu núcleo "carismático" encarnado na figura pessoal da autoridade que se legitima independentemente da *potestas* – entendida aqui como expressão de um ordenamento normativo e jurídico limitado[116].

O problema é que essa *auctoritas* na história das instituições processuais se impõe à revelia da *veritas* que originariamente teria legitimado o processo de ofício que a inquisição postula, resultando na epistemologia inquisitória que Luigi Ferrajoli soube bem sintetizar na máxima *auctoristas, nom veritas facit iudicium*[117]. Não se trata, contudo, bem vistas as coisas, de uma exclusão absoluta da *veritas* pela *auctoritas,* mas antes de uma específica noção de *veritas* subordinada à concepção da *auctoritas*, que constitui precisamente a epistemologia inquisitória[118].

---

[115] I. Mereu, *Historia de la intolerancia*, 2003, p. 191ss; p. 195
[116] Cf. G. Agamben, *Estado de exceção*, 2004, pp. 127-130
[117] L. Ferrajoli, *Diritto e ragione. Teoria del garantismo penale*, 2008, p. 17.
[118] Cf. L. Boff, "Inquisição: Um espírito que continua a existir", 1993.

TEORIA DA INVESTIGAÇÃO CRIMINAL

Assim, nessa perspectiva, o *Directorium* inicia-se com a descrição de seu objeto, mas o faz sob a perspectiva do inquisidor, por constituir o âmbito de sua jurisdição. As disposições sobre a heresia são poucas, contudo, pois a maior parte se refere aos hereges. E, embora a primeira parte do manual esteja destinada ao objeto da Inquisição, é somente na parte que trata do processo que ele se dedica a falar mais detalhadamente do objeto reconduzido sempre à figura do herege[119].

Imediatamente após o objeto segue-se, sob o título de "antes do processo", a discussão sobre a autoridade do inquisidor. Essa ordem de disposição do *Directorium* põe em evidência o quanto do processo inquisitorial depende de disposições substantivas e institucionais que o antecedem. Sem uma compreensão adequada da autoridade do Inquisidor dificilmente podemos entender como é possível o processo que se segue.

O inquisidor se podia fazer auxiliar por um *comissário inquisitorial*, cujos poderes eram "receber denúncias, informações e acusações de quem e contra quem quer que seja (dentro dos limites da diocese); proceder contra quem achasse que fosse oportuno; citar tanto os criminosos quanto as testemunhas; prender, convocar especialistas e fazer tudo o que, de uma maneira geral, o inquisidor poderia fazer se estivesse fisicamente presente", embora o inquisidor se reservasse a aplicação da sentença definitiva[120]. Se houvesse necessidade, o Inquisidor ainda se podia utilizar de peritos, que na inquisição espanhola se chamavam *calificadores*, aos quais se podia requerer um exame preliminar de provas documentais[121]. Ainda na inquisição espanhola, o Inquisidor dispunha também de um *promotor fiscal* ou acusador. Este funcionário tinha um posto de verdadeira importância imediata ao Inquisidor e chegou a utilizar-se do título de *Inquisidor-fiscal*, quando alguns inquisidores passaram a ser nomeados a este cargo[122]. Mas a proeminência do Inquisidor sobre todos eles (comissários, qualificadores

---

[119] O Directorium fala de "indícios exteriores pelos quais se reconhecem os hereges", em que se adverte: "Os inquisidores devem ser capazes de reconhecer as particularidades rituais, de vestuário etc., dos diferentes grupos de hereges".

[120] N. Eymerich; F. La Peña, *Manual dos inquisidores*, [1993], p. 95.

[121] A. S. Turberville, *La inquisición española*, 1950, p. 61. O Regimento do Santo Ofício da Inquisição dos Reinos de Portugal, 1640, também dispunha sobre qualificadores (entre as disposições sobre procuradores e comissários).

[122] A. S. Turberville, *La inquisición española*, 1950, p. 60; o cargo de Promotor também figura no Regimento do Santo Ofício da Inquisição dos Reinos de Portugal, de 1640.

e promotor) era tal que representava uma unidade sob sua direção, uma divisão de tarefas, no máximo de funções, mas não uma divisão de poderes.

Esse modelo de processo se vai replicar na legislação laica, a exemplo do que se encontra nas chamadas "pesquisas" do *Libro de las Leys* de Alfonso X (1252-1284), conhecido como *Las Siete Partidas*. Nele já se encontra a figura do *Patronus Fisci*, que viria a tornar-se o Procurador Fiscal como acusador público, mas as figuras mais características dessa forma de processo serão os *pesquisadores*, investigadores responsáveis pela função de instruir, que tinham o *dever de investigar a verdade*[123].

Embora houvesse possibilidade de abertura do procedimento *por acusacion, por denunciamiento* ou *por officio del julgador*, a pesquisa assume, sob a roupagem do processo romano-canônico, um papel central em *Las Partidas*. A *Tercera Partida* dispunha de um título inteiro dedicado aos pesquisadores (Título XVII), contendo doze *leyes*. De início, a Ley I estabelece o que quer dizer pesquisa, fazendo referência expressa à "*inquisitio* do latim", para explicar que por ela se sabe "a verdade de muitas coisas mal feitas que por outro meio não se poderiam averiguar nem provar"[124].

Esse mesmo modelo se pode encontrar também nas inquirições devassas das Ordenações Afonsinas (Livro V, Títulos XXXIII e XXXV), bem como em outros tantos instrumentos jurídicos do processo penal de cultura latina, chegando ainda com grande fôlego nas codificações modernas, naquilo que podemos denominar de "processo por investigação" como síntese de uma forma jurídica processual que se encarna no inquérito contemporâneo, presente ainda no direito brasileiro e português.

A Forma Jurídica da Investigação Criminal: o Inquérito

A despeito dos diversos institutos históricos, nos quais se manifestam indícios de constituição da investigação criminal, esta se consolida na forma instrumental do inquérito, cuja concepção se mantém nas demais formas jurídicas que podemos encontrar na diversidade dos sistemas processuais penais contemporâneos.

---

[123] J. B. Maier, *Derecho procesal penal, Tomo I: Fundamentos*, 2004, p. 300ss. Antes mesmo, contudo, em documentos e foros referentes aos reinos de Alfonso VII (1126-1157) e Alfonso IX (1188-1230), nos reinos de Castilha e Leão (unificados em 1230), já se observa o uso das pesquisas, embora ainda coexistentes com o sistema acusatório antigo (Cf. G. Alessi, *Il processo penale*, 2011, p. 54ss)

[124] Cf. Las Siete Partidas, Título XVII, 1491.

O investigação criminal se constitui, ainda, para além de institutos de natureza ostensivamente processual penal, a partir de institutos outros que se encontram em certas práticas religiosas e administrativas da época merovíngia (sec. V-VIII) e carolíngia (sec. VIII-IX), cujos modelos de gestão espiritual e de bens viriam a ser o alimento institucional da origem do inquérito como forma de processo por investigação, de que os Estados modernos se vão utilizar não apenas para fins penais, mas igualmente na compreensão social dos problemas que interessava ao poder político gerir na concepção de sociedade a serviço do bem comum representado pelo Estado[125].

É, a esse respeito, importante ter em mente que a forma do inquérito se constitui com base em uma específica racionalidade científica e política que se encontra muito frequentemente na cultura ocidental, segundo a lógica do iluminismo e das ciências sociais, podendo identificar-se a sua concepção metodológica em vários campos de conhecimento. É, portanto, com base no inquérito como processo por investrigação que se organizam as práticas judiciárias da Idade Média, até a época moderna, difundindo-se depois para outros domínios de saber como a Geografia, a Medicina, a Botânica e a Zoologia, permitindo a acumulação de conhecimento no fim nos séculos XVII e XVIII, por meio de inquéritos ainda sobre população e riquezas, necessários à administração crescente dos Estados, chegando a ciências como a Economia Política e a Estatística[126].

As Fontes Administrativa e Religiosa do Inquérito

O inquérito constitui-se como forma de pesquisa que decorre de um conúbio entre um antigo instituto usado pelo poder laico para fins fiscais (capitula missorum) e outro usado pela Igreja para descobrir infrações que lhe interessava coibir (visitatio)[127].

A prática da *visitatio* era adotada pela Igreja, na Alta Idade Média. O bispo devia percorrer sua diocese periodicamente, instituindo ao chegar, primeiramente, uma *inquisitio generalis*, mediante a qual se perguntava a todos se algo de errado havia ocorrido em sua ausência. Nessa reunião,

---

[125] Essa concepção se encontra muito claramente na ciência policial de J. H. G. von Justi, conforme o descrevemos em E. S. Pereira, *Introdução às ciências policiais*, 2015, pp. 49-59.

[126] Cf. nesse sentido, M. Foucault, *A verdade e as formas jurídicas*, 2002, p. 75.

[127] M. Foucault, *A verdade e as formas jurídica*, 2002, p. 71; T. Sorrentino, *Storia del processo penale. Dall'Ordalia all'Inquisizione*, 1999, p. 118.

compareciam *testes sinodalis*, pessoas reconhecidas por seus bons costumes como *boni homines*, dos quais se esperava obter a *denunciatio*. Somente se esse inquérito fosse positivo é que se instituía a *inquisitio specialis*, orientada a um caso em particular, para saber exatamente o que se tinha praticado e quem era seu autor, visando a obter, por fim, a confissão do culpado[128]. Mas, enquanto a inquisição especial parece ter no direito romano seu modelo mais remoto, o que se chamou inquisição geral, constituída sobre a base de uma obrigação coletiva de testemunhar, parece nascer entre os séculos IX e XII, em torno de questões várias – como malversação de juízes e agentes reais, possessões de terras, confinamentos de propriedades –, para, por fim, chegar ao campo específico da criminalidade. Isso acontece quando o bispo passa a fazer-se acompanhar de condes com interesses de vigiar a multiplicação dos crimes, mas já nesses casos contavam com os *juratores*, considerados súditos fiéis, contra quem o acusado não tinha grande possibilidade de defesa eficaz[129].

O outro modelo de que se vai alimentar o processo por investigação parece nascer no âmbito fiscal da gestão de bens, na prática administrativa que se encontra especialmente no Império Carolíngio[130]. Mas o método da indagação não se limitava a tais questões fiscais. Ele se podia utilizar para solucionar problemas de direito e costumes, impostos e propriedades. Os *missi dominici*, escolhidos *ex optimatibus viros credentissimos et sapientíssimos* e enviados do Rei, com base em um mandato (*capitula missorum*), percorriam as várias regiões do reino, reuniam pessoas em assembleia e inquiriam-nas acerca de coisas públicas, moral, religião e justiça[131]. Em todo caso, contudo, a obrigação de dizer a verdade estava no centro do método de pesquisa[132]. O *juramento coletivo* e a *obrigação de depor* sobre fatos que interessam ao poder constituem as bases comuns a várias formas de indagar

---

[128] M. Foucault, *A verdade e as formas jurídicas*, 2002, p. 70.

[129] G. Alessi, *Il processo penale Profilo storico*, 2011, p. 24ss; T. Sorentino, *Storia del processo penale*, 1999, pp. 121ss.

[130] M. Foucault, *A verdade e as formas jurídicas*, 2002, p. 68ss; G. Alessi, *Il processo penale*, 2011, pp. 25-29, insiste também nessa origem, embora advirta que a mesma prática se encontrava igualmente na Espanha visigótica, a partir do século IX.

[131] T. Sorrentino, *Storia del processo penale*, p. 118ss; no mesmo sentido, E. Cortese, *Le grandi linee della storia giuridica medievale*, 2000, p. 129.

[132] No *Direcotorium Inquisitorum* (1376), Nicolau Eymerich dispõe sobre essa questão ao tratar da "abertura pública e solene dos trabalhos da Inquisição", na qual existia uma "ordem de delação a ser lida durante o sermão geral".

que surgem na Idade Média[133]. O certo é que, sem estas bases, dificilmente o inquérito teria a possibilidade de alcançar o êxito de investigação que obteve no campo criminal. É preciso insistir-se nessa questão para entender o que há de especialmente novo na investigação criminal contemporânea que, para compensar a falta dessa obrigação, necessitará de um novo elemento – o aporte da ciência ao sistema de persecução, embora já se possa encontrar uma espécie de peritos na antiga investigação inquisitorial[134].

Quando a Igreja adquire a hegemonia econômica e política nos séculos X, XI e XII, a Inquisição era tanto uma prática de *inquérito espiritual* (sobre pecados, faltas e crimes), quanto uma prática de *inquérito administrativo* (sobre bens, acumulações e distribuições)[135]. É desse modelo que as monarquias absolutas se vão utilizar para os procedimentos judiciários, na forma do *inquérito penal*, em que o procurador do rei busca uma forma de generalizar o flagrante delito para os casos de autoria desconhecida.

Essas práticas, que se encontram no campo religioso e administrativo, constituem, portanto, a base com que se vai constituir o método de indagação do processo por investigação na Idade Média, devendo a estas fontes se acrescer o renascimento do direito romano, do qual se resgatam elementos da *cognitio extra ordinem*[136]. Claro é que o processo por investigação medieval não se constituiu na base exclusiva do direito romano, mas não se pode negligenciar este dado que constitui o ponto de continuidade do que vai ser o direito romano-canônico, base das grandes ordenações da primeira idade moderna. A partir dos anos mil, depois da redescoberta do *Digesta*, que guardava a memória do direito romano e punha no processo a relevância do documento e da testemunha, a Igreja assegurou a continuidade do processo penal laico, que viria a ser a base do sistema penal dos

[133] G. Alessi, *Il processo penale*, 2011, p. 27ss.

[134] Trata-se dos qualificadores, a que se refere A. S. Turberville, *La inquisición española*, 1950, p. 61ss. E assim como o ministério público teria sido considerado por A. Esmein, *Histoire de la procédure criminelle en France*, 1969, p. 100, como a peça que faltava para o processo de ofício no século XIV, a perícia criminal será o arremate inquisitório do século XX, ao retirar certas provas do âmbito real do contraditório, com base em uma postulada verdade mais objetiva que dispensa maiores discussões.

[135] É a hipótese histórica de M. Focuault, *A verdade e as formas jurídicas*, 2002, p. 71, é que o inquérito teve uma dupla origem: "Origem administrativa ligada ao surgimento do Estado na época carolíngia; origem religiosa, eclesiástica, mais constantemente presente durante a Idade Média".

[136] Cf. T. Sorrentino, *Storia del processo penale*, 1999, p. 126; G. Alessi, *Il processo penale*, 2011, p. 25.

Estado nascentes e das grandes ordenações do século XVI[137]. Mas, como bem se observou, ao direito romano foi estranha a hierarquia de provas que se estabeleceu na Idade Média, a diferença entre indício e dedução lógica, bem como entre inquisição geral e especial[138]. Ademais, embora na esteira do renascimento de uma antiga tradição, algo de novo se institui no processo por investigação – a pretensão a uma verdade superior, alimentada por uma renovada onda de conhecimento, cuja pretensão não vinha corroborada pelas reais possibilidades do procedimento judiciário[139].

"Instruction Preparatoire" e seus Herdeiros Modernos
A forma fundamental do inquérito se vai manter no direito moderno, mesmo após a Revolução Francesa que tenta romper com o espírito processual do "ancien regimen", subsitindo na forma processual da "instruction preparatoire" e em todas demais formas modernas que lhe dão continuidade.

O que se pode chamar de antigo regime do processo penal, na França do fim do século XVIII, parece encontrar-se bem delimitado na *Ordonnance* de 1670[140]. E o que podemos chamar de modelo moderno de investigação criminal parece ter nela as linhas principais que se vão resgatar pelo *Code d'Instruction Criminelle* de 1808, mesmo após a legislação processual pós-revolucionária, que em muito pouco consegue alterar suas características fundamentais. A *Ordonnance* de 1670, assim como as anteriores ordenações dos séculos XV (1498) e XVI (1539), mantém a instrução preparatória por persecução de ofício pelo juiz, descartando a obrigação de informar ao procurador do rei, embora devesse levar em consideração as suas conclusões em cada fase do processo. É sobretudo indispensável a sua decisão de levar o processo ao juízo final, fase que se constituía em uma segunda instrução.

---

[137] G. Alessi, *Il processo penale*, 2011, p. 23, p. 34ss.

[138] Cf. G. Alessi, *Il processo penale*, 2011, p. 37ss.

[139] Cf. T. Sorrentino, *Storia del processo penale*, 1999, p. 95ss, acerca do fervor intelectual que surge no século XII, a partir da redescoberta dos clássicos, como Aristóteles e Cícero, bem como das argumentações lógicas, como as sustentadas por Pedro Abelardo. Esse fervor renascerá nas perícias científicas do século XX. É ainda a mesma crença em uma capacidade da razão que exclui a discussão mais detalhada das provas.

[140] M. F. Hélie, *Traité de l'instruction ciminelle. Premiere parte: histoire et théorie de la procédure criminelle*, 1866, pp. 397ss; A. Esmein, *Histoire de la procédure criminelle em France et spécialement le XIIe siècle jusque'a nos jours*, 1969, pp. 177ss; A. Laingui, "La phase préparatorie du procès penal: historique", *RIDP 56*, 1985, pp. 47-49.

TEORIA DA INVESTIGAÇÃO CRIMINAL

O *Code d'Instruction Criminelle* de 1808, buscando alcançar um equilíbrio entre a *Ordonnance* de 1670 e as leis pós-revolucionárias, mantém uma primeira fase de processo por investigação, secreta e escrita, com toda oficialidade possível, permitindo ao acusado um conselheiro de defesa apenas na véspera do debate. O júri que se havia instituído na legislação pós-revolucionária é mantido, mas apenas para julgamento, não mais para decidir sobre a acusação. O debate, como segunda fase do processo, é oral e público. Nasce assim o sistema misto de processo penal, cuja natureza fundamental não é estar dividido em duas fases como se costuma repetir sem maiores discussões[141]. Antes, o que o caracteriza é ter "duas almas"[142]. E é esse espírito que se transfere aos demais ordenamentos, persistindo ainda de alguma forma atualmente.

A "instruction preparatoire", do *Code d'Instruction Criminelle* de 1808, é, portanto, a forma jurídica moderna da investigação que herda do modelo antigo seus princípios fundamentais e os transmite a todo cultura jurídica ocidental. E os modelos que se encontram atualmente, no direito comparado – *enquete* francesa, *indagine preliminare* italiana, *sumário* espanhol e inquérito português[143] – embora tenham nomes diferentes, permanecem sendo continuidade daquela forma originária de inquérito.

O inquérito policial brasileiro, assim como todas as demais formas de investigação criminal no Brasil[144] – a exemplo do inquérito policial militar (Dec.-Lei 1002/1969, arts. 9º a 28) e do procedimento criminal do Ministério Público ((CNMP, Res. nº 13/2006 revogada por Res. nº 181/2017) – persistem sendo, independente de seus nomes, continuidade daquela forma originária, o mesmo se podendo dizer do inquérito criminal que encontramos no Regimento Interno do STF.

A forma originária e histórica do inquérito, em síntese, ainda mantém seu espírito fundamental, encarnado nos seus princípios jurídicos, a despeito das diversas formas institucionais de investigação que podemos encontrar nos sistemas processuais penais contemporâneos.

---

[141] A considerar que R. Garraud, *Compendio de direito criminal*, 1915, p. 9, fala em três fases: ação, instrução e julgamento.

[142] Cf. F. Cordero, *Procedura penale*, 2012, p. 65: "processo a due anime".

[143] Cf. B. Bouloc, Procédure penale. 2014; P. Tonini, *Manuale di procedura penale*, 2013; V. Gimeno Sendra, *Derecho procesal penal*, 2012; G. Marques da Silva, *Do Processo penal preliminar*, 1990.

[144] J. M. Almeida Jr., *O processo criminal brasileiro, Vol. I*, 1920; J. C. Mendes de Almeida, *Princípios fundamentais do processo penal*, 1973; H. Tornaghi, *Instituições de processo penal, Vol. II*, Saraiva, 1977.

Os Princípios da Investigação: Oficialidade e Verdade

A despeito das diversas formas com que se instrumentaliza, a investigação criminal contemporânea assenta-se ainda nos princípios fundamentais da oficialidade e da verdade, que constituem a herança dos sistemas inquisitórios, embora absorvidos no Estado de Direito com nova compreensão.

Os sistemas procesuais contemporâneos persistem funcionando com as duas máximas fundamentais do sistema inquisitório: (a) a persecução penal pública dos crimes, como regra, a despeito de algumas exceções, e (b) a averiguação da verdade histórica, como meta do procedimento penal sobre cuja base se deve fundar a decisão final, a despeito igualmente de algumas exceções[145]. Ambos persistem imbricados no que se tem chamado de *princípio da investigação*; o primeiro, a representar uma decisão política fundamental a respeito do impulso oficial, no que se tem denominado de *princípio da oficialidade*; o segundo, a conformar uma específica epistemologia a respeito da justificação cognitiva da decisão penal no que se tem denominado de *princípio da verdade*.

É comum encontrar-se o princípio da investigação tanto para referir-se à prossecução penal, pelo que o tribunal tem o poder-dever de instrução autônoma, para além das contribuições da acusação e da defesa, quanto para referir-se à matéria probatória, pelo que a investigação da verdade não fica à disposição das partes. É, nesse sentido, um princípio que tanto vale para o juiz de instrução ou em julgamento, quanto vale ao MP ou qualquer órgão encarregado de investigar[146]. A referência que se encontra em separado ao princípio da oficialidade[147] não nos deve obscurecer a compreensão de que ainda estamos nos domínios do mesmo princípio inquisitório

---

[145] J. B. Maier, *Derecho procesal penal. Tomo I. Fundamentos*, 2004, p. 449ss; cf. também A. Bovino, *Principios politicos del procedimiento penal*, 2009, p. 58; em sentido similar, cf. I. B. Winter, "Acusatorio versus inquisitivo. Reflexiones acerca del proceso penal", *Proceso penal y sistemas acusatórios*, 2008, p. 33; cf. V. Manzini, *Istituzioni di Diritto processuale penale*, 1967, p. 44ss, a considerar como princípios fundamentais do direito processual penal: princípio do acertamento da verdade real e princípio da obrigatoriedade do processo, no qual inclui a regra da oficialidade, da qual deriva o que chama de "autoritariedade", pelo que o processo se promove por obra da autoridade pública, como órgão do Estado.

[146] Essa compreensão é clara sobretudo na dogmática processual portuguesa, a exemplo do que se encontra em J. Figueiredo Dias, *Direito processual penal*, 1974, p. 148ss, p. 187ss, p. 195ss; G. Marques da Silva, *Direito processual penal português I*, 2013, p. 88ss, p. 96ss.

[147] J. Figueiredo Dias, *Direito processual penal*, 1974, p. 115; G. Marques da Silva, *Direito processual penal português I*, 2013, p. 81

com que o princípio da investigação guarda relações. Nesse sentido, é ao tratar do princípio inquisitório que Castanheira Neves entende por nele incluir o princípio da iniciativa de investigação (oficialidade), distinguindo-o segundo a intenção formal e a intenção material. Em suas palavras, "um se refere à *iniciativa relativamente ao processo* em si; o outro refere-se à *iniciativa relativamente ao conteúdo* (por isso se designa também este último por princípio «da investigação» ou «da instrução»)"[148]. A oficialidade, contudo, não se deve limitar à noção de impulso oficial, pois ela abrange toda a persecução penal promovida por órgão do Estado que implica em indisponibilidade do conflito penal pelos interessados[149].

Mesmo onde não se encontra a referência expressa ao princípio da investigação, é possível idnetificá-lo indiretamente nas referências aos princípios da oficialidade e da verdade que se mantêm em vários sistemas processuais, com os quais se pode reconduzir à questão que interessa acerca da investigação criminal e seu princípio regente fundamental[150].

Oficialidade e verdade, portanto, refletem razões ético-políticas e epistêmicas que persistem no processo penal, embora atualizadas pela axiologia do Estado de Direito contemporâneo. O princípio da oficialidade, é certo, já não se sustenta em um puro *jus puniendi*, como reflexo da política de confisco do conflito penal que marca o nascimento do Estado moderno, mas antes como um dever de proteção de bens jurídicos essenciais à manutenção da paz social, acrescendo-se-lhe ainda, numa perspectiva de compromissos internacionais, a obrigação de proteção de direitos da vítima[151]. O princípio da verdade, por sua vez, já não se compreende segundo uma epistemologia dogmática absoluta, que marcou o sistema de provas legais, tendo se aberto posteriormente ao sistema de convicção motivada e se limitado, por fim, pelo sistema de proibições probatórias, em uma nova epistemologia que não consente mais com a dualidade clássica entre ver-

---

[148] A. Castanheira Neves, *Sumários de processo criminal*, 1968, p. 40.

[149] Nesse sentido, cf. E. Beling, *Derecho procesal penal*, 1943, p. 75; E. Schmidt, *Los fundamentos teoricos y constitucionales del derecho procesal penal*, 1957, p. 199ss; J. Baumann, *Derecho procesal penal. Conceptos fundamentales y princípios procesales*, 1989, p. 42; C. Roxin, *Derecho procesal penal*, 2000, p. 82; J. B. Maier, *Derecho procesal penal*, 2004, p. 825ss.

[150] É o caso da dogmática processual brasileira, a exemplo do que encontramos em J. F. Mirabete, *Processo penal*, 1997; F. C. Tourinho Filho, *Processo penal 1*, 1984.

[151] Cf. A. Bovino, *Principios politicos del procedimiento penal*, 2009, p. 3ss; M. M. Guedes Valente, *Processo Penal, Tomo I*, 2010, p. 235ss; A. Confalonieri, *Europa e Giusto Processo*, 2010, p. 347ss.

dade formal e verdade material, sendo mais exato falar-se em verdade processual.

Assim, é com esse espírito renovado que oficialidade e verdade se imbricam na compreensão da investigação, abstraída as conformações positivas de qualquer sistema que distinga entre impulso oficial da investigação ou continuidade oficial da instrução, a considerar que no conjunto nos interessa entender que é ainda o Estado como titular do poder punitivo que assume o processo, seu impulso inicial e seu desenvolvimento no sentido de uma decisão racionalmente sustentada na noção de verdade.

Essa recondução necessária do princípio da investigação às exigências equitativas do Estado de Direito apenas se pode fazer segundo o *cognitivismo processual* que caracteriza a jurisdição moderna e pretende evitar o *decisionismo processual*. É necessário entendê-lo segundo a sua máxima fundamental "veritas, nom auctoritas facit iudicium", o que nos permite sustentar a máxima correlata da investigação criminal – "nullum iudicium sine investigatione".

A Estrutura Cognitivo-Potestativa da Investigação Criminal

A investigação criminal é tanto um meio de aquisição do conhecimento, quanto de exercício do poder punitivo, que se realiza por atos potestativos qualificados por uma finalidade cognitiva.

O importante a entender-se é que o inquérito nasce, sobretudo, como um processo de governo, uma técnica de administração dos problemas criminais[152]. Não se pode, portanto, ver no nascimento do inquérito apenas uma forma progressiva do uso da razão, apenas como "refinamento do conhecimento", pois isso não lhe revelaria a racionalidade complexa que traz embutida no conhecimento uma forma de exercício do poder: é essa a conjectura história de Foucault[153].

Essa conjectura é sedutora pela coerência com que se nos apresenta, mas parece conter um equívoco que se torna evidente no processo penal contemporâneo. A hipótese fundamental, contudo, parece persistir – o característico dessa forma de processo por investigação é a ordenação dos atos

---

[152] Em suma, "o inquérito é uma determinada maneira do poder se exercer" (M. Foucault, *A verdade e as formas jurídicas,* 2002, p. 73)

[153] M. Foucault, *A verdade e as formas jurídicas,* 2002, p. 73. No mesmo sentido, embora ressalte o fervor intelectual da época, cf. T. Sorrentino, *Storia del processo penale,* 1999, p. 95, pp. 113-118, p. 137.

TEORIA DA INVESTIGAÇÃO CRIMINAL

à procura da verdade, mas imbricados com uma forma de poder[154]. Neste ponto é que se pode perceber o quanto de uma concepção ético-política se transfere às práticas epistêmicas. Não há uma teoria do conhecimento desvinculada de uma teoria política. Essa é certamente a grande lição que precisamos reter de Michel Foucault na compreensão do processo penal. Mas é questionável, contudo, como o pretende, que somente as condições sócio-políticas condicionem a procura da verdade. Afinal, também as condições epistêmicas do saber podem condicionar o exercício do poder. Embora se possa duvidar que fatores epistêmicos nos séculos XII e XIII tenham determinado a forma de processo por inquérito, não se pode ignorar que a demasiada confiança na capacidade da razão também contribuiu para moldar aspectos relevantes do processo por inquérito mediante disposições relativas a provas legais[155]. Não estamos a sugerir que as razões do processo por inquérito foram apenas a busca por melhor saber. Estabelecer suas razões, sejam elas teóricas ou práticas, exige-nos conjecturar sobre causas demais que nunca teremos todas à disposição do conhecimento. Apenas nos parece ser improvável que todo conhecimento esteja condicionado pelo poder sem uma qualquer reciprocidade.

Mas não podemos simplesmente inverter a direção do condicionamento. Isto seria incorrer em um erro igualmente reducionista. Apenas precisamos insistir na existência de um condicionamento recíproco entre formas de saber e formas de poder. Essa é uma compreensão que pensamos ser necessário reter, a partir da leitura dos processos penais investigativos da época medieval, para que não se caia no equívoco recorrente de pensar o medievo como uma era de trevas, sem qualquer conhecimento razoável do mundo. Apenas assim podemos também entender como é possível nas sociedades contemporâneas dominadas pela ciência ainda persistirem formas autoritárias de processo penal, não obstante o poder político tenha uma grande propensão a seguir as certezas de provas científicas. E essa é exatamente a questão. Se pudermos interpretar a teoria de Michel

[154] Em suas palavras: "Só pode haver certos tipos de sujeito de conhecimento, certas ordens de verdade, certos domínios de saber a partir de condições políticas que são o solo em que se formam o sujeito, os domínios de saber e as relações com a verdade" (M. Foucault, *A verdade e as formas jurídicas*, p. 27).

[155] Sobre esse aspecto da mesma história, cf. T. Sorrentino, *Storia del processo penale*, 1999, p. 91ss, ao nos falar que as cidades florescem, as pessoas viajam o saber redescobre o pensamento antigo, a lógica aristotélica e o direito romano em Bologna.

Foucault neste sentido de condicionamento recíproco entre saber e poder, podemos aceitá-la no que há de essencialmente verdadeiro – não há teoria do conhecimento sem teoria do poder, nem esta sem aquela.

"O inquérito é uma forma de saber-poder", cujo conteúdo é precisamente a investigação criminal. É nesse sentido que podemos entender a explicação mais detalhada de Michel Foucault: "o inquérito não é absolutamente um conteúdo, mas a forma de saber. Forma de saber situada na junção de um tipo de poder e de certo número de conteúdos de conhecimentos". E, em termos mais pontuais e conclusivos: "O inquérito é precisamente uma forma política, uma forma de gestão, de exercício do poder que, por meio da instituição judiciária, veio a ser uma maneira, na cultura ocidental, de autentificar a verdade, de adquirir coisas que vão ser consideradas como verdadeiras e de as transmitir"[156].

É com essa ambivalência (saber e poder) do inquérito que podemos compreender o que se entende ainda hoje não tanto a forma jurídica do inquérito, mas a investigação criminal em sua estrutura subjacente como meio de aquisição de conhecimento imbricado no meio de exercício de poder punitivo, que se encontra nos diversos sistemas processuais com nomes diversos, bem como nas diversas espécies de investigação em um mesmo sistema. Em outros termos, há uma estrutura cognitivo-potestativa subjacente às diversas formas que se encontram em diversos sistemas processuais de investigação criminal.

Aceite-se ou não a conjectura histórica de Michel Foucault, em todos os seus aspectos e desenvolvimentos, bem como nossas considerações acrescidas, deve-se admitir que foi para saber "quem fez o que", "em que condições" e "em que momento", que se desenvolveu essa forma de processo por investigação na prática judiciária medieval, ainda que tenha sido antes uma questão de poder que de saber a determinar-lhe o surgimento[157]. Trata-se, contudo, em termos jurídicos, da instituição do princípio da verdade como fundamento de legitimação do processo penal, ainda que esteja antecedido e orientado pelo princípio da oficialidade com que se constitui o processo inquisitório. São esses mesmos elementos que se podem perscrutar muito antes no processo penal da Antiga Roma, especialmente no procedimento *extra ordinem* de ofício, a considerar o que nos sugere a noção de *cognitio*,

---

[156] M. Foucault, *A verdade e as formas jurídicas*, 2002, p. 78ss.
[157] M. Foucault, *A verdade e as formas jurídicas*, 2002, p. 71ss

TEORIA DA INVESTIGAÇÃO CRIMINAL

bem como o seu regime de provas testemunhais e documentais, apesar das incertezas históricas que subsistem acerca dela[158].

São esses dois princípios – da oficialidade e da verdade – que vão persistir mesmo depois de 1789, após o malogro da legislação imediatamente pós-revolucionária francesa com o *Code d'Instruction Criminelle* de 1808. Eles subsistem ainda hoje imbricados no que se tem denominado princípio da investigação do processo penal. E, fale-se ou não em inquérito, o processo penal por investigação subsiste nos diversos modelos atuais, como continuidade dessa fundação originária do processo como relação de interesse público[159]. Admitir esses elementos fundamentais ainda persistentes no processo penal contemporâneo é uma forma de compreender a sua irredutibilidade inquisitória, com todos os problemas que se lhe seguem, ainda imiscuída nos modelos atuais de inquérito que reivindicam a qualidade acusatória, mas que não conseguem despojar-se da centralidade da investigação de ofício na obtenção da prova para a justificação cognitiva da condenação penal.

É ainda uma vontade de saber (*veritas*) que se encontra na base do inquérito contemporâneo, embora conduzida por um poder que se pretende limitado em teoria processual (*potestas*), mas que na atividade prático--processual tende sempre a desvencilhar-se de um efetivo controle jurídico pela exaltação da autoridade das instituições envolvidas, como fonte autônoma de controle próprio (*auctoritas*), que muito se aproxima de uma mera vontade de poder ilimitado (*imperiurm*). Ainda que se tenha modificado a epistemologia da Ciência, ainda que se tenha modificado a axiologia do Estado, subsiste um elemento anômico no interior do processo penal que insiste em assegurar uma autoridade tendencialmente indomável como a;gum espaço de ação livre pelo poder visando a enfrentar o problema da criminalidade.

É compreensível, portanto, também no processo penal, a conclusão de Giorgio Agamben acerca de todo o direito: "O sistema jurídico do Ocidente apresenta-se como uma estrutura dupla, formada por dois elementos hete-

---

[158] T. Mommsen, *Derecho penal romano*, 1991, p. 224: "Es imposible hacer un estúdio cientifico-expositivo de la cognición..."; B. Santalucia, *Diritto e processo penale nell'antica Roma*, 1998, p. 189ss.

[159] Com as ressalvas de A. M. Hespanha, *Cultura juridica europeia*, 2012, sobre a "a alteriadade do direito passado", pois é necessário admitir que qualquer pretendida continuidade não pode ignorar algumas rupturas.

rogêneos e, no entanto, coordenados: um elemento normativo e jurídico em sentido estrito – que podemos inscrever aqui, por comodidade, sob a rubrica de *potestas* – e um elemento anômico e metajurídico – que podemos designar pelo nome de *auctoritas*"[160]. É o que ainda se pode encontrar nos modelos de investigação pelo órgão de acusação, pela exaltação da auto-suficiência do poder numa forma renovada de *auctoritas* carismática que se encarna no Minstério Público como garante qualificado da legalidade[161].

E assim, a *inquisitio* subsiste *in potentia*, como possibilidade sempre, no interior dos sistemas processuais contemporâneos, e a pretensão a um poder ilimitado lhe segue os passos como a uma sombra. Afinal, como observa Luigi Ferrajoli, "...o método inquisitório exprime uma confiança tendencialmente ilimitada na bondade do poder e na sua capacidade de alcançar a verdade"[162]. E essa capacidade vem atualmente alimentada e justificada pela potencialidade dos meios de investigação e obtenção de provas, que postulam uma objetividade e neutralidade ausente de inte-resse e parcialidade que se identificavam mais facilmente na metodologia inquisitória tradicional, mas que estão hoje obscurecidas por uma ingênua sedução pela ciência e tecnologia.

A investigação criminal, portanto, persiste tendo uma estrutura cogni-tivo-potestaiva, cujo saber oscila entre *veritas* e *auctoritas;* e o poder, entre *potestas* e *imperium*. O saber tende a justificar-se em uma autoridade dog-mática, independente dos métodos com que se desenvolve e da verdade que se obtém; enquanto o poder tende sempre a impor-se por uma autori-dade despótica independente da forma de legitimação, avançando de uma legitimidade carismática para uma legitimidade legalista pela mera organi-zação ou pelo mero procedimento de que se utiliza, matendo ainda espa-ços anômicos de controle. O saber, contudo, deveria acautelar-se contra o poder que existe subjacente ao caminho do conhecimento; e o poder, no entanto, deveria legitimar-se cognitivamente, com base em uma verdade epistemicamente justificável.

---

[160] G. Agamben, *Estado de exceção*, 2004, p. 130.

[161] A respeito, cf. a exaltação do Ministério Público que se pode encontrar em M. Delmas-Marty, "Evolução do Ministério Público e princípios diretivos do processo penal nas democracias europeias", *Discurso Sediciosos: crime, direito e sociedade*, 1997, pp.97-104. Contra essa exaltação, conferir advertência que faz E. Mathias, "O equilíbrio de poder entre a Polícia e o Ministério Público", *Processos Penais da Europa*, 2005, p. 505.

[162] FERRAJOLI, *Diritto e ragione*, p. 619.

A investigação criminal, como a vamos desenvolver ao longo dessa parte, tendo em conta essa imbricação fundamental, entende-se, assim, tanto como um meio de aquisição de conhecimento – que se pode compreender a partir da noção geral de investigação da qual a investigação criminal é espécie –, quanto como um meio de exercício do poder – que se pode compreender pela noção de processo penal. Mas tanto na investigação o poder já se pode delinear na intencionalidade dos caminhos da pesquisa, pelo interesse específico que o orienta, quanto no processo o saber constitui uma base relevante ao estabelecimento de seus objetivos. É o que esperamos deixar bem compreendido ao final dessa parte.

6
A Investigação Criminal como Saber
e sua Cientificidade

> "Inquiry is the controlled or directed transformation of an indeterminate situation into one that is so determinate in its constituent distinctions and relations as to convert the elements of the original situation into a unified whole"
> (J. Dewey, *Logic. The Theory of Inquiry*)

A investigação criminal, a despeito da positividade jurídica de seu objeto e método, partilha de um padrão geral de investigação que nos permite dialogar epistemicamente com outros campos de conhecimento (histórico, científico e sociológico), ampliando-nos a sua compreensão semântica (in+vestigius+actio).

A investigação, preliminarmente, consiste na pesquisa ou indagação que se faz interrogando, buscando e examinando. É a ação dirigida a vestígios, ao que se deixou inscrito no rasto, na pegada. É o sentido imediato que decorre de sua compreensão semântica, tendo em conta o étimo latino *investigatio* que assim se desdobra: *in + vestigius + actio*[163].

Esse sentido semântico se vai aproximar da compreensão antropológica que Carlo Ginzburg nos apresenta, ao sustentar a existência de um

---

[163] Cf. M. M. Guedes Valente, *Processo Penal. Tomo I*, 2010, p. 31ss; M. M. Guedes Valente, *Teoria Geral do Direito Policial*, 2017, p. 457ss: "É um olhar inquiridor sobre os vestígios deixados e os rastos não apagados de um facto ou acontecimento de forma a que se chegue a um conhecimento, a uma verdade".

TEORIA DA INVESTIGAÇÃO CRIMINAL

paradigma indiciário, relativo à forma como os homens se humanizaram, orientando-se no mundo na busca por sinais[164].

Essa compreensão ampliada da investigação nos permite entender a concepção de Nicola Abbagnano, para quem todas as correntes de pensamento têm subtendida a noção de investigação, embora esta não tenha sido objeto de indação filosófica, atribuindo a John Dewey a sua principal teoria[165], a partir da qual podemos construir nossa concepção de investigação criminal.

A Generalidade da Investigação Criminal

A investigação criminal se pode entender segundo um padrão geral de investigação no qual se encontra toda e qualquer investigação, seja ela comum, histórica ou científica, a despeito dos seus objetos e dos métodos específicos de que se utiliza cada campo de conhecimento, bem como do tipo de problema que enfrenta e dos aspectos que nele se enfatizam[166].

Esse padrão tem base em um conceito fundamental com o qual podemos compreender aspectos relevantes da investigação criminal considerada como espécie de pesquisa. John Dewey nos propõe que a investigação, em seu sentido mais geral possível, é a transformação controlada ou dirigida de uma situação indeterminada em uma outra determinada. Essa transformação passa pelo estabelecimento de um problema e pela determinação de uma solução, em cuja base essencial de raciocínio cumprem um caráter igualmente operativo tanto os fatos quanto as ideias[167]. Essa concepção parece efetivamente trazer alguma vantagem à compreensão da investigação criminal, quando a entendemos devidamente.

Essa definição abrangente tem a virtude de identificar o que constitui o padrão geral comum a qualquer investigação, apresentando-nos um conjunto de elementos e ações que constituem a concepção total da

[164] C. Ginzburg, "Sinais: Raízes de um paradigma indiciário", *Mitos, Emblemas, Sinais. Morfologia e História*, 1989, pp. 143-180.

[165] N. Abbagnano, *Dicionário de filosofia*, 2003, p. 784.

[166] Nesse sentido, J. Dewey, *Logica. Teoría de la investigación*, 1950, p. 119ss; I. M. Copi, *Introdução à lógica*, 1978, p. 391ss; L. H. Araújo Dutra, *Verdade e investigação. O problema da verdade na teoria do conhecimento*, 2001, pp. 14ss.

[167] J. Dewey, *Logica*, p. 123, parte da seguinte definição: "La investigación es la transformación controlada o dirigida de una situación indeterminada en otra que es tan determinada en sus distinciones y relaciones constitutivas que convierte los elementos de la situación original en un todo unificado".

investigação[168]. Essas ações se podem resumir nas seguintes: *situação indeterminada; constituição de um problema; determinação da solução do problema; raciocínio*. Contudo, mais do que uma concepção metodológica da investigação, que nos apresenta uma sequência de atos necessários de pesquisa, a concepção de Dewey tem a virtude de nos apresentar um conceito que se explica pelos elementos que compõem não apenas a investigação em si, mas antes um determinado campo de saber no qual se desenvolve a investigação como solução ao problema[169].

1) A *situação indeterminada*, considerada como condições que antecedem à investigação, somente pode ser compreendida em conexão com outras condições que a cercam, pois nunca experimentamos nem formamos juízos acerca de qualquer objeto alheado de um contexto. Podemos até destacar o objeto de sua posição histórico-espacial, por exigência de determinação do problema, mas sempre existe um campo em que tem lugar a observação do objeto[170].

O que Dewey chama de "situação indeterminada" são, portanto, "as condições que antecedem a investigação", mas não em sentido subjetivo, por decorrência de limitações do investigador, mas objetivamente, pois "é a *situação* que tem tais características. Nós estamos incertos porque a situação é inerentemente incerta". A indeterminação, no entanto, é conseqüência da *interação* com o ambiente em que se situa a questão. Assim, "a situação em que a interação ocorre é, portanto, indeterminada com respeito a seu *resultado*". Nesse sentido, podemos chamar a situação identerminada de *confusa*, quando o seu resultado não pode ser antecipado; *obscura,* quando o seu curso admite conseqüências que não podem ser especificadas; *conflitiva,* quando permite suscitar respostas contraditórias. E tudo isso se pode dizer da notícia de um crime submetido a investigação que assumimos como situação indeterminada, quer seja quanto ao crime e suas circunstâncias, quer seja quanto ao seu autor.

---

[168] A respeito, cf. L. H. Araújo Dutra, *Pragmática da investigação científica*, 2008, p. 282: "...o que há de interesssante e específico no roteiro de investigação (...) é o conjunto de ações parciais que constituem a ação total de investigar, no sentido de chegar à solçuão de um problema e a sua consolidação em deteminado saber estabelecido...".

[169] A respeito, ainda, L. H. Araújo Dutra, *Pragmática da investigação científica*, 2008, p. 282: "Essa seqüência de ações investigativas apontadas por Dewey tem, por um lado, algo em comum com a abordagem de Kuhn, que é o fato de insistir na *solução de um problema*."

[170] J. Dewey, *Logica*, 1950. *p.* 82ss, nesse ponto parece estar em consonância com as ideias fundamentais de K. Mannheim, *Ideologia e utopia*, cuja primeira edição (1929) lhe é anterior.

O importante é entender que da tentativa de compreender essa situação indeterminada emerge sempre uma indagação. É nesse sentido que para John Dewey *investigação é indagação*, que se consolida na "procura pelo que quer que seja que forneça uma resposta para uma indagação", tendo em conta o contexto do problema que condicionará o tipo de resposta a ser dado. Investigar é, portanto, procura por resolver um problema que se apresenta como uma situação indeterminada. Mas é sobretudo uma resolução "ativa e operacional".

2) A *determinação do problema* se estabelece no processo de submeter a situação indeterminada a uma investigação. É, portanto, um passo inicial decidir que a situação indeterminada requer uma investigação, o que passa pela determinação do que é problemática. Trata-se de uma questão de qualificação de uma situação como problemática. Essa determinação é já um passo intermediário da investigação, pois ela decide o rumo da investigação, que tipo de problema interessa à investigação e que tipo de soluções se vão encontrar[171].

Não é, portanto, a mera indeterminação da situação que se constitui no problema em si, a exigir uma solução; é necessário *instituí-lo* na investigação, determiná-lo. Em outros termos, "a situação indeterminada torna-se problemática durante o processo em que é tornada objeto de investigação, e em virtude do mesmo". Trata-se de um passo inicial, preliminar e essencial, pois "um problema bem colocado está semi-resolvido". Assim, nesse sentido, o modo como o problema é concebido antecipa algumas hipóteses que dirigem o caminho da investigação, segundo as questões específicas que se levam em consideração, deixando outras tantas de lado, o que vai implicar decisão sobre que dados serão selecionados no caminho e quais serão rejeitados. É por isso que "ele é o critério de relevância e irrelevância das hipóteses e das estruturas conceituais".

Essa questão tem especial relevância para a investigação criminal. A delimitação adequada do problema da investigação implica a escolha de um caminho a seguir, o que pode ser completamente diferente conforme o sujeito que a conduz tenha interesse exclusivamente acusatório, orientado apenas a subsidiar a ação penal, ou seja independente relativamente às partes interessadas na conclusão da investigação.

---

[171] J. Dewey, *Logica*, 1950, p. 125ss, nesse ponto, parece estar em consonância com as ideias fundamentais de K. Popper, *A lógica da pesquisa científica*, cuja primeira edição (1934) lhe é também anterior.

Em qualquer caso, contudo, essa definição preliminar da investigação não se pode realizar sem o estudo dos elementos do crime, a partir da análise típica do ilícito, bem como dos elementos probatórios existentes, que permitam estabelecer qual problema da investigação – se o objetivo é configurar o crime integralmente, se complementar sua configuração parcialmente definida, ou se apenas identificar seu autor, ou mesmo apenas o partícipe de autoria já presente.

3) A *determinação da solução do problema* é, contudo, progressiva. Dewey usa esse termo para evidenciar o caráter processual e complementar que existe entre os "fatos do caso" e as "ideias". A partir de observações prévias que compõem as "condições de fato" da investigação, uma "possível solução" adequada é sugerida. Essa solução precisa ser compreendida como uma "ideia". A correspondência mútua que existe entre "fatos" e "ideias" é que faz da investigação uma atividade progressiva, pois as ideias diferem conforme a etapa de investigação e evoluem progressivamente. Mas aquilo que podemos chamar de "prova final" somente se admite quando ela realmente funciona tanto para os fatos observados anteriormente, quanto para outros que se apresentem.

Não basta, contudo, instituir um problema, se não temos já alguma solução em abstrato, o que somente é possível obter a partir do que comumente já se observou em investigações prévias. Isso decorre do fato que "nenhuma situação que seja *completamente* indeterminada poderá ser convertida em um problema tendo *constituintes* definidos". Ao falar de *constituintes*, Dewey se refere aos dados que estejam estabelecidos, por constituírem os termos do problema e terem de ser considerados ou levados em conta em qualquer possível solução. Uma solução possível (que constitui uma idéia antecipada, uma hipótese) parte da determinação das condições fáticas garantidas pela observação (fatos estabelecidos), atribuindo-lhes significados como sugestões iniciais. Afinal, porque tais sugestões e idéias se referem a algo não presente na existência dada, "os significados que envolvem têm que ser incorporados em algum símbolo". A investigação precisa desenvolver--se, portanto, dando um tratamento conceitual aos dados obtidos, porque "não há idéia sem algum tipo de símbolo; um significado que não possua corpo não pode ser nem considerado nem utilizado".

Esse *tratamento conferido aos dados* existentes *pela significação*, mediante atribuição de símbolo às idéias, encontra-se presente na investigação criminal na medida em que cada dado fático apurado conduz-se a uma especificação típica legal, segundo os termos (ou símbolos, se o quisermos) de uma teoria analítica do crime, usada como linguagem necessária para as idéias que antecipam a solução da investigação.

4) O que nos parece ser um ponto central da teoria da investigação de Dewey, portanto, encontra-se no que ele chama de etapa do *raciocínio* como processo de atribuição de sentido, que não se pode confundir com uma simples inferência. Ele consiste mais em considerar o sentido em questão com relação a outros sentidos de um mesmo sistema de que faz parte[172].

O raciocínio é desenvolvido como processo, como discurso racional que opera com os símbolos estabelecidos para as idéias, atribuindo significação aos dados constituintes do problema investigado. Esse processo se desenvolve através de "uma série de significados intermediários" que conduzirá a "um significado que é mais relevante para o problema do que a idéia originariamente sugerida". O raciocínio, nesse sentido, "indica operações que podem ser efetuadas para testar sua aplicabilidade, ao passo que a idéia original é habitualmente vaga demais para determinar operações decisivas". Podemos, assim, entender que "a idéia ou significado, quando desenvolvido no discurso, dirige as atividades que, quando executadas, fornecem o material probatório necessitado". Dessa forma, podemos entender que os fatos observados e as idéias sugeridas se relacionam um com o outro, até chegar a "uma clarificação do problema envolvido e a proposta de uma possível solução", tendo, assim, os fatos um caráter operativo, na medida em que lhes atribuímos significados, simultaneamente ao caráter operativo das ideias.

Essa é uma idéia fundamental de Dewey que possui relevância na investigação criminal, na medida em que aclara a necessidade de atribuir um *significado típico* para os fatos observados, sem o que a investigação seria apenas um amontoado de dados recolhidos sem sentido no âmbito jurídico a que se destinam. E essa atribuição de significado pode exigir não apenas descriçàoa, como também explicaçooo e valoração do objeto.

5) Essa concepção de raciocínio se sustenta, portanto, no *caráter operativo tanto dos fatos, quanto das ideias* na investigação. As ideias são operativas ao dirigem operações de observação de fatos; e os fatos são operativos porque preenchem as ideias de realidade. Eles são selecionados e descritos a partir da determinação de um problema, tendo, portanto, uma função.

---

[172] J. Dewey, *Logica*, 1950, p. 130ss.

Assim, não se podem compreender os fatos como "resultados" de observação. Dewey considera que o caráter operativo dos fatos está evidente na incapacidade de qualquer fato isolado ser uma prova. Quando consideramos o resultado de uma observação como "fato do caso" ele se encontra em conexão com uma "ideia" considerada como hipótese.

A partir dessa constatação, que relaciona fatos e idéias, Dewey sustenta que os fatos são escolhidos e descritos "em função de um propósito, a saber, a exposição do problema envolvido de modo tal que seu material indique um significado relevante para a resolução da dificuldade e sirva para testar seu valor e validade". Dewey reconhece que *os fatos têm uma força operativa*, não possuindo capacidade de ser evidência de forma isolada das idéias. A função dos fatos, portanto, consiste em servirem de evidência, mas essa evidência é julgada segundo sua capacidade para formar uma unidade ordenada como resposta a solução do problema instituído. É por isso que, na concepção de Dewey, "a condução da investigação exige que os fatos sejam tomados como representativos e não como puramente presente". E isso é muito mais evidente na investigação criminal, porque lida com fatos passados, não presentes, intermediados necessariamente por provas que se buscam por orientações hipotéticas de pesquisa.

A questão, contudo, é que em toda hipótese – naquilo que ela pressupõe por verdadeiro – atua um interesse subjetivo de que nenhum modelo de investigação tampouco de espécie criminal se pode desvencilhar[173]. O valor operativo das hipóteses na investigação nos revela que ela é, antes e sobretudo, uma operação pragmaticamente orientada, de que então resulta alguma lógica, mas antes desta, durante a investigação, vários atos lógicos são realizados.

Investigação, Lógica e Pragmática

A investigação criminal é a atividade pragmática que se desenvolve por um conjunto de atos materiais, simultaneamente a atos lógicos, que ao final pretende sustentar alguma asserção lógica de conhecimento.

O fundamental da concepção lógica de John Dewey está na sua teoria de que só se pode estabelecer qualquer conhecimento particular como con-

---

[173] Cf. J. Ferrater Mora, *Dicionário de Filosofia*, 2001, p. 335: "É característico do raciocínio hipotético não se saber se uma ou mais das premissas é verdadeira, já que é precisamente isso o que se pretende averiguar".

sumação de uma investigação. Ele considera que o conhecimento precisa ser compreendido como uma asserção garantida por alguma investigação. Não podemos assegurar um qualquer conhecimento sem que antes tenhamos feito uma investigação do objeto particular[174]. O conhecimento, nesse sentido, precisa ser compreendido como termo que designa uma investigação concluída. Isso é precisamente o que se passa com o conhecimento do crime para o qual a investigação criminal concorre.

A decisão processual, que conclui pela existência de um crime e pela individualização de seu autor, é um ato lógico de conhecimento cuja asserção está garantida pela investigação criminal que a precede. Apenas podemos concluir logicamente sobre o objeto do processo porque antes uma investigação criminal desenvolveu-se pragmaticamente. Nesse sentido, entende-se Dewey quando diz que "a racionalidade é questão de relação entre *meios* e *consequências...*". Desvincular as conclusões lógicas de uma sentença das ações pragmáticas de uma investigação seria acreditar que princípios primeiros são possíveis independentemente do mundo da realidade.

É exatamente contra essa concepção lógica que Dewey se insurge para asseverar sua tese fundamental, segundo a qual todas as formas lógicas surgem apenas a partir e dentro de operações de investigação controladas ou dirigidas[175]. Essa concepção, é certo, somente é compreensível no âmbito de seu *instrumentalismo* – sua versão do pragmatismo desenvolvido ao longo de uma vida dedicada a problemas reais[176]. Ele acreditava que normas, regras e procedimentos capazes de conduzir investigações futuras bem-sucedidas apenas podiam decorrer de investigações passadas controladas ou dirigidas e igualmente bem-sucedidas[177].

Os princípios primeiros da lógica, nesse sentido, são gerados em efetivo processo controlado de investigação continuada[178]. Não apenas foram gestados por investigações passadas como ainda continuam sob constante auditoria de investigações atuais. E assim podemos igualmente compre-

---

[174] J. Dewey, *Logica*, 1950, p. 20ss.

[175] J. Dewey, *Logica*, 1950, p. 16, p. 119

[176] Problemas reais cuja solução constitui o exercício da verdadeira democracia (cf. M. N. Amaral, *Dewey: Filosofia e experiência democrática*, 2007)

[177] C. De Waal, *Sobre o pragmatismo*, 2007, 153ss; J. Dewey, *Logica*, 1950, p. 16ss.

[178] Cf. J. Dewey, *Logica*, 1950, p. 25ss, cuja teoria parece admitir que a lógica deve ser considerada historicamente, como a desenvolvem R. Blanché, J. Dubucs, *História da lógica*, 2001.

ender certos princípios jurídicos, naquilo que têm de fundamentalmente lógico, no desenvolvimento e conclusão do processo penal. Ninguém pode duvidar do caráter lógico que subjaz a princípios como da necessidade de prova, possibilidade de contraprova e da regra dirimente da dúvida[179] – quaisquer que sejam os nomes que lhes demos –, que foram gestados ao longo de processos penais bem-sucedidos no passado e que postulam disciplinar processos no futuro. Certo é que, a título de "bem-sucedido", no âmbito do processo penal, muitas outras questões de ordem pragmática que concernem ao poder são postas em consideração. Mas ainda subsiste a ideia de que esses princípios foram gestados a partir de procedimentos anteriores dirigidos e controlados.

É, portanto, necessário ressaltar que, no desenvolvimento interno de um processo, a investigação criminal é que garante as conclusões lógicas de uma sentença ou, à falta da possibilidade de garantir as asserções, torna--se impossível uma qualquer conclusão condenatória razoável. É, portanto, somente com o controle de sua direção e desenvolvimento que podemos aperfeiçoar o processo cognitivo criminal, no sentido de obter asserções cada vez mais garantidas acerca do crime, seu autor e suas circunstâncias, evitando reproduzir estruturas dogmáticas de conhecimento que apenas reiteram a autoridade do poder punitivo.

Investigação, Dogmática e Zetética

A investigação é essencialmente uma atividade de natureza zetética, mas que muito constantemente se depara com postulados dogmáticos que se devem colocar em juízo de suspensão, visando a evitar que se imponha um saber não investigado.

É problemático, portanto, sustentar que, sendo as formas lógicas decorrentes de investigações anteriores, as investigações estejam submetidas a exigências dessas formas lógicas. Dewey admite esse problema, mas toda sua teoria se destina a explicar mais detalhadamente como isso é possível. Ele sustenta, em suma, que a investigação deve ser capaz de desenvolver--se segundo um "processo autocorretivo"[180]. Em outros termos, a investigação precisa estar em condições de abandonar atitudes dogmáticas; a investigação precisa ser zetética ou não é uma investigação. A investigação

---

[179] L. Ferrajoli, *Diritto e ragione*, p. 126
[180] J. Dewey, *Logica*, 1950, p. 17ss.

TEORIA DA INVESTIGAÇÃO CRIMINAL

pressupõe que se duvide das evidências, embora parta de evidências; supõe que não se aceitem pressuposições não demonstradas, embora não possa abrir mão de alguns pressupostos. Isso é assim sobretudo na investigação criminal, que se desenvolve no âmbito de uma ideologia penal que parte de certas positividades legais e tendencialmente dogmáticas. E assim o é, igualmente, em várias outras formas de investigação.

A investigação se encontra, sempre e inevitavelmente, no ponto intermédio de duas asserções, as que se pressupõem e as que se propõem. Ela é, portanto, progressiva, porque tende a movimentar-se no sentido de passar de uma hipótese pressuposta à postura de outra hipótese. É nesse sentido que Dewey fala de determinação da solução de um problema. Ele diz que a investigação é a transformação de uma situação indeterminada em outra determinada, mas admite que nenhuma situação completamente indeterminada poderia converter-se em outra determinada. Ele parece admitir que nenhuma investigação pode partir do nada, sem teorias quaisquer, sem dados quaisquer. E de fato sustenta que a investigação se desenvolve por operações de duas classes, as conceituais, ou ideacionais, e as observacionais. Mas, conquanto admita que a sugestão de possível solução decorre por determinação das condições de fatos asseguradas por uma observação, a solução possível é apresentada como ideia. Assim, fatos e ideias se desenvolvem em correspondência mútua[181].

Essa concepção de conhecimento põe em confronto sério duas atitudes fundamentais à investigação: a dogmática e a zetética. Conquanto a investigação seja essencialmente uma atividade zetética, parece-lhe ser indispensável alguma atitude dogmática pressuposta. Parece mesmo inevitável que a investigação pressuponha certas asserções não garantidas pela investigação em curso – embora possam estar garantidas por outras investigações anteriores, mas não necessariamente – sem as quais a situação seria de tal forma indeterminada que não poderia admitir a investigação mesma em si. Há, em algum nível do conhecimento, certas asserções admitidas sem mais discussões, sem as quais não se torna possível sempre iniciar uma investigação do ponto zero. Isso torna qualquer modelo de investigação problemático, mas faz dos modelos de investigação criminal assentados na direção unilateral não controlada uma aventura dogmática desastrosa porque suas asserções pressupostas quando corrigidas já terão

---

[181] J. Dewey, *Logica*, 1950, p. 127ss; p. 136ss.

produzidos consequências demais. Ele partirá sempre de hipótese tendencialmente dogmática de que há crime e um autor, e havendo suspeito se dedicará a provar se é ele culpado.

A investigação, contudo, é, e deve permanecer sendo, uma atividade zetética. Ela deve estar em condições de assegurar a discutibilidade das asserções principais a que se destina. Ela precisa admitir o *falibilismo* e desenvolver-se segundo um *racionalismo crítico* se não quer cair no dogmatismo. Mas não pode, em sentido contrário, cair também no *ceticismo radical*.

Embora a noção de zetética nos remeta à corrente cética porque duvida, questiona e procura, é preciso fazer aquela distinção que já David Hume recomendava, para que nos mantenhamos no ceticismo moderado. Esse ceticismo se mantém no domínio de nossas opiniões, mas não chega ao ponto dos ceticismos antecedente e consequente que duvidam de nossas faculdades cognitivas e dos nossos meios de investigação[182]. Esse ceticismo nos levaria ao pirronismo, o que não é viável no âmbito de qualquer conhecimento. É necessário manterem-se certos domínios de possibilidade do conhecimento, sem os quais não poderíamos sequer viver. Não significa que devemos atribuir uma confiança ilimitada às nossas faculdades e meios de conhecimento. É muito provável que grande parte da falibilidade de nossas opiniões decorra desses limites. E isso é sobretudo verdadeiro no âmbito da atividade de investigação criminal. Não parece, portanto, razoável que se confie dogmaticamente nesses aspectos do conhecimento. Mas deve haver alguma mínima confiança.

É por isso que, entre zetética e dogmática, a investigação precisa manter-se sempre segundo uma atitude racionalista crítica. Não deve admitir fundamentos últimos irrefutáveis e seguros, tendo consciência de que mesmo seus pressupostos de conhecimento podem ser postos em dúvida[183]. Isso é relevante sobretudo no âmbito da investigação criminal que parte de mínimos dogmáticos, contidos na positivação legal de seu objeto (direito penal) e de seus métodos (direito processual penal), sem os quais seria mesmo impossível desenvolver-se. Mas na investigação criminal, esses mínimos dogmáticos precisam ser compreendidos como limites para que o poder não se sobreponha às finalidades do saber, não como suporte sufi-

---

[182] Nesse sentido, cf. N. Abbagnano, *Dicionário de filosofia*, 2003, p. 1172; D. Hume, *Investigação sobre o entendimento humano*, [2013], p. 159ss.

[183] H. Albert, *Tratado da razão crítica*, 1976, p. 22ss.

TEORIA DA INVESTIGAÇÃO CRIMINAL

ciente do saber que se justifica no exclusivo cumprimento das formalidades legais, como o encontramos na fabricação de leis que autorizam toda e qualquer forma de obtenção de prova, sobetudo quando desenvolvida por meios tecnologias e científicos. Portanto, embora seja compreensível aquela advertência que faz Luigi Ferrajoli, para quem onde há mais poder, há menos saber[184], é necessário, igualmente, acautelar-se contra o saber que, a título de conhecer, acaba se transformando em um novo poder que se desenvolve de forma dogmática.

As Similaridades Metodológicas: História, Ciência e Sociologia

A Investigação Criminal como Pesquisa Histórica

A investigação criminal é, antes e sobretudo, uma pesquisa histórica que se dirige a elucidar não tanto fatos passados, mas fatos particulares que nos interessam pela sua singularidade e se explicam segundo uma narrativa.

Existe uma similaridade entre os métodos da investigação e da história. O historiador R. G. Collingwood já o tinha observado, ao admitir que "os métodos da investigação criminal não se identificam, em todos os pontos, com os da história científica, porque o seu objetivo não é o mesmo", embora considere que "a analogia entre métodos legais e métodos históricos tenha valor para a compreensão da história"[185]. Essa analogia se fazer, igualmente, em sentido inverso, como bem observa Luigi Ferrajoli, ao tratar da verdade processual fática como um tipo particular de verdade histórica[186]. Inevitavelmente, portanto, a investigação criminal participa dos problemas relativos ao objeto histórico, mas é sobretudo no campo do método que encontramos a mais importante similaridade relativa à narrativa do crime como caso de pesquisa.

---

[184] L. Ferrajoli, *Diritto e ragione*, 2008, p. 18.

[185] R. G. Collingwood, *A ideia de história*, 2001, p. 276.

[186] L. Ferrajoli, *Direito e Razão*, 2002, p. 43s: "A verdade processual fática é, na realidade, um tipo particular de verdade *histórica*, relativa a proposições que falam de fatos passados, não diretamente acessíveis como tais à experiência"; mas "diferentemente da investigação histórica, que costuma encontrar fontes preexistentes (documentos, inscrições, utensílios...) e só raramente em criar novas fontes (entrevistas e relatos orais, ...), a investigação judicial não consiste somente na coleta de dados e peças de convicção, mas, sobretudo, em experimentar e produzir *novas fontes* de prova, como interrogatórios, testemunhos, ..., perícias, inspeções judicias etc."

A INVESTIGAÇÃO CRIMINAL COMO SABER E SUA CIENTIFICIDADE

Aceitar-se, assim, inicialmente como forma de pesquisa histórica é o primeiro passo para a investigação criminal entender-se como forma de saber tendencialmente científica, sendo a esse respeito relevante conhecer o percurso pelo qual a história se tem afirmado como ciência, com seus problemas e soluções, pois muito se aproveita à compreensão científica da investigação criminal. É sobretudo importante a aproximação na compreensão similar, porque a palavra "história" que vem do grego encontra-se em Heródoto precisamente com o sentido de "investigações", "pesquisas"[187]. Mas aqui se faz necessária uma distinção preliminar, entre história como *realidade* (*res gestae*) e história como *conhecimento* (*rerum gestarum*)[188], pois é nesse sentido último que podemos identificar pesquisa histórica e investigação criminal.

A Afirmação Científica da História e suas Ideias Principais

O caminho da história, até a sua afirmação científica, pode ser dividido em fases mitológica, teológica e filosófica[189], assim como, igualmente, podemos ler a história da investigação criminal, na qual se encontram diversas fases, se consideramos as épocas das ordálias, da inquisição, do iluminismo filosófico e do cientificismo aplicado pelas perícias[190].

Apesar da relevância que tem a discurso filosófico da história, em torno do "propósito de oferecer uma exposição completa do processo histórico de forma a poder ver-se que *faz sentido*"[191], é a partir da *Escola Metódica* de inspiração positivista que se inicia uma concepção mais científica da história, mas ela somente pode ser considerada positivista no sentido em que buscou se apoiar nos fatos, a considerar que ainda em A. Comte imperava uma concepção filosófica da histórica[192]. Essa forma métodica de história é reconhecida pelo mérito de ter prevenido o historiador acerca da especulação racionalista do discurso filosófico.

---

[187] Cf. J. Le Goff, *História e Memória. 1º Volume*, 2000, p. 19ss.

[188] Cf. R. Koselleck, [et al], *O Conceito de História*, 2016, p. 41ss

[189] Para uma visão geral dessa "história da história", cf. J. C. Reis, *A História entre a Filosofia e a Ciência*, 2011; J. Le Goff, *História e Memória*, 2000; R. G. Collingwood, G. *A ideia de história*, 1946.

[190] Para uma visão geral desse caminho, cf. H. Wehner, *Historia de la Criminología*, 1964, cuja tradução espanhola não reflete efetivamente o título original: "Geschichte der Kriminalistik".

[191] Para uma visão ampla da filosofia da história, na busca pela interpretação do processo histórico, bem como da natureza do conhecimento histórico, cf. P. Gardiner, *Teorias da História*, 2008, pp. 11-320; também G. Bourdé, H. Martin, *As Escolas Históricas*, 2003, pp. 44-60.

[192] G. Bourdé, H. Martin, *As Escolas Históricas*, 2003, p. 97.

A concepção de uma história científica, que se opõe a uma história filosófica, funda-se com base no discurso que postula alguns princípios de método. É o que se encontra na obra de Leopold von Rake (1795-1886) e se pode sintetizar nos seguintes pontos: a) o historiador apenas deve narrar o que aconteceu, não fazer juízo do passado nem buscar instruir o presente; b) o historiador consegue evitar o condicionamento social, não havendo qualquer dependência entre sujeito e objeto; c) a história (*res gestae*) existe objetivamente; d) os fatos que se extraem dos documentos se devem organizar cronologicamente[193]. A Escola Metódica com tais postulados esperava fazer uma história com neutralidade axiológica. O sujeito do conhecimento é considerado passivo relativamente ao objeto. A história se limitaria aos documentos escritos e oficiais de eventos políticos. E o objetivo seria afastar qualquer especulação filosófica, visando à objetividade absoluta, através de técnicas rigorosas de inventário das fontes, crítica dos documentos e organização da tarefa da profissão de historiador[194].

Orientando-se em um sentido contrário, no percurso científico da história, desenvolve-se uma outra concepção centrada na ideia de "presentismo" que – em oposição ao positivismo do conhecimento histórico como espelho dos fatos passados, puro de todo fator subjetivo – considera o conhecimento histórico como "uma projeção do pensamento e dos interesses presentes sobre o passado"[195]. É nesse contexto que pode ser compreendida a "história como re-presentação da experiência passada"[196]. R. G. Collingwwod sintetiza essa ideia em seus "princípios do pensamento histórico", isto é, nas "ideias acerca da natureza, do objeto, do método e do valor do pensamento histórico". A história é, segundo esses princípios, "reconstituição da experiência passada" pelo historiador, que a reconstitui em seu espírito. "Toda a história é reconstituição, na mente do historiador, do pensamento passado". Como chega a essa reconstituição, é uma questão de método, em que a "imaginação histórica" possui grande importância. Em relação às

---

[193] J. C. Reis, C. *A História entre a Filosofia e a Ciência*, 2011, p. 23.

[194] Na França, o espírito da Escola Metódica está presente em duas obras fundamentais (G. Bourdé, H. Martin, *As Escolas Históricas*, 2003, p. 97): o manifesto de lançamento da *Revista Histórica* (1876) por G. Monod; e o manual de *Introdução aos estudos históricos*, de C. Langlois e C. Seignobos (1898).

[195] A. Schaff, A. *História e Verdade*, 2000, p. 85.

[196] Cf. P. Gardiner, *Teorias da História*, 2008, p. 302ss

A INVESTIGAÇÃO CRIMINAL COMO SABER E SUA CIENTIFICIDADE

fontes de seu conhecimento, todo historiador realiza, no decurso de seu trabalho, três atividades – seleção, interpretação e crítica. Seleciona dentre as fontes o que lhe parece relevante; interpreta-as segundo sua orientação metodológica; critica-as quando lhes parecem inconsistentes. A conclusão a que chega o historiador não se limita a repetir o que as fontes lhe dizem, em geral de forma lacunar ou contraditória, porque há que se acrescer a imaginação histórica. O historiador, portanto, nos oferece uma imagem de seu objeto, que surge como "uma teia de construção imaginativa, estendida entre certos pontos fixos, fornecidos pelas declarações das fontes"[197].

Ainda seguindo o caminho da afirmação científica da história, a Escola dos *Annales*[198] tem proeminência entre os historiadores franceses, a ela se seguindo as ideias de Marc Bloch e Fernand Braudel, entre outros expoentes, que serão a base do que se chamará *a história nova*[199].

Marc Bloch (1949) considera a história como ciência dos homens no tempo (não como ciência do passado), em que se deve pesquisar do mais conhecido (o presente) para o mais oculto (o passado). Mas é preciso tentar compreender tanto o presente à luz do passado, como o passado a partir do presente. Com base nesta concepção, Bloch expõe o que se pode considerar "o ofício do historiador" através da *observação, crítica e análise* históricas. A *observação* não se faz diretamente aos fatos. O historiador está na mesma situação do investigador "que se esforça para reconstruir um crime ao qual não assistiu". O conhecimento de todos os fatos humanos no passado é um "conhecimento através de vestígios", entendendo-se por vestígio todos os documentos, "todas as marcas perceptíveis por sentidos". O procedimento de reconstituição, contudo, é o mesmo em todas as ciências. Assim, "da investigação sobre o remoto à investigação sobre o passado muito recente, a diferença é, (...), apenas de grau. Ela não atinge o fundo dos métodos". A *crítica*, por sua vez, se deve focar na credibilidade do testemunho dos documentos, afinal "que a palavra das testemunhas não deve ser obrigatoriamente digna de crédito, os mais ingênuos dos policiais sabem bem". É preciso, portanto, prevenir-se tanto da mentira quanto do erro. Não basta, contudo, que estes se constatem, é preciso que se descubram seus motivos, para que o testemunho possa ser analisado no quadro

---

[197] R. G. Collingwood, *A ideia de história*, 2001, p. 11s; p. 253ss.

[198] A revista *Annales d'historire économique et sociale* foi lançada em 1929 por L. Febvre e M. Bloch.

[199] J. Le Goff, *A História Nova*, 1990

de vestígios. A *análise*, por fim, remete ao problema da compreensão, que deve afastar o julgamento e a parcialidade, sendo exigível do historiador não se deixar "hipnotizar por sua própria escolha". Mas quanto à compreensão, somente a alcançar por abstração do real (e um pouco de imaginação), deve-se aceitar que jamais compreendemos o bastante[200].

Fernand Braudel (1969), por sua vez, desenvolve boa parte de sua teoria em torno da noção de "tempos da história", que se pode compreender segundo durações breve, média e longa. A história seria, então, a soma de todas essas histórias possíveis. Não se pretende, dessa forma, definir o ofício do historiador, mas uma concepção desse ofício, e com isso entender-se com as *outras* ciências sociais. É nesse quadro que a noção de tempos da história é iluminadora. Podemos pensar a história sob a perspectiva de três tempos – o factual, o conjuntural e o estrutural – e entender porque as ciências sociais partem inevitavelmente de uma dimensão da história, mesmo quando postulam a cientificidade pura e simplesmente. A *história factual* é uma micro-história que se inscreve no tempo curto, que segue um ritmo rápido do mais cotidiano. É uma história tradicional, história "acontecimental", que se desenvolve na dimensão do indivíduo. E é nessa dimensão que talvez possamos identificar as maiores aproximações entre pesquisa histórica e investigação criminal. A *história conjuntural*, por sua vez, segue um ritmo mais lento, que abrange agrupamentos e grupos, em dimensões médias no tempo, e pretende abarcar décadas. A *história estrutural*, a história de longa duração, pretende abarcar séculos, é uma "história quase imóvel". Essas durações que se distinguem são, contudo, "solidárias umas com as outras". E é na longa duração que pode existir uma "reflexão comum às ciências sociais"[201]. É nesse tempo que se postula uma história como ciência, amiúde denominada de *história nova*.

A partir das discussões trazidas por essa história nova, Jacques Le Goff sintetiza uma concepção de história como ciência, a partir de alguns pontos fundamentais de seu programa científico: a) a noção de história-problema; b) a expansão da noção de documento; c) e a aproximação das ciências sociais[202]. A *história-problema* é posta em oposição à *história-narrativa*, como concepção de história que melhor caracteriza a especificidade

---

[200] M. Bloch, *Apologia da História ou o ofício de historiador*, 2001, p. 74ss, p. 89ss.
[201] F. Braudel, *Escritos sobre a História*, 1978, p. 71ss.
[202] J. Le Goff, *História e Memória*, 2000, p. 100ss.

de seu método, relativamente às tradições anteriores, embora se tenha observado melhor que não se trata de concepções contraditórias, mas antes complementares. A *expansão do documento* pretende opor-se ao positivismo limitado aos documentos escritos, representando uma abertura à multiplicidade de documentos de todos os tipos. Documento aqui passa a ter um sentido amplo, para abranger materiais arqueológicos, testemunhas, filmes e fotografias, bem como dados estatísticos, com o que se permite falar de uma história qualitativa. A *aproximação das ciências sociais* busca um diálogo entre história e as *outras* ciências sociais, em especial a sociologia, da qual várias técnicas de pesquisas são utilizadas. Nesse ponto, Fernand Braudel considerava que "todas as ciências do homem, inclusive a história, estão contaminadas umas pelas outras. Falam a mesma linguagem ou podem falá-la"[203]. E, nesse sentido, também a investigação criminal, como ponto de confluência das ciê ncias criminais.

As Sínteses Teóricas da Historiografia

A considerar a diversidade das concepções científicas da história, é interessante encontrar sua melhor síntese na lição de Paul Veyne que se orienta em um sentido inverso, não de afirmação científica da história, mas pela busca de identificar o que antes lhe é mais peculiar como forma específica de saber que até pode dar lugar a uma ciência, mas que não aspira a ela como ultima razão[204]. É nele que se resgata o valor da narrativa na pesquisa histórica. E esta é certamente a melhor concepção com que podemos entender o que é especificamente metodologia historiográfica na pesquisa que temos na investigação criminal, embora nas anteriores concepções possamos identificar outras similaridades igualmente relevantes.

Paul Veyne considera que a história não é ciência, admitindo apenas dois sentidos possíveis para uma história científica – explicar cientificamente os acontecimentos por leis das quais decorre; ou descobrir suas leis que fazem avançar a história num caminho determinado – em que o primeiro é sempre incompleto, e o segundo é impossível, não passa de futurologia. A história, portanto, é "nada mais do que uma narrativa verídica"[205]. É a narrativa de acontecimentos que tem o homem como ator; e todo o resto

---

[203] F. Braudel, *Escritos sobre a História*, 1978, p. 42.
[204] P. Veyne, *Como se escreve a história*, 2008, p. 285.
[205] P. Veyne, *Como se escreve a história*, 2008, p. 11

TEORIA DA INVESTIGAÇÃO CRIMINAL

decorre disso. A história seleciona, organiza e resume, mas não há descrição exaustiva, ela é lacunar. Contudo, não é pelo fato de tratar do individual (que não se repete) que podemos distingui-la da ciência física. Também na natureza encontramos fatos individuais, que não se repetem, embora se abstraia o que nos parece se repetir. O que distingue historiografia e ciência física é que a história é um corpo de fatos e a física, um corpo de leis. Se um dia houver um corpo de leis acerca dos fatos da história, não será a história essa ciência; ela continuará sendo o corpo de fatos de que se serve a ciência.

A concepção fundamental de história em Paul Veyne nos parece situar-se na seguinte conclusão: "A história é a descrição do que é específico, quer dizer compreensível, nos acontecimentos humanos"[206]. Não é a singularidade do fato – que existe tanto em física quanto em história – que caracteriza o conhecimento histórico, mas a especificidade compreensível do acontecimento. Uma história dos fatos naturais não nos interessa tanto, por sua especificidade, como nos interessa a história dos fatos humanos, exatamente por sua especificidade. A história se orienta, assim, mais à especificidade dos acontecimentos individuais que a sua singularidade. É essa noção que nos parece ser assimilável à investigação criminal como pesquisa histórica.

A história, contudo, não é apenas narrativa, é também explicação, mas explicação muito simples, como modo de narração que se organiza de forma compreensível. Não é explicação, em conformidade com uma teoria geral, embora possa o ser, mas nisso não estará sua especificidade. É certo que o historiador se utiliza de conhecimentos gerais de outras disciplinas – tanto ciências quanto conhecimentos práticos –, "mas utiliza, sobretudo, verdades, que fazem de tal modo parte do nosso saber quotidiano que quase não é necessário mencioná-lo nem mesmo fazê-las notar". Quanto às causas dos acontecimentos, o historiador não as determina, apenas narra como os fatos se sucedem, sendo impossível determinar quais deles são a causa fundamental: "todo o fato é, ao mesmo tempo, causador e causado; as condições materiais são o que os homens fazem delas e os homens são o que elas fazem deles". Falar em leis da história, portanto, não tem sentido. Mesmo que se possa falar em leis de ciências humanas, a história permanecerá como é: como descrição do que se passou. A his-

---

[206] P. Veyne, *Como se escreve a história*, 2008, p. 71

tória, portanto, nunca será científica, pois "a história não é um esboço de ciência"[207].

Ela tem uma especificidade, a partir da qual até se podem construir ciências, mas não é o seu fim tornar-se uma ciência. E é nesse sentido que podemos aproximar a pesquisa histórica com a investigação criminal, colhendo certas sínteses da historiografia que se podem utilizar em vários campos de conhecimento, como fonte primária de um conhecimento[208]. Assim, podemos identificar na investigação criminal certos fundamentos metodológicos da historiografia como os que se seguem sinteticamente[209]:

a) *"O conhecimento histórico é perspectivista: mantém afastamento em relação ao passado e quer entendê-lo no seu tempo e lugar, sem assimilá-lo ou reduzi-lo ao presente"*. Reconhece-se uma *alteridade fundamental* no conhecimento histórico, alteridade que se encontra entre conhecimento histórico e realidade histórica, entre o sujeito histórico e o objeto histórico, o que decorre essencialmente da alteridade entre presente e passado. É, portanto, necessário reconhecer "a interferência ativa dos interesses", que se revelam nas tendências do historiador, condicionando os resultados de sua pesquisa, a partir da descoberta dos fatos que lhe interessam, o que se encontra igualmente no âmbito da investigação criminal.

b) *"O conhecimento histórico é individualizante, porque individualizantes são os instrumentos de que se vale"*. Assim como é o conhecimento da investigação criminal que se deve especificar por dois parâmetros fundamentais de cronologia e geografia na individualização do objeto que pesquisa. O crime é sempre realizado, investigado e descrito no tempo e no espaço como circunstâncias fundamentais de sua consumação.

c) *"O conhecimento histórico é seletivo"*. Este é certamente um dos pontos mais pacíficos na metodologia historiográfica que se comunica à investigação criminal irremediavelmente. Afinal, assim como o historiador, o investigador deve sempre fazer uma escolha, no campo

---

[207] P. Veyne *Como se escreve a história*, 2008, p. 103, p. 109, p. 186.

[208] L. Hegenberg (org.), *Métodos,* 2005, p. 76; p. 81: "o método histórico é usado para desenvolver pesquisas nas mais diversas áreas do conhecimento", afinal "os fatos históricos podem estar relacionados aos mais variados temas".

[209] A síntese é apresentada por N. Abbagnano, *Dicionário de Filosofia*, 2003, pp. 509-512.

da varidade das relações que se revelam na hipótese do aconteci-mento passado, escolhendo o que é importante ou fundamental para a sua narrativa criminal.

d) *"O conhecimento histórico não visa à explicação causal, mas à explicação condicional"*. Embora se possam encontrar fatos que pedem uma explicação causal no contexto histórico, assim como encontramos na investigação criminal, tem-se tornado evidente que "as noções de causa e de lei têm pouca possibilidade de aplicação no domí-nio historiográfico", o que igualmente se observará na explicação da dimensão histórica do objeto da investigação criminal, no qual a explicação condicional de sua possibilidade narrativa terá maior relevância, reduzindo a importância entre qualquer oposição entre *explicação* e *compreensão*, pois tanto uma quanto a outra são formas de determinação de possibilidade do objeto.

e) *"O conhecimento histórico visa à determinação de possibilidades retros-pectivas"*. Tendo assim em conta a natureza narrativa da história, recorrendo ao esquema de explicação condicional, a determinação histórica se estabelece como possibilidades, que se podem compre-ender como probabilidades retrospectivas, assim como se podem ler as conclusões de uma investigação acerca de um crime, sobre-tudo quanto postas em contraditório as hipóteses acusatórias e as defensivas.

A Investigação Criminal como Pesquisa Científica

A investigação criminal é pesquisa científica orientada a estabelecer a máxima aproximação possível da verdade, embora epistemicamente limitada e eticamente condicionada: limitada epistemicamente porque é impossível a ciência fornecer conhecimentos absolutos acerca dos fatos que investiga; e condicionada eticamente porque está submetida a certos antecedentes socio-culturais.

O importante é entender que não é a investigação uma ciência em si mesma, sobretudo em razão de sua primeira aproximação inevitável da pes-quisa histórica. Contudo, em um sentido amplo, pode-se considerar cien-tífica a investigação criminal, não tanto em razão da aplicação de ciência em provas especificamente periciais, mas em razão da essência da racio-nalidade científica que encontramos na estrutura fundamental da prova. Não são, portanto, os obstáculos intrínsecos – que decorrem da natureza do objeto histórico e do método legal da investigação –, que a impedem de considerar-se uma ciência, pois também as ciências, se bem entendidas, deparam-se com limites epistêmicos e condicionantes éticas, como veremos a seguir. A questão está em distinguir, na diversidade conceitual com que podemos comprender a noção de ciência, o que torna possível um saber considerar-se científico. E veremos que, tendo em conta o fundamental do método científico, descartando os enunciados que objetiva, a investigação criminal tem muita similaridade metodológica com a ciência.

Os Limites Epistêmicos das Noções de Ciência
A ciência pode ser entendida, preliminarmente, como "conhecimento que inclua, em qualquer forma ou medida, uma garantia da sua própria validade". Embora se exija uma justificação do conhecimento, para diferenciar-se da mera opinião, esse conceito admite não ser necessária uma garantia absoluta e nos permite abordar diversas concepções de ciência que se podem distinguir conforme a garantia consista na *demonstração*, na *descrição* ou na *corregibilidade*[210].

A *ciência como demonstração* representa o ideal clássico de ciência, em que se pretende demonstrar verdades necessárias como afirmações que fazem parte de um sistema unitário. Os *Elementos* de Euclides (sec. II a. C), que se baseiam em um sistema axiomático dedutivo, com abstração completa de qualquer experiência, representou essa concepção. É nessa base que se pode situar o racionalismo cartesiano da certeza fundada integralmente na dedução. A geometria não-euclidiana, contudo, ao demonstrar que duas paralelas somente não se tocam em superfície de curvatura nula, põe em dúvida a pretensão de verdades necessárias, independentemente da experiência a que se aplica. Assim, em relação à unidade do sistema, tem-se admitido ser suficiente que seus enunciados sejam compatíveis, quer dizer apenas não-contraditório[211].

A *ciência como descrição* reduz-se "à observação dos fatos e às inferências fundadas nos fatos". Nessa base, situa-se o empirismo, que evidenciava o caráter ativo e operacional do conhecimento no domínio da natureza (Bacon). Mas a ciência não se pode considerar mero "espelhamento fotográfico dos fatos". Sabe-se que uma simples constatação de fatos não basta

---

[210] N. Abbagnano, *Dicionário de Filosofia*, 2003, p. 156ss.
[211] Cf. G. Bachelard, *O novo espírito científico*, 2008, p. 23ss, 131ss, a respeito da "epistemologia não-cartesiana" e dos "dilemas da filosofia geométrica".

para constituir uma ciência, porque é preciso raciocinar sobre o que se observa, comparar fatos e julgá-los (C. Bernard). Assim, somente se pode entender a ciência como uma descrição abreviada e econômica dos fatos e suas relações, que mais não representa que o conceito de lei. Dessa forma, "o conceito fundamental da ciência é o da lei científica e o objetivo fundamental de uma ciência é estabelecer leis"[212].

A *ciência como corregibilidade* representa uma concepção menos dogmática da ciência e admite como única garantia de validade sua autocorrigibilidade. Nesse sentido, embora diferentes, as duas concepções da ciência, *descritiva e autocorretiva*, partem de um mesmo pressuposto: "a interpretação da ciência como a suprema – e mais confiável – forma de saber", o que vem sendo posto em dúvida por várias concepções posteriores, que rejeitam o método científico unitário, além da ciência como obra de mentes individuais e alheia a particularidade dos diversos contextos[213]. Abdica-se, assim, da pretensão à garantia absoluta, a partir do reconhecimento ao *falibilismo* como pressuposto do conhecimento[214]. É nessa concepção que se situa o falseacionismo de Karl Popper, com o qual podemos proceder a uma melhor aproximação entre investigação criminal e pesquisa científica.

Karl Popper (1934) considera a *falseabilidade*, e não a *verificabilidade*[215], a marca fundamental da ciência. A pesquisa científica se inicia por problemas, para os quais devemos apresentar hipóteses como tentativas de solução que requerem provas pela experiência. Para que seja provada de fato, uma hipótese deve ser provável ou verificável em princípio, o que implica igualmente que possa ser falseável. Se a hipótese for confirmada, diz-se que está corroborada; se não for, diz-se que está refutada. Entretanto, por mais confirmações que se apresentem, nunca uma teoria se pode dizer

---

[212] N. Abbagnano, N. *Dicionário de Filosofia*, 2003, p. 159ss.

[213] Cf. N. Abbagnano, *Dicionário de Filosofia*, 2003, p. 160ss.

[214] *Falibilismo:* "Termo criado por Peirce para indicar a atitude do pesquisador que julga possível o erro a cada instante da sua pesquisa e, portanto, procura melhorar os seus instrumentos de investigação e de verificação" (N. Abbagnano, *Dicionário de Filosofia*, 2003, p. 494). "O falibilismo é, assim, uma posição que se situa entre o dogmatismo e o ceticismo" (S. Blackburn, *Dicionario Oxford de Filosofia*, 1997, p. 142)

[215] *Verificabilidade*: "Princípio central do positivismo lógico, que afirma que o significado de uma afirmação é o seu método de verificação" (S. Blackburn, *Dicionário de Filosofia*, 1997, p. 314), o que implica considerarem-se destituídos de significado enunciados que não permitem qualquer verificação.

corroborada em definitivo; mas basta uma só refutação para que uma teoria se possa considerar falseada. A falseabilidade, nesse sentido, deve ser a propriedade dos enunciados científicos, para que as hipóteses possam enfrentar o "tribunal da experiência, que tem o poder de falsificá-las, mas não de confirmá-las"[216]. Essa é precisamente a condição das hipóteses fáticas da investigação criminal, quando postas em processo contraditório. Por isso, apesar das limitações e críticas que se fazem ao falseacionismo, podemos aceitá-lo no âmbito da investigação criminal. Assim, se na ciência não são definitivas as falseações, porque "as proposições de observação que formam a base para a falsificação podem se revelar falsas à luz de desenvolvimentos posteriores"[217], na investigação criminal as teses acusatórias refutadas, uma vez sob a coisa julgada, não podem ser revistas, embora o possam em relação às teses defensórias para as quais existam novas provas, sendo neste ponto procedente a crítica ao falceacionismo inclusive na investigação dos crime. Ainda, se na ciência, "a teoria em teste pode estar errada, mas alternativamente pode ser uma suposição auxiliar ou alguma parte da descrição das condições iniciais que sejam responsáveis pela previsão incorreta", considerando que as teorias não consistem em afirmações hipotéticas isoladas, na investigação criminal podemos isolar teses acusatórias e contrapô-las às defensórias, sendo isto suficiente para rejeição da hipótese. Assim, K. Popper propõe tratar de dois problemas para os quais a falseabilidade pretende ser uma resposta teórica, identificando os limites do conhecimento científico, com o que podemos compreender o que é científico no âmbito da investigação criminal.

David Hume (1748) observou que "todas as inferências a partir da experiência pressupõem, como fundamento, que o futuro será semelhante ao passado, e que poderes similares estarão em conjunção com qualidades sensíveis similares". Entretanto, ressaltou que "é impossível que argumentos a partir da experiência provem a semelhança do futuro com o passado". Então, "que lógica, que processo de argumentação" pode nos assegurar essa conclusão? Este *problema da indução* é o ponto de partida com que K. Popper nega a lógica indutiva e afirma uma teoria do *método dedutivo de prova*, como lógica da pesquisa científica. Ele considera equivocada a lógica indutiva propugnada pelas ciências empíricas que buscam validar

---

[216] S. Blackburn *Dicionário de Filosofia*, 1997, 302.
[217] A. F. Chalmers, *O que é ciência, afinal?*, 1993, p. 93ss

TEORIA DA INVESTIGAÇÃO CRIMINAL

seus enunciados universais a partir de enunciados singulares, o que "está longe de ser óbvio, de um ponto de vista lógico", porque independente de quantos casos se observem, isso não justifica concluir que todos os casos são e serão como enunciados[218]. As mesmas dificuldades permanecem no caso de substituir a indução pela probabilidade, deixando de falar em "verdadeiro" para falar em "provável".

Essa questão, contudo, não se deve confundir com o problema que Popper considera ser de psicologia do conhecimento, não de lógica, acerca do ato de conceber uma hipótese, que é um estágio anterior que diz respeito a questão de fato, não à questão de justificação que lhe interessa. Essa distinção é importante para a investigação criminal porque não se pode negar o papel dessas experiências de casos particulares na concepção de hipóteses de pesquisa de novos casos, desde que se tenha consciência de que essa base não é por si só suficiente para justificar uma inferência acerca do crime investigado. Nesse caso, é necessária outra estrutura lógica de justificação que em certos aspectos se aproximam do que acontece na estrutura da lógica da pesquisa científica.

É nesse contexto que K. Popper defende como lógica da pesquisa científica a "prova dedutiva de teorias". O método deve partir de uma hipótese conjecturada, que pode ser comprovada logicamente por vários meios, a exemplo da comprovação por comparação das conclusões segundo a coerência interna das hipóteses; por investigação da forma da hipótese, segundo verificação do seu caráter empírico; por comparação com outras hipóteses. Mas é, no entanto, com base na "comprovação por meio de aplicações empíricas das conclusões que dela se possam deduzir" que podemos concluir sobre uma hipótese, se as conclusões singulares se mostrarem aceitáveis. Neste caso, contudo, devemos dizer que a hipótese está corroborada, não que seja verdadeira ou mesmo provável, pois subsiste sempre a possibilidade de ser refutada em outra aplicação empírica.

Ante a inadmissibilidade da indução, portanto, as teorias não são empiricamente verificáveis, mas sim falseáveis, devendo este ser o critério adequado para demarcar o campo da ciência. Popper, contudo, adverte que apresenta o critério da falseabilidade como critério de demarcação, mas *não como critério de significado*, como pretende o critério da verificabilidade dos positivistas lógicos. Assim, em sua concepção teórica da ciência, "a

---

[218] K. Popper, *A lógica da pesquisa científica*, 1975, p. 27ss

falseabilidade separa duas classes de enunciados perfeitamente significativos: os falseáveis e os não falseáveis; traça uma linha divisória no seio da linguagem dotada de significado e não em volta dela"[219]. É, nesse sentido, a falseabilidade um "critério de demarcação" da ciência, o que permite elaborar "um conceito de ciência empírica" que traça uma linha de demarcação entre Ciência e Metafísica. E é nesse sentido que podemos identificar o que na investigação criminal se apresenta como científico, em contraposição a suposições metafísicas.

É importante observar que, nessa concepção de ciência, releva-se uma forma de "experiência como método", em que a "experiência" é considerada como método "por via do qual é possível distinguir um sistema teórico de outros". Assim, o que se pode denominar ciência empírica é o sistema que pretende representar o mundo da experiência, que se identifica pelo fato de ter sido submetido a provas e resistido a tais provas, pela aplicação do método dedutivo de provas. Ao afirmar a falseabilidade como critério de demarcação, Popper insiste que "não existe a chamada indução" e as "teorias nunca são empiricamente verificáveis". Por isso não podemos usar a verificabilidade como critério de demarcação, ou seja, não se exige que um sistema científico seja considerado válido de uma vez por todas, porque verificado, mas sim que "deve ser possível refutar, pela experiência, um sistema científico empírico".

Assim, o que caracteriza o método empírico essencial à ciência é o fato de expor-se ao falseamento, pois o objetivo científico não é "salvar a vida de sistemas insustentáveis", mas o de selecionar o que se revele, comparativamente, o melhor. É essa concepção pode ser acolhida na compreensão da investigação criminal como pesquisa científica, na medida em que suas conclusões se deparam, em algum alguma fase processual, com a refutação probatória do réu, em virtude do contraditório judicial a que se submete a questão, pondo à prova a hipótese acusatória, antes de proferir-se uma sentença final acerca do crime.

Os Condicionamentos Sócio-Culturais da Ciência

Mas a ciência não é apenas um sistema lógico de enunciados empíricos que se eencontra alheado de um sistema ético-político de referência, afinal antes de ser um conhecimento garantido por inferências lógicas, ele

---

[219] Popper, K. *A lógica da pesquisa científica*, 1975, p. 42ss

TEORIA DA INVESTIGAÇÃO CRIMINAL

é um sistema de ações cognitivas pragmáticas que se desenvolvem em sociedade[220].

A ciência se compõe a partir de antecedentes socio-culturais que vão condicionar o cientista como pessoa que possui responsabilidades e desenvolve sua atividade no âmbito de uma "comunidade científica". Essa é a concepção de G. F. Kneller que nos apresenta uma visão mais realista da ciência e nos permite entender as razões de suas limitações humanas, a considerar que, assim como outras pessoas, também os cientistas são impelidos por emoções, e em qualquer pesquisa é essa pessoa que raciocina, experimenta e conclui sobre a ciência[221]. E se o resultado da ciência (os enunciados científicos) pode ser considerado sem emoção, não o pode seu caminho (a atividade científica). Dessa forma, certos fatores psicológicos da personalidade do cientista (conscientes e inconscientes) se transmitem à pesquisa científica, assim como se transmitem os seus antecedentes sócio-culturais. Admite-se, assim, que embora a Ciência seja mais raramente determinada por fatores externos, "ela é frequentemente influenciada por numerosos fatores que agem na cultura e sociedade de seu tempo, sobre os quais, por vezes, exerce alguma influência". Entre os antecedentes sócio-culturais, encontram-se "visões do mundo e ideologias", filosofias e religiões, não apenas "tradições científicas racionais". Também a opinião pública e o sistema educacional do país, a política e a economia. No conjunto, todos esses fatores impõem ao cientista alguma responsabilidade. Por isso todo cientista "tem uma responsabilidade moral e social mínima e específica" que o impede de produzir ciência que tenha aplicações mais nocivas que benéficas. E esse é um aspecto da ciência mais diretamente assimilável no âmbito da investigação criminal. Mas o fator de influência mais diretamente acessível talvez seja a comunidade científica em que se insere o cientista. A comunidade científica "é uma associação de pessoas que não estão vinculadas entre si por leis nem cadeias de comando, mas pela comunicação de informações – através de revistas especializadas, conferências, discussões informais e outros canais". O funcionamento das comunicações científicas é em geral coordenado por instituições, mediante certos mecanismos que asseguram o diálogo e buscam

---

[220] O que corresponde à perspectiva desenvolvida por L. H. Araújo Dutra, *Pragmática da investigação científica*, 2008.

[221] G. F. Kneller, *A ciência como atividade humana*, 1980, p. 158ss.

manter certos padrões de pesquisa, harmonizando interesses individuais dos cientistas com os compromissos coletivos da ciência. Essa comunidade científica se pode comprender a partir de seus paradigmas, programs e tradições de pesquisas. Enquanto Popper enfatiza o papel das teorias, há os que enfatizam o conjunto de doutrinas mais geral e muito mais difícil de corroborar ou falsificar empiricamente, a partir dos conceitos de paradigma (Kuhn), programas de pesquisa (Lakatos) e tradição de pesquisa (Laudan), que se podem identificar na base da investigação criminal como atividade cientificamente orientada.

Thomas S. Kuhn (1970) considera que a "natureza da ciência" se estabelece por um conjunto de características que, embora não lhe sejam exclusivas e possam assemelhar-se às de outros domínios do saber, a exemplo do que encontramos na investigação criminal, no conjunto a distinguem como atividade científica[222]. Entre estes elementos, estão o *paradigma* e a *comunidade científica*: "um paradigma é aquilo que os membros de uma comunidade partilham; inversamente, uma comunidade científica consiste em homens que partilham um paradigma". Suscitou-se, contudo, que o conceito de paradigma na obra de Kuhn tinha mais de vinte sentidos, o que o levou a explicar-se em um posfácio, restringindo o emprego do termo a dois sentidos – um mais global, no sentido de "matriz disciplinar"; o outro mais específico, no sentido de "exemplos compartilhados".

A expressão *matriz disciplinar* remete a um conjunto de "elementos ordenados de várias espécies" (matriz) que são de "posse comum aos praticantes de uma disciplina particular" (disciplinar). Os elementos podem e costumam ser vários, mas Kuhn relaciona quatro considerados essenciais: generalizações simbólicas; partes metafísicas; valores; e exemplares compartilhados. As generalizações simbólicas são expressões empregadas sem discussão pelos membros do grupo, a exemplo de certas fórmulas matemáticas em física. As partes metafísicas concernem a compromissos coletivos, verdadeiras "crenças em determinados modelos" que auxiliam na solução de problemas. Gaston Bachelard já havia ressaltado que "todo homem, no seu esforço de cultura científica, se apoia não em uma, mas sim em duas metafísicas" – o racionalismo e o realismo[223]. Os valores são geralmente mais compartilhados que os elementos anteriores e concernem

---

[222] T. S. Kuhn, *A estrutura das revoluções científicas*, 2009.
[223] G. Bachelard, *O novo espirito científico*, 2008, p. 7.

TEORIA DA INVESTIGAÇÃO CRIMINAL

a critérios necessários para julgar teorias, sua utilidade social etc. Thomas Kuhn chama a atenção, contudo, para o fato de que os valores "podem ser compartilhados por homens que divergem quanto à sua aplicação"[224], o que acontece muito frequentemente no âmbito da investigação criminal. Por fim, os exemplares compartilhados podem se considerar o aspecto mais concreto do sentido de paradigma e consiste "em soluções concretas de problemas que os estudantes encontram desde o início de sua educação científica", a partir dos quais certas soluções antecipadas indicam como o trabalho se deve realizar. Kuhn observa que "na ausência de tais exemplares, as leis e teorias anteriormente apreendidas teriam pouco conteúdo empírico".

Imre Lakatos (1978), em oposição ao que se considerou um falsificacionismo ingênuo, apresenta uma versão sofisticada de falsificacionismo, em que se substitui o conceito de teoria como elemento básico da lógica científica por séries de teorias. Lakatos considera que "as teorias científicas não são só igualmente não comprováveis e improváveis como também irrefutáveis"[225]. Para o falseacionismo sofisticado não é qualquer teoria suscetível de falsificação que deve ser aceitável, mas somente a que, em comparação com outra, apresente corroboração adicional, ou seja, "apenas se conduzir à descoberta de novos fatos". O que se ressalta, nessa forma mais complexa de considerar os enunciados científicos, é a necessidade de avaliar-se como científico não uma teoria isolada, mas uma sucessão de teorias, no âmbito do quadro de uma metodologia de programa de investigação.

O programa de investigação científica "é constituído por regras metodológicas: algumas indicam-nos os caminhos da investigação a evitar (*heurística negativa*), outras os caminhos a seguir (*heurística positiva*)"[226]. A. F. Chalmers considera-o como "uma estrutura que fornece orientação para a pesquisa futura"[227]. Os *programas de pesquisa* se podem caracterizar pela existência de um "núcleo firme", em torno do qual se forma um "cintura protetora". A ideia de uma heurística negativa, assim, impede que certas refutações alcancem o núcleo firme. A heurística positiva, por sua vez, é mais flexível que a negativa, mas tende a desenvolver-se apenas no âmbito

---

[224] T. S. Kuhn, *A estrutura das revoluções científicas*, 2009, p. 232.

[225] I. Lakatos, *Falsificação e Metodologia dos Programas de Investigação Científica*, 1999, p. 23.

[226] I. Lakatos, *Falsificação e Metodologia dos Programas de Investigação Científica*, 1999, p. 54

[227] A. F. Chalmers, *O que é ciência, afinal,?*, 1993, p. 112.

do permitido, indicando o tipo de coisa que o pesquisador pode fazer. Diz-se, portanto, que "a heurística negativa especifica o 'núcleo firme' do programa que é irrefutável pelas decisões metodológicas dos seus proponentes", ao passo que "a heurística positiva consiste num conjunto parcialmente articulado de sugestões ou conselhos sobre como modificar, desenvolver, as 'variantes refutáveis' do programa de investigação"[228]. Isso requer adição de hipóteses auxiliares e o desenvolvimento de técnicas adequadas, e nesse ponto, a noção de *tradição de pesquisa* é esclarecedora.

Larry Laudan (1977) aceita a noção de teorias mais gerais como ferramentas da compreensão do conhecimento científico, mas sustenta que a discussão deve girar em torno da noção de *tradições de pesquisa*. Admite, também, que todas as disciplinas, científicas ou não, têm uma história repleta de tradições. Estas tradições têm em comum os seguintes traços: a) toda tradição tem um certo número de teorias específicas que a exemplificam e a constituem; b) toda tradição evidencia determinados compromissos tanto metafísicos como metodológicos; c) cada tradição decorre de um número de formulações diferentes, segundo uma história. Sobretudo, uma "tradição proporciona um conjunto de diretrizes para o desenvolvimento das teorias específicas". Parte dessas diretrizes constitui uma verdadeira ontologia que especifica o tipo de entidades fundamentais no domínio da pesquisa, e de forma mais específica, determina ainda os modos de proceder que são "métodos de indagação". Em suma, uma tradição de investigação é um conjunto de considerações ontológicas e metodológicas, pontos de vistas acerca de métodos de investigação em conformidade com os de objetos de investigação. É um "sistema de crenças" que possuem pelos menos dois componentes: "i) um conjunto de crenças acerca de que tipos de entidades e processos constituem o domínio da investigação" e "ii) um conjunto de normas epistêmicas e metodológicas acerca de como tem que investigar-se esse domínio, como hão de submeter-se a prova as teorias, recolher os dados etc.". As tradições de pesquisa, nesse sentido, não são explicativas, nem preditivas, nem diretamente corroboradas. E apenas se considera terem êxito quando, por meio de suas componentes teóricas, conduzem à solução adequada de um âmbito de problemas[229].

---

[228] I. Lakatos, *Falsificação e Metodologia dos Programas de Investigação Científica*, 1999, p. 58.
[229] L. Laudan, *El progresso y sus problemas. Hacia una teoria del crecimiento científico*, 1986.

TEORIA DA INVESTIGAÇÃO CRIMINAL

O conceito de tradições de pesquisa pressupõe a concepção científica de *solução de problemas*, sustentada por Larry Laudan, para quem "a ciência é, em essência, uma atividade de resolução de problemas"[230]. Admite que a ciência possui uma ampla variedade de objetivos (controlar o mundo natural, buscar a verdade, utilidade social etc.), mas é a resolução de problemas que nos permite uma compreensão do mais característico da ciência. Laudan desenvolve sua concepção de ciência a partir de duas teses fundamentais: conforme a Tese 1, a prova essencial de uma teoria é saber se proporciona soluções satisfatórias a problemas importantes; conforme a Tese 2, para valorar o mérito de uma teorias, é mais importante perguntar se constituem soluções adequadas a problemas que perguntar se são verdadeiras, se são corroboradas ou são justificadas de qualquer modo.

Mas de que problema se trata? Laudan não acredita que os problemas científicos sejam diferentes de outros tipos de problemas, ainda que em grau talvez o sejam. Entende que se os problemas são ponto central e constituem perguntas, as teorias são o resultado final e respostas do pensamento científico. O *propósito da ciência* consiste em "obter teorias com uma elevada efetividade na resolução de problemas". Os problemas, que são *empíricos* e *conceituais*, representam, respectivamente, exigências de correspondência e de coerência que esperamos das teorias. Nesse sentido, não há diferença fundamental entre ciência e outras "formas de indagação intelectual", pois todas pretendem dotar de sentido o mundo e nossas experiências; toda teoria, científica ou não, esta sujeita a compromissos empíricos e conceituais. A diferença entre ciência e não-ciência é de grau e não de tipo, embora entre certas ciências se utilizem "procedimentos vigorosos" de provas que não se utilizam em outras, mas esse aspecto não deveria ser considerado constitutivo do conceito de ciência.

Assim, tendo em conta não a perspectiva lógica, mas especialmente a pragmática da ciência, podemos muito facilmente compreender a investigação criminal como atividade humana de solução de seus problemas específicos, identificando seus paradigmas, seus programas e suas tradições de pesquisa.

---

[230] L. Laudan, *El progresso y sus problemas. Hacia uma teoria del crecimiento científico*, 1986, p. 39s

A Investigação Criminal como Pesquisa Sociológica

A investigação criminal como pesquisa científica se aproxima mais claramente de uma pesquisa sociológica, sobretudo quando temos em conta a abordagem epistemológica do paradigma acionista e suas modalidades técnicas de investigaçãoo-ação.

A investigação criminal se desenvolve por método e técnicas de pesquisa que muito a aproximam da atividade científica, sobretudo da ciência social. Embora não tenha por fim a produção de conhecimento científico em sentido estrito, produzindo enunciados gerais, o caminho que percorre para alcançar sua finalidade tem muito em comum com a sociologia. Essa aproximação entre investigação criminal e pesquisa sociológica, contudo, exige distinguir paradigmas epistemológicos no âmbito das ciências sociais, para que se possam entender as similaridades metodológicas do procedimento das pesquisa.

Em sociologia, encontram-se várias maneiras de abordar a realidade social, o que permite distinguir variados modelos de investigação, tradições de pensamento ou mesmo problemáticas e linguagens diversas. Michel de Coster explica que, conforme se enfatize a estrutura social ou o indivíduo, bem como a maneira de entender os conflitos nas relações sociais, podemos distinguir dois paradigmas – o determinista e o acionista[231]. A abordagem determinista se fundamenta em dois postulados – um sustenta que os fatos sociais se explicam apenas por fenômenos que se encontram antes deles,; o outro conclui que, por interiorizar estes fenômenos exteriores, o indivíduo orienta sua ação condicionada. A abordagem acionista, contrariamente, aparece como reação à concepção positivista das ciências sociais. Interessa-se mais pela ação do indivíduo, suas intenções e projetos como ator social, e o conflito social deixa de considerar-se um incidente perturbador, como na abordagem determinista, para se considerar inerente às instituições e organizações. E essa orientação epistêmica tem grande importância na compreensão da investigação criminal como pesquisa sociológica, tendp em conta sua orientação à pesquisa das ações de indivíduos.

Contudo, bem vistas as coisas, não se trata de paradigmas inconciliáveis, afinal, observou-se que: "Se, (...), por um lado, parece que a sociedade modela o homem, por outro, é o homem que modela a sociedade, de modo que cada forma de abordagem insiste numa das duas faces de uma mesma

---

[231] M. Coster, *Introdução à sociologia*, 1998, p. 81ss.

realidade"[232]. Por isso, não deveríamos aceitar que um único paradigma tenha "monopólio da explicação", sobretudo porque as "qualidades heurísticas" de cada um dependem do "contexto de investigação". Mas é certo que, no contexto jurídico-científico da investigação criminal, o paradigma acionista parece melhor responder às necessidades práticas do conhecimento, em especial a abordagem dos modelos de pesquisa que se encontram na modalidade de investigação-ação.

O Paradigma Acionista

Assim como no direito penal a ação permanece tendo um valor fundamental para a teoria do crime[233], "o conceito de ação está no centro da abordagem acionista"[234], o que justifica seriamente a compreensão das similaridades entre pesquisa sociológica e investigação criminal a partir do paradigma acionista.

A ação sociologicamente considerada pode ser entendida como "comportamento humano (quer consista num fazer externo ou interno, quer num omitir ou permitir), sempre que o agente ou os agentes lhe associem um *sentido* subjetivo", que se distingue do sentido jurídico das ciências dogmáticas nas quais se incorpora o sentido de "justo". Mas assim como no direito, na sociologia se enfatiza a noção de "sentido" em conformidade com um tipo construído conceitualmente. São "conceitos construtivos da sociologia" que de um ponto de vista metodológico atuam como "típico--ideais" [235]. Na investigação criminal, essa noção pode ter lugar em uma etapa anterior à interpretação jurídica (teoria do tipo penal), em conformidade com uma pretendida ordenação científica do conhecimento, a partir dos dados de investigações anteriores. Podem servir de base metodológica, no plano terminológico e classificatório, bem como ter uma função heurística.

Nesse sentido, a sociologia "constrói conceitos típicos e demanda regras gerais do acontecer, em contraste com a história que aspirar à análise e imputação causais das ações, estruturas e personalidades individuais culturalmente importantes"[236]. Assim, na construção conceitual da sociologia,

---

[232] M. Coster, *Introdução à sociologia*, 1998, p. 109.

[233] Cf. F. A. Guaragni, *As teorias da conduta no direito penal*, 2000.

[234] M. Coster, *Introdução à sociologia*, 1998, p. 96.

[235] A respeito, cf. M. Weber, *Conceitos sociológicos fundamentais*, 2009, p. 21, p. 40

[236] M. Weber, *Conceitos sociológicos fundamentais*, 2009, p. 38ss

embora esta possa buscar seu material nas realidades de ação relevantes à história (na investigação criminal, aos casos investigados individualmente), é condição peculiar da abstração generalizadora da ciência que os conceitos sejam vazios de conteúdo face à realidade concreta do material histórico. Em contrapartida, a univocidade dos conceitos, ao afastar-se da realidade, permite indicar o grau de aproximação de um fenômeno histórico.

A *sociologia da ação* se estabelece a partir desse paradigma acionista. Esse paradigma sociológico caracteriza-se por sua "transparência epistemológica que se define por princípios claros e por sua eficácia na capacidade de explicar fenômenos à primeira vista obscuros"[237]. O primeiro princípio consiste em considerar todo fenômeno social como resultado de ações, atitudes ou convicções de comportamentos individuais (Individualismo metodológico). O segundo, em considerar que a explicação sociológica consiste em procurar o sentido dos comportamentos individuais (princípio da racionalidade).

O *individualismo metodológico* não se pode confundir com o significado moral do individualismo, que faz do indivíduo a fonte suprema dos valores. Metodologicamente considerado, o individualismo tem um sentido diferente: "implica apenas que, para explicar um fenômeno social, é necessário descobrir suas causas individuais...". O individualismo metodológico não desconsidera que o indivíduo se encontra num "contexto que se lhe impõe em larga medida", não faz uma abordagem atomista, mas sim *interacionista* da sociedade; não impede que se considerem indivíduos em grupo por categoria, em tipos ideais; não exclui que se considerem entidades coletivas como um indivíduo. Essa concepção tem um papel fundamental na predeterminação da responsabilidade social do agente antes que se lhe atribuía uma culpa normativa.

O *princípio da racionalidade*, por sua vez, busca entender o fenômeno social como efeito de ações, cuja explicação completa apenas é possível se evidenciamos o seu sentido. Nesse caso, fala-se em *compreensão* e considera-se que o comportamento é sempre compreensível. Mas não significa ter acesso imediato às razões do autor; significa antes que "essas razões devem ser reconstituídas através do entrecruzamento de informações, um pouco como sucede num inquérito policial". E isso reafirma a conjectura teórica de M. Foucault, para quem o modelo de inquérito das práticas judi-

---

[237] R. Boudon, *Tratado de sociologia*, 1995, p. 27ss

ciárias é considerado a origem da forma geral de saber de várias ciências sociais[238]. Contudo, não se pode ignorar que o inquérito sociológico, diferentemente do inquérito jurídico, consiste "em suscitar um conjunto de discursos individuais, em interpretá-los e generalizá-los" [239]. No entanto, em todo caso, subsiste explicitamente a similaridade com a investigação criminal. Porque, para o fim dessa reconstituição, deve-se antes recolher informações sobre o contexto social do autor, o que igualmente se exige na investigação criminal se queremos individualizar a culpabilidade do investigado.

A sociologia da ação aparece assim como sociologia compreensiva em oposição à sociologia de tradição positivista que pugnava pela exclusão da compreensão do sentido dos comportamentos individuais. Mas a compreensão aparece apenas como um momento da explicação, na acepção que lhe atribui M. Weber, e assim se vai igualmente encontrar no contexto da investigação criminal.

A Investigação-Ação

A sociologia da ação tem sido oposta a uma sociologia acadêmica, embora as duas perspectivas coexistam em pesquisas de terreno de variados campos profissionais[240]. É nessa sociologia de campo que se deram os primeiros passos de uma *investigação-ação*, em trabalhos etnológicos especialmente, tendo se expandido para problemas da sociedade industrial e urbanizada[241]. A cidade, nesse contexto, passa a considerar-se como um laboratório natural das ciências sociais que têm por objetivo a solução de problemas muito pontuais.

Há grande discussão epistemológica sobre a investigação-ação, que se rconduz a uma nova postura sociológica na qual se busca reequacionar a relação entre ação e conhecimento, aprofundando as relações entre teoria e prática, em recusa a uma concepção contemplativa da ciência, permitindo atividades como a investigação criminal qualificarem-se como pesquisa. Assim, a ideia de investigação-ação instaura uma metodologia diversa na ciência, com características próprias nas quais facilmente se encaixa a

---

[238] Cf. M. Foucault, *A verdade e as formas jurídicas*, 2002.

[239] R. Ghiglione, R. Matalon, *O inquérito. Teoria e Prática*, 2001,.

[240] I. C Guerra, *Fundamentos e Processos de Uma Sociologia de Acção. O Planeamento em Ciências Sociais*, 2002, p. 10ss.

[241] Cf. A. J. Esteves, "A investigação-ação", *Metodologia das Ciências Sociais*, 2009.

A INVESTIGAÇÃO CRIMINAL COMO SABER E SUA CIENTIFICIDADE

investigação criminal, especialmente tendo em conta as diversas técnicas de pesquisa de que se utilizam.

É, portanto, no campo das técnicas dessa metodologia que encontramos a aproximação mais evidente com a investigação criminal, pois ela se utiliza de todas as técnicas disponíveis nas ciências sociais, privilegiando as qualitativas que tentam teorizar a partir de informações empíricas, colhidas no campo, no terreno de ação, a partir de problemas que se colocam, na tentativa de resolvê-los, e para os quais a teoria se deve voltar. É o que podemos observar quando se analisa a prática das pesquisas sociais atuais, com seu método e suas técnicas, a partir de manuais de investigação em ciências sociais[242], em que podemos seguir o procedimento geral de pesquisa, identificando diversas etapas comuns à investigação criminal: a pergunta de partida (etapa 1); a exploração (etapa 2); a problemática (etapa 3); a construção do modelo de análise (etapa 4); a observação (etapa 5); a análise das informações (etapa 6); e as conclusões (etapa 7). É certo, contudo, que, na investigação criminal a pergunta de partida é essencialmente diferente, do que decorre que as demais tendem a seguir-lhe, conforme as questões que são postas.

É, nesse sentido, possível identificar similaridades entre a pesquisa sociologicamente orientada pelo paradigma da ação com a pesquisa realizada na inestigação criminal, tanto em seus métodos, quanto em suas técnicas. R. Quivy e L. van Campenhoudt, contudo, fazem uma advertência que aproveita à investigação criminal. Ao falar-se em procedimento de investigação científica, não se pode concluir ingenuamente que isso por si assegura um conhecimento científico, porque na verdade é muito difícil chegar a essa conclusão. O que se alcança pelo procedimento é, na melhor das hipóteses, uma compreensão significativa do acontecimento, do funcionamento de organizações, de motivação de agentes e do sentido de suas ações. Mas o conhecimento científico mesmo exige algo além que não decorre imediata e automaticamente de seguir as etapas do procedimento. O procedimento é apenas "uma forma de progredir em direção a um objetivo". Por sua vez, "os métodos não são mais do que formalizações particulares do procedimento, percursos diferentes concebidos para estarem mais adaptados aos fenômenos ou domínios estudados"[243].

---

[242] R. Quivy, L. van Campenhoudt, *Manual de Investigação em Ciências Sociais*, 2008.

[243] R. Quivy, L. van Campenhoudt, *Manual de Investigação em Ciências Sociais*, 2008, pp. 19-25.

TEORIA DA INVESTIGAÇÃO CRIMINAL

Ademais, por mais que se faça uma aproximação dos métodos científicos e técnicas de pesquisa sociológica, a investigação criminal se distingue por seu objeto específico pelo qual se assemelha mais com uma investigação criminológica, embora ainda aqui existam diferenças que precisam ser evidenciadas.

As Similaridades Ontológicas: a Criminologia

Quando se compara a outros campos de conhecimento, já não mais tendo em conta as similiaridades metodológicas, mas a similaridades do objeto específico de pesquisa, é com a criminologia que a investigação criminal tende a mais se aproximar e até confundir-se, embora seja necessário entender suas diferenças.

A criminologia científica nasce com a *Escola Positiva* italiana, sob a inspiração positivista da ciência, em confronto com a compreensão clássica e jurídica do delito, propondo uma investigação empírica do crime como fenômeno da realidade. Essa orientação, contudo, já se encontrava em algumas pesquisas prévias à Escola Positiva, na etapa "pré-científica" da criminologia, no âmbito da Fisionomia, Frenologia, Estatística e, sobretudo, em estudos de Antropologia, cuja aparição está estreitamente ligada às origens da Criminologia[244].

O primeiro passo da criminologia positivista, com diretriz antropológica e empírica, encontra-se na obra *L'Uuomo delinqüente*, de C. Lombroso (1835-1909), considerada sua maior expressão. Em suma, opondo ao método lógico-dedutivo (da Escola clássica do Direito penal) o método empírico-indutivo, e partindo de uma perspectiva determinista das ações do criminoso, como espécie diferente dentro do gênero humano, a criminologia positivista se dirige não tanto ao crime, mas ao criminoso, e a pena tende a ter um caráter curativo e reeducativo, tendencialmente indeterminada em seu tempo. A criminologia positivista aspira por uma compreensão total do criminoso, visando a subsidiar a *defesa social*, como técnica de proteção da sociedade contra o crime, por meios não apenas jurídicos[245],

---

[244] A. Garcia-Pablos de Molina, *Criminologia*, 2008, p. 106ss; A. Serrano Maíllo, *Introdução à Criminologia*, 2007, p. 68ss.

[245] Cf. A. Baratta, *Criminologia Crítica e Crítica do Direito Penal. Introdução à Sociologia do Direito Penal*, 1999, p. 41ss, para quem ideologicamente escola clássica e escola positiva partilhavam do mesmo paradigma político da defesa social, que tem na sua base uma concepção abstrata e a-histórica da sociedade, entendida como uma totalidade de valores e interesses, desconsiderando seus conflitos reais.

A INVESTIGAÇÃO CRIMINAL COMO SABER E SUA CIENTIFICIDADE

mas nesse ponto, ideologicamente, escola clássica e escola positiva partilhavam do mesmo paradigma político, cuja base é uma concepção abstrata e a-histórica da sociedade, entendida como uma totalidade de valores e interesses, desconsiderando seus conflitos reais.

A partir da concepção antropológica plantada por Lombroso, a criminologia positivista se diversifica com outras vertentes, sociológica e psicológica, nas obras de E. Ferri (1856-1929)[246] e R. Garofalo (1852-1934)[247], mas é equivocado entender que na criminologia positivista cada autor defendia a exclusividade do fator antropológico, sociológico ou psicológico. O próprio Lombroso teria reconhecido que "não existe delito que não encontre sua raiz em múltiplas causas", embora enfatizasse a antropológica, em conformidade com suas teses deterministas[248].

Na origem, portanto, a criminologia parece mais se identificar com uma *explicação multifatorial*[249], dando assim lugar a uma diversidade de abordagens que se vão proliferar em pesquisas de natureza biológica, psicológica e sociológica[250], como estrutura da moderna criminologia científica, na qual se encontram ramos de Biologia criminal e Psicologia criminal (mais centrados no criminoso e com orientação etiológica), e da Sociologia criminal (que tende a deslocar o objeto de investigação do *crime* para a *reação ao crime*). Mas à medida que a criminologia tem avançado no seu percurso científico, a abordagem sociológica tem alcançado uma proeminência sobre as demais[251], especialmente com escolas orientadas à constru-

---

[246] Enfatizando os fatores sociais, a obra de E. Ferri se situa no que hoje podemos chamar de *sociologia criminal*, mas ainda fiel ao determinismo.

[247] A. Garcia-Pablos Molina, *Criminologia*, 2008, p. 114, considera a obra de Garofalo como uma espécie de positivismo moderado. J. Figueiredo Dias e M. Costa Andrade, *Criminologia*, 1991, p. 5, observam que a ele se deve precisamente o nome *Criminologia*, que foi o título de sua principal obra.

[248] A. Serrano Maíllo, *Introdução à Criminologia*, 2007, p. 73.

[249] É essa abordagem que, segundo A. Serrano Maíllo, *Introdução à Criminologia*, 2007, p. 77, tem conferido à Criminologia um caráter interdisciplinar que tende a lhe negar autonomia. A. Garcia-Pablos Molina, *Criminologia*, 2008, p. 24, por sua vez, tende a considerar que o princípio interdisciplinar está associado ao processo histórico de consolidação da Criminologia como ciência autônoma, o que somente se alcançará quando se emancipar das disciplinas em torno das quais nasceu.

[250] Nesse sentido, cf. A. Garcia-Pablos Molina, *Criminologia*, 2008, cujo Capítulo Terceiro, que trata da Moderna Criminologia Científica, está estruturado segundo essa divisão.

[251] A. Serrano Maíllo, *Introdução à Criminologia*, 2007, p. 78, chega a suscitar que existe um "paradigma sociológico" da criminologia.

ção de *teorias unitárias* de explicação do crime, a partir da compreensão do ambiente em que o crime se desenvolve[252]. Tais estudos são decisivos para entender o crime como uma determinação externa, contribuindo para mudar a perspectiva patológica de compreensão do criminoso. No entanto, mais recentemente, com a proliferação de teorias, têm surgido propostas de *teorias integradas,* em que se propõe "tomar de cada teoria aquelas partes que resultem mais promissoras e tratar de formar uma nova teoria com todas elas"[253]. E essas teorias tendem a ser de uma ordem diversa de qualquer outra que pretenda uma explicação unifatorial (sociológica, ou psicológica, ou biológica).

Em boa parte, contudo, a criminologia, mesmo nessa diversidade, manteve-se muito vinculada a um paradigma etiológico (determinista ou não), ainda que tenha mudado o foco do criminoso para o crime. Somente a partir de teorias da criminalidade e da reação social baseadas no *labelling approach* (etiquetamento)[254] e na *concepção conflitual* da sociedade[255], há uma mudança radical no sentido de um "criticismo". Fala-se, então, em uma *criminologia crítica*, não necessariamente homogênea, que desloca o enfoque teórico do autor para as condicionantes objetivas, estruturais e funcionais do crime, com o que o interesse do estudo se desloca das causas do crime aos mecanismos sociais e institucionais, como elementos de elaboração da realidade social[256]. Há, então, uma desvinculação da ideia de causa, com distanciamento do modelo de ciências naturais, e o crime deixa de ser, em definitivo, considerado como uma entidade ontológica preexistente. Em suma, conforme bem conclui A. Baratta, "a criminologia crítica se transforma desse modo mais e mais em uma crítica do direito penal".

---

[252] Esse é o caso dos estudos realizados pela Escola de Chicago, sobre a desorganização social (Shaw e McKay), bem como estudos de Sutherland, sobre a associação diferencial, e de A. Cohen, sobre a frustração.

[253] A. Serrano Maíllo, *Introdução à Criminologia*, 2007, p. 307.

[254] A. Baratta, *Criminologia Crítica e Crítica do Direito Penal*, 1999, refere-se ao *labelling* como uma revolução científica no âmbito da sociologia criminal.

[255] A sociologia do conflito aplicada à criminologia confronta-se com o *princípio do interesse social* da defesa social, segundo o qual os interesses protegidos nas leis penais correspondem a valores gerais da sociedade (ideia consensual).

[256] A. Baratta, *Criminologia Crítica e Crítica do Direito Penal*, 1999, p. 172ss.

A diversidade das abordagens criminológicas produziu diversos objetos de investigação. Atualmente, a criminologia tem como objeto o crime, o criminoso, a vítima e o sistema de reação social, estando assim dividida a matéria em alguns manuais[257]. A. Serrano Maíllo, contudo, reafirma ainda que sua principal atividade de investigação consiste "no estudo das causas do delito, ou seja, em *explicá-lo* – a perspectiva etiológica", mas acrescenta que a criminologia está interessada também "nas possíveis *formas de responder ao fenômeno delitivo* no sentido de preveni-lo e controlá-lo"[258]. Nesse ponto se pode incluir o conhecimento criminológico que possa subsidiar investigações criminais, precisamente a partir de pesquisas criminológicas que incluam a medida ou extensão do delito, ou seja, "quantos delitos são cometidos em certos período de tempo, em dada unidade espacial, podendo ser um país, uma região ou um bairro"[259] e o modo como se costuma cometê-los (o que mais especificamente atenderia às necessidades de investigações criminais futuras).

O conceito de crime, contudo, tem constituído o principal problema do objeto da criminologia. E a autonomia dessa ciência está em boa medida a depender de um conceito próprio de delito (e independente do conceito legal), para o qual não tem havido sucesso, apesar de várias propostas[260]. A. Serrano Maíllo observa que, embora criticável sob alguns aspectos, o conceito legal ainda tem sido utilizado em boa parte das pesquisas criminológicas[261].

---

[257] Cf. nesse sentido, A. Garcia-Pablos de Molina, *Criminologia*, 2008; V. Garrido, [*et al.*] *Princípios de criminología*, 2006.

[258] A. Serrano Maíllo, *Introdução à Criminologia*, 2007, p. 21ss

[259] Nesse ponto, segundo A. Serrano Maíllo, *Introdução à Criminologia*, 2007, p. 23, "naturalmente, a medida pode se referir também a tipos concretos de delitos" e a criminologia "também se ocupa de estudar as tendências do delito ao longo do tempo, por exemplo, se aumenta ou diminui; da comparação entre diferentes países, comunidades ou outras entidades; ou de estudar se o delito se concentra em certos lugares, momentos ou grupos de pessoas".

[260] Assim, o conceito de delito natural de Garofalo (infração de certos sentimentos morais fundamentais para uma comunidade), Gottfredson e Hirschi (ato de força física ou fraude na busca de benefício próprio), ou o redimensionamento do objeto para a violência ou agressão, ou para o comportamento desviado.

[261] A. Serrano Maíllo, *Introdução à Criminologia*, 2007, p. 42ss.

TEORIA DA INVESTIGAÇÃO CRIMINAL

As Distinções no Conjunto das Relações de Reciprocidade[262]

A criminologia, em sua origem, tinha propensão criminalística e abrangia esta no seu sistema de conhecimento, a tal ponto de ainda hoje, equivocadamente, se afirmar que a criminalística é parte dela[263].

Esse, contudo, não é mais o caso, nem tem sentido considerar criminologia e investigação criminal como disciplinas iguais, pois que *elas se distinguem pela finalidade*, embora tenham relações cognitivas muito importantes de reciprocidade[264]. É, portanto, contraditório que a criminologia se afirme como ciência, na qual se pretende incluir a criminalística (segundo alguns autores), embora ainda seja o conceito legal de crime dessa última o seu ponto de referência.

É preciso entender que entre criminalística e criminologia existe "uma simbiose frutífera para ambas as partes", a considerar que "a Criminologia se enriquece com o acesso aos dados estabelecidos pela polícia e a polícia tem necessidade das teorias criminológicas para melhorar seu funcionamento"[265]. As possibilidades de relação são várias e ilimitadas, mas não há relação de subordinação, porque em cada uma se persegue finalidade diversa. A finalidade primordial das investigações criminais não é produzir teorias acerca da criminalidade, embora seus dados possam servir a esse fim. E mesmo quando é possível extrair de investigações anteriores realizadas pelos próprios investigadores um conhecimento criminológico, este não visará a uma ciência criminológica, mas a investigações futuras. Entretanto, as relações subsistem.

Primeiramente, devemos entender que não se pode seriamente pretender uma investigação criminalística sem um conhecimento criminológico

---

[262] "Em sua origem, pois, a criminologia tem como específica função cognoscitiva e prática individualizar as causas desta diversidade, os fatores que determinam o comportamento criminoso, para combatê-los com uma série de práticas que tendem, sobretudo, a modificar o delinquente. A concepção positivista da ciência como estudo das causas batizou a criminologia" (A. Baratta, *Criminologia Crítica e Crítica do Direito Penal*, 1999, p. 29).

[263] Nesse sentido, cf. V. Garrido [*et al.*], *Princípios de criminología*, 2006, p. 107; F. Sidoti, *Criminologia e Investigazione*, 2006, p. 290, observa que é fácil entender que se possam confundir criminologia, investigação e polícia científica, como se fossem a mesma coisa, pois ao tempo da criminologia positivista efetivamente se tratava de territórios não marcado por fronteiras nítidas. A criticar essa confusão, cf. K. Zbinden, *Criminalística: Investigação Criminal*, 1957, p. 13ss

[264] F. Sidoti, *Criminologia e Investigazione*, 2006, p. 209; M. M. Guedes Valente, *Teoria geral do direito policial*, 2009, p. 312ss.

[265] V. Garrido, [*et al.*], *Princípios de criminología*, 2006, p. 109.

prévio[266]. Pensemos, por exemplo, no que representou a concepção antropológica lombrosiana para a investigação criminal, no passado, e o que, ainda hoje, ela representa como aquisição da cultura policial imiscuída nas suas práticas discursivas, embora em confronto com um novo paradigma jurídico. Pensemos, noutro sentido, o que pode representar uma nova concepção criminológica mais condizente com os direitos humanos, na cultura da atividade de investigação. Esta é apenas uma das possíveis relações que a investigação criminal ainda guarda com o saber criminológico, em que uma teoria de médio ou grande alcance nos confere uma *cosmovisão da criminalidade*. Ainda há outras relações possíveis que demonstram igualmente a necessidade que tem a criminologia da investigação criminal, considerando que em grande parte a *fenomenologia criminal* essencial à criminologia pode ser pesquisada a partir de estatísticas criminais (quantitativas) e poderia se enriquecer mais com os conteúdos (qualitativos) de investigações criminais concluídas.

O Ponto em Comum: a Fenomenologia Criminal

A fenomenologia criminal, assim, pode ser entendida como objeto comum à criminologia e à criminalística, que apenas se distinguem pela finalidade que cada uma dá ao conhecimento obtido a partir desses dados e o nível de teorização que lhe conferem.

A fenomenologia criminal se ocupa do estudo e descrição das formas de manifestação do delito em geral e certos delitos em particular, ou seja, questões relativas "à sua perpetração, seus correlatos espaciais e temporais, suas variações e regularidades, seus requisitos, suas consequências, sua conexão com outros delitos e comportamentos, características de seus autores etc."[267]. Trata-se, essencialmente, do objeto primordial da investigação criminal e deve corresponder a uma etapa da organização científica do saber criminológico.

---

[266] Sob essa perspectiva, entendemos que a formação criminológica do investigador é requisito indispensável à formação investigativa. Esse, aliás, é um entendimento que está subjacente no primeiro *Corso di laurea in Scienze dell'Investigazione*, em cujo currículo se contém a disciplina Criminologia, ministrada por Franceso Sidoti, fundador e dirigente do curso (cf. www.scienzeinvestigazione.it), além de autor de obra que traça paralelos entre *Criminologia e Investigação* (Giuffrè Editore, 2006). Essa mesma ideia se pode encontrar contida no Mestrado do Instituto Superior de Ciências Policiais e Segurança Interna de Portugal, na especialidade *Criminologia e Investigação Criminal*.

[267] A. Serrano Maillo, *Introdução à Criminologia*, 2007, p. 109.

TEORIA DA INVESTIGAÇÃO CRIMINAL

Nesse corpo teórico da fenomenologia, Hans Gross distinguia entre *a descrição de fenômenos gerais do crime* – que se podem entender atualmente como os conceitos e teorias criminológicas a respeito da criminalidade e do criminoso, de que pode partir a investigação criminal – e *a descrição dos fenômenos especiais* – que corresponde ao objeto fundamental da investigação criminal, ou seja, especificar o crime como foi cometido, seu autor e suas consequências observadas[268]. A fenomenologia criminal, que se constrói a partir do conhecimento acerca da execução dos crimes, adquire-se "por uma longa prática de investigação" e "pela leitura" do que se podem chamar "memórias" obtidas dos próprios autores dos crimes (em seus depoimentos) e dos funcionários de polícia e investigação – o que constitui o espólio de saber empírico dos órgãos de investigação, ainda não devidamente tratado de forma sistemática e científica. Em tais considerações, encontra-se implícito um caminho (método) possível para que as práticas de investigação criminal em particular, analisadas e sistematizadas em seu conjunto, possam constituir um corpo de conhecimento para o saber científico, a partir de uma compreensão criminológica do fenômeno como ponto de partida para teorias dirigidas especificamente às formas de investigar, segundo as formas de cometimento do crime, e às formas de provar.

Ressalte-se, contudo, que qualquer fenomenologia criminal, no âmbito da investigação criminal, não deixa de ser uma teorização criminológica, apenas diversa no seu nível (baixo alcance), limitada a subsidiar a prática de investigações criminais futuras, quando se criam banco de dados acerca da criminalidade investigada. É, nesse sentido, basicamente, uma teoria acerca do *modus operandi* de determinado tipo penal, comumente observado em um tempo e lugar restritos. Mas à criminologia subsistirá sempre a finalidade de propor teorias de médio e alto alcance, mesmo que seja com base em dados criminalísticos, servindo antes a fins político-criminais, embora possam se utilizar no contexto da prática de investigações criminais futuras.

A Especificidade Criminalística da Investigação Criminal

A investigação criminal, a despeito das diversas similaridades que podemos encontrar em relação aos métodos e ao objeto com outros campos de saber, é priomordialmente uma pesquisa criminalística que possui certas

---

[268] K. Zbinden, *Criminalística: Investigação Criminal*, 1957, p. 49ss.

peculiaridades que se devem considerar, sobretudo a partir de sua fonte ideológica de pensamento liberal.

A criminalística, relativamente à criminologia, é mais herdeira da Escola Clássica do Direito Penal que da Escola Positiva italiana, mas por muito tempo se confundiu com a criminologia como parte dela. Não se pode ignorar, contudo, que na Escola clássica se encontrava uma concepção criminológica, mas a chamada criminologia clássica (ou pré-científica) tinha por fundamento uma "concepção do homem como um ser livre e racional", sustentando que o crime poderia ser explicado em termos utilitaristas, segundo um cálculo racional entre vantagens e prejuízos[269]. Contudo, para o nascimento da criminalística como disciplina foram necessários outros elementos. Primeiramente, temos o nascimento da ideia de investigação e sua *prática* que se desenvolve a partir do momento em que se destaca da polícia um corpo orientado a investigar os crimes; por segundo, temos o *discurso* em que se sustentou ao afirmar-se a possibilidade de conhecer o crime e descobrir seu autor por métodos e conhecimentos oriundos das ciências. No conjunto, encontramos o que M. Foucault designa por uma *prática discursiva*, que está na base de todo saber e permitirá o nascimento de positividades, sua epistemologização e alcance da cientificidade[270].

É nessa construção teórica do saber investigativo que Francesco Sidoti situa o nascimento da investigação criminal como parte de uma história plurissecular caracterizada pela diminuição progressiva da violência na sociedade ocidental[271]. Karl Zibinden, por sua vez, situando sua história na formação do processo penal moderno, distingue três etapas bem distintas, desde o sistema arcaico (oráculos, ordálias e duelos), passando pelo sistema pré-científico da Inquisição (confissão e tortura), até ao sistema moderno do Iluminismo, pela crítica dos meios violentos, que exigiu novos métodos de investigação criminal condizentes com os direitos do homem[272].

---

[269] Dessa concepção, que se inicia com C. Beccaria (*Dei deliti e delle penne*, 1764), passa por G. Romagnosi (*Genesi del diritto penal*, 1791) e chega ao *Programma del corso di diritto criminale* (1859) de F. Carrara, surgiu a grande tradição da ciência do direito penal, embora sob a perspectiva criminológica pouco tenha contribuído. Segundo A. Baratta (1982), nesse período, "assistimos a um processo que vai da filosofia do direito penal a uma fundamentação filosófica da ciência do direito penal; ou seja, de uma concepção filosófica para uma concepção jurídica, mas filosoficamente fundada, dos conceitos de delito, de responsabilidade, de pena".

[270] Cf. M. Foucault, *Arqueologia do Saber*, 2005.

[271] F .Sidoti, *Criminologia e Investigazione*, 2006, p. 209, p. 168.

[272] K. Zbinden, *Criminalística: Investigação Criminal*, 1957, p. 24ss.

TEORIA DA INVESTIGAÇÃO CRIMINAL

Dessa forma, pode-se sustentar que a evolução da investigação criminal não é tanto no sentido de assegurar a descoberta do criminoso, como se vê muito comumente asseverar de forma exclusiva, mas também no sentido de assegurar que o inocente não seja erroneamente condenado[273].

Em complemento, podemos encontrar na história das polícias, eminentemente preventivas na origem, o destacamento de corpos designados para investigação de crimes[274]. O discurso de base, contudo, vai exigir algo mais que permite a união entre ciência e investigação, o que se torna possível a partir do momento em que alguns casos concretos são resolvidos pelo recurso a conhecimentos científicos[275]. O avanço da investigação como ciência pressupõe, assim, o crescimento das diversas ciências a que recorre, mas a criminalística como disciplina científica da investigação criminal não se pode limitar às ciências naturais. A ênfase da investigação criminal nestas se deve ao fato de que as ciências naturais são as primeiras a sedimentarem seu discurso científico, mas hoje os avanços das ciências sociais se devem considerar igualmente na construção da racionalidade científica. Pensemos nas perícias de psicologia e contabilidade, no aperfeiçoamento das técnicas de pesquisa qualitativa e em todo arcabouço que as ciências sociais têm acumulado como modelo de conhecimento relevante à investigação criminal.

O discurso científico que se desenvolve no âmbito da prática de investigação como ciência vem sendo aperfeiçoado com a postulação de certos enunciados fundamentais, como o *princípio do intercambio*[276] e o *princípio de correspondência*[277] que encontramos nos percursores da criminalística. Em complemento, como disciplina, a criminalística se tem aprofundado com publicação de obras teóricas (H. Gross, E. Locard, P. Cecaldi), criação de

[273] C. E. O'Hara, J. W. Osterburg, *Introdução à Criminalística*, 1956, p. 17

[274] F. Sidoti, *Criminologia e Investigazione*, 2006, p. 170; cf. também J.-C. Monet, *Polícias e Sociedades na europa*, 2006.

[275] Como ocorre no caso Dreyfus, em que atua A. Bertillon (1852-1914), referido à época como o "melhor da Europa"(cf. J. Thorwlad, *El siglo de la investigación*, 1966, p. 110ss, p. 122)

[276] Princípio de E. Locard, segundo o qual "ao cometer-se um delito se realiza um intercambio de indícios entre o autor e o lugar do fato" (F. A. Barberá, J. V. Luis y Tuyrégano, *Polícia Científica*, 2005).

[277] Princípio de P. Ceccaldi, segundo o qual, "se os efeitos são parecidos quando procedem de uma mesma causa, é preciso recorrer às comparações e aos detalhes significativos nos efeitos para que esta similaridade conduza à identificação da causa em comum" (F. A. Barberá, J. V. Luis y Tuyrégano, *Polícia Científica*, 2005).

institutos técnico-científicos e realização de seminários e congressos. Mas ainda subsiste dúvida quanto ao conceito da criminalística, devido à sua confusão originária com a criminologia, bem como quanto à sua natureza científica, dependente de outras ciências, por um lado, e confundida com as ciências jurídicas, por outro.

Quando o jurista alemão Franz von Liszt (1951-1919) se referia ao conjunto de ciências auxiliares do Direito penal, falava em disciplinas criminalísticas. Nesse sentido, chegou a fundar em Marburg (1882) o *Seminário Criminalístico* que se iniciava pelo estudo do Direito e do Processo penal. Nesse mesmo sentido, o termo foi usado ao fundar, em 1888, a *Associação Internacional Criminalística*. Segundo se tem entendido, portanto, a criminalística é um nome que teve origem na obra de Liszt, mas o primeiro tratado de criminalística, contudo, com este nome, somente aparece em 1944. Trata-se de 8ª edição do anterior e inicialmente intitulado *Manual para juízes de instrução* (1893), de Hans Gross (1847-1915), revista por Ernest Seelig. Nesse manual, Gross exclui do direito penal e processual a função criminalística, como a concebera Liszt, e a vislumbra dentro da criminologia, que à época era positivista e tinha aspirações criminalísticas[278].

Hans Gross considerava a criminalística como "conjunto de teorias que se referem ao esclarecimento dos casos criminais". Na 4ª edição de sua obra, explicava que a criminalística deveria focar nos métodos para apurar a verdade e o crime sob sua forma objetiva. Esse é um conceito que Karl Zbinden considera aceitável para a criminalística, que deve compreender a fenomenologia criminal e os métodos de investigação, mas lhe acrescenta algo mais, incluindo disposições sobre a prova, não apenas objetiva, pois considera a prova subjetiva e o conhecimento de psicologia criminal, bem como disposições sobre sua pesquisa e tática de investigação[279]. No conjunto, segundo suas concepção da criminalística, esta se dedica à fenomenologia criminal, à teoria das provas (objetiva e subjetiva) e à metodologia da investigação. É como entendemos a criminalística, em um sentido amplo, como disciplina acadêmica científica que se dedica ao estudo das formas como os crimes são praticados (*modus operandi*), as provas que são necessárias à demonstração de sua prática, bem como o método e as técnicas utilizadas na obtenção dessas provas, sejam elas referidas a coisas ou pessoas.

---

[278] K. Zbinden, *Criminalística: Investigação Criminal*, 1957, p. 10ss
[279] K. Zbinden, *Criminalística: Investigação Criminal*, 1957, p. 14ss

A Cientificidade da Pesquisa Criminalística

Ao definir a Criminalística, muitos autores a consideram uma ciência, mas isso somente é aceitável se a entendermos como uma ciência aplicada do conhecimento de outras ciências. Quando se falava, então, em "teoria da investigação judicial do crime" (Seeling) ou "teoria da investigação ou dos meios objetivos de prova" (Grassberger), entendia-se como teoria da técnica, da pesquisa aplicada[280], o que, contudo, constitui apenas uma parte da teoria da investigação criminal.

A criminalística é, nesse sentido, a disciplina da investigação como saber, como pesquisa orientada cientificamente na solução de problemas práticos. Mas não se trata de uma ciência em sentido estrito, pois muito ainda lhe falta para dizer-se científica, para falarmos de uma ciência da investigação criminal, com seus próprios enunciados científicos, embora isso não exclua uma racionalidade específica que desde logo se pode reconhecer existente na sua metodologia científica. Entretanto, Ludwig Hugo Franz von Jagemann (1805-1853) falava em ciência da investigação para designar "os conhecimentos e princípios empíricos, por meio dos quais se consegue esclarecer a verdadeira situação de fato de um crime ou delito, por métodos legais e com a maior rapidez, segurança e objetividade". A sua obra é qualificada como "a primeira tentativa meritória no domínio da ciência da investigação criminal", sendo considerado o "fundador da ciência da investigação criminal". Em sua concepção, a investigação em si tem um caráter científico, embora segundo um método legal[281]. Eis porque precisamos falar em metodologia da investigação criminal, que exige não apenas uma lógica e uma pragmática, mas também uma processualstica jurídica.

Ao concluir sobre a cientificidade da investigação criminal, portando, não devemos assemelhar seus resultados a enunciados científicos em sentido estrito, mas apenas admitir uma racionalidade orientada cientificamente em razão de aspectos fundamentais que são similares à metodologia científica, sem descuidar de sua racionalidade cognitiva específica, em diálogo também com a história e sociologia.

---

[280] K. Zbinden, *Criminalística: Investigação Criminal*, 1957, p. 20ss.
[281] K. Zbinden, *Criminalística: Investigação Criminal*, 1957, pp. 28-30

A Racionalidade Cognitiva da investigação

A investigação criminal como saber está orientada cientificamente, mas possui uma racionalidade cognitiva própria que decorre dos seus fins, da natureza de seus problemas, dos critérios utilizados pelos investigadores e dos seus métodos e técnicas.

A investigação criminal como espécie de saber concorre com outras ciências, especialmente as sociais, que se dedicam à pesquisa do crime como objeto, podendo-se eventualmente confundir-se com algumas como a criminologia, bem como se aproximar de outras no que respeita aos métodos e técnicas, mas é pelo conjunto desses elementos que podemos distingui-la de várias outras orientações científicas.

É certo que o crime como objeto se situa no contexto de uma unidade da realidade social, embora exista uma pluralidade de ciências sociais. O que as distingue, portanto, não é ocuparem-se de diferentes fenômenos. A distinção que existe provém das próprias ciências, das diversas formas de abordar essa mesma realidade. Cada ciência social adota em relação à mesma realidade uma ótica de análise diferente. E a investigação criminal como pesquisa cientificamente orientada tem as suas especifidade. A. Seda Nunes propõe que se distingam as diversas ciências sociais a partir de quatro níveis[282]:

a) *Os fins específicos que orientam a investigação*[283], revelando o interesse dos investigadores ao analisarem, explicarem e compreenderem a realidade. É nesse ponto de partida, desde logo, que a investigação se distingue seriamente da criminologia, porque não está orientada a construir teorias gerais sobre a criminalidade, mas a delimitar um fato singular no passado, no que tende a aproximar-se mais da história como conhecimento, mas em cada investigação, sua hipótese pretende tornar-se uma teoria acerca do crime que pesquisa;

b) *A natureza dos problemas de investigação* que são definidos pelos investigadores como objeto de sua pesquisa, revelando necessariamente uma distinção entre conhecimento teórico destinado à mera com-

---

[282] A. Seda Nunes, *Questões preliminares sobre as ciências sociais*, 2005, p. 26ss

[283] Acerca desse ponto, "a diferença essencial que, logicamente, condiciona ou determina todas as mais, diz respeito, como é obvio, aos diferentes *fins ou objetivos* prosseguidos pela pesquisa científica nas várias ciências sociais" (A. Seda Nunes, *Questões preliminares sobre as ciências sociais*, 2005, p. 27).

preensão do fenômeno, próprio criminologia, e um conhecimento teórico destinado a uma resposta institucional ao crime;

c) *Os critérios utilizados pelos investigadores na seleção de elementos relevantes para o estudo do problema*, no que a investigação criminal revela seu âmbito limitado de interesse, contido nos elementos da tipificação legal do objeto e do que interessa ao direito como condição de imposição de uma pena, diversamente de uma preocupação geral pelo fenômeno criminal no contexto dos problemas sociais inter-relacionados, próprio da sociologia;

d) *Os métodos próprios e técnicas específicas de pesquisa empírica, bem como as teorias de interpretação*, que se consideram adequados pelos investigadores para trabalhar os elementos selecionados, tendo em conta que há meios de obtenção de prova específicos do contexto jurídico processual em que a investigação criminal se desenvolve, ainda que possamos identificar aproximações e similaridades com técnicas de pesquisa de outros campos de conhecimento, a considerar os condicionamento jurídicos que se impõem processualmente à busca da verdade .

7
A Investigação Criminal como Poder e sua Juridicidade

> "O inquérito é precisamente uma forma política, uma forma de gestão, de exercício do poder que, por meio da instituição judiciária, veio a ser uma maneira, na cultura ocidental, de autentificar a verdade, de adquirir coisas que vão ser consideradas como verdadeiras e de as transmitir" (M. Foucault, *A verdade e as formas jurídicas*).

A investigação criminal é um meio de exercício do poder punitivo, pelo qual várias funções político-criminais se efetivam, tendo limites jurídicos decorrentes de direitos fundamentais que se consolidam em garantias penais e processuais penais, determinantes da positividade legal de seu objeto e método, definindo sua racionalidade potestativa condicionada por uma juridicidade.

O poder estatal – para além das funções legislativa, executiva e judiciária, com que a teoria clássica divide o poder – se pode entender segundo determinadas tarefas que assume no curso da história, entre as quais, uma das mais uniformes, que se encontra em toda a parte do mundo, é a atividade punitiva, cujo exercício depende da coordenação das funções clássicas. Ao conjunto dessas funções chamamos de "poder punitivo" do Estado em uma perspectiva macrofísica que abrange os três poderes segundo a divisão tradicional. É certo, contudo, que, na perspectiva do cidadão que sente a ação desse poder, não lhe aparece claramente que essas funções estão divididas entre vários poderes, pois ele o sente ao final no exercício

TEORIA DA INVESTIGAÇÃO CRIMINAL

prático do poder pela restrição de sua liberdade. Contudo, de fato, esse poder se exerce segundo pré-condições legislativas, por ações materiais administrativas e decisões jurisdicionais processualmente controladas. O poder punitivo do Estado, nesse sentido, envolve um conjunto de atos legislativos, administrativos e jurisdicionais que partem da obrigação de proteção de bens jurídicos tutelados penalmente, mas que se desenvolvem com respeito a outros direitos no curso de um processo penal.

O processo penal é, nesse sentido, o cenário em que parte relevante do poder punitivo se desenvolve, revelando-se como um meio de exercício desse poder, cujas atividades envolve entre outras funções a investigação criminal que se configura como forma do poder punitivo em ação. É, portanto, necessário compreender que, abaixo dos poderes clássicos tradicionais, bem como no interior desses poderes, existe uma microfísica do poder que nos exige pensar melhor na divisão do poder punitivo exercido processualmente. É, portanto, necessário fazer uma leitura do processo penal segundo as formas de divisão do poder punitivo em ação.

Assim como na teoria clássica da divisão do poder, havia referências à mecânica celeste newtoniana do equilíbrio de forças gravitacionais[284], não parece inadequado fazer uma comparação com a física das partículas subatômicas para falar de uma microfísica do poder punitivo que se exerce processualmente. Essa é uma possível interpretação que se pode fazer do poder punitivo, no âmbito do processo penal, segundo a hipótese de Michel Foucault[285]. Trata-se, em suma, de entender que no interior do poder estatal existe uma microfísica que nos exige aparelhos mais sutis de observação para entender a mecânica de seu funcionamento, com todas as suas incertezas e possibilidades de arbítrio.

É, nesse sentido, que podemos compreender o poder punitivo segundo suas diversas funções que se realizam no âmbito do processo, a abranger atividades de investigação, acusação, defesa e decisão, que se podem exercer de forma concentrada ou de forma separada entre diversos sujeitos processuais, segundo os vários modelos de processo penal. Isso nos permite compreender a história do processo penal como história de tentativa de uma melhor divisão do poder punitivo, não apenas em sua perspectiva macro, mas sobretudo em sua perspectiva intraprocessual. Essa é uma

---

[284] R. Zippelius, *Teoria geral do Estado*, 2007, p. 407
[285] M. Foucault, *Microfísica do poder*, 1979.

questão a que voltaremos, ao tratarmos da devida metodologia processual da investigação, mas o que nos interessa de imediato é compreender que a investigação criminal compõe o conjunto de atos que revelam a forma de exercício do poder punitivo no âmbito do processo penal.

As Funções Político-Criminais da Investigação Criminal

O processo penal se desenvolver por um conjunto de atos essencialmente potestativos, embora alguns sejam qualificados por sua finalidade cognitiva, que caracterizam a atividade de investigação criminal, cuja função político-criminal tem assumido cada vez maior proeminência no sistema jurídico-penal.

É cada vez mais evidente que "o processo constitui algo mais que uma condição necessária para a imposição de sanções penais". Ele se tem constituído em verdadeiro e autônomo mecanismo preventivo. Tem-se lhe atribuído, na lógica de reforçar a vigência da norma, o fim de restabelecimento do Direito Penal. Entende-se, assim, porque "a acentuação, claramente perceptível, da dimensão expressiva do Direito Penal nas propostas doutrinárias carrega o crescente protagonismo do processo penal em seu sistema de fins" [286]. E nessa acentuação, sobressai com proeminência a investigação criminal.

O processo penal sempre trouxe consigo, sobretudo, uma *função repressiva*, que antes mesmo de seu fim já se pode encontrar no desenvolvimento da investigação criminal com suas medidas cautelares de natureza potestativa. Francesco Carnelutti havia advertido que o só início e desenvolvimento do processo causa sofrimento insuprimível, restando à ciência processual apenas a tentativa de reduzir esse sofrimento[287]. Há, indiscutivelmente, no processo penal, uma "função repressiva" restritiva de direitos muitas vezes fundamentais, pois "a reação penal, com efeito, consiste essencialmente na privação de bens jurídicos" [288]. Embora, na visão mais clássica, apareça apenas como um elo de ligação e realização prática do direito penal, em sua função repressiva, tem-se entendido que ele não pode estar dissociado das teorias legitimadoras da pena, que se sustentam em fins de prevenção.

---

[286] J.-M, Silva Sanchez, *Aproximação ao direito penal contemporâneo*, 2011, 493ss.

[287] F. Carnelutti, *Principi del processo penale*, 1960, p. 55ss.

[288] J.-M, Silva Sanchez, *Aproximação ao direito penal contemporâneo*, 2011p. 463ss.

O processo penal, assim, tem sido chamado a compor um sistema integral de direito penal que abrange o delito, a pena e o processo[289]. Pede-se ao processo que não se restrinja ao caráter prognóstico, voltado apenas à reconstrução retrospectiva da verdade, fechado em seu subsistema de garantia exclusiva do acusado; tem-se-lhe exigido uma maior funcionalidade relativamente ao sistema jurídico-penal como um todo, impondo-se a ele uma integração teleológica em conformidade com uma política criminal[290].

É, nessa perspectiva, que Fernando Fernandes propõe "a inserção do processo penal no âmbito geral da política criminal, de modo que na sua estruturação se levem em conta também as intenções político-criminais que orientam o Sistema Jurídico-Penal como um todo". Partindo da ideia de buscar "uma maior eficiência e funcionalidade do processo penal", tudo, contudo, se resume, como o admite, em introduzir no processo penal "mecanismos tendentes à obtenção de sua maior eficácia, depurando-se daquelas garantias cuja previsão seja desnecessária". Em outros termos, embora postule que as finalidades político-criminais se movam dentro de estremas garantistas, exige ao final a "consciência da necessidade de superação de todas aquelas garantias que possam ser dispensadas". Em suas palavras, conclusivas, "...o que se busca é que a norma processual não esteja direcionada exclusivamente para a tutela do bem jurídico de que é titular o acusado, ..., mas que também esteja estruturado de tal forma que não sejam obstáculos aos objetivos da política-criminal"[291].

O problema é que, ao erigir-se como "instrumento espetacular de estigmatização pública antes da condenação"[292], o processo acaba assumindo um lugar antes destinado à pena, antecipando-se com funções preventivas extravagantes que têm aparecido, sobretudo com o agigantamento da investigação criminal no processo penal[293], especialmente com as diversas medidas restritivas de direito não propriamente cognitivas, que se decretam com base numa função mais potestativa, assecuratória do processo

---

[289] Cf. J. Wolter, G. Freunde, *El sistema integral del Derecho penal. Delito, determinación de la pena y proceso penal*, 2004.

[290] Cf. F. Fernandes, *O processo penal como instrumento de política criminal*, 2001

[291] F. Fernandes, *O processo penal como instrumento de política criminal*, 2001, p. 53-76

[292] L. Ferrajoli, *Diriitio e ragione*, 2008, p. 275.

[293] G. Riccio, *La procedura penale. Tra storia e politica*, 2010, p. 6, fala de "gigantismo delle indagini, aggravato dall'incontrastato domínio del pubblico ministério sulle stesse e da una no contestabile disparitá tra le parti".

penal. Elas permitem precisamente ao processo penal alcançar *funções preventivas especiais e gerais.*

As medidas cautelares não propriamente investigativas, mas que se desenvolvem precisamente no curso de uma investigação, em função de objetivos mediatos, como intervenções na liberdade e nos bens, atuam inicialmente de forma preventiva sobre o investigado. Uma vez limitado em sua liberdade e seus bens, o investigado está impedido de cometer novos crimes e isto se tem tornado muito mais evidente no âmbito de uma criminalidade continuada como encontramos nas organizações criminosas. Essas medidas, para além de cumprirem uma função antecipada e ilegítima de tutela penal, *têm uma função preventiva especial negativa.*

Ademais, *a investigação criminal cumpre ainda uma função de prevenção geral.* Não é apenas o investigado que a sente. Também a sociedade reconhece que o sistema penal está em atividade quando se põe em curso uma investigação criminal com essas medidas cautelares. É como se o sistema punitivo já estivesse a operar, antecipando de alguma forma a punição, antes mesmo que se tenha certeza do crime e seu autor, bem como antes mesmo que o processo se tenha concluído com uma sentença. A investigação criminal, dessa forma, com sua aparente antecipação de tutela penal, aparece à sociedade como um reforço do sistema penal, no sentido de afirmar a todos que se um crime for cometido, uma investigação criminal ser-lhes-á dirigida, podendo sofrer aquelas mesmas medidas. Há, assim, com a investigação criminal um reforço na confiança do sistema e uma advertência sobre a pena.

O processo penal, nesse sentido, se tem investido de tantas funções político-criminais que já não se pode negar sua proeminência no sistema jurídico-penal tampouco se ignorar o papel central que tem a investigação criminal nesse conjunto de ações do poder punitivo. Se todas essas funções estão legitimadas pelos fins do sistema jurídico-penal, isso é coisa que se põe em outra dimensão discursiva, devendo-se considerar no contraste com os direitos fundamentais e suas garantias como limites jurídicos da investigação criminal.

Os Limites Jurídicos da Investigação Criminal e suas Garantias

Os Direitos Fundamentais como Limitação ao Poder de Investigação

Os direitos fundamentais são os limites jurídicos da investigação criminal, pois embora a lei não diga "o que fazer" (um método positivo) em todas as situações da investigação, estabelecendo o caminho necessário de pesquisa do crime, acaba delimitando o campo da investigação sob certos aspectos na medida em que estabelece limites legais que dizem "o que não se pode fazer" (um método negativo), ou o que se pode fazer sob certas condições.

Essas condições correspondem a direitos fundamentais que se devem respeitar. Mas não é somente no método que os direitos fundamentais incidem a título de limite da investigação, pois antes mesmo, já na delimitação do objeto investigável, os direitos fundamentais incidem como limites da tipificação do fato punível. É, portanto, parte de uma teoria da investigação criminal a devida compreensão dos direitos fundamentais, em virtude de sua *função limitativa* das ações investigativas relativas não apenas aos meios de obtenção de provas, como também ao objeto de investigação. Essa *função negativa*, ou *limitativa*, atinge todas as ações estatais do poder punitivo (legislativa, executiva e judiciária), sob a perspectiva de normas de direito constitucional (regras e princípios), entre as quais têm preeminência os direitos fundamentais, cuja compreensão exige um raciocínio de equilíbrio entre os diversos direitos existentes, assegurando-se uns e limitando-se outros.

Quando nos referimos a *direitos fundamentais*, estamos a distingui-los, segundo o entendimento geral, dos *direitos humanos*, tendo em conta apenas a origem de sua previsão normativa, de tal forma que direitos humanos se referem a direitos previstos em tratados internacionais que, ao serem absorvidos pela positivação da Constituição política de um Estado, tornam-se fundamentais (direitos humanos fundamentais)[294]. Dessa forma, é possível reconduzir-se um ao outro, conforme a fonte da autoridade normativa em que encontramos a justificação dos limites ao poder punitivo do Estado, sem prejuízo de uma compreensão sistemática.

J. J. Gomes Canotilho, referindo-se a essa correspondência, explica que as duas expressões se podem utilizar como sinônimas, distinguindo-se por sua origem ou por seu significado, de tal forma que, segundo sua dimensão jusnaturalista universal, temos direitos humanos "válidos para todos os povos e em todos os tempos", ao passo que, segundo sua dimensão jurídica-institucional, temos direitos fundamentais, que permanecem sendo direitos humanos, apenas limitados no espaço e tempo de uma comuni-

---

[294] A respeito da distinção, cf. A. E. Perez Luño, *Lo derecho fundamentales*, 2007, p. 47; Dimoulius; L. Martins, *Teoria geral dos direitos fundamentais*, 2007, p. 52ss

dade política. Assim, enquanto os direitos humanos extraem seu fundamento da natureza humana universal e atemporal, os direitos fundamentais o extraem de uma ordem jurídica concreta e objetiva na constituição[295]. Jorge Miranda, com essa mesma concepção, sintetiza a idéia de direito fundamental como "toda a posição jurídica subjectiva das pessoas enquanto consagradas na Lei Fundamental"[296].

Os Sentidos Objetivo e Subjetivo dos Direitos Fundamentais

Os direitos fundamentais, na ordem normativa constitucional, se apresentam com duplo aspecto, tanto como um conjunto de valores objetivos básico, quanto como garantias de proteção de situações jurídicas subjetivas[297].

Em seu *aspecto subjetivo*, os direitos fundamentais determinam o *estatuto jurídico dos cidadãos*, tanto em suas relações com o Estado como nas relações entre si; em seu *significado axiológico objetivo*, os direitos fundamentais representam o resultado do acordo básico das diferentes forças sociais, obtido a partir de relações de tensão e conseqüente esforço de cooperação dirigidas à obtenção de metas comuns[298]. Em razão de sua representatividade axiológicas dos valores básicos de uma sociedade, os direitos fundamentais contribuem para a função de conformar a ordem jurídica na qual se desenvolvem atividades várias, tanto sociais quanto estatais. Essa dimensão objetiva de percepção dos direitos fundamentais permite, portanto, uma compreensão anterior e independente dos titulares sujeitos de direito, a partir da qual se podem extrair critérios de controle de ações estatais como

---

[295] J. J. Gomes Canotilho, *Direito Constitucional e Teoria da Constituição*, 2003, p. 393.

[296] J. Miranda, *Manual de Direito Constitucional. Tomo IV: Direitos Fundamentais*, 2000, p. 9.

[297] Cf. A. E. Perez Luño, *Los derechos fundamentales*, 2007, p. 20; no mesmo sentido, cf. D. Dimoulius; L. Martins, *Teoria geral dos direitos fundamentais*, 2007, p. 116ss, tratando da questão sob a denominação de "dimensões subjetiva e objetiva dos direitos fundamentais". Considerando que o termo "dimensão" tem sido utilizado também como substitutivo de "geração" (em virtude da crítica à compreensão geracional dos direitos), optamos por utilizar o termo "sentido" (nesse sentido, cf. A. E. Perez Luño, *Lo derecho fundamentales*, 2007, p. 19, que fala também em "significado" ao lado de "dimensão").

[298] A. E. Perez Luño, *Los derechos fundamentales*, 2007, p. 20ss: "En el horizonte del constitucionalismo actual los derechos fundamentales desempeñan, por tanto, una doble función: en el plano *subjetivo* siguen actuando como garantias de la libertad individual, si bien a este papel clásico se aúna ahora la defensa de los aspectos sociales y colectivos de la subjetividad, mientras que en el *objetivo* há asumido una dimensión institucional a partir de la cual su contenido debe funcionalizarse para la consecución de los fines y valores constitucionalmente proclamados".

a investigação criminal[299]. E nesse sentido se podem extrair da dimensão objetiva algumas orientações gerais como as seguintes[300]:

a. Os direitos fundamentais apresentam caráter de *norma de competência negativa*, de tal forma que aquilo que é outorgado ao indivíduo está sendo objetivamente retirado do Estado, o que se apresenta como critério relevante para controle abstrato de constitucionalidade de normas, tendo por consequência se apresentar como critério relevante de limite anterior e abstrato da legislação da investigação criminal considerada constitucionalmente;

b. Os direitos fundamentais funcionam como *critério de interpretação e configuração do direito infraconstitucional*, criando um "efeito de irradiação" para toda ordem jurídica, na qual se incluem as normas relativas à investigação criminal, que exigirá sempre uma interpretação conforme a Constituição, não apenas pelo juiz, mas por todos os sujeitos processuais, incluindo o delegado de polícia;

c. O dever estatal de tutela, em razão do qual o Estado está obrigado a proteger ativamente o direito fundamental contra ameaças de violação ou lesões concretas, não apenas contra particulares, mas sobretudo garantindo que não se viabilizem atos estatais por leis permissivas de investigações temerárias, por órgãos que não se submetem a controles jurídicos adequados.

Categorias, Funções e Eficácia dos Direitos Fundamentais

Em seu significado subjetivo, os direitos fundamentais conferem ao indivíduo diversas posições jurídicas em relação ao Estado, podendo-se observar que há direitos de categorias diversas, conforme a função exercida por ele.

Ao passo que a justificação objetiva de um direito fundamental tem relevância e significado para a coletividade, para o interesse público e para a vida comunitária, a justificação subjetiva tem significado e relevância de norma consagradora de um direito fundamental em função do indivíduo, de seus interesses, para a sua situação da vida, para sua liberdade. É a partir dessa concepção que se suscita uma "presunção a favor da dimen-

---

[299] J.J. Gomes Canotilho, *Direito Constituciona e Teoria da Constituição*, 2003, p. 1255, observa que não há um paralelismo obrigatório entre *dimensão subjetiva-regra* e *dimensão objetiva-princípios*, pois é possível encontrar normas das duas espécies em relação às duas dimensões.

[300] A respeito, cf. Dimoulius; L. Martins, *Teoria geral dos direitos fundamentais*, 2007, p. 118ss

são subjetiva"[301]. Assim, como direitos subjetivos, a norma constitucional garante ao indivíduo posições e relações jurídicas, de diversas categorias conforme uma função jurídica.

A *Teoria dos status de Jellinek*[302] sustenta que cada direito fundamental constitui um direito público subjetivo que confere ao indivíduo uma posição jurídica em relação ao Estado, cumprindo frente a este uma função própria. Admitem-se, nessa perspectiva, direitos de status negativo e positivo, ativo e passivo, embora estes dois não tenham impacto direto no âmbito das questões que interessam à investigação criminal[303].

a. Os direitos de *status negativus*, também chamados "direitos de defesa", conferem ao indivíduo uma pretensão de resistência à intervenção estatal, protegendo a liberdade do indivíduo contra o Estado, que fica assim limitado em suas possibilidades de atuação, em razão de uma "proibição imediata de interferência imposta ao estado"; trata-se de direitos que se encontram entre os direitos civis de primeira geração, originados no âmbito do Estado liberal, que constituem os principais direitos limitadores da investigação criminal;

b. Os direitos de *status positivus* têm caráter social e consistem em direitos a prestações perante o Estado, permitindo ao indivíduo exigir alguma atuação específica do Estado com o objetivo de melhoria de suas condições de vida, inclusive como pressuposto material necessário para o exercício daquelas liberdades primárias civis; são direitos que se podem apresentar como exigência de *prestações materiais*

---

[301] A respeito, cf. J. J. Gomes Canotilho, *Direito Constituciona e Teoria da Constituição*, 2003, p. 1257: "esta tese – a da subjectivação dos direitos fundamentais – considera, por conseguinte, que os direitos são, em primeira linha, direitos individuais. Daqui resulta um segundo corolário: se um direito fundamental está constitucionalmente protegido como direito individual, então esta protecção efectua-se sob a forma de *direito subjectivo*".

[302] Cf. R. Alexy, *Teoria dos Direitos Fundamentais*, p. 254-269

[303] Os direitos de *status activus* conferem ao indivíduo o direito de participação na política estatal de forma ativa, que possibilitam uma "intromissão" do indivíduo no espaço das decisões políticas exercidas pelas autoridades do Estado, o que correspondem aos direitos políticos de primeira geração, que dão corpo ao princípio democrático; quanto aos direitos de *status passivo*, Dimoulius; L. Martins, *Teoria geral dos direitos fundamentais*, 2007, p. 69, explicam que "esta última categoria de relacionamento entre o Estado e indivíduo era designada por *Jellinek* com os termos 'sujeição' e 'status passivo'. A sujeição do indivíduo não aparece na tripartição porque não corresponde a direitos dos indivíduos e sim a seus deveres. Mas é fundamental para entender a perfeição lógica da classificação que apresenta as quatro possíveis relações entre Estado e indivíduo, duas positivas e duas negativas"

TEORIA DA INVESTIGAÇÃO CRIMINAL

(ou ações fáticas positivas), relativas ao oferecimento de bens ou serviços públicos destinados ao indivíduo ou à coletividade, no que se pode incluir a segurança pública; mas se podem apresentar, ainda, como *prestações normativas*, mediante criação de normas necessárias ao exercício jurisdicional do direito; trata-se de direitos que se encontram entre os direitos sociais e econômicos de segunda geração, originados no âmbito do Estado social, no qual a investigação criminal pode ser compreendida sob a perspectiva de que é também uma obrigação social do Estado promover a justiça penal, com investigação que permita a responsabilidade penal dos culpados, em razão do confisco histórico do direito privado de punição retirado da vítima ou de sua família.

O problema é que, tendo em conta a diversidade dos direitos decorrentes desses status, a investigação criminal acaba se desenvolvendo no contexto de uma interação recíproca, mas por vezes contraditória, entre direitos fundamentais positivos e negativos, que lhe exigem tanto uma atitude restritiva de direitos, visando a cumprir o dever estatal de promover a justiça penal, com a responsabilidade penal dos culpados, quanto uma atitude protetiva de direitos, pelo respeito à presunção de inocência, visando a evitar limitações infundadas. Essa imbricação se torna mais clara no discurso da dupla eficácia dos direitos fundamentais, com que podemos ampliar a compreensão dessa dualidade fundamental subjacente aos limites jurídicos da investigação criminal.

Os direitos fundamentais, em seu sentido originário, apresentam-se como direitos oponíveis ao Estado, sendo a este destinada a norma, cujos efeitos operam em uma *relação de estrutura vertical*, em virtude da proeminência do Estado frente ao indivíduo. Admite-se, nesse sentido, que em sua história os direitos fundamentais têm como objetivo principal a limitação do poder estatal em favor de interesses do indivíduo. O Estado é, portanto, o destinatário principal do dever de respeito aos direitos fundamentais, no que se incluem todo os órgãos e suas autoridades, entre as quais se encontram também as autoridades responsáveis, direta ou indiretamente, pela investigação criminal[304]. Contudo, além dessa eficácia vertical, tem-se entendido atualmente que *os direitos fundamentais cumprem também uma efi-*

---

[304] D. Dimoulius; L. Martins, *Teoria geral dos direitos fundamentais*, 2007, p. 106ss

cácia horizontal, em relação aos conflitos existentes entre particulares, aos quais cumpre igualmente respeitar os direitos fundamentais; em virtude disso, ao Estado se reconhece precisamente a possibilidade de restringir certos direitos em função da proteção de outros, o que muito constantemente pode resultar no âmbito da investigação criminal não uma limitação jurídica de seus atos, mas diversamente uma ampliação do poder estatal visando a potencializar sua capacidade de repressão à criminalidade.

Essa dupla eficácia acaba por revelar uma dualidade primordial no interior dos direitos fundamentais, exigindo necessariamente uma escolha estatal na proteção por certos direitos, que acaba refletindo uma ideologia subjacente, decorrente de gerações diferentes da gestação de cada espécie de direito, o que nos pede uma compreensão objetiva desses direitos.

As Dimensões dos Direitos Fundamentais

A considerar o aspecto objetivo dos direitos fundamentais, é possível observar que os direitos adquirem contornos jurídicos, levando em consideração a estrutura de sua instituição normativa, que se modifica ao longo do tempo, segundo os valores éticos objetivos da sociedade. Contudo, não obstante certas mudanças, é possível observar que os direitos surgidos geração por geração não implicam exclusão de uma pelas outras, necessariamente, nem se revelam como mera seqüencia sem relação com as demais gerações[305].

Há, assim, uma sobreposição de dimensões, de tal forma que um direito de primeira geração, após a segunda geração de direitos, não pode ser compreendido sem a ponderação dos valores dessa última, assim como acontecerá em relação aos direitos de terceira geração. A configuração atual do direito de propriedade, segundo sua função socioambiental, é um bom exemplo dessa construção geracional dos direitos fundamentais.

O direito de propriedade, típico direito de primeira geração, concebido sob os valores liberais individuais, após os direitos sociais de segunda geração, deve ser compreendido em razão de sua função social, de tal forma que o próprio conceito de propriedade passa a ter uma perspectiva coletiva, sem exclusão da perspectiva individual, contudo. Com os direitos de terceira geração, em continuidade, especificamente o direito ao meio

---

[305] A respeito das gerações dos direitos fundamentais, cf. P. Bonavides, *Curso de Direito Constitucional*, 2002, p. 514ss.

ambiente sadio, ao direito de propriedade se agrega outra função, passando a ser compreendido em razão de sua função *socioambiental*. O mesmo se pode dizer em relação a outros direitos, como a liberdade do indivíduo, em sua relação com os interesses sociais da coletividade, segurança pública, direito ao desenvolvimento e à paz. E é nesse ponto que precisamos compreender os discursos que postulam um direito social à segurança pública, no sentido de obter menores restrições à investigação criminal, visando a ampliar o poder punitivo em detrimento da liberdade e dos bens do investigado. Esse tem sido o discurso que podemos encontrar na base do *securitarismo penal*, sobretudo em sua mais radical expressão defendida por um "direito penal do inimigo"[306].

A perspectiva geracional de análise dos direitos fundamentais, contudo, conflita com os princípios da indivisibilidade e da interdependência que existe entre os direitos de todas as gerações (primeira, segunda, terceira e quarta), razão por que se tem feito críticas a essa compreensão, sob o argumento de que ela sugere uma sucessão de direitos, na qual os anteriores são substituídos pelos seguintes; em virtude disso, tem-se proposto usar o termo "dimensão" de direitos, pelo qual a dimensão posterior abarca a anterior, sem excluí-la.

Assim, quanto ao que nos interessa à investigação criminal, qualquer postulado direito à segurança pública como direito de geração posterior à liberdade do indivíduo deve ser assumido apenas e sob a condição de que não anule o núcleo fundamental da liberdade, o que implica a necessidade de desenvolver-se segurança pública com respeito ainda à liberdade, sob pena de essa ver-se anulada gradativamente por exclusão de proteção estatal, acabando com o sentido originário dos direitos fundamentais.

As Garantias (Penais e Processuais) do Objeto e do Método

A considerar tudo que implica o conjunto de direitos fundamentais, o sistema jurídico se organiza com base em garantias que correspondem a obrigações de prestação ou proibições de lesão a direitos, podendo assumir variadas formas[307].

---

[306] A respeito desses paradigmas, cf. J.-M. Silva Sánchez, *A expansão do direito penal*, 2002; G. Jakobs, M. Cancio Melia, *Direito penal do inimigo*, 2005.

[307] A respeito das garantias, sua distinção com os direitos e suas possíveis formas, cf. L. Ferrajoli, *Pricipia Iuris I*, 2007, p. 668ss; L. Ferrajoli, *Derchos y garantías*, 1999. Cf. J. J. Gomes

As Constituições políticas estatais atualmente encontram-se repletas de garantias que se dirigem a atos próprios de investigação criminal, podendo-se fazer uma lista ampla de suas expressões normativas positivas, mas, seguindo uma abordagem teórica mais fundamental, quanto ao que nos interessa na compreensão limitativa da investigação criminal, podemos identificar as que concernem mais diretamente ao seu objeto e seu método. É nesse sentido que podemos identificar certas garantias relativas à tipificação do crime e outras relativas aos procedimentos do processo que incidem mais diretamente no desenvolvimento da investigação criminal. Essas garantias se podem ler como princípios jurídicos fundamentais da investigação criminal, que contribuem para a delimitação teórica de seu objeto e seu método segundo os limites jurídicos que se impõem pelos direitos fundamentais.

O Crime como Objeto Legal da Investigação Criminal

A especificação do objeto da investigação criminal decorre de uma definição legal do crime a partir do *princípio da legalidade penal* e seus derivados, bem como da definição teórica, a partir da *doutrina do delito-tipo* e seu posterior desenvolvimento dogmático. O crime se define fundamentalmente segundo o princípio da legalidade (*nullum crimen sine lege*) – como apenas o que é estabelecido em lei em sentido formal (*lege scripta*) – e seus derivados da taxatividade (*lex certa*), da irretroatividade (*lex praevia*) e da proibição de analogia (*lege stricta*). A exigência de lei formal, contudo, é apenas uma condição necessária, mas não suficiente. Também ao legislador se exigem certas condições materiais para a constituição legal do crime (elementos constitutivos do crime), que se manifestam pelos princípios da necessidade do direito penal (*nullum crimen sine necessitate*), da lesividade do crime (*nullum crimen sine injuria*), da materialidade da conduta (*nullum crimen sine actione o sine conducta*) e da culpabilidade ou responsabilidade pessoal (*nullum crimen sine culpa*)[308]. Assim, *crime não é apenas o que a lei diz ser, mas o que diz a lei formalmente, sob algumas condições materiais, que assegurem sua verificação empírica e possibilidade de refutação, constitutivas do método do processo penal.* Nesse sentido, entende-se que a investigação criminal

---

Canotilho, *Direito Constitucional e Teoria da Constituição*, 2003, p. 397, a enfatizar a relação entre garantia e instituições incumbidas de promover a proteção de direito fundamentais.
[308] L. Ferrrajoli, *Direito e Razão*, 2002, p. 74ss.

depende em grande medida da técnica legislativa de tipificação dos crimes e da qualidade dos tipos penais, pois é somente a partir de uma hipótese típico-legal que se torna possível a pesquisa de seu objeto.

A construção teórica do objeto da investigação se aprofundou, a partir da doutrina jurídica da Escola clássica do Direito penal (desde Becaria e Carrara), culminando com a doutrina do delito-tipo, de E. von Beling (1906), como tipo objetivo e neutro, e prossegue com o reconhecimento de elementos normativos e subjetivos do tipo, até chegar ao "elemento típico subjetivo da ação" por H. Welzel (1955). É, portanto, no âmbito da dogmática analítico-jurídica que o objeto da investigação se reconhece como um complexo ontológico (de fato, valor e norma), na definição teórica do crime[309].

É a partir desses elementos que podemos compreender aspectos relevantes do objeto da investigação criminal, partindo de sua positividade típica legal para entender problemas relativos à verdade e às provas, o que constitui toda a Parte III dessa teoria.

O Processo como Método Legal da Investigação Criminal

A delimitação do método da investigação criminal ocorre pela formatação jurídica do processo penal, segundo os sistemas históricos e os diversos modelos de processo atualmente positivados. Nesse sentido, devemos compreender a dicotomia clássica *acusatório* e *inquisitório*, preliminarmente, como espécies de métodos de investigação[310], em que o acusatório indaga a verdade por via da síntese e o inquisitório, por via da análise[311]. A considerar essa distinção, sob outra perspectiva, contudo, um e outro se distinguem por priorizar a liberdade ou a autoridade, resultando formas de investigação com maior ou menor restrição aos meios de obtenção de provas. Mas nem um nem outro ignoram o problema da tutela do inocente ou da repressão dos culpados. A questão está em que o método inquisitório tende a exprimir uma confiança na bondade do poder e sua capacidade de alcançar a verdade (o que é uma forma de dogmatismo), ao passo que o acusatório se caracteriza pela desconfiança no "poder como autônoma fonte de verdade" (o que é uma forma de ceticismo). Inquisitório e acu-

---

[309] Cf. J. F. Caballero, *Teoría del delito,* 1993, p. 69ss.
[310] Cf. L. Ferrajoli, *Direito e Razão,* 2002, p. 452.
[311] C. J. A. Mittermaier, *Tratado das provas em matéria criminal,* 1997, p. 33ss

satório, nesse sentido, representam duas epistemologias opostas, que se trrasnferem aos métodos de investigação, como "*dictum* de um só sujeito, ou contenda entre vários sujeitos"[312].

Ao final, tudo vai depender do modelo de processo penal, dos seus princípios estruturantes, segundo a forma de organização da sociedade política[313]. Mas se estamos em um Estado de direito, o método da investigação tende a considerar a garantia de direitos fundamentais, irremediavelmente. É nesse sentido que podemos compreender os princípios processuais penais, segundo a teoria do garantismo de Luigi Ferrajoli – princípios da jurisdicionariedade (*nulla culpa sine judicio*), acusatório (*nullum judicium sine accusatione*), do ônus da prova, ou da verificabilidade (*nulla accusatio sine probatione*) e do contraditório, ou da falseabilidade (*nulla probatio sine defensione*)[314] – como elementos que vêm compor o método processualístico da investigação criminal.

Assim, podemos encontrar nas diversas formas de processo penal, históricas ou atuais, a sede das diversas configurações de métodos legais de investigação criminal, atualmente, em grande parte, formas mistas sob certas perspectivas. Mas não se trata de um método exaustivamente definido, à forma de um roteiro de investigação, mas apenas do estabelecimento de alguns elementos fundamentais de sua lógica e alguns aspectos pragmáticos de seus meios, sobretudo os proibidos.

A processualidade, contudo, se apresenta como a forma jurídica com que se assumem esses aspectos relevantes do método, refletindo nas diversas questões metodológicas que se encontram na investigação criminal, em seus diversos níveis, que serão objeto de discussão na Parte IV em que tratamos dos metodologia da investigação criminal. É, portanto, imprescindível que se compreenda o processo penal em sentido amplo no qual se encontra a atividade de investigação criminal, como expressão pragmática de seu desenvolvimento na busca por meios diversos de obtenção de prova.

---

[312] Cf. L. Ferrrajoli, *Direito e Razão*, 2002, p. 483.

[313] C. J. A. Mittermaier, *Tratado das provas em matéria criminal*, 1997, p. 34.

[314] L. Ferrrajoli, *Direito e Razão*, 2002, p. 74ss.

A Processualidade Jurídica da Investigação Criminal

O Processo Penal como Procedimento Probatório-Criminal

A partir da noção de processo como categoria própria da teoria geral do direito[315], não faz sentido distingui-lo do procedimento, fazendo remontar a uma categoria anterior mais geral. O processo é já aquela categoria na qual podemos enquadrar atividades várias que se desenvolvem em diversidade de formas de proceder, nos distintos procedimentos. O que nos deve interessar é que espécie de processo é cada procedimento, se administrativo, civil ou penal, tendo em conta que uma qualquer teoria geral do processo deveria apenas se limitar a dizer o que concerne a todos em igualdade, e não o que supostamente pertence a algum deles como pretenso arquétipo dos demais.

O processo penal, assim, é procedimento, como todo e qualquer outro processo que se desenvolve em sequências de atos, nos quais concorrem posições jurídicas reguladas por normas, mas que se distinguem dos demais pelo ato final – a prova de um crime. Fazzalari considera essa questão, que se pode tornar a nota distintiva dos diversos processos, ao observar que o ato final é aquilo a que a sequência de normas tende, podendo identificar-se o procedimento ou nominá-lo, tendo em vista esse ato[316]. Nesse sentido, o processo penal é o procedimento que se distingue de outros pelo ato que lhe põe fim – um ato de declaração cognitiva sobre a existência ou não de um crime, suas circunstâncias e seu autor. E tudo quanto converge para esse ato compõe o caminho do procedimento probatório criminal. Mas ao considerá-lo como procedimento, não estamos a admitir que exista algo como um procedimento fora do processo, no qual alguns elementos estariam ausentes, como o sustenta Fazzalari.

Pode-se, portanto, identificar o processo penal como todo e qualquer procedimento probatório-criminal, independentemente de jurisdição ou contraditório, acusação ou defesa. Essa concepção nos permite abranger não apenas nossas perspectivas de um processo justo e perfeito, o que tem sempre uma perspectiva teórica ideal, como também abrange nossas retrospectivas de processos injustos que se realizaram na história do processo penal e podem estar presentes em uma análise sociológica do processo sob sua perspectiva funcional. Trata-se de admitir que o processo

---

[315] Como o sustenta E. Fazzalari, "Processo (teoria generale)", *NVDI XIII*, 1957, pp. 1067-1076.

[316] E. Fazzalari, *Istituzioni di diritto processuale*, 1996, p. 79ss.

penal comporta uma dimensão antenormativa, como instituição social e política, que revela antes uma atividade probatória criminal que se realiza segundo normas estruturadas com pretensão de justiça, mas que podem não "funcionar" exatamente assim. Essa concepção nos permite, ainda, abranger não apenas nossas expectativas de atividade probatória criminal racional, segundo parâmetros epistêmicos que correspondem à posição atual de nossa racionalidade científica contemporânea. Abrange, portanto, todo o conjunto de atividades que se podem enquadrar como provas físicas ou mágicas, segundo uma racionalidade pré-científica que se conhece na história do processo.

Assim, o processo se destina a reunir condições para uma decisão racional, segundo nossas aspirações teóricas, mas sempre por uma metodologia probatória de construção do seu objeto como problema a ser resolvido. E os princípios que postulamos para estruturá-lo correspondem a nossas aspirações axiológicas e epistemológicas, segundo nossa racionalidade jurídica e científica. Pode-se dizer, portanto, que o processo penal é procedimento probatório-criminal de uma organização garantido por princípios que se orientam a permitir uma decisão racional, científica e juridicamente aceitável. E os diversos modelos (histórico, positivos ou teóricos) de processo se podem entender, assim, segundo a espécie de racionalidade probatória com que se pretendem legitimar e justificar.

É, portanto, na atividade probatória criminal que se pode encontrar – usando a expressão de Fazzalari – a "ratio distingendi" do processo penal relativamente a outras espécies de processo, e sobre a qual incidem princípios jurídicos que postulam a capacidade de justiça do processo, na qual se deve supor alguma capacidade de verdade.

A atividade probatória criminal – compreendida como quaisquer atos orientados à descoberta, obtenção, custódia, formalização, transmissão, discussão, valoração, conjectura, refutação e rediscussão de provas relativas a um crime, dispostos em procedimento – é a coluna fundamental em torno da qual tudo mais se constrói a respeito do processo penal. A prova é o *núcleo essencial* do processo penal[317]; é o seu *coração pulsante*, pois é mediante ela que o processo persegue seu escopo assertivo[318]; em

---

[317] Nesse sentido, G. Marques da Silva, "Prefácio", *Prova Penal: Estado democrático de Direito*, 2015
[318] Nesse sentido, P. Tonini, C. Conti, *Il diritto delle prove penali*, 2014, p. 1

TEORIA DA INVESTIGAÇÃO CRIMINAL

outras palavras, é aquilo que constitui a essência das leis processuais, pois sua disciplina fundamental assenta na matéria probatória[319].

Pode-se, portanto, traçar toda uma teoria do processo desde a perspectiva da prova, pondo-se em evidência os atos do processo que mais interessam ao seu desenvolvimento e conclusão, que se praticam pelos diversos sujeitos do processo. Não se pode, contudo, é descuidar de que a prova, conquanto represente um aspecto objetivo do processo, tem subjacente a cada ato de prova um ato de sujeitos que fazem da prova penal um ato complexo – não apenas um ato cognitivo, mas antes e sobretudo um ato potestativo – que representa a epistemologia e axiologia ético-política de um sistema processual[320].

Mas essa concepção de processo como procedimento probatório-criminal, agora compreendido como atividade cognitivo-potestativa, se por um lado nos obriga a abranger a investigação criminal, por outro nos permite igualmente excluir muitos atos do inquérito que se realizam durante o processo a título exclusivamente potestativo. Que todo ato de investigação é uma expressão de poder do Estado, isso é coisa que se impõe compreender pela dimensão essencialmente potestativa do processo, mas apenas quando orientado cognitivamente esse ato se pode dizer substancialmente processual. Atos de investigação que se reduzem a mero atos potestativos, não orientados cognitivamente ao objeto do processo, não passam de atos de polícia (ainda que procedidos por um juiz ou a pedido do Ministério Público, mesmo que durante o espaço-tempo do processo). Isso quer dizer que o inquérito pode conter atos de investigação ou atos de polícia, descritivamente considerados, mas apenas aqueles são ou podem ser processuais, embora qualquer um possa ser legítimo por razões diversas. Mas não se trata mais de distinguir entre fases sucessivas, como faz a dogmática formalista, mas antes entre os tipos de atividades segundo a natureza desses atos.

O inquérito se compõe, assim, de *atos potestativos qualificados cognitivamente*, por estarem orientados à prova, e de *atos meramente potestativos* inde-

---

[319] Nesse sentido, cf. J. Benthan, *Tratado de las pruebas judiciales*, 1825, p. 4; também C. J. A. Mittermaier, *Tratado da prova em matéria criminal*, 1997, p. 11; E. Florian, *Delle prove penali*, 1961, p. 3.

[320] Nas palavras de P. Tonini, C. Conti, *Il diritto delle prove penali*, 2014, p. 1: "È la prova il segno tangibile della modernitá epistemológica di un sistema e dello statuto dei diritti dell'individuo all'interno di un ordenamento".

pendente de qualquer orientação à prova. Mas isso não o faz diverso de qualquer outra fase do processo penal em que igualmente se observam atos das duas espécies. O certo é que essa concepção está em condições de abarcar toda atividade de investigação criminal no âmbito do processo penal. E é com base nela que podemos compreender o processo como o conjunto de atos de investigação e discussão probatória, que exige tanto uma justificação cognitiva, quanto uma legitimação postetativa.

A Investigação Criminal como Contexto de Descoberta do Processo Penal

A investigação criminal, portanto, embora esteja concentrada comumente na fase do inquérito, verdadeiramente não está limitada nas estremas de uma fase processual e não se pode entender como uma atividade que se põe antes ou fora do processo. O processo penal precisa, definitivamente, entender-se tanto como investigação quanto como discussão de provas. É, nesse sentido, ainda e essencialmente, atividade probatória, pois tanto na investigação quanto na discussão é a prova que se encontra como objeto. Mas essa distinção não deve cindir o processo, pois, como já Francesco Carrara dizia, "o juízo criminal compreende tanto aquela série de atos com que se procede à *investigação* do fato, e que se indicam pelo nome de *processo*, quanto aquela última série, graças à qual se obtém a formação e manifestação do juízo intelectual, designando-se pelo nome de *discussão* e *sentença*"[321]. Não se trata, portanto, de dividir o processo penal em etapas que se distinguem em fases rigidamente separadas e necessariamente sucessivas, mas antes de distinguir tipos de atividades, que se podem entrelaçar e desenvolver em alguns momentos de forma simultânea, mas que se desenvolvem em torno do fato a conhecer, visando a uma decisão final racional.

A questão passa necessariamente por entender o processo penal tanto como *investigação* de provas, quanto como *discussão* dessas provas, o que nos permite falar tanto de uma pragmática, quanto de uma lógica do processo penal. Essa distinção aproxima-se daquela que vamos encontrar na epistemologia científica entre *contexto de descoberta* – que concerne à pragmática e às técnicas de obtenção de conhecimento e prova –, e *contexto de justificação*, que concerne à lógica e ao método propriamente dito de demons-

---

[321] F. Carrara, *Programa do curso de direito criminal. Parte Geral, Volume II*, 1957, p. 283.

TEORIA DA INVESTIGAÇÃO CRIMINAL

tração da validade daquele conhecimento[322]. Podemos, assim, dizer que a investigação como processo penal concerne ao contexto de descoberta do método processual (processo de investigação penal) e as atividades de discussão dessa prova (processo de discussão penal), ao seu contexto de justificação, relativamente ao saber[323].

A investigação criminal, portanto, corresponde a todo o *contexto de descoberta processual penal*, no qual se ressalta antes uma questão de legitimação do poder, que se vai imbricar na justificação cognitiva, na lógica das conclusões penais do processo. Assim como acontece na investigação científica, pode-se fazer um relato completo da atividade científica exclusivamente a partir de sua lógica, mas dificilmente teremos uma adequada compreensão dessa atividade se lhe sonegamos a perspectiva pragmática[324]. Tradicionalmente, as teorias processuais estiveram preocupadas com o caráter puramente lógico da prova, produzindo uma discussão excessivamente formal da disciplina probatória processual, sem preocupar-se com as circunstâncias ético-políticas e sociais pressupostas na atividade de obtenção da prova[325]. É certo que essa compreensão da atividade probatória estava em consonância com uma ideia de processo penal como caminho puramente técnico para a aplicação da pena. Mas a compreensão do processo penal como descoberta e justificação já não se pode evitar se temos em mente os princípios jurídico-processuais relativos às proibições probatórias que concernem aos meios de obtenção das provas[326].

---

[322] Cf. L. Hegenberg, (org.), *Métodos*, 2005, p. 11; R. Omnes, *Filosofia da ciência contemporânea*, 1996, p271ss.)

[323] A respeito do "processo de investigação penal", mais detalhadamente, cf. nosso E. S. Pereira, *Saber e Poder: O Processo (de Investigação) Penal*, 2019.

[324] Tem-se admitido, e assim o consideramos, que uma epistemologia deve passar tanto pela lógica, quanto pela pragmática da investigação científica. Sobre essa tradição na ciência, cf. L. H. Araújo Dutra, *Pragmática da investigação científica*, 2008, p. 259ss.

[325] O sistema lógico de prova legais é, historicamente, o melhor exemplo dessa tendência, mas teoricamente a ênfase na lógica ainda se estendeu por muito tempo, mesmo com o sistema da íntima convicção do juiz, a exemplo da doutrina de N. F. Dei Malatesta, *A lógica das provas em matéria criminal*, 1927.

[326] Desde o ensaio pioneiro de E. Beling, "As proibições de prova como limite para a averiguação da verdade no processo penal" (1903), *Proibições probatórias no processo penal*, 2013, pp. 1-46, "as proibições de prova estão hoje legalmente consagradas com a autonomia, generalidade e consistência que permitem perspectivá-las como uma das construções basilares da dogmatica processual penal" (M. Costa Andrade, *Sobre as proibições de prova em processo penal*, 1992, p. 11.

A partir de uma análise da relação entre contexto de descoberta e contexto de justificação, podem-se compreender não apenas certos aspectos epistêmicos relevantes de uma teoria do processo penal, conforme tenha prevalência um ou outro contexto, mas sobretudo aspectos ético-políticos mesmo das abordagens do conhecimento processual penal, quando pensamos em que tipo de justificação admitem os sistemas processuais. Em outros termos, é relevante observar se, ao considerar a justificação do conhecimento produzido no processo penal, os sistemas normativos bastam-se com uma justificação puramente epistêmica, sem se importarem com o caminho como certas provas são obtidas no contexto de descoberta, ou se têm admitido razões extra-epistêmicas que justificam excluir certas provas na proibição de valoração.

Uma teoria do processo que pretenda separar e ignorar o contexto de descoberta como parte do processo penal, portanto, não apenas impõe uma compreensão truncada da epistemologia processual penal como ainda incorre em equívocos sérios de ordem ético-política. E esse tem sido ainda em grande parte um problema da doutrina processual penal brasileira, ao tratar o inquérito policial como algo que se põe de fora da dimensão epistemológica do processo, ainda, em muitos casos, pretendendo não comunicar as nulidades da investigação à instrução e ao julgamento[327].

Todas essas questões se transmitem à racionalidade potestativa da investigação criminal, que vem necessariamente limitada por direitos fundamentais que lhe conferem uma juridicidade intrínseca.

A Racionalidade Potestativa da Investigação

A investigação criminal possui uma racionalidade potestativa fundada nos limites jurídicos que se impõem ao seu objeto e aos seus métodos, tendo por parâmetro não apenas a verdade como fim, mas também a justiça dos meios de obtenção de provas com respeito a certos direitos fundamentais.

É, portanto, cada vez mais urgente que a comunidade jurídica compreenda a investigação criminal como atividade potestativa que se desenvolve no âmbito de um processo penal relativamente ao objeto típico que se encontra delimitado juridicamente no direito penal, não se tratando de outra coisa distinta e anterior que se possa excluir dos limites jurídi-

---

[327] Cf. F. C. Tourinho Filho, *Manual de Processo Penal*, 2013, p. 548.

TEORIA DA INVESTIGAÇÃO CRIMINAL

cos decorrentes das garantias aos direitos fundamentais opostas ao poder punitivo em geral.

A racionalidade potestativa da investigação criminal é, nesse sentido, a mesma que se exige do Estado de Direito a todo o poder punitivo, tanto no que se refere ao seu objeto, delimitado pela lei penal, quanto no que se refere ao seu método, delimitado pela lei processual penal. Não se refere a outra ordem de coisas, não se encontra em outro lugar distinto das ciências jurídico-penais, mesmo quando se recorre a outras ciências naturais e sociais na busca por tecnológica e métodos de pesquisa que possam contribuir ao aperfeiçoamento da investigação criminal.

Assim, qualquer avanço científico da investigação criminal, considerada como meio de aquisição de conhecimento acerca do crime, orientada pela máxima capacidade de identificação do seu autor e suas circunstâncias, deve vir acompanhada pela compreensão dos limites jurídicos da investigação criminal, considerada igualmente como meio de exercício do poder punitivo. É, portanto, possível compreender o inquérito como forma política de gestão por meio de uma verdade[328], com a ressalva de que as estratégias para produzir essa verdade não se sobreponham a certos direitos fundamentais.

[328] M. Foucault, *A verdade e as formas jurídicas,* 2002: "O inquérito é precisamente uma forma política, uma forma de gestão, de exercício do poder que, por meio da instituição judiciária, veio a ser uma maneira, na cultura ocidental, de autentificar a verdade, de adquirir coisas que vão ser consideradas como verdadeiras e de as transmitir"

III
OBJETO

8
A Complexidade Ontológica do Crime

A notícia-crime anuncia imediatamente um fato que se supõe evidente, como um dado em si, mas sem um sistema de referências, conceitual e teórico, é impossível apreender o objeto da investigação criminal como realidade histórica do fato[329].

A primeira questão que se põe à investigação criminal decorre do caráter histórico do fato a que se destina a atividade de pesquisa. É a mesma questão que se encontra na pesquisa histórica relativa ao conceito de fato como dado imediato da realidade. Trata-se de um conceito problemático, pois não existe o fato como um dado em si, um objeto pré-moldado que se colhe entre tantos e se descreve sem maiores dificuldades teóricas. Isso decorre não apenas porque somente temos acesso ao fato histórico indiretamente, por inferência decorrente da provas. Decorre também porque há irremediavelmente uma seleção destas provas. E sobretudo porque o fazemos com base em um sistema de referências, conceitual e teórico[330].

O fato, em geral, é "uma possibilidade objetiva de confirmação, constatação ou verificação". Trata-se, nesse sentido, de uma noção moderna, que nasce para indicar os objetivos da pesquisa científica, como algo indepen-

---

[329] A respeito desse ponto, cf. J. F. Caballero, *Teoría del delito*, 1993, especialmente "Pressupuestos filosóficos de la teoria del delito en el Estado de Derecho" (pp. 69-121), bem como nosso E. S. Pereira, "Direito penal e investigação: convencionalismo e dogmatismo no conceito de crime como objeto de investigação criminal", *RBCCrim n. 101*, 2013, p. 283-316.

[330] A respeito, cf. R. G. Collingwood, *A ideia de história*, 2001, p. 262; E. H. Carr, *O que é história?*, 1982, p. 43ss; A. Prost, *Doze lições sobre a história*, 2008, p. 64; A. Schaff, *Verdade e história*, 2000, p. 167ss; P. Veyne, *Como se escreve a historia*, 2008, p. 45ss.

TEORIA DA INVESTIGAÇÃO CRIMINAL

dente de opiniões, juízos e valorações. Contudo, o pensamento contemporâneo tem ressaltado o "caráter teórico dos fatos", porque dependentes de pré-compreensões e esquemas conceituas[331]. Mesmo em ciências naturais, já se pôs em causa a noção de fato científico como algo em "bruto". Isso sucede igualmente, tanto em história quanto em investigação criminal, seja o fato histórico, seja o fato criminoso considerado como fato do passado. O fato histórico não é um dado em bruto, não é apenas um ponto de partida da pesquisa histórica, é também seu ponto de chegada, uma construção teórica, fruto de uma seleção, com base em um sistema de referência. Assim como em física quântica já não se pode considerar o átomo como partícula indivisível, não se pode sustentar o fato histórico como um cubo, como coisa sólida. A noção "fato histórico" é tão equívoca quanto as categorias liberdade e de causa. Atualmente, admite-se que o problema nos remete ao "papel do aparelho conceitual na construção da ciência"[332]. Assim, sabe-se hoje em história que que elementos e aspectos dos mais diversos podem constituir o fato histórico, não havendo, portanto, uma identidade entre *res gestae* e *rerum restarum*[333].

Apesar dessa consciência epistemológica da história, que se pode encontrar nos avanços da teoria jurídico-analítica do crime, também as tradições teóricas da investigação criminal parecem ainda não se ter apercebido de que o fato criminoso não é mais mero fato, em bruto, objetivamente colhido. A concepção objetiva, puramente descritiva e valorativamente neutra do crime, como o pretendia sustentr Beling, após a irrupção do neokantismo filosófico, deu lugar à concepção do crime teleológico-finalista, em que se reconhecem elementos normativos e subjetivos[334], a exigirem uma teoria da investigação consciente dessa complexidade ontológica do crime. Ademais, tanto em história quanto em investigação criminal, é o contexto no qual se insere o acontecimento, suas relações com uma totalidade definida segundo um *sistema de referência*, para distinguir entre o fato historicamente significante ou insignificante[335].

Pensemos, por exemplo, no princípio da insignificância penal como uma problematização dos critérios de seleção dos fatos passados, relati-

---

[331] N. Abbagnano, *Dicionário de filosofia*, 2003, p. 499ss.
[332] A. Schaff, *Verdade e história*, 2000, pp. 168-170.
[333] A. Schaff, *Verdade e história*, 2000, p. 171.
[334] A respeito, cf. J. F. Caballero, *Teoría del delito*, 1993, p. 179ss.
[335] A. Schaff, *Verdade e história*, 2000, p. 173ss.

vamente ao tipo penal. Essa significância, em história, implica uma *escolha*, inevitavelmente, o que se faz com base no sistema de referência, que estabelece o quadro no qual se operam seleção inicial e valoração final. Portanto, não há fatos simples, unidades separáveis, que se colhem sem maiores questionamentos: isso é uma ilusão. O que há é uma abstração da complexidade da realidade concreta. Não é o fato que é simples ou complexo, somos nós que operamos parcialmente, temos interesse apenas em parte do fenômeno. É por isso que, na investigação criminal, tendo por base um *sistema de referência jurídico-legal*, interessa imediatamente apenas os elementos que são suficientes à hipótese típica. Tudo o mais é ignorado, embora se reconheça o caráter limitado dessa visão do mundo.

O fato histórico, nesse sentido, portanto, não pode ser considerado falso ou verdadeiro. É preciso distinguir entre fato acontecido (ou crime ocorrido) e fato histórico (ou crime histórico, digamos assim). Este é um objeto de estudo da história, um objeto de pesquisa da investigação criminal, que em relação ao fato acontecido é "um equivalente deformado numa certa perspectiva". O problema do fato histórico (ou fato criminoso ocorrido) não se põe apenas no plano ontológico, mas também no gnosiológico, e nesse sentido, põe-se o problema do sujeito da investigação e da objetividade do conhecimento. Não há, portanto, fatos em bruto em história, como não há em investigação criminal. O que consideramos um fato histórico, ou fato criminoso passado, é uma constituição com base na seleção das suas componentes, pela definição dos limites temporais, espaciais e substanciais, que se conclui com uma interpretação e inserção num contexto mais vasto. Essa seleção, que se faz por critérios nem sempre explícitos, decorre da teoria preliminar a essas atividades. Isso em investigação criminal é talvez mais simples de compreender que em história, porque a teoria jurídico-analítica do crime é um instrumento operativo indispensável. Assim, o fato histórico torna-se não apenas a premissa, mas sobretudo o resultado da investigação. Trata-se de "uma construção científica"[336]. E quanto ao crime, como objeto da investigação, não há dúvidas quanto a isto, tendo em conta a construção legislativa do crime (princípio da legalidade), que vai condicionar a seleção probatória, cuja interpretação valotiava terá ainda a intervenção dogmática da doutrina (teoria jurídico-analítica), nas decisões sobre a verdade.

---

[336] A. Schaff, *Verdade e história*, 2000, pp. 183-189

TEORIA DA INVESTIGAÇÃO CRIMINAL

A investigação criminal, assim, tanto como acontece na pesquisa histórica, ao proceder à seleção do fatos que lhe interessam, mediados por um conjunto de provas colhidas a partir de uma hipótese típico-legal, vem pré-estabelecida por um sistema de referência jurídico-penal, que lhe determina "a orientação da seleção dos materiais históricos que constituem o fato dado"[337]. Essa orientação, contudo, possui uma complexidade decorrente da natureza egológica cultural do objeto de investigação, que precisamos compreender melhor.

O Crime como "Objeto Cultural Egológico"

O crime é um "objeto cultural egológico" cuja complexidade ontológica se vai revelar no plano gnosiológico da diversidade de métodos necessários ao seu conhecimento na investigação criminal.

Jorge Frias Caballero sustenta que o crime é "conduta humana e, portanto, é um objeto cultural egológico e não um objeto natural, nem ideal, nem psicológico. Ainda que o natural, o ideal e o psicológico formem também parte de sua estrutura, não constituem seu ser e consistir essencial"[338]. Com essa definição, Caballero parte da noção ontológica de que há objetos materiais, ideais, culturais, psicológicos e metafísicos, sustentando, acerca dos objetos culturais, que são eles produtos do fazer humano, com o objetivo de satisfazer uma finalidade valiosa. Tais objetos estão no tempo e espaço, na história e na experiência, mas seu ser essencial, sua estrutura ôntica, não se esgota na base naturalística que lhes serve de substrato, mas sim no sentido valioso que o homem imprime no fragmento da realidade. Entre os objetos culturais, Caballero faz uma distinção entre os "mundanales" e os "egológicos". Aqueles seriam os objetos reais integrados no mundo da cultura, como utensílios, instrumentos, livros, obras de arte e edifícios; os egológicos, por sua vez, embora decorram do viver e atuar humano, não se esgotam na corporificação real. É certo que também nesses objetos há uma base real, um substrato naturalístico, mas seu ser essencial não se esgota nessa corporificação, mas sim no sentido valioso que há conforme o sentido conferido pelo homem. E é nesse tipo de objeto que se situa o crime.

O conceito de crime apresentado é relevante na medida em que nos conduz ao problema do método (ou do "caminho" cognitivo) apropriado

[337] A. Schaff, *Verdade e história*, 2000, p. 190.
[338] J. F. Caballero, *Teoría del delito*, 1993, p. 76ss (tradução nossa).

A COMPLEXIDADE ONTOLÓGICA DO CRIME

para conhecer os objetos, pois cada família de objeto requer um método apropriado à sua natureza ontológica, sendo, no caso do crime, como objeto cultural egológico, a *compreensão* o método adequado. Esse método, como o sustenta Jorge Frias Caballera com base em W. Dilthey, embora partindo do substrato meterial que lhe serve de base, deve seguir na busca pelo sentido de valor ou desvalor no qual se encontra a essência do que interessa, voltando ao substrato em um movimento contínuo e mesmo circular para chegar à compreensão, de forma sucessiva e crescente, até chegar à compreensão final completa do sentido do objeto[339]. Mas, como veremos, esse método constitui apenas parte do que é necessário para a investigação do crime, a considerar a sua ontologia tridimensional.

Afinal, sendo o crime uma integração entre natureza e espírito, que se consolida no plano normativo do direito, a sua compreensão ontológica pede que nos aprofundemos na sua tridimensionalidade jurídica, como fato, valor e norma (Miguel Reale)[340]. Assim como Carlo Cossio, cuja teoria serve de base a Jorge Frias Caballero, a teoria de Miguel Reale se situa no mesmo culturalismo jurídico, que enfatiza os valores do direito, advertindo que alguns adquirem uma importância maior, segundo os influxos ideológicos de cada época e conforme a problemática social de cada lugar[341]. É essa pré-consciência a respeito do crime como objeto da investigação que precisamos adquirir.

A Tridimensionalidade do Crime como Realidade Jurídica

O crime como realidade jurídica se compreende como fato, valor e norma penal. A partir da noção ôntica do direito como objeto cultural, Miguel Reale sustenta que "o Direito é uma realidade, digamos assim trivalente ou, por outras palavras, tridimensional. Ele tem três sabores que não podem ser separados um dos outros. O Direito é sempre fato, valor e norma, para quem quer que o estude, havendo apenas variação no ângulo ou prisma de pesquisa"[342].

A norma jurídica em geral – assim como a norma penal incriminadora em específico – apresenta-se sempre como um modelo de estrutura tri-

---

[339] J. F. Caballero, *Teoría del delito*, 1993, p. 78s.
[340] M. Reale, *Teoria tridimensional do direito*, 1994.
[341] M. H. Diniz, *Compêndio de Introdução à Ciência do Direito*, 2001.
[342] M. Reale, *Teoria tridimensional do direito*, 1994, p. 121.

TEORIA DA INVESTIGAÇÃO CRIMINAL

dimensional, em que as diversas facetas do fenômeno jurídico estão em relação dialética. Assim, podemos ter uma "visão integral do direito", bem como do crime como fenômeno jurídico. Portanto, tendo em conta essa tridimensionalidade, devemos compreender que: "a) onde quer que haja um fenômeno jurídico, há, sempre e necessariamente, um *fato* subjacente (fato econômico, geográfico, demográfico, de ordem técnica etc); um *valor,* que confere determinada significação a esse fato, inclinando ou determinando a ação dos homens no sentido de atingir ou preservar certa finalidade ou objetivo; e, finalmente, uma *regra* ou *norma,* que representa a relação ou medida que integra um daqueles elementos ao outro, o fato ao valor; b) tais elemento ou fatores (*fato, valor* e *norma*) não existem separados um dos outros, mas coexistem numa unidade concreta; c) mais ainda, esses elementos ou fatores não só exigem reciprocamente, mas atuam como elos de um processo (...) de tal modo que a vida do Direito resulta da interação dinâmica e dialética dos três elementos que a integram"[343].

A partir dos elementos constitutivos da teoria tridimensional – *fato, valor e norma* – M. Reale relaciona, respectivamente, os planos de *eficácia, fundamento* e *vigência* do direito às concepções científicas do *sociologismo jurídico, moralismo jurídico* e *normativismo jurídico.* E igualmente, em relação ao crime, como fenômeno jurídico, podemos relacionar ao *fato, valor e norma*, respectivamente, às concepções da *criminologia,* da *política criminal* e do *direito penal (ou dogmática jurídico-penal),* como concepções científicas acerca do crime.

Assim, na linha dessa teoria tridimensional, podemos sustentar que o crime não é apenas um fato que se possa encontrar em alguma concepção de crime natural nem apenas a norma que se pode encontrar na concepção formal do tipo penal hipoteticamente previsto em lei, tampouco a mera aspiração de valor que se situa na ideia de tutela de bens jurídicos que se podem encontrar em alguma concepção social de delito. O crime é

---

[343] M. Reale, *Teoria Tridimensional do Direito,* 1994, p. 121ss, explica que: "Tal concepção cessa de apreciar fato, valor e norma como *elementos separáveis* da experiência jurídica e passa a concebê-las, ou como perspectivas (Sauer e Hall) ou como *fatores* e *momentos* (Reale e Recaséns) inelimináveis do direito: é o que denomino 'tridimensionalidade específcia", sendo que a de Sauer apresenta mais caráter estático ou descritivo; a segunda se reveste de acentuado cunho sociológico, enquanto a minha teoria procura correlacionar dialeticamente os três elementos em uma unidade integrante, e Recaséns Siches a insere no contexto de sua concepção de *logos del razonable".*

o conjugado de fato, norma e valor – por isso a sua complexidade ontológica. E é com base nessa concepção que podemos desenvolver a discussão sobre o crime como objeto da investigação, tendo em conta as seguintes distinções que não são necessariamente incomunicáveis:

a) *Dimensão fática, "corpus delicti" e fenomenologia criminal:* A dimensão fática do crime encontra no conceito de *corpus delicti* o primeiro dado da realidade como fenomenologia criminal (criminologia) com que se depara a investigação criminal, mas dificilmente poderá ser apreendido diretamente como fato em si, sem qualquer sistema de referência conceitual, que vamos encontrar tanto na dogmática das teorias jurídicas do crime, quanto na tipicidade legal.

b) *Dimensão valorativa, teorias do crime e política criminal:* A dimensão valorativa do crime se encontra nos bens jurídicos que se tutelam pela lei penal, vindo geralmente assumida pelas diversas orientações axiológicas das teorias dos crimes como posições político-criminais que tendem a ponderar valores diversos decorrentes de perspectivas múltiplas acerca dos direitos fundamentais no direito penal.

c) *Dimensão normativa, tipicidade e direito penal:* A dimensão normativa do crime, que se situa imediatamente no tipo penal, é necessariamente o ponto de partida da investigação criminal, pois nele se situam as condições formais e materiais da investigação, partindo das definições conceituais do direito penal.

9
O Crime como Objeto da Investigação

> "El delito es conducta humana y, por tanto, es um objeto cultural egológico y no um objeto natural, ni ideal, ni psicológico. Aunque lo natural, lo ideal y lo psicológico forman también parte du estrutura, no constituyen su ser y consistir essencial" (J. F. Caballero, *Teoría del delito*, 1993)

A Legalidade Formal e Material do Objeto: *"Nulla investigatio sine cimen"*

O objeto da investigação criminal, partindo de sua dimensão normativa, positivada legalmente segundo uma concepção convencionalista do direito penal, traz consigo a exigência de condições de possibilidade de investigação.

A *dimensão normativa* do crime nos exige uma adequada compreensão da sua legalidade, com que se constituem os sistemas jurídico-penais, como pressuposto essencial da investigação criminal e condição sua de possibilidade, pois "só é possível verificar empiricamente que se cometeu um delito se, antes, uma convenção legal estabelecer com exatidão que fatos empíricos devem ser considerados como delitos"[344]. É com base nessa compreensão da legalidade penal que podemos postular o princípio fundamental *"nulla investigatio sine crime"*, que se segue necessariamente ao *"nullum crimen sine lege"*, decorrente de concepção convencionalista do direito penal.

---

[344] L. Ferrajoli, *Direito e Razão,* 2002, p. 38

O Convencionalismo do Objeto da Investigação

Os sistemas jurídico-penais modernos estão em geral fundados na concepção convencionalista do crime, que é igualmente um princípio constitutivo do positivismo jurídico. Entende-se por ele que "o que confere relevância penal a um fenômeno não é a verdade, a justiça, a moral nem a natureza, mas somente o que, com autoridade, diz a lei" – *auctoritas, non veritas facit legem* é a máxima que o expressa[345]. Esse princípio positivista, decorrente das doutrinas do Liberalismo político e do Estado de direito, está implícito nos regimes democráticos que se organizam a partir de uma Constituição que prevê o *princípio da legalidade* como um método de governo[346], como o sistema jurídico-penal brasileiro (Constituição Federal, art. 5º. XXXIX; Código Penal, art. 1º) que tem na lei a fonte exclusiva da norma penal incriminadora. Mas essa legalidade fundamental se pode entender em duplo sentido.

Mera legalidade e estrita legalidade. A legalidade, sobretudo nos regimes constitucionais, não se tem entendido como princípio dirigido apenas ao juiz (e demais operadores do direito a partir da lei apenas), mas também ao legislador. Nesse sentido, tem-se distinguido *princípio da mera legalidade*, que limita a ação de órgãos administrativos e do judiciário ao que somente na lei é qualificado como crime, e *princípio da estrita legalidade*, que exige do legislador uma precisão empírica na formulação legal dos crimes, na forma de uma taxatividade que corresponde a uma "técnica legislativa específica". O primeiro diz respeito a uma *questão de vigência*; o segundo, a uma *questão de validade* – e ambos devem ser considerados condições de definição do crime. O segundo aspecto da legalidade especificamente, que na tradição jurídico-penal correspondia a aspirações filosóficas que se impunham de uma perspectiva apenas externa ao sistema jurídico, na era do constitucionalismo adquire uma perspectiva interna superior, ao estabelecer pautas de valores que condicionam já não apenas a vigência da lei, mas também a sua validade.

Assim, podemos entender que, se o princípio da mera legalidade é uma condição necessária à definição jurídica do crime, não é, contudo, sufi-

---

[345] L. Ferrajoli, *Direito e Razão*, 2002, p. 31.

[346] "Enunciado por Anselm von Feuerbach atavés de la conocida fórmula latina (*nulla poena sine lege, nulla poena sine crimine, nullum crimen sine poena legale*) aunque no fue creado por el, su moderno origem arranca de la filosofía iluminista del siglo XVIII" (J. F. Caballero, *Teoría del delito*, 1993, p. 33).

ciente, seja de uma perspectiva constitucional do direito penal, seja de uma perspectiva empírica que estabeleça condições de controle das ações estatais, como é o caso da atividade de investigação do crime. Ademais, somente é possível investigar – e, sobretudo, sem excessos e subjetivismos incontrolados, se antes uma lei (não apenas formal, mas também material-mente concebida) definir adequadamente o crime em termos que se per-mita verificar e refutar[347].

Pode-se observar, assim, em conformidade com essas questões, que, enquanto o princípio da mera legalidade é uma condição de imposição da pena, o princípio da estrita legalidade é uma condição de imposição do crime, e como tal exige não apenas a garantia formal da lei, mas também garantias substanciais que orientem o conteúdo das leis, além de garantias processuais que concernem à verificação da prática do crime e à refutação das hipóteses de acusação a respeito do crime. São essas garantias que, no programa de direito penal mínimo de Luigi Ferrajol, adquirem a condição de axiomas de um sistema garantista de direito penal[348].

Dessa forma, sob essa pespectiva abrangente do sistema penal (que abarca desde a atividade legislativa, passando pela investigativa e proces-sual, até chegar a uma sentença condenatória), podemos proceder a uma conclusão conceitual do objeto da investigação para dizer que *crime não é apenas o que a lei diz ser, mas o que a lei diz formalmente, sob certas condições materiais constitucionais, especialmente que assegurem sua a verificação empírica, e após a observância de certas condições processuais, especialmente que assegurem a refutação jurídica pelo acusado*[349].

Essa concepção, assim levada ao limite da condições materiais e formais, exige que não se considere crime qualquer fato, nem seu autor um crimi-noso, senão após se verificar uma sentença condenatória irrecorrível. Essa visão, contudo, está em contradição com a realidade social que se antecipa com repressões informais, mediadas por veículos de comunicação imedia-tistas, e nos demonstra que não apenas o sistema penal é estigmatizante, no sentido do etiquetamento do *labelling approach*, mas antes a própria sociedade o é, mesmo se utilizando de suas instituições mais democráticas.

---

[347] Cf. L. Ferrajoli, *Direito e Razão*, 2002, p. 38.

[348] Cf. L. Ferrajoli, *Direito e Razão*, 2002, p. 73ss.

[349] No sistema axiomatizado de L. Ferrajoli, *Direito e Razão*, 2002, p. 89 (nota 6), essa concepção corresponde ao *Teorema 57: Nullum crimen sine lege, sine necessitate, sine injuria, sine actione, sine culpa, sine judicio, sine accusatione, sine probatione et sine defensione.*

Mas a ciência do direito penal (constitucional, material e processual), sob essa perspectiva deve (ou deveria) consistir exatamente no método eficaz para minimizar e reduzir essas potenciais violências antecipadas e informais. É, portanto, no conjunto desses princípios todos que podemos encontrar as condições formais, materiais e processuais de possibilidade de uma investigação criminal.

As Condições Formais da Investigação da Investigação

Não é possível uma investigação criminal sem lei anterior que antes defina seu objeto, sendo portanto a legalidade penal uma condição formal da investigação, sem a qual a investigação não pode iniciar, tampouco seguir, impedindo que notícia de fato atípico possa justificar investigação, sob pena de confundir-se com mera inquisição devassa.

O que distingue a investigação criminal moderna da inquisição medieval, embora mantenha seus princípios de oficialidade e verdade, é o fato de que vem antes limitada formalmente pela legalidade do seu objeto. Essa distinção essencial deveria, portanto, servir de obstáculos a tentativas de investigação criminal que pretendem adentrar na esfera de liberdade do cidadão, sem qualquer fundamento legal de proibição de seus atos.

A notícia-crime, portanto, precisa ter como hipótese típica legal um fato punível. E essa é uma objeção que se pode e deve fazer a qualquer requisição, pois se trata de ordem ilegal determinar investigação de fato que, mesmo sendo confirmado ao final da pesquisa, já se sabe atípico. É, nesse sentido, imprescindível que se tenha em conta todos os aspectos formais da legalidade como condições de possibilidade de uma investigação criminal. Em outras palavras, podemos dizer que *é nula a investigação sem crime definido por lei*, não se podendo substituir essa condição formal por mera requisição de autoridades que exija uma investigação em razão de pura especulação sobre a possibilidade de encontrar algum crime no conjunto de atos que de imediato não se apresentam como puníveis.

Ademais, a legalidade que se exige é complexa e revela vários aspectos que se devem ter em conta pela investigação criminal. A lei incriminadora, que tipifica a conduta reprovável, para realizar devidamente o princípio da legalidade, deve atender, portanto, a certas exigências que são identificadas na doutrina pelos princípios *nullum crimen, nulla poena sine lege scripta; nullum crimen, nulla poena sine lex praevia;nullum crimen, nulla poena sine lex certa; nullum crimen, nulla poena sine lege stricta,* que podem ser identificados, concisa e respectivamente, como princípio da reserva legal; princípio da irretroatividade da lei penal; princípio da taxatividade e princípio da proibição de analogia[350]. Esse desdobramento da legalidade nos exige distinguir, contudo, entre dois pontos de vistas, o interno e o externo.

Ponto de vista interno da legalidade. A irretroatividade da lei. O princípio da mera legalidade (formal), que se pode expressar simplesmente pela fórmula latina *nulla poena, nullum crimen sine lege*, deve ser entendido de um ponto de vista interno e tem para o jurista, segundo Luigi Ferrajoli "o valor de uma regra metacientífica"[351]. É a partir dele que se estabelece um primeiro postulado do positivismo jurídico a respeito da separação entre direito e moral. No âmbito penal, isso implica reconhecer no crime um "caráter inteiramente artificial, convencional e contingente", o que impede artifícios ideológicos de sobreposição de apriorismo moral ou natural ao (des) valor jurídico. Como tal, contudo, é um princípio que se dirige ao jurista, ao operador do direito, ao juiz especificamente, assim como igualmente ao responsável pela investigação criminal, mas não ao legislador, para o qual a legalidade estrita e os princípios de orientação material, a partir de pauta de valores constitucionais, são o caminho adequado. Dele decorre como corolário a irretroatividade das leis penais (*nulla poena, nullum crimen sine praevia lege poenali*), que impede aplicar-se a lei a fatos que lhe sejam anteriores. Dessa mesma lógica decorre a possibilidade de aplicação de leis penais posteriores mais favoráveis (retroatividade da lei penal mais benéfica) e a necessidade de aplicação de leis penais menos graves ao tempo do fato (*tempus regit actumi*, que implica uma *ultra-atividade* da lei penal, embora já possa ter sido revogada ao tempo de sua aplicação). Esse princípio traz consigo a afirmação política da separação dos poderes com reserva do monopólio exclusivo do Poder Legislativo em matéria penal.

Ponto de vista externo da legalidade. O princípio da estrita legalidade (material), por sua vez, deve ser entendido de um ponto de vista externo ao sistema jurídico-penal, pela incorporação de valores de orientação ao legislador na construção dos tipos penais, embora pelo constitucionalismo moderno tais valores sejam colhidos diretamente no sistema, em uma instância superior de normatividade, não mais assim em orientação filosóficas,

---

[350] Cf. J. F. Caballero, *Teoria del delito*, 1993, p. 31ss.
[351] L. Ferrajoli, *Direito e Razão*, 2002, p. 302.

ou talvez pior ideológicas, religiosas ou puramente morais. Isso, contudo, não exclui o caráter ético da legislação penal.

A respeito disso, Luigi Ferrajoli nos adverte que não se pode deduzir tautologicamente da definição formal do crime seus critérios de valor, pois esses são inevitavelmente externos à lei, mas se lhes exigem ser compatíveis com a perspectiva formal. Assim, nesse sentido, "um fato não deve ser proibido se não é, em algum sentido, reprovável; mas não basta que seja considerado reprovável para que tenha de ser proibido"[352]. E mais expressamente, conclui que "o princípio liberal da separação direito-moral, apesar de no plano teórico-descritivo excluir do conceito de delito qualquer conotação de tipo moral ou natural, não impede que as proibições legais sejam suscetíveis de prescrição e/ou valoração no plano ético-político". Poder-se, nesse sentido, falar de uma "ética da legislação", pois "muitos dos princípios morais que servem de base para negar a justificação de certas proibições ou para justificar certos delitos estão incorporados ao direito positivo como outros tantos limites ou condições ou princípios jurídico de deslegitimação de uns e de legitimação de outros", como é o caso dos diversos princípios constitucionais, alguns gerais outros especificamente penais.

Taxatividade, proibição de analogia e interpretação restritiva. É nessa perspectiva que se apresentam certos princípios que constam (ou deveriam constar) nas Constituições políticas como critérios de orientação material da tipificação dos crimes, segundo uma perspectiva taxativa das hipóteses típicas (princípio da tipicidade que se refere à técnica legislativa de tipificação de condutas), que tem como corolário a proibição de analogia (como limitação das fontes do direito penal) e do que se segue o dever de interpretação restritiva e proibição de interpretação extensiva das leis penais.

Quanto aos critérios, contudo, não se tem entendido exatamente como uma orientação positiva sobre o que se deve tipificar, porque seria impossível prever todas as possibilidades de uma só vez, mas precisamente como critérios negativos ou limitadores, e nesse sentido garantias substanciais que orientam a necessidade de lei penal e se podem expressar pelas fórmulas *nulla necessitas sine injuria; nulla injuria sine actione; nulla actio sine culpa*, segundo proposta de Luigi Ferrajoli, que podem ser traduzidos pelos *princípios da lesividade ou ofensividade, da materialidade da ação e da responsabilidade*

---

[352] L. Ferrajoli, *Direito e Razão*, 2002, pp. 367-360

pessoal e nos remetem a três elementos constitutivos do delito – resultado, ação e culpabilidade[353].

É com base nesses elementos que podemos postular o *necessário caráter fático (ou empírico) das hipóteses legais*, sem os quais se tornaria impossível proceder com precisão à investigação de certos crimes. O tipo penal deveria, nesse sentido, ser tanto mais objetivo quanto possível. Trata-se de uma questão de *qualidade dos tipos penais*, sem o que inevitavelmente o princípio da legalidade tende a cair na mera formalidade e ineficácia, remetendo sempre a juízo de valores sobre pessoas, e não juízo de verificação sobre fatos; ou seja, "a lei não pode qualificar como penalmente relevante qualquer hipótese indeterminada de desvio, mas somente comportamentos empíricos determinados, identificados exatamente como tais e, por sua vez, aditados à culpabilidade de um sujeito"[354].

As Condições Materiais da Investigação

A investigação criminal, para além de exigir a mera legalidade formal de seu objeto, exige que os tipos penais tenham um necessário caráter fático (ou empírico) como hipótese legal, sem o que se pode tornar em puro exercício decisório do poder sem qualquer cognição, a sugerir-nos que talvez sequer exista necessidade de tutela penal.

Antes, contudo, na base dos princípios referidos (garantias substanciais) que nos remetem aos elementos constitutivos do crime, e em uma instância anterior segundo entendemos, deve-se perceber que há o *princípio da necessidade* da tutela penal, que se pode expressar pela fórmula *nulla lex (poenalis) sine necessitate*. Deve-se, assim, entender a necessidade da tutela penal em função da defesa de direitos fundamentais, porque, tratando-se a pena de uma restrição de direitos fundamentais, somente a proteção destes pode justificar a necessidade do direito penal. Esse princípio está em consonância com o programa de um direito penal mínimo que somente admite a tutela penal como solução última e justificada, na forma de proibições mínimas necessárias. A sua compreensão passa por considerar que o direito penal deve construir-se com base em duas características essenciais – a fragmentariedade e a subsidiariedade. Segundo se

---

[353] L. Ferrajoli, *Direito e Razão*, 2002, p. 75, p. 371; Cf. também G. Bettiol, *Direito penal – Parte geral*, 2000.
[354] L. Ferrajoli, *Direito e Razão*, 2002, p. 75, p. 31

entende, "a *fragmentariedade* pretende que o Direito penal somente tenha intervenção diante dos ataques especialmente graves a bens jurídicos que ostentam grande relevância social. (...) A *subsidiariedade* do Direito penal, por seu turno, significa sua posição de *ultima ratio* frente aos demais sistemas de controle social formal ou informal"[355]. Apenas pela aceitação prévia desse princípio, que nos adverte sobre a característica essencial do direito penal, pode-se concluir acerca dos conteúdos dos demais princípios orientadores de um direito penal mínimo.

Nullum crimine sine actione – *a Materialidade da Ação*
A primeira garantia que emerge das exigências substanciais do crime é a da *exterioridade da ação*. O fato punível não pode consistir em estados de ânimo interiores apenas. Exige-se que o crime tenha como base uma ação externa, empiricamente observável. Pensamentos, desejos e intenções, ainda que correspondam a vícios e maldade do homem, não se prestam a configurar o crime. Somente pela ação se pode averiguar sua relação com um resultado a partir do estabelecimento de um nexo entre os dois. Essa exigência, é claro, não encontra na disciplina penal da omissão uma clara conformação, embora as diversas teorias da ação na doutrina jurídico-penal se empenhem na sua clarificação e acomodação, dentro de limites controláveis, a partir de um conceito mais amplo de conduta.

O certo, contudo, é que, ao se falar em omissão, o que está excluído é exatamente essa exterioridade material, que nos permite uma verificação empírica segura. Trata-se, contudo, de um aspecto do crime que se não resolve na dimensão fática, mas na dimensão normativa do crime. Em tais casos, o direito penal deve (ou deveria) apegar-se a algum outro elemento material que nos permita averiguar a exterioridade do crime, como costuma ser a exigência de resultado (não de lesividade que evoca uma dimensão valorativa) em crimes de omissão.

Não é o que se observa, contudo, em todos os casos. Há crimes de omissão vazios de qualquer exterioridade, que se imputam ao homem por uma exclusiva relação normativa, sem exigência de qualquer resultado. É necessário entender a lógica dessas construções jurídico-penais sob a perspectiva de um direito penal mínimo que as torna ilegítimas desde esse ponto de vista. É o caso, por exemplo, no Brasil, do crime de omissão de socorro. A exigência

---

[355] A. Garcia-Pablos de Molina, L. F. Gomes, *Direito penal – Parte geral,* 2007, p. 383.

O CRIME COMO OBJETO DA INVESTIGAÇÃO

de incremento da lesão, após a omissão, contudo, poderia ser uma solução parcial do problema, mas esse incremento costuma ser entendido na doutrina brasileira como mero exaurimento, não essencial ao tipo penal.

Não seja assim, perde-se de vista que o princípio da materialidade da ação se presta a assegurar um valor político de separação entre direito e moral, em verdadeira tutela da consciência humana, o que deve ser compreendido como a base de exigência desse elemento constitutivo do delito. Luigi Ferrajoli afirma, a respeito, que "o princípio de materialidade da ação é o coração do garantismo penal, que dá valor político e consistência lógica e jurídica a grande parte das demais garantias"[356].

Essa é a razão por que boa parte da história das doutrinas do crime se desenvolveu em torno do problema da ação e seu conceito. De fato, nas teorias da ação se encontram discussões que revelam muito do caráter garantista ou não de certas concepções do direito penal e nos permite identificar o delineamento dos primeiros limites do poder estatal penal. Nesse sentido, uma leitura das teorias da ação pode ser feita sob essa diretriz de orientação. E é sob essa diretriz que podemos perceber a racionalidade ou irracionalidade de certos sistemas jurídico-penais que se fundam em tipos de ato ou tipos de autor; é ainda sob essa diretriz que podemos compreender epistemologias naturalista ou idealista de teorias da ação, e outras tantas que se prestam a arquitetar um conceito de ação, abrangente da omissão, como centro de uma teoria do crime.

Nullum crimine sine injuria – *a Lesividade do Resultado*
O *princípio da lesividade* (do resultado), embora apresente um sentido aparentemente fático, sua maior importância se encontra em uma dimensão valorativa, pois como observa Luigi Ferrajoli "palavras como 'lesão', 'dano', e 'bem jurídico' são claramente valorativas"[357]. É em virtude desse princípio que se "impõe à ciência e à prática jurídica precisamente o *ônus da demonstração*".

A lesividade do resultado, contudo, não se confunde com sua exterioridade material. Assim, é possível encontrarem-se tipos sem resultado material, de mera ação material, com resultado lesivo ao bem jurídico. O que não se concebe como razoável são crimes sem ação (omissão), sem resul-

---

[356] L. Ferrajoli, *Direito e Razão*, 2002, p. 387.
[357] L. Ferrajoli, *Direito e Razão*, 2002, p. 374.

TEORIA DA INVESTIGAÇÃO CRIMINAL

tado exterior (omissão própria), considerados lesivos a um bem jurídico e de responsabilidade penal de alguém, ainda que se possa considerar em parte responsável moralmente. O importanto, no entanto, é entender que "a necessária lesividade do resultado, qualquer que seja a concepção que dela tenhamos, condiciona toda justificação utilitarista do direito penal como instrumento de tutela e constitui seu principal limite axiológico externo"[358]. É por isso que, no centro desse princípio, se encontra a *noção de bem jurídico* e em torno dele todo um conjunto de discussões teóricas que se esforçam por estabelecer um fundamento objetivo (ou ontológico natural).

A *compreensão valorativa* do crime, assim, passa necessariamente pela compreensão do bem jurídico tutelado juridicamente pelo direito penal. Santiago Mir Puig distingue dois conceitos de bem jurídico: "(a) no 'sentido político-criminal' (*de lege ferenda*) daquilo que merece ser protegido pelo Direito penal (em contraposição, sobretudo, aos valores apenas morais); (b) no 'sentido dogmático (*de lege lata*) de objetivo efetivamente protegido pela norma penal vulnerada", a exemplo da vida, propriedade, liberdade, honra etc. A partir desse conceito, o autor explicita as funções do bem jurídico (além da função de limite do legislador): (a) *função sistemática* (na classificação dos diversos crimes previstos no Código Penal); (b) *função de guia de interpretação* (já que exclui do tipo condutas que não o lesionam nem o ponham em perigo); e (c) *função de critério de medida da pena* (conforme a maior ou menor gravidade da lesão)[359].

Mas também os conceitos de bem jurídico têm oscilado na história do direito penal, desde um ponto de vista estritamente individual e concreto (da tutela do homem) para um ponto de vista coletivo e abstrato (da tutela do próprio Estado, que chama a si o interesse na proteção de todos os bens). A meio caminho, entre esses extremos, encontram-se discussões atualmente presentes em nossa época que têm delineado um direito penal de tutela de bens coletivos e difusos. A extensão do conceito de bem jurídico, que se foi distanciando da dimensão fática (objeto material) para uma puramente normativa (crimes de perigo abstrato ou presumido), tem levado o direito penal a uma expansão igualmente ilimitada. Essa percepção do problema deve ser o fio condutor de uma análise das teorias do bem jurídico, sob a perspectiva de um direito penal mínimo. Assim, com razão, Luigi Ferrajoli refere-se a uma "parábola involutiva da doutrina do bem

---

[358] L. Ferrajoli, *Direito e Razão,* 2002, p. 376.

[359] S. Mir Puig, *Direito penal: Fundamentos e teoria do delito,* 2007, p. 139ss.

180

jurídico", que coincide em boa parte com a história do conceito de crime, e "caracteriza-se por uma ininterrupta expansão de seu significado, simultânea ao progressivo desvanecimento tanto de seus referentes empíricos como de sua função garantidora dos limites ou condições que podem justificar a proibição penal"[360].

É, portanto, necessário resgatar a referência semântica do bem jurídico, vinculando-o a situações mais objetivas, relativas a interesses de fato que sejam independentes de uma previsão normativa. É, cada vez mais, necessário devolver a "relevância crítica e a função axiológica" da noção de bem jurídico, "ainda que seja apenas como limite interno referido a valores ou bens constitucionais"[361]. É, por isso, que uma análise crítica das teorias dos bens jurídicos deve passar por uma compreensão proporcionalista como postulado de equilíbrio justo entre diversos bens, segundo suas diretrizes de adequação, necessidade e proporcionalidade em sentido estrito[362].

Luigi Ferrajoli, embora sem referir-se à proporcionalidade expressamente, apresenta exatamente suas diretrizes como orientação para uma teoria do bem jurídico, a partir de três critérios: (a) A tutela penal de um bem jurídico somente deveria ser justificada se antes uma tutela extrapenal se mostrasse efetivamente insuficiente, exigindo-se uma tutela penal (*necessidade* da tutela penal, segundo a noção de subsidiariedade de outras tutelas administrativas, civis etc.); (b) A tutela penal ao bem jurídico deve ser idônea ao fim que se pretende de proteção ao direito fundamental (*adequação* entre fins e meios penais utilizados); (c) Nenhum bem deveria justificar uma tutela penal se seu valor não for maior do que o bem privado pela pena (*proporcionalidade* estrito senso, entre direitos fundamentais)[363].

É desse último critério que emerge um dos pontos de ilegitimidade mais sérios do sistema jurídico-penal, porque não é compreensível que, apresentando-se um direito fundamental como justificação para a tutela penal, a liberdade (como direito fundamental igualmente relevante) seja considerada em desvantagem relativamente ao bem tutelado, a ponto de

---

[360] L. Ferrajoli, *Direito e Razão*, 2002, p. 374.

[361] L. Ferrajoli, *Direito e Razão*, 2002, p. 376ss.

[362] A proporcionalidade é comumente referida por várias doutrinas como princípio, mas em conformidade com H. Ávila, *Teoria dos princípios*, 2006, preferimos falar como postulado que se encontra subjacente a certos princípios, bem como a regras, dando-lhe uma orientação de justiça.

[363] L. Ferrajoli, *Direito e Razão*, 2002, p. 378ss.

TEORIA DA INVESTIGAÇÃO CRIMINAL

justificar-se a pena privativa para tantas lesões a direitos fundamentais de menor valor. Outro grande problema que emerge em conexão com a tutela do bem jurídico concerne à antecipação material dessa tutela, com figuras delitivas referidas a perigo meramente abstrato ou presumido, o que exclui a dimensão valorativa do crime e extrapola para uma normatividade vazia de conteúdo.

A partir dessa questão é que certas teorias constitucionalistas do bem jurídico tem exigido a coexistência do bem jurídico tutelado penalmente com a liberdade limitada, no mesmo sistema referencial de valores (a Constituição), porque, como nos adverte Luigi Ferrajoli, "seria ilógico, no entanto, entender que admita privações de um bem constitucionalmente primário, como é a liberdade pessoal, se não se fizer presente o intuito de evitar ataques de bens de categoria igualmente constitucional"[364].

É essencial que se entenda, nesse quadro, que toda norma jurídica assimila um valor ético que a política legislativa identificou no âmbito das relações sociais, conferindo-lhe uma tutela jurídica pelo Estado. E, sob uma perspectiva moderna dos direitos humanos e fundamentais, há sempre um direito implícito na tutela da norma, que se qualifica como um bem tutelado juridicamente. Mais especificamente, devemos entender que o Estado, ao tipificar uma conduta como crime, por um lado limita o âmbito de liberdade de alguém, por outro aumenta o âmbito de proteção de outrem. É com esse sentido que podemos entender a tutela penal na dimensão dos direitos humanos fundamentais, com o que podemos, igualmente, entender porque, no caso da Constituição Federal brasileira, há previsão de tipificação de certos crimes considerados mais graves (v.g. art. 5º, inc. XLI), em atenção aos direitos das vítimas, entre os demais direitos fundamentais de interesse do criminoso (v.g. art. 5º, XLIX). Trata-se, em última análise, de atender a um princípio que já constava na Declaração Universal dos Direitos Humanos, de 1948, art. XXIV, item 2: "No exercício de seus direitos e liberdades, toda pessoa estará sujeita apenas às limitações determinadas pela lei, *exclusivamente com o fim de assegurar o devido reconhecimento e respeito dos direitos* e liberdades de outrem e de satisfazer às justas exigências da moral, da ordem pública e do bem-estar de uma sociedade democrática" (itálicos nossos).

---

[364] L. Ferrajoli, *Direito e Razão*, 2002, p. 380; cf. também, L. Regis Prado, *Bem jurídico-penal e Constituição*, 2009.

Nullum crimine sine culpa – *a Responsabilidade Subjetiva*

O *princípio da culpabilidade*, ao afastar a responsabilidade objetiva, exige que nenhum fato ou comportamento humano seja considerado como ação delituosa se não for fruto de uma decisão; somente a ação intencional, realizada com consciência e vontade, por pessoa capaz de compreender e querer, pode ser considerada crime. As oscilações e crises no conceito de culpabilidade, contudo, têm demonstrado ser ela "o problema sem dúvida mais complicado da filosofia do direito penal". Em torno delas surgem teses sobre a inescrutabilidade da alma humana, que nos impossibilita conhecer e fazer qualquer prova, bem como da existência de uma imunidade do homem diante de investigações sobre sua consciência. Mas isso não pode afastar a compreensão de que "a punibilidade apenas dos atos intencionais é, com certeza, um insuprimível elemento do sentimento comum de justiça"[365].

Luigi Ferrajoli propõe que se considere uma concepção prévia sobre os elementos que compõem a noção de culpabilidade, a partir da distinção entre: (a) *personalidade* ("susceptibilidade de adscrição material do delito à pessoa de seu autor"); (b) *imputabilidade* (ou capacidade penal, condição psicofísica do réu, em abstrato, capacidade de entender e querer); (c) *intencionalidade* (ou culpabilidade em sentido estrito, que designa "a consciência e a vontade do delito em concreto" e pode assumir a forma de *dolo* ou *culpa*, segundo a intenção alcance ação e resultado, ou apenas ação, não o resultado). Tendo essa ideia de culpabilidade, é necessário distingui-la da responsabilidade, que é apenas "a sujeição jurídica à sanção como consequência de um delito"[366].

Assim, podemos falar em "fundamentos externos da garantia da culpabilidade", que se resumem ao seguinte: a) a reprovação da ação é uma condição necessária, ainda que não suficiente para justificar uma punição; b) "apenas condutas culpáveis podem ser objeto de prevenção por meio da pena"; c) o princípio da culpabilidade garante "a possibilidade de prever e de planificar o rumo futuro de nossa vida, partindo da estrutura coativa do direito"; d) "as ações culpáveis são as únicas que podem ser não somente objeto de reprovação, de previsão e de prevenção; são, também, as únicas que podem ser lógica e sensatamente proibidas". Esse último

---

[365] L. Ferrajoli, *Direito e Razão*, 2002, p. 391.
[366] L. Ferrajoli, *Direito e Razão*, 2002, p. 392.

TEORIA DA INVESTIGAÇÃO CRIMINAL

fundamento externo, no entanto, é talvez o mais importante, por ter uma função pragmática de orientação e condicionamento, e o único que nos permite "desemaranhar o intricado problema da natureza da culpabilidade e dos seus pressupostos, normalmente enredado por formulações metafísicas"[367].

É certo, conduto, que a culpabilidade tem sido teorizada segundo três noções fundamentais – (a) culpabilidade como causalidade da intenção (personalidade); (b) culpabilidade como capacidade psicofísica do agente para autodeterminar-se (imputabilidade); e c) culpabilidade como conhecimento e vontade de ação (intencionalidade), mas por trás de todas elas, há uma noção de crime como ação anormal cometida por uma pessoa normal em condições normais; em todas elas se encontram concepções do mundo (necessidade) e do homem (liberdade), cujas opções teóricas têm o condão de alterar nossa concepção acerca da culpabilidade.

A principal questão, por trás do problema da culpabilidade, gira em torno do dilema metafísico entre determinismo e livre-arbítrio. É dessa discussão que têm emergido concepções várias entre dois extremos – um direito penal puramente objetivo e um direito penal puramente subjetivo. A ideia de irresistibilidade, por exemplo, alcançou seu auge no positivismo criminológico e dele ainda temos resquícios nas medidas de segurança. Mas, em outro sentido, encontram-se concepções psicológicas baseadas no nexo psíquico entre agente e ato, que se têm tornado arbitrárias na medida em que exigem como suficiente a atitude subjetiva (culpa pela conduta de vida). Entre determinismo naturalista e indeterminismo subjetivista, no entanto, o princípio da culpabilidade se tem entendido normativamente, na medida em que "impõe uma estrutura regulativa às proibições penais das quais requer: a) que o proibido por estas seja a comissão ou a omissão de um ação e não um *status* ou uma condição de vida do sujeito; e b) que, *ex ante*, seja possível a comissão ou a omissão da ação proibida"[368].

É com base nessas considerações que L. Ferrajoli considera a culpabilidade como um elemento normativo não do autor, mas do crime, não portanto uma realidade psicológica, mas deôntica – em síntese, o dever de abster-se ou agir com base em uma possibilidade real de conduta (exigibilidade). Essa é, igualmente, a concepção que se encontra em J. Figueiredo

---

[367] L. Ferrajoli, *Direito e Razão*, 2002, p. 393.
[368] L. Ferrajoli, *Direito e Razão*, 2002, p. 398.

Dias, para quem a culpabilidade, entre perspectivas objetivas e subjetivas, é essencialmente uma questão de reprovação normativa do direito[369].

A considerar, contudo, a diversidade de concepções teóricas que se apresentam a respeito de cada elemento material do crime, é importante compreender as funções da teoria jurídica do crime, bem como seus reflexos no âmbito da investigação criminal.

As Funções da Teoria Jurídica do Crime

A teoria do crime exerce funções várias, especialmente de orientação axiológica e epistêmica da interpretação da norma penal, relativamente aos fatos que se investigam criminalmente.

A teoria do crime (ou do delito)[370] constitui-se como um sistema de elementos conceituais comuns aos diversos crimes ou alguns crimes em específico, a partir de uma hermenêutica do direito positivo. É o que na doutrina jurídica se chama de dogmática do Direito penal[371]. Ela tem, portanto, como objetivo teórico o estabelecimento de princípios básicos do Direito penal positivo, na tentativa de oferecer-nos um sistema unitário de compreensão do crime, segundo uma perspectiva daquilo que deveria ser o crime, podendo nesse sentido considerar-se uma doutrina[372]. Ela é a parte da ciência do direito penal que se ocupa do delito em geral, buscando explicá-lo a partir das características que deve ter todo e qualquer delito. Trata-se de construção dogmática que proporciona um caminho lógico para verificar se há crime no caso[373]. É, nesse sentido, um meio

---

[369] Cf. J. Figueiredo Dias, *LIberdade, Culpa, Direito Penal*, 1995.

[370] A diferença entre "crime" e "delito" não é no Brasil, assim como em outros países, relevante como é na França, onde há essa distinção, sendo-nos, portanto, indiferente falar em teoria do crime ou teoria do delito.

[371] S. Mir Puig, *Direito penal. Fundamentos e teoria do delito*, 2007, p. 112ss.

[372] A diferença entre "teoria" e "doutrina", portanto, é relevante, a considerar as advertências de L. Ferrajoli, *Direito e Razão*, 2000, para quem o termo teoria deveria limitar-se a um sentido empírico (ser), ao passo que doutrina tem um sentido axiológico (dever-ser), o que é mais condizente com a natureza do crime não apenas como fato, mas como norma e valor jurídicos. A "ideologia", por sua vez, seria a doutrina ou a teoria que incorre na confusão entre explicação e justificação, entre "ser" e "dever-ser", que pretendem derivar fatos de valores ou inversamente. Não obstante, mantivemos o termo teoria por ser a linguagem corrente das fontes citadas, a exceção de J. Figueiredo Dias, *Direito Penal*, 2007, que se refere a "Doutrina geral do crime".

[373] E. R. Zaffaroni, J. H. Pierangeli, *Manual de Direito penal brasileiro – Parte geral*, 2009, p. 333: "esta explicação não é um mero discorrer sobre o delito com interesse de pura especulação;

TEORIA DA INVESTIGAÇÃO CRIMINAL

técnico-jurídico pelo qual podemos decidir a quem imputar certos fatos, responsabilizando-o pessoalmente, mas como "instrumento conceitual" cuja finalidade é a aplicaçãoo da lei penal ao caso concreto[374].

A teoria do crime, assim, propõe um esquema estratificado que permite apreender o fato punível (dados da realidade) em comparação com o tipo penal (hipótese legal), em níveis distintos de compreensão (tipicidade, antijuridicidade e culpabilidade). Esses diferentes conceitos ou categorias com que a teoria do delito se organiza decorrem de uma generalização dos diversos elementos que se encontram regularmente na definição legal do crime[375]. Mas quando falamos em teoria do crime, no entanto, devemos estar cientes de que há várias teorias (histórica e geograficamente distintas) que se distinguem pela forma como estruturam essess elementos constitutivos do conceito em níveis distintos de compreensão teórica do objeto.

O importante, sobretudo, é ressaltar que, na investigação criminal, a teoria do crime, entre suas diversas funções, cumpre uma *função operativa*, em virtude de seu *caráter metodológico*, ao fazer a mediação entre o fato punível (como objeto da realidade) e o tipo penal (como hipótese legal normativa), permitindo uma interpretação adequada da lei penal. Assim, com base na teoria do crime, podemos:

a) distinguir aspectos e níveis de observação do delito (tipicidade, antijuridicidade e culpabilidade), estabelecendo uma seqüência racional de compreensão gradativa; ou seja, cada elemento teórico focaliza os fatos da realidade sob uma perspectiva, evidenciando aspectos de um mesmo objeto. Assim, não se trata de investigar tipicidade, antijuridicidae e culpabilidade, mas de investigar uma unidade fática (embora, por vezes, complexa) e analisá-la (teoria analítica) sob perspectivas diversas (típica, antijurídica e culpável);

---

contrariamente atende ao cumprimento de um propósito essencialmente prático, consistente *em tornar mais fácil a averiguação da presença, ou ausência, do delito em cada caso concreto".*

[374] E. Bacigalupo, *Direito penal – Parte geral*, 2005, pp. 180-181: "...a teoria do delito cumpre com uma dupla função mediadora. Por um lado, medeia entre a lei e a solução do caso concreto, ou seja, entre a norma geral, que expressa a valoração do legislador, e a concreção desta em uma norma particular que decide sobre o caso concreto. Por outro lado, existe também uma mediação entre a lei e os fatos objeto do julgamento pois cada uma das categorias da teoria do delito faz referência a determinados aspectos factuais que constituem o material objetivo ao qual se deve aplicar a lei".

[375] E. Bacigalupo, *Direito penal – Parte geral*, 2005, p. 181.

O CRIME COMO OBJETO DA INVESTIGAÇÃO

daí sua natureza de método de trabalho, ou, melhor dizendo, de *meio técnico-jurídico.*

b) evidenciar *o que* e *qual a natureza* do objeto de prova, orientando adequadamente a atividade probatória na busca de fontes e constituição de meios; sob esse aspecto, pode-se assim entender, a teoria do crime funciona à maneira de uma *ontologia particular*, na medida em que estabelece a natureza dos elementos do crime (a essência das categorias, a propriedade dos elementos objetivos, subjetivos ou normativos do tipo), permitindo com isso orientar o conhecimento adequado de cada elemento[376].

c) estabelecer uma *linguagem conceitual* (ou mais precisamente, uma "metalinguagem" a partir da linguagem legal)[377], com o que é possível qualificar dados obtidos na investigação, em conformidade com uma referência lingüística que pode ser comunicada aos demais sujeitos da persecução penal, ao longo de todo o processo.

É nesse sentido que Luigi Ferrajoli considera a a teoria do crime também uma teoria do significado, como "teoria das condições de uso do termo 'verdadeiro', quer dizer, da verificabilidade", tendo em conta a lei como linguagem penal[378]. Assim, ela estabelece as relações entre a denotação (extensão) e conotação (intenção) do signo, evidenciando, por exemplo, se o fato X (disparar tiros em direção de alguém, produzindo-lhe lesões) pode ser considerado extensão do significado conotado na norma Y (matar alguém), sob que condições de fato e probatórias. Mas, como veremos, em complemento a uma teoria do significado, deve-se ainda ter uma teoria da prova que diga em que condições (materiais e procedimentais) certos elementos Z (testemunhas, documentos, perícias etc.) podem ser considerados prova de que o fato X aconteceu. Essa perspectiva de investigação

---

[376] A respeito da teoria especial do conhecimento e sua relação com a ontologia, cf. J. Hessen, *Teoria do conhecimento*, 2003, p. 133 e ss; sob a perspectiva da teoria do crime, cf. J. F. Caballero, *Teoria del delito*, 1993, p. 78 e ss, em que se encontra "la ontologia regional, la evolucion de las escuelas penales y la elaboracion de la teoria dogmática del delito".

[377] A respeito da relevância de uma metalinguagem, na concepção semântica da verdade, cf. L. H. Araújo Dutra, *Verdade e Investigação*, 2001, p. 39 e ss. Essa concepção de verdade (como conceito, não como critério) é referida por L. Ferrajoli, *Direito e Razão*, 2002, p. 40, como a teoria adequada ao processo penal, por estabelecer em que condições podemos usar o termo verdadeiro e quais os limites da noção de correspondência com a realidade.

[378] L. Ferrajoli, *Direito e Razão*, 2002, pp. 95-98.

TEORIA DA INVESTIGAÇÃO CRIMINAL

do crime, contudo, somente se compreende a partir da noção da verdade, dependente de uma metalinguagem, como a que se propõe por A. Tarski na sua teoria semântica que iremos ver no próximo capítulo.

A Diversidade Axiológica e Epistêmica das Teorias

É possível descrever uma história da teoria do delito, nos últimos tempos, como "uma migração de elementares dos delitos entre os diferentes andares do sistema", pela qual se concentra um grande esforço na questão sobre que posição deve ocupar cada elemento do crime no sistema de sua definição teórica[379]. Assim, cada teoria nos aparece mais explicitamente como a construção de sistema de elementos que descrevem o comportamente analiticamente com base em um número de elementos variados (objetivos, subjetivos e normativos), que se organizam em diversos estratatos apresentados como uma unidade explicativa da descrição legal do fato punível. O que, contudo, não tem se tornado evidente é que as doutrinas do crime se constituem em diversas concepções axiológicas, acerca da valoração de certos bens relevantes e epistemológicas acerca da cognição dos fatos que compõem a norma penal. Entre os principais esquemas teóricos, encontram-se na história os esquemas causal-naturalista, clássico e neoclássico, o finalista e o funcionalista[380].

O esquema teórico de Liszt (concepção causal-naturalista) distinguia no crime um aspecto objetivo (o injusto) e um subjetivo (a culpabilidade), em virtude dos quais o crime se configurava por uma causação física de um resultado socialmente danoso e uma causação psíquica deste mesmo resultado, na forma dolosa ou culposa. A partir desse esquema (injusto objetivo – culpabilidade psicológica), "o que, em definitivo, se devia investigar para saber se havia delito eram dois nexos causais: um físico (a conduta causou o resultado?) e outro psíquico (há uma relação psicológica entre a conduta e o resultado?)"[381]. O crime era conceituado como conduta (entendida como vontade exteriorizada que inicia a marcha causal) antijurídica (não se distinguindo tipicidade da antijuridicidade), culpável (decorrente de

---

[379] C. Roxin, *Política criminal e sistema jurídico-penal*, 2005, p. 85ss.

[380] A respeito das diversas histórias da "evolução da teoria do delito", cf. C. R. Bitencourt, *Tratado de direio penal*, 2000, p. 15ss); J. Figueiredo Dias, *Direito penal – Parte geral*, 2007, p. 238ss; A. Garcia-Pablos de Molina, L. F. Gomes, *Direito penal – Parte geral*, 2007, p. 173ss; E. R. Zaffaroni, H. Pierangeli, *Manual de direito penal brasileiro*, 2009, p. 343ss.

[381] E. R. Zaffaroni, H. Pierangeli, *Manual de direito penal brasileiro*, 2009, p. 343.

O CRIME COMO OBJETO DA INVESTIGAÇÃO

uma relação psicológica entre conduta e resultado) e punível (submetida a uma pena pela lei). Ernest von Beling, embora tenha mantido a estrutura fundamental objetivo-subjetiva de Lizst, introduz no esquema a *teoria do tipo* (distinguindo tipicidade e antijuridicidade), de tal forma que o crime passa a ser conceituado como conduta (ainda vontade exteriorizada que movimenta o fluxo causal), típica (como proibição de causação do resultado), antijurídica (como contradição entre causação do resultado e ordem jurídica) e culpável (ainda uma relação psicológica entre conduta e resultado, nas formas dolosa ou culposa).

A *ruptura do esquema objetivo-subjetivo* (Lizst-Beling) se inicia com a crítica neokantista de G. Radbruch (concepção neoclássica) ao conceito de conduta voluntária sem conteúdo, porque esse (dolo ou culpa) estava localizado apenas na culpabilidade. A partir dessa concepção, passou-se a admitir que em certas situações não havia qualquer relação psicológica, v.g. os chamados "delitos de esquecimento", e Frank (1907) propôs um *novo conceito de culpabilidade* (misto, porque normativo, quando não houvesse relação psicológica, ou psicológico, quando houvesse). Dessa forma, em acréscimo, passou-se a sustentar que, para precisar a tipicidade, seria necessário recorrer à observação de certos aspectos subjetivos do tipo (os chamados *elementos subjetivos do injusto*). Assim, rompe-se o esquema objetivo-subjetivo, e o crime passa a ser conceituado como uma *conduta* (ainda uma vontade exteriorizada que põe em marcha a causalidade), *típica* (como proibição de causação de resultado, mas já admitindo elementos subjetivos), *antijurídica* (como contradição entre causação do resultado e ordem jurídica) e *culpável* (como reprovabilidade, embora com conteúdo doloso ou culposo).

A *concepção finalista* parte essencialmente da ideia fundamental de que "a ação humana é o exercício da atividade finalista. A ação é, portanto, um acontecer 'finalista' e não somente 'causal'. A 'finalidade' ou atividade finalista da ação se baseia em que o homem, sobre a base de seu conhecimento causal, pode prever em determinada escala as consequências possíveis de uma atividade com vistas ao futuro, propor-se a objetivos de índole diversa e dirigir sua atividade segundo um plano tendente à obtenção desses objetivos"[382]. Assim, sendo a conduta uma ação voluntária final, o dolo

---

[382] H. Welzel, *Direito penal*, 2004, p. 79

TEORIA DA INVESTIGAÇÃO CRIMINAL

e a culpa passam a compor a tipicidade, no esquema finalista, ficando a culpabilidade como pura reprovabilidade (teoria normativa pura)[383].

As *teorias funcionalistas* enfatizam essencialmente a função do Direito penal, mas a partir desse postulado geral, diversas correntes se estabelecem em sentidos muitos diversos, demonstrando o quanto a orientação axiológica ética e política pode representar na concepção teórica do crime. Assim, Roxin fundamenta a função do direito penal na proteção de bens jurídicos, de forma fragmentária e subsidiária no sistema geral do direito; ao passo que Jakobs fundamenta essa função na proteção da norma penal. Hassemer, por sua vez, vai fundamentar a função na garantia do Direito penal e Zaffaroni, por fim, no seu papel de contenção, como uma função redutora do Estado de polícia[384].

É nesse contexto político-criminal do Direito penal que, para além da questão dos fins das penas, mas ainda em conexão com ela, insere-se nos esquemas funcionalistas uma renovada discussão em torno da teoria da imputação, na qual se tem enfatizado a imputação objetiva, na busca pela "determinação das propriedades objetivas de uma conduta imputável", visando a identificar "aspecto da imputação" que estabeleça limites à causalidade a partir de bases normativas. E nesse sentido a teoria do crime se pode considerar como uma teoria da imputação, que traz consigo não apenas questões axiológicas, mas antes e sobretudo epistemológicas relativas à identificação e explicação do fato punível, pois ela se pode considerar o conjunto de critérios interpretativos de aplicação da lei penal[385].

O importante é entender que, a partir do esquema *funcional-sistêmico*, tem-se entendido que o conceito de crime não é puramente epistêmico, dependente apenas de uma apuração científica, pois exige consideração de sua finalidade penal, dependente de uma apuração político-criminal, não estando sujeito a dados impostos pela natureza[386]. É como se houvesse uma volta ao neokantismo (1930), mas já não segundo uma orientação pelas normas gerais da cultura, que se mostraram pouco claras, mas segundo uma orientação pela política criminal em conformidade com

---

[383] Essa é a teoria que no Brasil se estabeleceu desde a Parte Geral do Código Penal de 1984, apesar de algumas divergências sobre a culpabilidade (cf. C. R. Bitencourt, *Teoria Geral do Delito*, 2007), bem como do avanço cada vez mais crescente de concepçôees funcionalistas.

[384] A. Garcia-Pablos de Molina, L. F. Gomes, *Direito penal – Parte geral*, 2007, p. 183ss.

[385] E. Bacigalupo, *Direito penal – Parte geral*, 2005, p. 180.

[386] E. R. Zaffaroni, *Manual de direito penal brasileiro*, 2009, p. 348ss.

O CRIME COMO OBJETO DA INVESTIGAÇÃO

os fins da pena, que se vai refletir nos critérios de um teoria da imputação, na qual se imbricam questões não apenas epistêmicas, mas sobretudo ético-políticas.

É nesse sentido que podemos entender os diversos modelos analítico-doutrinários do crime como *teses axiológicas em função de uma visão político-criminal* que pretendem não apenas justificar o direito penal, mas também racionalizá-lo segundo certos valores considerados anteriores ao direito penal. A doutrina do crime, portanto, tende (ou deveria tender) a ser não apenas uma doutrina da estrutura do crime a partir da lei, formalmente considerada apenas, mas igualmente uma doutrina de seus limites como condições essenciais que se devem impor desde a fase da legislação e "criação" dos crimes, em conformidade com uma política criminal (funcionalmente dirigida). Assim, as diversas doutrinas do crime se tornam aptas para congregar os diversos conhecimentos que interessam a uma compreensão global do direito penal e cumprir, além de uma função operativa do direito (metodológica), a função de transmitir e afirmar valores que se devem impor ao direito punitivo, visando não apenas a racionalizá-lo, mas também a minimizá-lo ao necessário. Isso é claro, se tivermos em mente um programa garantista voltado à construção de um sistema de direito penal mínimo, que se pode construir não apenas pela crítica à legislação, desde uma perspectiva externa a ela, mas pela integração racional da legislação, desde uma perspectiva interna que, quando necessário se faça, seja controlada constitucionalmente.

Essa é uma exortação, sobretudo, à doutrina e jurisprudência brasileiras que não tem sido hábil na discussão acerca da inconstitucionalidade de leis penais materiais, embora muitas críticas se façam às leis processuais. Com efeito, não é comum encontrarem-se doutrinas que questionem a constitucionalidade de um crime a partir da exigência de elementos constitutivos mínimos e segundo a função do direito penal. Há, sim, críticas, mas não sob uma orientação constitucionalista, que em parte se deve ao fato de que os elementos constitutivos não se encontram previstos de forma expressa na Constituição Federal do Brasil, mas isso não tem impedido que, em outras áreas do direito, sejam extraídos limites a partir do valor-fonte da dignidade da pessoa humana. Esse problema mais se agrava no âmbito da investigação criminal, que não se constitui em uma instância adequada para tais discussões em sua prática. Em geral, à falta de elementos essenciais ao crime, sob uma perspectiva empírica do que investigar

TEORIA DA INVESTIGAÇÃO CRIMINAL

mesmo, a investigação acaba por conduzir-se pelo subjetivismo e suposições autoritárias.

Portanto, mais além do aspecto axiológico, é importante compreender que as teorias do crime pressupõem uma certa concepção epistemológica acerca do aspecto fático do crime que se vão transferir à pragmática processual de sua investigação. É a vontade de certeza objetivada em um elemento material, decorrente de um empirismo radical, que se vai encontrar na concepção causal-naturalista, ao passo que na concepção funcionalista já se encontra uma compreensão cognitiva mais social do crime, em razão do que podemos ter muitos e variados funcionalismos penais segundo diversas orientações cientifico-sociais.

O importante, contudo, é compreender que todas essas questões estão subjacentes na compreensão dos elementos com que se estruturam analiticamente as diversas teorias, a partir das noções de tipicidade, antijuridicidade e culpabilidade.

A Estrutura Analítica das Teorias e suas Categorias Conceituais

Apesar da diversidade axiológica e epistêmica, as teorias do crime se estruturam analiticamente com base nos conceitos fundamentais de tipicidade, antijuridicidade e culpabilidade, como elementos distintos que se colocam em igualdade de tratamento, mas a tipicidade possui uma proeminência teórica cuja compreensão é fundamental à investigação criminal.

Os elementos fundamentais da estrutura analítica do crime, na doutrina em geral, são tipicidade, antijuridicidade (ilicitude) e culpabilidade, embora por vezes se encontre a punibilidade[387]. Contudo, apesar da relevância que todos os elementos possuem na teoria analítica, deve-se entender que a tipicidade, de um ponto de vista prático-jurídico tem, como realidade imediata do crime, uma prioridade conceitual em relação aos demais[388]. A tipicidade, portanto, partindo do tipo penal, embora não res-

---

[387] S. Mir Puig, *Direito penal*, 2007, p. 115: "Admite-se geralmente – deixando-se de lado pequenas divergências – que 'o delito é um comportamento humano tipicamente antijurídico e culpável', acrescentando-se, frequentemente, a exigência de que seja punível".

[388] C. R. Bittencourt, F. Munoz Conde, *Teoria geral do delito*, 2000, p. 117ss; J. Frias Caballero, *Teoría del delito*, 1993, p. 153, a respeito da tipicidade como prioridade conceitual em relação aos elementos do fato punível: "de estas tres categorías [tipicidad, antijuridicidad y culpabilidad] la primera y más relevante desde el punto de vista jurídico-penal, es la tipicidade".

O CRIME COMO OBJETO DA INVESTIGAÇÃO

trita à sua expressão legal puramente formal, congrega todos os demais elementos, expressa ou implicitamente.

A *teoria dos elementos negativos do tipo,* assim, tem alguma razão ao considerar que no tipo já se encontra toda matéria proibida e antijurídica, podendo-se compreendê-lo segundo duas perspectivas, uma positiva (tipo positivo) relativa aos elementos objetivos, subjetivos e normativos do tipo e outra negativa relativa à ausência de qualquer causa de justificação. Um fato típico, portanto, será necessariamente antijurídico se não houver qualquer excludente de ilicitude. A tipicidade de uma fato corresponde a indício de antijuridicidade[389].

A culpabilidade, contudo, embora também se possa compreender como pressuposta na realização típica do fato, não se pode reduzir à inexistência da constatação de alguma excludente sua. A sua constatação está mais do que qualquer outro elemento dependente da teoria com que se assume seu conceito. Mas, é certo, atualmente tem-se aceito que sua estrutura conceitual abrange pelo menos três subelementos: a capacidade de compreensão da ilicitude e de comportar-se segundo essa compreensão (imputabilidade); a possibilidade de conhecimento da ilicitude (potencial consciência da antijuridicidade; e a exigibilidade de conduta diversa da prática do fato[390].

Apesar das divergências teóricas que existem entre essas categorias fundamentais, o importante é compreender que elas exercem uma função essencial no conjunto de atos pragmáticos e lógicos da investigação criminal, no tratamento dos dados probatórios obtidos para apresentar conclusões acerca das hipóteses de pesquisa. Eles se constituem em verdadeiros "conceitos metodológicos" que permitem à investigação criminal concluir pela imputação jurídica em seus diversos níveis, exigindo da autoridade investigante eventualmente tomar posição sobre certas disputas teóricas, com consciência das questões axiológicas e epistêmicas implicadas, mas tendo sempre como ponto de partida fundamental o domínio do tipo penal.

---

[389] Ainda que não se assuma a "teoria dos elementos negativos do tipo", a respeito da relação inversa entre tipicidade e ilicitude, cf. E. Bacigalupo, *Direito penal – Parte geral,* 2005, p. 323ss.
[390] A respeito, cf. E. Bacigalupo, *Direito penal – Parte geral,* 2005, p. 388ss, pra quem, contudo, a exigibilidade seria na verdade uma questão pertencente ao âmbito da ilicitude.

O Tipo Penal como Hipótese Legal da Investigação

O tipo penal delimita não apenas o âmbito do punível, mas antes e também o âmbito do investigável, podendo ser considerado a hipótese legal da investigação criminal, a considerar que nele se encontram os elementos que exigem prova de que um crime foi cometido.

A noção de tipo, cuja origem se situa inicialmente na noção de *Tatbestand* (no século XIX), confundido com o significado de "fato do delito", como conceito advindo da realidade, em oposição ao seu conceito como abstração (*Degriff*), somente alcança independência na doutrina do delito-tipo de Ernest von Beling em 1906[391]. O seu conceito, portanto, evolui na medida em que o direito vai se aprofundando teoricamente, a partir das conquistas políticas em torno da liberdade do homem[392]. Assim, admite-se que no direito penal moderno, o tipo penal constitui a base de todo ordenamento jurídico-penal com *função de segurança*[393].

A partir dessa compreensão fundamental do tipo penal, pode-se detalhar algumas subfunções com que ele se torna mais compreensível ao conhecimento: 1) o tipo é uma mera descrição geral e abstrata; 2) sua elaboração compete exclusivamente ao legislador; 3) o tipo regula, tão-somente, eventos que têm a propriedade de ser anti-sociais; 4) o tipo determina que um evento anti-social adquire relevância social; 5) para cada classe de eventos anti-sociais há um, e somente um, tipo penal; 6) cada tipo penal caracteriza ou diferencia uma, e somente uma, classe de eventos anti-sociais; 7) a necessidade e a suficiência especificam a classe de eventos anti-sociais descrita; 8) o tipo delimita, com toda precisão, o âmbito do punível, e como consequência, permite conhecer, com certeza, o que não é punível; 9) o tipo tem como função a proteção de bens jurídicos; 10) sem a existência prévia de um tipo, não há crime[394].

---

[391] Cf. E. Beling, *La doctrina del delito-tipo*, 1944.

[392] A respeito dessa evolução conceitual, cf. R. Márquez Piñero, *El tipo penal*, 2005, p. 133ss, as seguintes fases: "1. Fase de la independência; 2. De carácter indiciário; 3. Fase de la ratio essendi de la antijuridicidad; 4. Fase defensiva. La figura rectora de Beling; 5. Fase destructiva; 6. Fase finalista."

[393] A respeito dessa função de segurança, cf. R. Marquez Pinero, *El tipo penal*, 2005, p. 129: "las figuras típicas geometrizan lo antijurídico, corrigen la intuición, frenan la emoción y proporcionan al derecho penal una mística noble y una reciedumbre segura y grandiosa, que corta de raiz los arrebatos de la ira, los despotimos, las arbitrariedades y todos los excesos emotivos ínsitos en la endeble conición humana".

[394] Cf. R. Marquez Pinero, *El tipo penal*, 2005, p. 130.

O tipo penal, nesses termos, tem para a investigação criminal, em um sentido científico, a relevância de uma hipótese legal previamente delimitada, a respeito da qual deve concluir positiva ou negativamente, não se admitindo a inovação hipotética para sustentar uma tese fora dos parâmetros legais. Assim, entende-se por que a estrutura dos tipos penais pode influenciar no caráter mais ou menos científico da investigação criminal, pois, quanto mais se faça referência a elementos não objetivamente observáveis, tende a diminuir o espaço de certeza objetiva acerca dos elementos do tipo penal, remetendo a outras formas de constatação e demonstração dos elementos, pois não pode ser exigível demonstrar os elementos subjetivos e normativos igualmente como se demonstram elementos objetivos.

O estudo do tipo penal em geral, bem como dos tipos penais em espécie, é base fundamental para uma investigação criminal adequadamente conduzida segundo critérios não apenas científicos, mas sobretudo jurídicos, considerando que somente se pode considerar concluída a investigação se reunidos dados probatórios que correspondam a cada elemento típico, antes que se possa atribuir a um sujeito sua autoria. Tratanto do tipo penal, a teoria do crime costuma partir de um *tipo padrão completo*, considerando o *crime comissivo, doloso e consumado*, embora existam vários tipos penais que fogem a esse padrão em algum ponto (*omissivo, culposo ou tentado*), além de existirem outros tantos tipos que, sem incorrer nessas variantes, estruturam-se em torno de certas particularidades que influenciam substancialmente na investigação criminal, seja porque excluem algum elemento presente no tipo padrão, seja porque incluem circunstância especialmente caracterizadora daquele tipo em específico.

Ademais, a investigação criminal deve atentar para o fato de que certos tipos penais têm um *núcleo comum mínimo* (em geral, tipos que se referem a lesões gradativas do mesmo bem jurídico), que somente se diferenciam por algum elemento particular para o qual se deve dar máxima atenção. Assim, para a investigação criminal, o estudo do tipo penal consiste no meio pelo qual a autoridade pode extrair a *natureza* do que se pretende pesquisar, a partir da qual pode estipular atos investigativos adequados para encontrar a prova em conexão com os elementos essenciais do crime.

Os Elementos do Tipo

O tipo penal, em geral, é estruturado a partir de uma *ação* (conduta comissiva) representada por um *verbo* (p.ex. matar, subtrair, obter etc.) de que

TEORIA DA INVESTIGAÇÃO CRIMINAL

resulta um *resultado* (naturalístico) em *conexão causal* com a conduta. Além desses elementos, o tipo pode estabelecer o objeto e o sujeito da conduta, além do ânimo específico deste, embora subentenda-se existir sempre um elemento subjetivo implícito. Esse é nosso tipo padrão, mas há vários tipos que, em lugar da ação, temos uma omissão; em lugar do resultado naturalístico, nada temos; e em lugar do nexo causal, temos uma outra espécie de relação. Mas, apesar dessa variação, é importante o domínio da estrutura padrão.

O tipo é dividido em *tipo subjetivo* (aspecto interno) e *tipo objetivo* (aspecto externo) que concretiza o aspecto interno do crime. Entre os elementos do tipo objetivo temos a ação e o resultado, vinculados por um nexo, e eventualmente o sujeito da conduta, se essencial alguma particularidade deste; não sendo, em geral não consta no tipo. O tipo subjetivo, por sua vez, é representado pelo elemento subjetivo geral (o dolo, implícito sempre em qualquer tipo), podendo haver elementos subjetivos especiais (especiais motivos ou fins de agir, exigidos em alguns tipos penais).

Ainda, no tipo penal, podem-se distinguir elementos descritivos, normativos, objetivos e subjetivos. Na lição de Johannes Wessels, *descritivos* "são aqueles elementos que através de simples descrição expressam concretamente o que pertence à proibição ou ao comando típicos" (ex. "coisa"; "móvel"); *normativos*, por sua vez, são os que carecem de complemento de valor, de tal forma que, "nas circunstâncias do fato, só podem ser pesados sob o lógico pressuposto de uma norma e determinados pelo juiz por via de um juízo de valor supletivo" (ex. "alheio"); *objetivos* (ou externos) são "circunstâncias que determinam o quadro externo de aparecimento do fato", podendo ser descritivos ou normativos, "relacionados com o fato ou com o autor"; *subjetivos* (internos), por fim, "são circunstâncias que pertencem ao campo psíquico-espiritual e ao mundo de representação do autor"[395].

A distinção da natureza dos elementos que compõem o tipo possui função operativa para a investigação criminal, na medida em que estabelece o *objeto de conhecimento*, o *meio adequado para conhecê-lo* e a *necessidade de prova*, em conformidade com aquela natureza. A respeito do meio de conhecer, p. ex., será necessário entender que os elementos descritivos "são aqueles que o autor pode *conhecer e compreender* predominantemente através de seus sentidos", ao passo que, quanto aos normativos, "predomina uma valora-

---

[395] J. Wessels, *Direito penal – Aspectos fundamentais*, 1976, p. 33ss.

ção", não podendo ser percebidos somente pelos sentidos[396]. E, nesse caso, ao final da investigação criminal é preciso valorar e expressar a valoração, não se podendo bastar com uma mera descrição, o que é uma questão de método específico a ser considerado.

Exceções ao Tipo Padrão

Apesar da relevância do estudo do tipo padrão, é preciso compreender que o maior problema das investigações criminais está fora desse âmbito, nos diversos tipos penais que inflacionam a legislação penal, na tentativa de dar respostas legislativas a novos problemas sociais, em atenção à necessária proteção de novos direitos. E assim surgem "tipos imperfeitos", do ponto de vista da técnica legislativa, que vão repercutir na dificuldade de investigar crimes com pouco ou nenhuma referência a dados reais, ou com referências imprecisas a termos que exigem uma integração do conceito legal.

O tipo penal imperfeito obriga a investigação criminal a recorrer a juízos subjetivos e valorativos para a conclusão acerca da tipicidade dos fatos investigados, sobretudo em relação ao estabelecimento do vínculo entre o crime e seu autor. O importante, contudo, é observar que mesmo havendo a exclusão de certos elementos materiais (ação e resultado, p. ex), o tipo penal imperfeito tende a criar circunstâncias essenciais em torno do fato, que são caracterizadoras do crime e para as quais em geral se exige a evidência de algum dado real em que se possam apoiar os juízos subjetivo e/ ou valorativo. Assim, se por um lado o tipo penal imperfeito exclui certos elementos materiais, exigindo da investigação uma menor evidenciação com dados diretamente relacionados ao tipo, por outro tende a exigir de forma indireta a evidenciação de dados outros que permitem a configuração do tipo. Dessa forma, podemos observar que, pela exclusão de algum elemento material essencial do tipo penal, este tende a abranger certas circunstâncias materiais, a partir das quais investigação precisará concluir com juízos subjetivo e valorativo.

Crimes de Resultado (Lesão ou de Perigo) e de Atividade

Um problema que surge para a investigação criminal consiste na exclusão do elemento relativo à lesão do bem jurídico, materialmente constatável e representável por dados reais, sem o qual a pesquisa dos fatos exige estabe-

---

[396] E. Bacigalupo, *Direito penal – Parte geral,* 2005, p. 201ss.

TEORIA DA INVESTIGAÇÃO CRIMINAL

lecer outro elemento sobre que se possa concluir pela existência do crime. Primeiramente, deve-se distinguir entre crimes de atividade, em que se suprime o resultado do tipo, por impossível ou desnecessário, e crimes de resultado, em que além da ação se exige um resultado que pode ser de lesão ao bem jurídico ou de perigo apenas. Há que se distinguir, necessariamente, a lesão ao objeto material da lesão ao bem jurídico, pois neste não se exige um resultado material, mas apenas uma possibilidade desse resultado, representado por um perigo. O perigo de lesão, entretanto, deve estar evidenciado por algum dado real para que possamos concluir acerca de um risco concreto. Em sentido inverso, contudo, tem-se admitido tipo penal cujo resultado é de perigo abstrato, que dispensa a necessidade de verificar o perigo. O problema é que, na teoria do crime, esse perigo abstrato é geralmente presumido *juris et de jure*, ou seja, em outros termos "não precisa ser provado, pois a lei contenta-se com a simples prática da ação que pressupõe perigosa" [397], o que constitui uma verdadeira desconsideração do caráter empírico dos tipos penais. Mas, nesse caso, podemos estar diante de um crime de atividade, cuja diferença com o crime de perigo é muito difícil[398].

Essa aproximação nos permite recorrer a outra perspectiva de classificação dos crimes em *material, formal e de mera conduta*, em que o crime material é crime de resultado, a exigir evidência de uma lesão material, ao passo que o tipo de crime formal se aproxima de um crime de atividade, com certas particularidades, pois embora se admita um resultado material, a consumação do crime ocorre por antecipação, sendo o resultado mero exaurimento do crime que não se exige demonstrar. Diversa, contudo, é a caracterização do crime de mera conduta, que são crimes sem resultado, cujo tipo somente descreve a ação, dispensando evidenciação de qualquer dado relativo ao resultado. E aqui voltamos à dispensa de qualquer investigação sobre o resultado.

A considerar, portanto, a existência de certos tipos penais "imperfeitos", é importante que a investigação criminal trabalhe fundamentalmente

---

[397] Cf. C. R. Bitencourt, F. Muñoz Conde, *Teoria geral do delito*, 2000, p. 27.

[398] A respeito, cf. E. Bacigalupo, *Direito penal – Parte geral*, 2005, p. 207: "a distinção entre os crimes de atividade e os de perigo abstrato é difícil. a classificação dos tipos penais em crimes de resultado e atividade (segundo a existência ou não de um resultado ou perigo sobre um objeto material) e em crimes de lesão ou de perigo (conforme o grau de intensidade do resultado sobre o objeto) é questionável, já que há crimes de perigo (abstratos) que, na verdade, dificilmente podem se diferenciar dos de atividade".

O CRIME COMO OBJETO DA INVESTIGAÇÃO

com os elementos do tipo, tentando identificar em qual estágio de ação do autor do crime o legislador situou a consumação delitiva, devendo sempre ter em mente que, em geral, não se trata apenas de uma impossibilidade lesiva material do bem jurídico, mas de uma questão de política criminal em que se antecipa a lesão jurídica em função de sua maior relevância. Essa compreensão adequada dos objetivos do tipo penal permite uma melhor delimitação dos elementos que o compõem e do que é suficiente para considerar-se consumado, delimitando o âmbito do objeto de prova.

Crimes Omissivo, Culposo e Tentado

O crime omissivo. A omissão, como forma de conduta penalmente relevante, instaura um problema na investigação criminal em relação à inexistência de ação material. Afastado o elemento material da ação, como pesquisar a "causa" do resultado? Como vincular um resultado lesivo (ou menos que isso, um perigo de resultado lesivo, em certos casos) a um sujeito que não agiu? Somente por meio da verificação de uma obrigação legal atribuída ao sujeito é que podemos compreender e "investigar" os dados reais relevantes à configuração típica. A esse respeito, contudo, será necessário distinguir entre os crimes omissivos em que o sujeito está obrigado a agir por determinação expressa da lei (omissivos próprios, a exemplo dos arts. 135, 168-A e 297, §4º do CP) e os crimes omissivos em que o sujeito está obrigado a evitar um resultado, presente em um crime comissivo (omissivo impróprio, nos casos do §2º do art. 13, do CP, que estabelece quais omissões são penalmente relevantes)[399].

Quanto à omissão imprópria, temos um crime comissivo por omissão que depende de um resultado lesivo ao bem jurídico, sendo este o ponto de apoio da investigação criminal que deverá orientar-se na obtenção de dados reais que configuram a lesão, vinculando-a ao sujeito mediante esclarecimento da obrigação legal. O resultado é da essência do tipo penal que nesse caso se configura pelo concurso de normas (um tipo penal comissivo combinado com o §2º do art. 13 do CP). Mas, evidenciado o resultado lesivo por dados reais, também o vínculo entre o sujeito e a conduta

---

[399] "A omissão é penalmente relevante quando o omitente devia e podia agir para evitar o resultado. O dever de agir incumbe a quem: a) tenha por lei obrigação de cuidado, proteção ou vigilância; b) de outra forma, assumiu a responsabilidade de impedir o resultado; c) com seu comportamento anterior, criou o risco da ocorrência do resultado."

omissiva se estabelece por uma interpretação jurídica que atribui a ele a obrigação de agir[400].

Quanto à omissão própria, não obstante a inexistência ou desnecessidade de resultado, a investigação há que buscar a evidência material a partir dos demais elementos do tipo penal, identificando o elemento específico caracterizador da essência do crime que o legislador buscou evitar. Assim, no crime de omissão de socorro (Código Penal, art. 135), considerando que emerge da norma que se visa a proteger uma pessoa de perigo iminente, há que se evidenciar por dados reais a existência do perigo; no crime de apropriação indébita previdenciária (Código Penal, art. 168-A), a investigação deve orientar-se na busca de evidência de que a contribuição foi recolhida previamente e não repassada "no prazo e forma legal ou convencional"; e no crime de omissão de assinatura de CTPS – Carteira de Trabalho e Previdência Social (Código Penal, art. 297, § 4º), basta a demonstração de que, em processo de trabalho anterior, o sujeito responsável foi condenado a assinar a CTPS (o que em geral é um dado certo e anterior à investigação). Assim, conquanto a omissão não se revele como um ato externo e real, observa-se que sempre há a necessidade de reunirem-se dados reais que possam conduzir à conclusão de que houve a omissão penalmente relevante. E quanto ao mais, o vínculo que relaciona o sujeito à conduta omissiva encontra-se também em uma averiguação puramente legal, que requer uma interpretação jurídica por parte da autoridade investigante para concluir acerca do indiciamento.

O crime culposo. O problema da investigação da culpa, que afasta o elemento subjetivo implícito nos tipos penais, deve ser enfrentado a partir de uma averiguação prévia da possibilidade de punição por culpa, vez que somente quando expressamente o admita a lei, é possível falar-se em crime culposo (segundo o parágrafo único do art. 18 do CP). Presente esse requisito legal prévio, deve-se seguir a pesquisa das causas do resultado, que consistem basicamente na imprudência, negligência ou imperícia. Antes, contudo, há que se evidenciar o resultado lesivo por dados reais, para depois seguir-se a investigação dessas causas. Não havendo que evidenciar o elemento subjetivo doloso, a investigação deve evidenciar a infração a um dever de cuidado, não necessariamente extraída de uma norma

---

[400] A respeito do crime omissivo com mais detalhes, cf. J. Tavares, *Teoria dos crimes omissivos*, 2012.

legal. Observa-se que também aqui a pesquisa deve orientar-se no sentido de evidenciar a imprudência, negligência ou imperícia em confronto com um dever de ser prudente, negligente ou perito. Em certos casos, a investigação pode deparar-se com uma norma oriunda da atividade profissional em que o sujeito atua, próprias de suas atribuições (v.g. médicos, dentistas etc), em outros com normas dirigidas genericamente a qualquer um (v.g. leis de trânsito), mas há possibilidade de que a investigação não identifique norma formalmente posta ao sujeito, salvo pelo que de ordinário se entende por razoável exigir das pessoas (v.g. a mãe que esquece o filho recém-nascido no veículo sob o sol do meio-dia)[401].

O crime tentado. A tentativa, para os tipos penais que a admitem, precisa ser investigada a partir do tipo penal completo, excluindo a necessidade de averiguar e evidenciar o elemento resultado, mas em todo caso se deve averiguar o início da execução representado por um dado real que evidencie uma ação do sujeito. A investigação criminal, sob esse aspecto, estará reduzida a evidenciar a ação sem resultado, o que representa apenas uma diminuição dos dados reais, mas a fim de configurar-se o crime tentado, há que se evidenciar em complemento a existência de circunstâncias alheias à vontade do agente, em virtude das quais ele não poderia continuar na execução do crime. Acresce-se, nesse ponto, a necessidade de um novo dado real, a partir do qual se possa concluir pela existência da vontade de um crime consumado. Quanto ao mais, a tentativa em nada difere do crime consumado, inclusive no que se refere ao tipo subjetivo que deve ser o mesmo do crime completo, cuja evidenciação se fará exatamente por aqueles dados reais que demonstram as circunstâncias alheias à vontade do agente.

A diversidade das formas típicas do crime, ao suscitarem problemas para a investigação, nos exige observar que ao final tudo se conduz a uma questão de dados da realidade, que vão encontrar no conceito de "corpus delicti" o ponto de encontro entre direito penal e direito processual penal.

O *Corpus Delicti* como Dado Imediato da Realidade

A compreensão fática do crime nos exige resgatar o conceito de "corpus delicti", como elemento de conexão entre direito penal e direito processual

---

[401] A respeito do crime culposo com mais detalhes, cf. J. Tavares, *Teoria do crime culposo*, 2018.

TEORIA DA INVESTIGAÇÃO CRIMINAL

penal, segundo o estágio teórico desses dois ramos jurídicos que se colocam em diálogo no desenvolvimento da atividade investigativo-criminal[402].

O *corpus delicti* é um antigo conceito medieval que tem sua origem na doutrina de antigas leis germânicas, nas quais se encontram referências ao exame do corpo da vítima, vindo depois a legislar-se na Inglaterra, seguindo-se por outros tantos países até transformar-se em conceito comum de diversos sistemas legais europeus, chegando à legislação dos países americanos e sobretudo alcançando papel de fundamental importância no direto penal do Estado de Direito na compreensão taxativa do princípio da legalidade[403].

O conceito, contudo, embora de uso generalizado, tem adquirido sentidos variados. Identifica-se, na doutrina em geral, três sentidos de corpo-delito: (a) como o *fato objetivo*, tanto o permanente como o transitório, inserto em cada crime, ou seja, a ação punível descrita em toda e qualquer infração penal; (b) como o *efeito material* que os delitos permanentes deixam depois de perpetrados; ou, ainda, (c) como *qualquer rastro ou vestígio* de natureza real, que se conserva como registro da ação material perpetrada. Em síntese, trata-se de identificar o corpo de delito com alguma materialidade em geral, distinguindo-se os crimes em *delicta facti permanentis* e *delicta facti transeuntis*, segundo deixem ou não vestígios e rastros. Partindo-se dessa concepção, convencionou-se enquadrar os elementos do corpo de delito em três grupos: *(a) corpus criminis* – a pessoa ou coisa sobre a qual se realizou o ato proibido pela lei, como objeto da conduta (sujeito passivo, ou objeto material); *(b) corpus instrumentorum* – os instrumentos utilizados, as coisas com as quais e cometeu ou tentou cometer o fato delituoso (meios de ação); *(c) corpus probationem* – as chamadas peças de convicção, nas quais se encontram vestígios, rastros e sinais deixados pelo sujeito ativo do crime[404].

---

[402] A respeito do tema "corpo de delito", cf. L. R. Tucci, *Do corpo de delito no direito processual penal brasileiro*, 1978; J. M. Almeida Jr. *O processo criminal brasileiro*, Volume II, 1959, Título I (pp. 7-43); R. Plascencia Villanueva, *Teoria del delito*, 2004, p. 85ss; R. Plascencia Villanueva, "Cuerpo de delito", *Cuadernos de la Judicatura, n. 7*, 2001; G. A. Urosa Ramírez, "Consideraciones críticas en torno al cuerpo del delito en matéria federal", *RFDM, n. 241*, 2003.

[403] Cf. R. Plascencia Villanueva, *Teoria del delito*, 2004, p. 85ss; L. R. Tucci, *Do corpo de delito no direito processual penal brasileiro*, 1978, p. 5ss.

[404] R. Plascencia Villanueva, *Teoria del delito*, 2004, pp. 86-88

O CRIME COMO OBJETO DA INVESTIGAÇÃO

A respeito dessa concepção clássica, contudo, observou-se que, ao enfatizar o *elemento objetivo*, ela exclui todo e qualquer *elemento subjetivo* – porque em consonância com uma teoria causal do crime, em que se distinguia em absoluto a face objetiva da subjetiva, esta contida apenas na culpabilidade –, bem como o *elemento normativo* do tipo. Essa é certamente uma das razões por que a noção de corpo de delito se foi deixando esquecer – embora tão importante para o processo penal e investigação criminal –, cedendo à noção legal de tipo penal, com ênfase no direito penal. Entretanto, é preciso entender que o corpo de delito constitui ainda um elemento do tipo penal, com relação ao caráter objetivo deste, apesar dos elementos também subjetivos, normativos e descritivos. O tipo penal, nesse sentido, seria como que um continente, que contem o corpo de delito. E com base nessa concepção, o corpo de delito acaba se esgotando na primeira dimensão necessária (fática), a partir da qual é possível considerar o crime sob os demais aspectos (valorativo e normativo).

Contudo, noutro sentido, encontra-se quem sustente que o corpo de delito seja todo elemento relativo ao fato do crime, mas não necessária e exclusivamente material, sim qualquer elemento que componha toda a descrição típica – seja com elementos objetivos, subjetivos ou normativos. Seria como considerar que, diante da necessidade de prova de todos os elementos do crime, esse conjunto de provas seria o corpo de delito. Fala-se, assim, em "elementos plenários do tipo"[405]. O problema é que certos elementos como o subjetivo se conhecem por dedução do conjunto de provas, não por prova diretamente observável.

Essa, portanto, não nos parece uma compreensão adequada (ou mesmo possível) à investigação criminal – não obstante termos de trabalhar com a noção de tipo penal com elementos objetivos, subjetivos e normativos. A questão que se coloca frente a essa noção de corpo de delito – a envolver elementos objetivos, subjetivos e normativos – concerne à dificuldade de constatação e demonstração de elementos que não sejam materiais, mas isso é um problema de prova, para o qual precisamos de uma adequada *teoria das provas criminais* orientada à prática da investigação criminal, em consonância com a *teoria dos significados dos elementos dos tipos penais* que lhe sirva de base, sem desconsiderar qualquer elemento.

---

[405] Essa é a concepção de G. A. Urosa Ramírez, Consideraciones críticas en torno al cuerpo del delito en matéria federal, 2003, p. 306.

É, portanto, necessário considerar o *corpo de delito*, não como o espelho fático completo do tipo penal, mas sim como fato do crime, ou em termos mais preciso, *a evidência fática da prática do crime*, em síntese, tudo que, uma vez externalizado, estando em forma de vestígio ou registro, possa contribuir para a compreensão fática do crime, ainda que não se identifique com todos os elementos objetivos do crime, ou que, mesmo se identificando, haja necessidade de investigar os demais elementos – subjetivos e normativos – sem referência ao corpo de delito. Contudo, é esse corpo de delito que lhe serve de suporte fundamental, pois os elementos subjetivos e normativos não podem ser hauridos do nada, ou em conflito com as conclusões acerca dos elementos objetivos. Daí porque a atividade prática de investigação criminal se dirige essencialmente a localizar e reunir os elementos do corpo de delito (em um sentido material, os objetos), e à sua falta localizar e reunir quem os possa representar por conhecimento (testemunhas e demais sujeitos que interessam ao processo).

O certo, sobretudo, é que a instância fática, embora possamos recorrer à noção de corpo de delito, não pode esgotar a compreensão do crime. Embora seja o ponto de partida, não se pode extrair exclusivamente dos fatos a compreensão do crime, embora deles seja necessário partir. É que, sendo o fato do crime um dado do passado (como em geral sói ocorrer na grande maioria das investigações), somente os *vestígios deixados pela ação* (o que deixou marca – *v.g.* a lesão de uma ofensa física), ou os *registros da ação* (ainda que não tenham deixado marca – *v.g.* a gravação de voz de uma ofensa moral, ou apenas o testemunho de um terceiro que presenciou a ação), é que nos dão *notícia* de que um crime foi cometido. Assim, parece-nos que o conceito de corpo de delito, embora indispensável à compreensão fática do crime, não pode, contudo, ser confundido ou espelhado na noção de tipo, em sua integralidade, devendo circunscrever-se aos elementos materiais que, após a prática do crime, a este remetem, sejam para compor o tipo legal, seja para apenas sustentar as circunstâncias em que ele foi cometido, ainda que estejam fora do tipo. Dessa forma, *o corpo de delito é tudo que representa a externalização da conduta*, composta tanto de elementos objetivos que compõem o tipo legal, como de outros que apenas circunscrevem a conduta típica.

Assim, entenda-se como espalhamento absoluto ou parcial com o tipo penal, a compreensão fática do crime nos exige ter em mente que *é pressuposto de uma investigação criminal a notícia de um fato* (*notitia criminis*) que possa

O CRIME COMO OBJETO DA INVESTIGAÇÃO

ser constatado pelo seu *corpo de delito, vestígios ou registros, físicos ou psíqui-cos*, antes de ser enquadrado tipicamente como crime em sentido formal. Ao final, todo esse conjunto será a base fático-probatória de que decorre a possibilidade de concluir acerca dos demais elementos do crime que se encontram em sua tipicidade legal, o que, contudo, necessariamente, terá a intermediação de uma teoria jurídica cujas funções estão além de uma discussão exclusivamente fática. E disso sequer a investigação criminal se pode livrar, apresentando hipóteses que se pretendam auto-evidentes e objetivas, visando a evitar qualquer discussão teórica posterior.

10
A Verdade da Hipótese da Investigação

"A verdade é a finalidade da investigação" (C. S. Peirce)

A Verdade como Valor Epistêmico da Investigação

A verdade é, antes e sobretudo, o valor epistêmico fundamental, em razão do qual procedimentos cognitivos como a investigação criminal alcançam seu objetivo.

A verdade é o que confere validade ou eficácia a procedimentos cognitivos em geral, nos quais se encontram a investigação criminal que nos interessa mais especificamente. Nicola Abbagnano a considera uma "qualidade em virtude da qual um procedimento cognitivo qualquer torna-se eficaz ou obtém êxito"[406].

Esse é, contudo, um conceito aberto que abstrai qualquer diferença entre definição e critérios de verdade, a exigir-nos que nos perguntemos sob que condições podemos dizer que algo é verdade. E mais ainda, a exigir-nos que nos perguntemos sobre exatamente o que se considera verdadeiro. A respeito da primeira questão, deve-se ter em conta que o conceito de verdade recorre muito constantemente a uma variedade de outros conceitos como coerência, aceitabilidade justificada, razoabilidade, que se reduzem a valores epistêmicos de que a verdade acaba por ser uma síntese sua como valor maior[407]. A respeito da segunda questão, deve-se ter em

---

[406] N. Abbagnano, *Dicionário de filosofia*, 2003, p. 994ss.
[407] Cf. H. Putnam, *O colapso da verdade e outros ensaios*, 2008, p. 50: "Os valores epistêmicos também são valores"

TEORIA DA INVESTIGAÇÃO CRIMINAL

conta que a verdade tanto se pode referir a uma proposição, quanto a uma realidade, havendo ainda outras tantas possibilidades que se discutem no âmbito da teoria do conhecimento, e interessam à investigação criminal.

Antes, contudo, de qualquer discussão geral acerca dessas questões, importa-nos entender preliminarmente que a verdade funciona na investigação criminal como uma espécie de ferramenta, em perspectiva pragmática, permitindo colocar em acordo o tipo penal com a prova do crime. Essa é a concepção de Luiz Henrique de Araújo Dutra, cuja teoria acerca da verdade se aproveita muito bem à investigação criminal.

A Verdade como Acordo entre Tipo e Prova

A verdade, na investigação criminal, é um acordo que se estabelece entre elementos do tipo penal e elementos probatórios que pretendem estabelecer um convencimento acerca da existência do crime, suas circunstâncias e autoria.

Luiz Henrique de Araújo Dutra, em sua concepção pragmática da investigação, sustenta uma abordagem alternativa ao problema da verdade na teoria do conhecimento, com base em uma *noção comum de verdade como acordo*, com a qual ele propõe um relato de como se apresenta, em uma investigação qualquer, o "papel desempenhado pela noção de verdade"[408]. Assim, nesse sentido sustentado, seja qual for a noção de verdade, sabemos que ela é essencial à investigação, ainda que façamos uso de um substitutivo, não sendo essencial, portanto, a escolha de um portador de verdade, como o fazem as diversas teorias, ao tratarem de proposições, enunciados e sentenças. É, de fato, uma questão corrente, nas disputas teóricas acerca da verdade, a divergência sobre o *portador da verdade*, pelo qual se considera a verdade como propriedade de algo, como "crenças ou proposições" (Russell), "enunciados" (Austin) ou "sentenças" (Tarski)[409]. Contudo, em todas essas concepções acerca dos portadores da verdade, teremos dificuldades ontológicas que somente parecem superáveis em uma abordagem mais pragmática do problema, afinal, "além das crenças, proposições, sentenças e enunciados, há outras coisas às quais costumamos atribuir a verdade como uma de suas propriedades. É o caso de uma teoria científica, ou então um

---

[408] L. H. Araújo Dutra, *Verdade e Investigação*, 2001, p. 72ss
[409] A respeito da questão do portador da verdade, cf. R. Kirkhan, *Teorias da verdade*, 2003, especialmente o seu segundo capítulo.

relato qualquer"[410]. Portanto, em princípio, qualquer portador é admissível, assim como, se devidamente defendida, qualquer teoria é aceitável. E aqui podemos inserir um ato de indiciamento, um relatório de inquérito, bem como uma denúncia ou uma sentença penal, com as afirmações acerca de um crime, seu autor e suas circunstâncias. Essas possibilidades, ademais, são tanto mais aceitáveis, se aceitamos discutir a questão da verdade também fora do âmbito das linguagens não formalizadas, como encontramos no âmbito de um programa pragmático de investigação.

Quanto às diversas teorias da verdade, podemos também ter uma compreensão mais aberta. Afinal, as teorias são programadas para atender a expectativas de determinado *contexto* de investigação, em detrimento de outros, mas, em todos elas, é possível identificar que em torno da noção de verdade, sob uma perspectiva pragmática da investigação, há um determinado *acordo* acerca do uso de termos como "verdade" ou "verdadeiro". O difícil, no entanto, "é dizer mais exatamente *em que consistiria tal acordo*". Mas nesse ponto a pragmática das investigações nos oferece os melhores exemplos: "O detetive que faz uma investigação almeja que sua hipótese sobre o autor provável de um crime esteja de acordo com os fatos. (...) Ao encontrar as provas que esperava, o detetive declara: «minha hipótese é verdade – eis o culpado!». E aqui diríamos: *o acordo (a verdade) consiste numa relação entre hipótese e as provas*. Essas são os fatos, diríamos, e aquela, a proposição"[411].

Assim sendo, em uma análise pragmática da investigação, segundo Luiz Henrique de Araújo Dutra, "a verdade é o acordo que se estabelece pelo ato de verificar, ou seja, a verdade é o acordo que se estabelece pelo ato de fazer tal acordo", o que, embora seja uma afirmação tão vazia quanto tautológica, conforme reconhece o autor, é boa do ponto de vista pragmático, porque "fora de um contexto de investigação, e sem um investigador que produz ou constate o acordo entre duas coisas (hipótese e prova, por exemplo), não faz sentido pensar na verdade"[412].

É, portanto, sob essa perspectiva pragmática da investigação, que podemos compreender a palavra "verdade", preliminarmente, não como uma propriedade de qualquer coisa ("crenças ou proposições", "enunciados" ou

---

[410] L. H. Araújo Dutra, *Verdade e Investigação*, 2001, p. 75
[411] O exemplo é de L. H. Araújo Dutra, *Verdade e Investigação*, 2001, pp.101-102.
[412] L. H. Araújo Dutra, *Verdade e Investigação*, 2001, p. 106ss.

"sentenças"), mas antes que a verdade é algo em si, um evento, uma ação, ou como melhor se denomina, um acordo. Assim, essa noção de verdade como acordo torna possível sua utilização no contexto de investigações em que ela se utiliza, segundo o dialeto próprio que se estabelece por convenções descritivas e demonstrativas da linguagem acerca especificamente do objeto de investigação, seja esta científica, jornalística ou criminal como a que nos interessa[413].

A idéia de acordo, portanto, coloca o problema da verdade em termos práticos, sendo adequada sua noção para a investigação criminal, na medida em que, seja qual for a teoria usada, desde que os atores do processo penal (delegado, promotor, defensor e juiz) estejam de acordo quanto ao que querem submeter ao crivo da verdade, e estejam de acordo quanto a como chegar a conclusões satisfatórias, dentro do que se propõem a averiguar. Esses acordos, contudo, não se estabelecem *a priori*, como uma estipulação preliminar, mas sim na medida em que o procedimento ocorre e as etapas vão sendo concluídas como satisfatória, a partir das discussões acerca das questões postas.

Verdade como Ferramenta de Investigação

A verdade, assim, assume o papel de ferramenta da investigação criminal, seja qual for a teoria a respeito de sua definição ou critérios, bem como de que portador venha a assumir a qualidade de verdadeiro.

O que emerge como fundamental dessa concepção é que a verdade é uma ferramenta de investigação; e ainda que o acordo possa ser quebrado, é válido enquanto não o for, e ainda que revisado, será até que não o seja, pois, nesse sentido, ainda assim a verdade permanece como uma ferramenta da investigação. Isso nos permite, ademais, trabalhar com mais de uma teoria da verdade, sem termos de escolher em absoluto e exclusivamente uma, à revelia de outras que nos possam auxiliar na investigação.

Asssi, portanto, tendo em conta que *"muitas coisas podem ser verdadeiras – todas aquelas que possam ser colocadas de acordo umas com as outras"*, conforme o contexto em que se investiga algo, "todas as teorias da verdade são plausíveis, e todas aquelas coisas que elas apontam como portadores de verdade podem, de fato, ter essa propriedade". O importante, contudo, é entender que essa verdade "é uma *propriedade que o investigador atribui a certas coisas*

---

[413] Cf. L. H. Araújo Dutra, *Verdade e Investigação*, 2001, p. 109ss.

quando produz o acordo entre elas. *Fora da pragmática de uma investigação determinada, não podemos dizer de que coisa a verdade é uma propriedade*[414].

A verdade na investigação criminal, portanto, tem a natureza de uma ferramenta de investigação, pois constitui o essencial da investigação, sendo ineliminável de sua concepção pragmática. Assim, ela se torna, mais que um conceito chave, um *elemento operativo*: "uma investigação que, neste sentido, não visa a verdade, não é realmente uma investigação"[415].

A discussão acerca da verdade, na investigação criminal, ademais, tem relevância sobretudo porque nos chama a atenção para a necessidade de verificação e refutação das proposições acerca do crime, visando a evitar certos vícios que se encontram muito frequentemente em sua prática, como por exemplo: a) os decorrentes de referências a fatos não comprovados, mas apenas referidos como conhecidos (ainda que existentes, mas limitados a uma verdade sabida de alguém, sem provas); b) os que remetem a fatos supostos, sob a forma de uma conjectura vazia, sem qualquer referência à realidade; c) os fundados em elementos irrelevantes, como características relativas ao investigado, quando estranhas a qualquer previsão legal; d) os que se fundam em intuições baseadas na experiência profissional do investigador, orientadas por cautelas e preconcepções acerca da realidade (que podem ter relevância quanto ao método de investigar, mas não quanto à verdade e à prova). Todas essas questões especificas da investigação criminal têm repercussão epistemológica geral. A verdade na investigação criminal partilha, portanto, de todas as questões que se colocam na teoria geral do conhecimento, sendo-nos relevante conhecê-las para lidar com elas no âmbito especificamente jurídico em que tem lugar sua discussão.

As Teorias da Verdade e seus Problemas

Algumas Distinções Preliminares

O conceito de verdade nos pede que façamos uma distinção preliminar entre seu significado e seus critérios, o que não é frequentemente observado em várias teorias, bem como que se distingam certos tipos de verdade relativos a certos objetos de que falamos, especialmente tendo em conta a dimensão semiótica em que se discute.

---

[414] Cf. L. H. Araújo Dutra, *Verdade e Investigação,* 2001, p. 103.

[415] L. H. Araújo Dutra, *Verdade e Investigação,* 2001, p. 149.

TEORIA DA INVESTIGAÇÃO CRIMINAL

A respeito dessa distinção, entre conceito e critérios, Susan Haack adverte, contudo, que é preciso lidar com ela cuidadosamente, embora não se possa excluir seu uso. Mesmo sendo uma distinção problemática, ela é relevante para entender se teorias da correspondência e da coerência precisam ser tratadas como alternativas ou podem ser aceitas como complementares. Assim, considerando as vantagens na distinção, podemos dizer que enquanto "uma *definição* dá o *significado* da palavra 'verdadeiro', um *critério* fornece um teste por meio do qual se diz se uma sentença (ou o que quer que seja) é verdadeiro ou falsa"[416].

A mesma distinção, entre *definição (ou significado)* e *critério* de verdade, tem sido sustentada no âmbito jurídico por Luigi Ferrajoli, para quem, no contexto do processo penal, ela não é uma mera sutileza, mas sim uma questão essencial, por distinguir teoricamente a *condição de uso do termo "verdadeiro"* (em conformidade com a realidade objetiva) dos critérios (reconhecidamente subjetivos) pelos quais o juiz avalia e decide acerca da verdade ou da confiabilidade das hipóteses fáticas ou jurídicas discutidas em juízo[417].

Além dessa distinção, outras se fazem necessárias, a considerar que muito constantemente a verdade é referida a objetos muito distintos, do que decorre compreensões diversas a depender da atribuição mais precisa que lhe façamos. Podemos, assim, falar em classificações de espécies possíveis de verdade, tendo em conta que faz diferença, por exemplo, na investigação criminal, dizer que é verdade que *um crime foi praticado* por alguém; dizer que é verdade que *há provas de que esse crime foi praticado* por alguém; ou dizer que é verdade *o que se diz na imputação criminal*, seja com base em provas, seja com base em uma convicção pessoal.

José Ferrater Mora, a respeito da diversidade possível acerca da verdade, considera que os diversos conceitos de verdade "podem ser agrupados em vários tipos fundamentais". Assim, entre várias classificações possíveis,

---

[416] S. Haack, *Filosofia das lógicas*, 2002, p. 130: "Pode-se distinguir, de um lado, fixar o significado de 'febril' como ter uma temperatura mais alta que algum ponto dado e, de outro, especificar procedimentos para decidir se alguém *está* febril"

[417] "Na realidade, explica-se Ferrajoli, é essencial – e mais ainda na teoria do direito do que na teoria da ciência – para fundamentar no plano metateórico e normativo, modelos de motivação ou justificação racional das decisões jurídicas adequadas aos diversos setores do ordenamento e aos variados fins e valores políticos que os presidem. É essencial, sobretudo, para fundamentar teoricamente e para garantir a racionalidade específica das decisões penais" (L. Ferrajoli, *Direito e Razão*, 2002, p. 52ss)

podemos distinguir entre: *(a) verdade ontológica (ou metafísica)*, que "equivale à verdade das coisas, ou à realidade como verdade" (realidade como algo distinto da aparência); *(b) verdade lógica (ou semântica)*, que "expressa a correspondência, ou adequação, do enunciado à coisa ou à realidade" (não contradição); e *(c) verdade epistemológica*, "refere-se à verdade na medida em que é concebida por um intelecto e formulada, num juízo, por um sujeito cognoscente" (adequação do entendimento e da realidade)[418].

Johannes Hessen, por sua vez, distingue apenas dois conceitos de verdade – o *transcendente* e o *imanente*. Assim, no domínio transcedente, "quando descrevemos o fenômeno do conhecimento, constatamos que, para a consciência natural, a verdade do conhecimento consiste na *concordância do conteúdo do pensamento com o objeto*", ao passo que, no domínio imanente, "a essência da verdade não reside numa relação do conteúdo do pensamento com algo contraposto, transcendente, mas sim no interior do próprio pensamento". A verdade, nesse caso, é uma *concordância do pensamento consigo mesmo*, algo puramente formal, uma correção lógica, sem referência necessária a qualquer objeto da realidade. O conceito transcendente nos remete a um *conceito realista* de verdade, ao passo que o imanente, a um *conceito idealista*, que só faz sentido aceitar, "caso não haja qualquer objeto real, exterior à consciência". Assim, havendo algum objeto, não faz sendio ignorar a realidade, confinando a verdade no domínio do pensamento puro, limitando-a a uma questão de correção lógica[419].

Luigi Ferrajoli, ao tratar do problema da verdade no âmbito do processo penal, também reafirma a ideia de que podemos considerar as diversas teorias da verdade, sem necessariamente contrapô-las, se distinguirmos a aplicação dos vários conceitos em distintos planos semióticos[420]. Assim, propõe que se aceitem distintas teorias da verdade, conforme estejamos no plano *semântico* (relativo ao significado do termo verdade em si); no plano *sintático* (relativo ao conjunto de conhecimento em que se insere a noção de verdade) ou no plano *pragmático* (relativo à aceitação e satisfatoriedade pelos que fazem uso da verdade)[421].

---

[418] J. Ferrater Mora, *Dicionário de filosofia*, 2001, p. 710ss.

[419] J. Hessen, *Teoria do conhecimento*, 2003, p. 119ss.

[420] A respeito das três dimensões da semiose, cf. N. Abbagnano, *Dicionário de filosofia,* 2003, p. 870: "*semântica*, que considera a relação dos signos com os objetos a que se referem; *pragmática*, que considera a relação dos signos com os intérpretes; e *sintática*, que considerada a relação formal dos signos entre si".

[421] L. Ferrajoli, *Direito e Razão,* 2002, p. 52ss.

TEORIA DA INVESTIGAÇÃO CRIMINAL

Tendo em conta todas essas classificações possíveis, bem como a distinção entre definição e critério, precisamos entender que existem vária teorias acerca da verdade, entre as quais se encontram algumas proeminentes, como a correspondência e a coerência, entre outras que costumam disputar o conceito de verdade, seja em sua definição, seja em seu critério. O certo, contudo, é que não precisamos escolher apenas uma teoria, se tivermos em conta as distinções e classificações, bem como, sobretudo, as suas dimensões semântica, sintática e pragmática. É esta a concepção de Luiz Henrique de Araújo Dutra, para quem as diversas teorias se articulam em uma pesquisa, não nos sendo necessário optar exclusivamente por uma, com exclusão absoluta de todas as demais. É igualmente a concepção que teremos em conta nesta teoria da investigação criminal.

As Diversas Teorias da Verdade

As diversas teorias da verdade dizem respeito tanto ao significado, quanto aos critérios, bem como aos diversos tipos e contextos em que se discutem, não precisando por isso serem consideradas necessariamente alternativas entre si, desde que se façam essas distinções preliminares.

As teorias da verdade são muitas e variadas. Nicola Abbagnano, contudo, considera haver cinco conceitos fundamentais, com importância diferente na história da filosofia, tendo especial importância entre todas a teoria da correspondência, embora cada uma possa ser considerada por si, não como alternativas entre si, mas como teoria cujo propósito é muito específico, sendo possível encontrar mais de uma no mesmo pensador[422].

Aristóteles, de quem se tem uma persistente concepção de verdade ainda referida nas teorias modernas, a respeito da verdade, dizia que: "Negar aquilo que é e afirmar aquilo que não é, é falso, enquanto afirmar o que é e negar o que não é, é a verdade"[423]. E, com essa afirmação, enunciava duas teses fundamentais de sua concepção de verdade: "A primeira é que a verdade está no pensamento ou na linguagem, não no ser ou na coisa (...). A segunda é que a medida da verdade é o ser ou a coisa, não o

---

[422] N. Abbagnano, *Dicionário de filosofia*, 2003, p. 994ss, fala de teorias da verdade como correspondência; como revelação; como conformidade; como coerência; e como utilidade, mas seguindo L. H. Araújo Dutra, *Verdade e investigação*, 2001, pp. 17-71, preferimos tratar das *teorias da correspondência, teoria semântica, verdade como verossimilhança, verdade aproximada e como adequação empírica*, e *teorias epistêmicas*.

[423] Apud N. Abbagnano, *Dicionário de filosofia*, 2003, p. 994ss.

pensamento ou o discurso: de modo que uma coisa não é branca porque se afirme com verdade que ela assim é, mas afirma-se com verdade que ela é branca por que é".

Essa é uma concepção que já àquela época se afastava dos filósofos gregos que buscavam a verdade em oposição à falsidade, como aparência ou ilusão: "A verdade era, nesse caso, idêntica à realidade, e esta última era considerada idêntica à permanência, ao que é, no sentido de 'ser sempre' – quer se tratase de uma substância material, quer de números, qualidades primárias, átomos, idéias, etc."[424]. A verdade, nesse caso, é concebida como descoberta do ser, o que representa apenas uma particular noção de verdade ontológica, distinta da verdade lógica (de não contradição) e da verdade epistemológica (adequação do entendimento e da realidade). É nessa dimensão que Aristóteles situa uma particular teoria da verdade, geralmente associada à noção de definição ou significado da verdade, ao lado de outras igualmente propugnadas na filosofia[425].

A concepção de Aristóteles acerca da verdade é entendida por muitos filósofos como a base fundamental da teoria da correspondência[426]. Diversamente, contudo, há quem entenda que a teoria semântica moderna de A. Tarski a assimila, embora sem a considerar necessariamente como uma definição correspondencial[427]. Mas, qualquer que seja a posição escolhida, as teorias da correspondência permanecem sendo o melhor ponto de partida para compreensão da verdade na investigação criminal.

---

[424] J. Ferrater Mora, *Dicionário de filosofia*, 2001, p. 699.

[425] Cf. S. Haack, *Filsofoia das lógicas*, 2002, p. 127ss, para um panorama resumido sobre as teorias da verdade, em especial um esquema conciso das concepções e seus relacionamentos entre si; para uma visão mais detalhada e específica, contudo, cf. R. Kirkham, *Teorias da verdade*, 2003, cujo capítulo 1, sobre "projetos de teorias da verdade", traz-nos "uma categorização das teorias da verdade", especificando as diversas teorias, os filósofos que as propuseram e a categoria em que elas se encontram, conforme a classificação que nos propõe (tabela 1.1)

[426] N. Abbagnano, *Dicionário de filosofia*, 2003, 994; S. Blackburn, *Dicionário Oxford de filosofia*, 1997, p. 402; assim como P. K. Moser [et al.], *Teoria do conhecimento: uma introdução temática*, 2004, p. 73: "a definição da verdade como correspondência tem sua raiz na proposição de Aristóteles..."

[427] S. Haack, *Filosofia das lógicas*, 2002, p. 127ss; L. H. Araújo Dutra, *Verdade e Investigação*, 2001, p. 17: "ela não deve ser interpretada necessariamente como uma definição correspondencial da verdade".

A Concepção Clássica da Correspondência

A verdade como correspondência expressa a ideia de uma relação entre *afirmações* e *fatos existentes*, entre o conhecimento e a coisa. Essa é, em essência, sua noção fundamental, que relaciona o que se diz (linguagem) ou se conhece (idéia) ao que existe (realidade). Nesse sentido, as coisas, a realidade externa ao conhecimento seria a medida da verdade. Existindo, há verdade, por haver correspondência entre conhecimento, íntimo ou expresso na linguagem, e a coisa que se pensa ou se diz[428].

Mas em que termos podemos observar essa relação de correspondência, é o que duas concepções especialmente representativas dessa idéia tentam responder: (a) a teoria da correspondência entre preposições e fatos, como congruência ou similaridade de estrutura entre eles (Russell); e (b) a teoria da correspondência em termos de correlação, entre convenções descritivas e convenções demonstrativas (Austin)

Verdade como Congruência[429]

Bertrand Russell considera que a verdade pode ser definida como uma correspondência entre crença e fato. Afirma ele que "uma crença é *verdadeira* quando corresponde a um certo complexo associado, e *falsa* quando não corresponde". Assim, para Russell, "uma teoria adequada sobre a noção de verdade deve nos permitir saber em que circunstâncias o que dizemos do mundo é o caso; por isso a verdade não pode ser uma propriedade intrínseca de nossas crenças, mas tem de depender de algum fator externo, admitindo que isso possa falhar, e, logo, a verdade tem de ser correlativa à falsidade"[430].

A partir dessa noção de verdade como relação entre crenças e fatos, Russell sustenta que o mundo é constituído de fatos que são o gênero de coisas que nos permitem dizer sobre proposições verdadeira ou falsas, o que quer dizer, em outros termos, que precisamos distinguir entre *fatos*, como aquilo que percebemos, e *crenças*, como aquilo em que acreditamos.

---

[428] N. Abbagnano, *Dicionário de filosofia*, 2003, 994; P. K. Moser [et al.], *Teoria do conhecimento: uma introdução temática*, 2004, p. 73.

[429] *Congruência:* "Adequação. P. ex., 'recompensa congrua', isto é, adequada ao trabalho ou ao mérito. Em geometria, a congruência é a coincidência das figuras por sobreposição ao mesmo plano" (N. Abbagnano, *Dicionário de filosofia*, 2003, p. 173).

[430] *Apud* L. H. Araújo Dutra, *Verdade e Invstigação*, 2001, p. 18ss; a respeito da distinção entre "fato, crença, verdade e conhecimento", cf. B. Russell, *Conhecimento humano*, 2018, p. 241ss.

A principal objeção que se tem feito à teoria de Russell se refere ao *isomorfismo de estrutura*, que se encontra subjacente na sua idéia fundamental de correspondência como congruência entre duas estruturas, da proposição e do fato que lhe corresponde. Este é, segundo L. H. Araújo Dutra, o problema fundamental dessa teoria, porque presspõe um "compromisso metafísico com a existência de uma similaridade entre mundo e linguagem, da qual deriva, então, o isomorfismo entre fato e proposição". A isso se segue uma outra objeção relativa à *noção de fato* de que se utliza. Assim, ainda que aceitemos suas premissas, essa teoria se limita a oferecer uma *definição* aceitável de verdade, mas não um *critério* de verdade[431].

Mas a questão subsiste, afinal, questiona-se como seria possível haver uma similaridade (ou isomorfismo) entre estrutura de fatos e estrutura de proposições, entre duas coisas que são de natureza diversas. A respeito dessa crítica, Russelll teria considerado que a dificuldade reside no problema da linguagem natural, por causa de suas imperfeições, pois, segundo ele, em uma linguagem logicamente perfeita, seria possível a similaridade, na medida em que a proposição em si é que mostraria a verdadeira estrutura do fato[432]. Se essa congruência é possível em algum contexto de linguagem formal, não nos vamos debater com isso, mas no contexto da investigação criminal, a considerar a complexidade ontológica do crime, precisamos duvidar de que possa a linguagem legislativa penal assegurar uma qualquer congruência nesse nível de correspondência que se postula por Russell, embora a sua ideia permaneça como uma intuição fundamental a ser retida, para que possamos seguir com ulteriores discussões e compreender a teoria de Austin.

Verdade como Correlação[433]
John Austin também considera a verdade como relação entre palavras e mundo (idéia correspondista fundamental), mas diverge de Russell em pontos específicos, porque não aceita a existência de um isomorfismo estrutural e considera que são portadores da verdade os *enunciados*, não as *proposições*.

---

[431] Cf. L. H. Araújo Dutra, *Verdade e Invstigação*, 2001, pp. 23-26.

[432] A respeito, cf. L. H. Araújo Dutra, *Verdade e Investigação*, 2001, p. 24.

[433] *Correlação*: "Uma das quatro formas de oposição enumeradas por Aristóteles, mais precisametne a que ocorre entre termos correlativos, como a metade e o dobro" (N. Abbagnano, *Dicionário de filosofia*, 2003, p. 214).

TEORIA DA INVESTIGAÇÃO CRIMINAL

Quanto ao isomorfismo estrutural, Austin não o aceita porque, para ele, "qualquer relação entre portador de verdade e estados de coisas tem de ser estabelecida convencionalmente", revelando com isso o caráter pragmático da linguagem como fator preponderante, no que se distingue da teoria de Russell que pugna por uma linguagem formalizada, afastando a aptidão da linguagem natural para a questão da verdade. Quanto ao portador da verdade, Austin defende que "os enunciados é que podem ser verdadeiros ou falso, porque eles é que podem, então, se referir a estados de coisas, a acontecimentos, por exemplo"[434].

Aqui, nessa teoria, é essencial a distinção entre *proposição* (como atitude mental) e *enunciado* (como linguagem), o que nem sempre se faz pela filosofia, na qual encontramos o uso de um pelo outro. Contudo, às vezes «proposição» é usada para um enunciado isolado, ao passo que «enunciado» é usado quando se encontra em um silogismo; às vezes, também, «enunciado» é usado como um termo neutro, que se pode decompor tanto em «proposição» (como um produto lógico do pensamento) quanto como «juízo» (como produto psicológico do pensamento). Mas mesmo essa decomposição se pode efetuar em sentido inverso, quando "o enunciado designa então o fato de enunciar uma proposição"[435].

Quando se faz essa distinção, contudo, diz-se que "o enunciado é verdadeiro quando exprime uma proposição verdadeira"[436]. Russell, no entanto, pretende reduzir a proposição a atitude mental, considerando-a como "crença" ou "atividade proposional", ao afirmar que as proposições se devem considerar como atos fisiológicos, que se contêm e mantêm no âmbito de eventos psicológicos[437]. Essa teoria, embora seja compreensível e até se possa identificar no âmbito de nossas crenças cotidianas, não nos fornece a base de uma concepção de verdade que se possa utilizar no âmbito de uma investigação criminal, na qual nos interssa alguma possibilidade de controle intersubjetivo.

É, portanto, nesse sentido, que a teoria de Austin, em torno da noção de enunciado nos pode ser mais esclarecedora e operativa, porque um enunciado "é o proferimento por um falante de certas palavras, o emprego de

[434] L. H. Araújo Dutra, *Verdade e Invstigação*, 2001, p. 27ss.
[435] J. F. Mora, *Dicionário de filosofia*, 2001, p. 215ss.
[436] N. Abbagnano, *Dicionário de filosofia*, 2003, p. 337
[437] N. Abbagnano, *Dicionário de filosofia*, 2003, p. 801ss.

uma sentença, diante de uma audiência e com referência a uma situação determinada". Assim, na teoria de Austin, considera-se verdadeiro um enunciado: "Quando o estado de coisas histórico (ou efetivo) com o qual ele é *correlacionado* pelas *convenções demonstrativas* (aquele estado de coisas ao qual o enunciado se refere) é de um tipo com qual a sentença utilizada para fazê-lo está *correlacionada* pelas *convenções descritivas*". Apesar da distinção entre descrição e demonstração, o fundamental das duas está no caráter convencional das correlações que consitutem a correspondência da verdade. As "convenções descritivas" *correlacionam* sentenças com *tipos de situação*, coisas ou eventos que se encontram genericamente no mundo, ao passo que as "convenções demonstrativas" *correlacionam* enunciados com *situações históricas* que também se encontram no mundo[438].

A complexidade desse engenho conceitual da verdade, fundamentada em duas convenções, tem uma adequação muito grande no âmbito do que interessa à investigação criminal, tendo em conta que seu objeto é antes descrito por *convencionalismo penal*, em *tipos (penais) de situação* de coisas que se podem considerar crimes, ao que podemos identificar na jurisprudência ou na doutrina jurídica, certas convenções probatórias, igualmente convencionais, mais já aqui demonstrativas dos fatos históricos que se podem correlacionar àquelas descrições legais.

É verdadeiro, portanto, um enunciado (linguagem) quando ele está correlacionado, por convenções, a um estado de coisas (realidade) demonstrado, bem como correlacionada, por outras convenções, quanto à sua descrição (conceito); noutras palavras, os interessados na verdade estão de acordo (por convenções) quantos às correlações existentes entre coisas, idéias e linguagem, o que se pode traduzir, na mesma correlação triangular que encontramos na investigação criminal entre provas, notícia do crime e tipo penal.

A teoria de Austin supõe que a verdade depende seriamente da linguagem praticada na comunidade em que dela se utiliza. Assim, "a verdade e a falsidade dependem das circunstâncias, da audiência e dos propósitos e intenções com que se faz um enunciado", sendo, portanto, dependentes do conhecimento que se tem no momento em que são proferidas. Dessa forma, "ao fazer seus enunciados, *o falante sempre pressupõe o conhecimento que ele compartilha com sua comunidade linguística*, o que inclui uma delimitação

---

[438] Apud L. H. Araújo Dutra, *Verdade e Investigação*, 2001, p. 28.

TEORIA DA INVESTIGAÇÃO CRIMINAL

do mundo sobre o qual ele fala. *Tal conhecimento está expresso nas convenções (descritivas e demonstrativas) que a comunidade estabelece*"[439].

É por isso que, tendo em conta as convenções, também na investigação criminal, a verdade pressupõe um conhecimento compartilhado pela comunidade em que está inserida, pressuposto nas convenções tanto da tipicidade penal, quanto da jurisprudência e doutrina jurídicas relativas à prova e ao crime.

A Concepção Semântica da Verdade[440]

A concepção de verdade proposta por A. Tarski, cuja definição se estabelece por intermédio de uma metalinguagem, constitui-se a partir de duas condições: adequação material e correção formal[441]. O primeiro pressuposto é, portanto, de que somente uma metelinguagem nos permite uma definição adequada de verdade[442]. A primeira condição, por sua vez, estabelece limites para o conteúdo, ao passo que a segunda determina sua forma possível[443].

A. Tarski defende, portanto, que "a semântica de uma linguagem L qualquer deva ser especificada em uma outra linguagem M, uma *meta--linguagem*, diferente de L." Assim, tomando esses pressupostos e condições, "só podemos dar *definições parciais de verdade* para as sentenças de determinada linguagem, definindo as condições mediante as quais cada uma das sentenças é verdadeira", o que somente seria possível em linguagens formalizadas, porque possuem *estrutura sintática inteiramente especificável*[444]. Isso exige, portanto, que linguagens primárias, acerca de *relações de designação* dos signos com os objetos (semântica), estejam especificadas inteiramente em outras linguagens (metalinguagem). Assim, nesses termos, em linguagens não-formalizadas (coloquial, ou natural), por terem

---

[439] Apud L. H. Araújo Dutra, *Verdade e Investigação,* 2001, p. 32.

[440] Semântica: "Um dos três ramos em que a semiótica é usualmente divida: o estudo do significado das palavras e da relação entre os signos e os objetos a que eles são apicáveis" (S. Blackburn, *Dicionário Oxford de Filosofia,* 1997, p. 354). A respeito, cf. também N. Abbagnano, *Dicionário de filosofia,* 2003, p. 869.

[441] A. Tarski, *A concepção semântica da verdade,* 2007.

[442] J. Ferrater Mora, *Dicionário de filosofia,* 2001, p. 706

[443] S. Haack, *Filosofia das lógicas,* 2002, p. 143); J. Ferrater Mora, *Dicionário de filosofia,* 2001, p. 708).

[444] *Apud* L. H. Araújo Dutra, *Verdade e Investigação,* 2001, p. 34

estrutura sintática não-especificável, torna-se difícil estabelecer uma definição de verdade.

É com esse conceito proposto que A. Tarki postula uma noção de verdade neutra, "compatível com qualquer posição metafísica, seja realista, seja idealista", com a qual não é necessário comprometer-se[445]. E, assim, podemos ter definições adequadas de verdade para certas e determinadas sentenças, partindo do seguinte esquema geral (T):

(T) X é uma sentença verdadeira se, e somente se, P

Em que, *X* é o nome de uma sentença qualquer, e *P* se refere a um estado de coisas, como podemos observar no exemplo: *"a neve é branca"* *é uma sentença verdadeira se, e somente se, "a neve é branca".* É a partir dessse esquema geral, requisito formal da concepção semântica de verdade, que alguns filósofos tendem a interpretar a teoria de Tarki como uma concepção correspondencial.

Entretanto, esse esquema não é ainda a definição de verdade de Tarski, "mas apenas a formulação de uma das duas condições que devem ser satisfeitas para podermos ter adequadass definições de verdade para senteças determinadas". É apenas uma primeira convenção formal, assim como também é uma convenção o outro requisito relativo à condição de adequação material[446]. Mas é nesse ponto que Tarki acaba recorrendo, em última análise, aos objetos do mundo como forma de satisfação da verdade das sentenças. Assim, embora uma meta-linguagem defina o verdadeiro em uma linguagem anterior (semântica), o procedimento indireto acaba por recorrer a objetos do mundo ao final. E é nesse ponto, portanto, que a teoria acaba por ser criticada, porque contraria sua postulada neutralidade metafísica ou epistemólogica, que não se consegue manter em relação à segunda convenção material.

O outro problema da teoria semântica da verdade se encontra na exigência de que a definição da verdade somente é possível em uma linguagem necessariamente formalizada, mas semanticamente não fechada, o que exige uma metalinguagem (M) mais rica que a linguagem formalizada (L), capaz de especificar a estrutura sintática de L, e em condições de definir o verdadeiro em termos de *satisfação* em L. Contudo, essa pode

---

[445] Cf. L. H. Araújo Dutra, *Verdade e Investigação,* 2001, p. 40
[446] L. H. Araújo Dutra, *Verdade e Investigação,* 2001, p. 36ss.

TEORIA DA INVESTIGAÇÃO CRIMINAL

ser uma exigência excessiva, porque "construir uma linguagem formalizada, deste ponto de vista, é apenas especificar claramente um sistema sintático e dotá-lo de uma interpretação (semântica), e não é certo que não possamos fazer isso com certas partes da linguagem coloquial"[447]. E essa é uma questão que interessa precisamente ao âmbito da investigação cirminal, na qual a formalização tem seus limites, sempre sendo necessário recorrer à linguagem coloquial, embora nela se possa adotar a teoria semântica de Tarski.

Afinal, a noção de verdade de Tarski, em resumo, pode ser assim sintetizada: "Atendendo, então, aos dois requisitos – de adequação material e correção formal – Tarski sustenta que podemos definir 'verdadeiro-em-L, sendo L uma linguagem formalizada qualquer. Para isso, devemos, em primeiro lugar, especificar a estrutura sintática de L. Em segundo lugar, temos de especificar a estrutrua sintática da metaliguagem M na qual vamos definiri verdadeiro-em-L. M pode conter L como uma parte sua, caso contrário temos de providenciar meios para traduizr as sentenças L em M."[448]

Dessa forma, no âmbito da investigação criminal, embora a tipicidade penal não seja uma linguagem completamente formalizada, a dogmática penal sobre a teoria anallítica do delito desempenha com êxito o desenvolvimento de uma metalinguagem que nos permite especificar melhor a semântica das sentenças legais que definem os tipos penais. Assim, ao falarmos da verdade acerca de um crime, podemos entender que somente é crime o que definido na lei como tal (linguagem L), mas somente a partir da dogmática penal (linguagem M), podemos apreender o sentido verdadeiro e inequívoco daquela linguagem L, em certas situações. Mas, ainda nesse sentido, também a jurisprudência tem uma função especificadora da semântica dos termos da linguagem jurídica, na medida em que exclui ou inclui certos fatos da hipótese legal.

Apesar, portanto, das objeções que se podem fazer à teoria semântica de Tarski, podemos aceitá-la pelo que é, a considerar o "preceito metodológico importante" que nos oferece, chamando a atenção para a necessidade de sua formulação mais exata em contextos mais específicos de problemas ao quais queremos atribuir a qualidade de verdadeiros[449].

---

[447] L. H. Araújo Dutra, *Verdade e Investigação*, 2001, p. 38ss.

[448] L. H. Araújo Dutra, *Verdade e Investigação*, 2001, p. 39.

[449] L. H. Araújo Dutra, *Verdade e Investigação*, 2001, p. 41.

Verdade como Verossimilhança[450]

A teoria semântica de A. Tarski tem sido considerada a mais bem-sucedida teoria da verdade entre os filósofos[451], apesar de ter suscitado diversas e variadas interpretações, sobretudo divididas entre os que negam sua natureza correspondencial[452] e os que assim a consideram, como Karl Popper com sua noção de verdade como verossimilhança[453]. Essa interpretação, contudo, embora questionada, é precisamente a que se utiliza por L. Ferrajoli no programa garantista da verdade processual assumido nessa teoria da investigação criminal[454].

A concepção de Popper assume as distinções entre definição e critérios acerca da verdade, advertindo que a definição de verdade deve ser objetiva, mas isso somente é possível se aceita a noção de correspondência com os fatos, com base no esquema geral proposto por A. Tarsk (T x é verdadeiro se, e somente se, p), como condição de adequação formal para definir a verdade de sentenças. Tendo, assim, por base essa definição, Popper apresenta sua concepção de conteúdo de verdade, a partir da idéia de verossimilhança, como forma de escolhermos, entre teorias diversas, a que mais se aproxima da verdade.

Ao sustentar o conceito de verossimilhança, contudo, Popper parece nos ter dado apenas critérios para escolha entre duas teorias diversas, tomando por base não uma verdade propriamente dita, mas uma das teorias apresentadas com base no conhecimento de que dispomos no momento. Assim, noutros termos, "dada a situação em que se encontra nosso conhecimento, julgamos que uma das teorias é melhor que as outras, e a utilizamos para julgar as demais"[455]. Portanto, Popper não nos dá um conceito completo

---

[450] *Verossimilhança*: "Grau com que uma hipótese se aproxima da verdade. A primeira abordagem dessa noção deve-se a Popper, que a identifica com o grau com que uma teoria capta toda a veradde..." (Blackburn, 1997, p. 404).

[451] S. Haak, *Filosofia das lógicas*, 2002, p. 143: "a teoria de Tarski tem sido, ultimamente, com grande probabilidade, a teoria da verdade mais influente e mais amplamente aceita".

[452] Nesse sentido, cf. L. H. Araújo Dutra, *Verdade e Investigação*, 2001, p. 33ss, a considerar uma concepção ingênua da correspondência; para maiores detalhes sobre essa disputa, cf. R. Kirkhan, *Teorias da verdade*, 2003, p. 241ss.

[453] Cf. K. Popper, "Comentários filosóficos sobre a teoria da verdade de Tarski", *Conhecimento objetivo*, 1999, pp. 294-312; K. Popper, "Verdade, racionalidade e o desenvolvimento do conhecimento científico", *Conjecturas e Refutações*, 2006, pp. 275-338.

[454] Cf. L. Ferrajoli, *Direito e Razão*, 2002, p. 40ss.

[455] L. H. Araújo Dutra, *Verdade e Investigação*, 2001, p. 46.

TEORIA DA INVESTIGAÇÃO CRIMINAL

de verdade, mas apenas uma definição correspondencial conjugada com outros critérios; apenas, pretende sustentar uma definição de verdade como correspondência, aceitando a noção de verossimilhança como critério não--correspondencial.

A noção de verossimilhança, contudo, precisa ser compreendida em conjunto com uma exigência de máxima aproximação possível da idéia de verdade, no contexto de uma idéia maior de progresso constante das ciências, bem como de qualquer conhecimento baseado em seu programa falseacionista. É especialmente por causa desse programa que a concepção de Poppper parece ter uma boa aplicação no âmbito do processo penal, segundo a proposta garantista de Luigi Ferrajoli, que vamos utilizar nessa teoria da investigação criminal, embora sua compreensão se possa enriquecer com outras concepções como as que se seguem.

Verdade Aproximada e Adequação Empírica

A partir da ideia de *aproximação da verdade*, Richard Boyd acredita ser possível determinar *diferentes graus de verdade*, com base em critérios epistêmicos de avaliação de teorias. Mas, apesar de a história das ciências demonstrar que sempre há teorias novas que suplantam as velhas, aproximando-se a cada passo da verdade, Boyd, contudo, não desconsidera que em algum ponto as anteriores tinham algo de verdadeiro. Assim, admite-se que "ao longo deste processo dialético e natural que é a ciência, a verdade como correspondência entre nosso conhecimento e o mundo se nos impõe, gradualmente, isto é, sucessivamente, por meio de teorias cada vez mais próximas da verdade (exata)"[456].

É com base nessa concepção que Boyd, a distinguir definição e critério da verdade na mesma linha de Popper, sustenta que a noção de correspondência apenas nos dá uma definição de verdade, sendo, contudo, a noção de coerência o critério de verdade, ainda que aproximadamente. Mas se trata de um critério de autorização (falível), não um critério de garantia (infalível), pois apenas nos autoriza a concluir pela presença de algo, em razão da relação de causalidade com outra previamente estabelecida (como a relação entre febre e infecção). O critério de garantia, por sua vez, depende da confiabilidade científica sobre a instrumentalidade de

---

[456] L. H. Araújo Dutra, *Verdade e Investigação,* 2001, p. 54.

um meio para revelar algo, como um microscópio por exemplo[457]. Assim, nesse sentido, é necessário observar, no âmbito da investigação criminal, as conclusões sobre o crime, seu autor e suas circunstâncias, distinguindo entre critérios de garantia e autorização, tendo sempre em conta a confiabilidade que temos nos instrumentos utilizados, a considerar a intermediação interessada de vários sujeitos processuais, sobretudo quando se conclui com base em testemunhas, se estas não se encontram em coerência com outros provas da investigação.

A importância dessa teoria da verdade de Boyd, portanto, está na tentativa de apresentar um critério de verdade aproximada, associando confiabilidade instrumental e coerência. Assim, nesse sentido, uma teoria que se torna confiável e coerente com o conjunto de saber estabeleido, em determinado momento histórico de um conhecimento, pode ser considerada "aproximadamente verdadeira"[458].

Bas van Fraasen, apesar de também partir da definição de verdade como correspondência, propõe a noção de *adequação empírica* como critério, não de verdade, contudo, mas sim como forma de escolher entre duas teorias que possam competir a respeito de uma aproximação da verdade. Afastando-se de uma concepção realista da ciência, van Fraasen não pretende responder à questão da confiabilidade da teoria em si, mas à questão de saber como escolher entre duas ou mais teorias que competem entre si, mesmo quando todas estão empiricamente bem fundamentadas, dando-nos explicações que nos permitem concluir igualmente[459]. Essa é, precisamente, a questão que se coloca no âmbito da investigação criminal, quando as hipóteses acusatória e defensória se colocam em disputa no contraditório processual, a considerar que as vezes se apresentam como igualmente fundadas empiricamente, segundo o estágio de nosso conhecimento, nos limites temporais do sistema penal que exige uma decisão antes da prescrição do direito de punir. É certo que, no âmbito jurídico do processo penal, na dúvida vai incidir o princípio dirimente *in dubio pro reo*. Mas a questão está em saber quando podemos decidir, afastando assim a dúvida que pode ser afastada.

---

[457] L. H. Araújo Dutra, *Verdade e Investigação*, 2001, p. 56ss.
[458] L. H. Araújo Dutra, *Verdade e Investigação*, 2001, p. 56.
[459] L. H. Araújo Dutra, *Verdade e Investigação*, 2001, p. 53.

TEORIA DA INVESTIGAÇÃO CRIMINAL

É aqui que van Frassen nos oferece sua contribuição, ao postular que "uma teoria é empiricamente adequada exatamente se o que ela diz sobre as coisas observáveis e eventos neste mundo é verdadeiro – exatamente se ela «salva os fenômenos». De forma um pouco mais precisa: tal teoria tem pelo menos um modelo tal que todos os fenômenos dados nele se ajustam"[460]. Isso vai exigir que a hipótese vencedora, na ciência ou no direito, seja aquela que consegue apresentar um modelo completo de explicação para todas as provas que se encontram aceitas no processo de conhecimento sobre o qual se vai concluir. Assim, o que temos é uma ideia de adequação empírica subjacente à ideia de verdade, o que pode nos remeter de volta à noção de correspondência e se pode encontrar com teorias consideradas epistêmicas.

Verdade e Significado

Ainda, a partir da teoria de Tarski, uma outra interpretação é proposta por Donald Davidson, que pretende aplicá-la para certas linguagens coloquiais, no que podemos compreender sua utilidade inclusive no âmbito de atividades como a investigação criminal.

O seu programa teórico tem, nesse sentido, a especial virtude de alargar a possibilidade de recorrer ao discurso da verdade em contextos de uso coloquial, permitindo que nesses se façam descrições tão formais quanto possíveis, nos mesmos termos que se fazem em outros contextos de discurso mais lógicos. Mas o objetivo de Davidson não é transformar as linguagens coloquiais em linguagens formais; antes o que pretende é chamar a atenção para a "compreensão profunda dos mecanimos lógicos". A noção de verdade em Davidson assume um papel especial na compreensão do significado de sentenças, porque isso somente se torna possível pela compreensão das suas condições de verdade. A verdade, nesse sentido, é como que *uma ferramenta para compreender o significado das sentenças de uma linguagem*[461].

Essa ideia, ao estabelecer as relações entre verdade e significado em uma linguagem qualquer, terá um papel especial na consideração da verdade jurídica que também se encontra na verdade processual, a considerar o problema da linguagem típica penal, que vai requerer o estabelecimento

---

[460] L. H. Araújo Dutra, *Verdade e Investigação*, 2001, p. 57ss; a respeito da noção de "salvar os fenômenos", cf. B. C. Van Fraasen, *A imagem científica*, 2007, p. 83-130

[461] L. H. Araújo Dutra, *Verdade e Investigação*, 2001, pp. 47-51

das condições pelas quais é verdade que alguém cometeu precisamente o que vem descrito na norma penal.

Concepções Sintática e Pragmática[462]

Além da teoria da correspondência que, em sua diversas concepções tendem muito constantemente a estabelecer a noção de verdade a partir de alguma relação entre o mundo e o conhecimento que temos dele, há certas teorias que defendem a *noção de verdade como uma questão interna ao conhecimento*, dependente apenas do que pensamos em relação ao mundo, sem referência necessária ao que existe nele. Nessa categoria geral se encontram as teorias da verdade como coerência ou como utilidade, que se podem considerar teorias epistêmicas, mas que podemos igualmente considerar como teorias sintática e pragmática segundo suas dimensões semióticas[463].

Verdade como Coerência

A noção preliminar da sintaxe como "qualquer organização, combinação ou sistematização de partes" nos permite entender a ideia de coerência como "ordem, conexão, harmonia de um sistema de conhecimento". É nesse sentido abrangente que se entendia o conhecimento como ordem e coerência de respresenteações, tendo sido assumida por idealistas ingleses como critério de verdade. A coerência, nesse sentido, é muito mais do que simples *compatibilidade* entre os elementos de um sistema: "implica, com efeito, não só a ausência de contradição, mas a presença de conexões positivas que estabeleçam harmonia entre os elementos do sistema. Nessa acepção, esse termo não tem significado lógico" [464]

A teoria da verdade como coerência, nesse sentido, postula que uma proposição é verdadeira se pertence a um sistema sobretudo *consistente*, além de dotado de outras virtudes, desde que essas outras não sejam defi-

---

[462] Em sentido semiótico, a *sintaxe* "é a possibilidade de combinar signos com base em regras detemínaveis", ao passo que a *pragmática* "trata das relações entre os signos e seus intérpretes, ou seja, estuda os signos nas situações concretas em que os intérpretes os usam para comunicar-se" (N. Abbagnano, *Dicionário de filosofia*, 2003, p. 916; p. 1073).

[463] L. H. Araújo Dutra, *Verdade e Investigação*, 2001, p. 61ss, fala em teoria da coerência e teoria pragmática como teorias epistêmicas; a distinção entre semântica, sintaxe e pragmática é de L. Ferrajoli, *Direito e Razão*, 2002.

[464] N. Abbagnano, *Dicionário de filosofia*, 2003, p. 147, p. 1073.

TEORIA DA INVESTIGAÇÃO CRIMINAL

nidas igualmente em termos de verdade[465]. Apesar das diversas teorias que se podem encontrar sobre a coerência, os coerentistas estão de acordo que "a consistência é uma condição necessária para a coerência"[466].

Assim, pode-se definir que *uma teoria da coerência é uma teoria que identifica a verdade com uma propriedade do sistema enquanto tal, internamente, sem referência a nada externo*". As teorias da coerência partem da idéia de sistema de crenças (ou proposições, não sendo relevante a discussão acerca do portador da verdade), como conjunto ou classe de sentenças ou proposições, de tal forma que possamos ter uma coerência interna, sem proposições contraditórias. A idéia de compatiblidade (ausência de desacordo), no entanto, deve ser tida como um requisito necessário, mas não suficiente. Assim, além da exigência de compatiblidade (entre as sentenças), exige-se também a abrangência (do sistema) para absorver outras sentenças, e se necessário revisar-se, em função de alguma sentença inicialmente conflitante com o sistema[467].

Dessa forma, a considerar essa exigência do sistema, observa-se que essa teoria não apenas define a verdade em termos de coerência, como elege este como seu próprio critério, de tal forma que qualquer outro critério para julgar algum elemento do sistema precisa derivar de seu próprio sistema, o que pode se tornar algo problemático quando a confinamos em algum contexto fechado de discussão como o processo penal, no qual não se admitam provas não trazidas à instrução, embora se conheçam por outros sujeitos externos ao sistema jurídico-processual. Torna-se ainda mais problemático nos modelos em que a investigação criminal se institui como instrumento exclusivo de informação do órgão de acusação, sobretudo quando seja dirigido por este órgão apenas, mas também ainda quando seja apenas controlado somente por este órgão.

A verdade como coerência, portanto, fica necessariamente a depender de que o sistema que se pretende coerente seja o mais aberto e amplo possível, capaz de abarcar outros tantos elementos não selecionados no interesse exclusivo de um sujeito de conhecimento ou uma parte processual. Ao contrário, quanto mais fechado e limitado o sistema de interesses da acusação, bastará que se excluam ou apenas se deixem de buscar ou apre-

---

[465] S. Blackburn , *Dicionário Oxford de Filosofia*, 1997, p. 401.
[466] J. Dancy, *Epistemologia Contemporânea*, 2002, p. 141.
[467] L. H . Araújo Dutra, *Verdade e Investigação*, 2001, p. 66.

sentar todos os demais elementos que não estão em coerência com esse sistema, somente para fazer sentido a verdade investigada como fundamento de uma acusação.

Verdade como Utilidade

O pragmatismo é, antes de tudo, mas não apenas, uma "filosofia do significado e da verdade" que, embora tenha alcançado diversas concepções distintas entre si, o essencial "consiste na crença de que o significado de uma doutrina é idêntico as efeitos práticos que resultam de sua adoção"[468]. Contudo, o pragmatismo é também um método, mais que uma teoria, orientado para determinar o significado das palavras em relação com a vida prática[469].

A teoria pragmática da verdade se pode entender como "o ponto de vista, especialmente associado a James, segundo o qual a verdade de uma afirmação pode ser definida em termos de utilidade que há em aceitá-la"[470]. É, nesse sentido, uma teoria que tende a relacionar a noção de verdade com *utilidade*, *consenso*, ou algum outro substitutivo, que corresponda a interesses da vida prática, a expectativas que temos ao enfrentarmos problemas reais na busca por solução. Assim, segundo a concepção de Peirce, que considera a verdade como finalidade da investigação, a verdade pode ser compreendida como "aquela opinião sobre a qual há acordo geral entre aqueles que investigam utilizando o método científico após um tempo suficientemente longo"[471].

Nicola Abbagnano acredita que "talvez se possa antever uma forma diferente dessa mesma concepção na tese de Dewey, da *instrumentalidade* dos procedimentos cognoscitivos e do conhecimento em seu conjunto, com vistas ao aperfeiçoamento da vida humana no mundo. Contudo, em Dewey não se encontra a definição de verdade como utilidade, mas apenas a afirmação do caráter instrumental – portanto *válido*, mas não verdadeiro – das proposições"[472]. É nesse sentido que John Dewey tende a substituir o termo verdade pela expressão *assertabilidade garantida*, como uma propriedade das crenças a que chegamos pela impossibilidade de refutação através

---

[468] S. Blackburn, *Dicionário Oxford de Filosofia*, 1997, p. 307.
[469] C. De Waal, *Sobre pragmatismo*, 2007, p. 17ss
[470] S. Blackburn, *Dicionário Oxford de Filosofia*, 1997, p. 403.
[471] L. H . Araújo Dutra, *Verdade e Investigação*, 2001, p. 63.
[472] N. Abbagnano, *DIcionário de filosofia*, 2003, p. 998.

da experiência[473]. Voltaremos a tratar dessa teoria, após abordar a verdade processual na investigação criminal, para explicar por que a investigação acaba por tonar-se a própria condição de verdade.

A Verdade Processual na Investigação Criminal

A Verdade Processual (Fática e Jurídica)

A verdade na investigação criminal vem ainda acrescida de diversas questões que decorrem de seu encontro com outros valores não-epistêmicos que fazem dela uma verdade processual limitada juridicamente, aproximada, provável, opinativa e decidida.

A verdade processual é uma síntese conceitual de antigas concepções materialistas e formalistas, que compreende tanto uma verdade fática, quanto uma verdade jurídica. A verdade processual não é uma verdade material, no sentido histórico de correspondência absoluta da verdade que nos permite qualquer meio para alcançá-la, tampouco uma verdade formal que se contenta com o mero cumprimento de procedimentos e conclusões lógicas legalistas.

É preciso, inicialmente, afastar algumas distinções tradicionais equívocas e estabelecer outras que nos podem auxiliar na melhor compreensão da verdade no processo penal. Há primeiro que se afastar a distinção entre *verdade material* e *verdade formal*, que tem marcado a história das instituições processuais de forma nem sempre muito clara, optando-se pela expressão *verdade processual*[474].

A mais antiga distinção que se encontra entre verdade material e formal, como a explica Engenio Florian, decorria da metodologia do processo inquisitório pré-moderno, no qual a verdade formal se estabelecia com base em provas formais ou legais, que prescindia da convicção do juiz, ao passo que a verdade material seria aquela que se estabelecia no processo acusatório por livre convicção do juiz, distinção que permaneceu depois sendo usada para explicar a disponibilidade da prova no processo civil em comparação com o processo penal[475].

---

[473] J. Dewey, *Logica. Teoria de la investigacion*, 1950.

[474] Cf. C. J. A. Mittermaier, *Tratado das provas em matéria criminal*, 1997, p. 16ss; L. Ferrajoli, *Diritto e ragione*, 2008, p. 49; J. Ferrer Beltran, *Prueba y verdad en el derecho*, 2005, p. 61ss; N. Guzmán, *La verdade en el proceso penal. Una contribución a la epistemologia jurídica*, 2006, pp. 31-37; G. Marques da Silva, *Processo penal II*, 2001, p. 160ss.

[475] A respeito, cf. L. Ferrajoli, *Direito e Razão*, 2002, p. 60; E. Florian, *De las pruebas penales*, *Tomo I*, 1968;

Mas em outro sentido diverso, afastando-se essa distinção tradicional equivocada, pode-se estabelecer uma melhor compreensão da verdade processual penal. Essa verdade, não podendo ser uma verdade material (absoluta), em razão de limites epistêmicos intrínsecos a qualquer campo de saber, apenas pode ser uma verdade formal (relativa), embora orientada pela aspiração de ser a máxima verdade possível dentro de certos limites que se impõem por razões ético-políticas. Assim, compreende-se a verdade no processo como formal, por princípio, e relativa portanto, devido a estarem disciplinados os métodos de comprovação e de valoração das provas (formalmente limitada, portanto), embora por pretensão do investigador (subjetivamento orientado) se possa admitir a busca da verdade material, que se pode nunca alcançar em absoluto. A verdade processual, nesse sentido, é "uma verdade mais controlada quanto ao método de aquisição, porém mais reduzida quanto ao conteúdo informativo do que qualquer hipotética verdade substancial, no quádrulo sentido de que se deve estar corroborada por provas recolhidas por meio de técnicas normativamente preestabelecidas, de que é sempre uma verdade apenas provável e opinativa, e de que na dúvida, ou na falta de acusação ou de provas ritualmente formadas, prevalece a presunção de não culpabilidade, ou seja, da falsidade formal ou processual das hipóteses acusatórias"[476].

A *verdade processual*, assim, não pretende ser a verdade absoluta e material, porque se sabe condicionada não apenas por limites epistêmicos próprios ao conhecimento, mas sobretudo porque se encontra limitada por garantias procedimentais que fazem dela uma verdade relativa e formalmente condicionada pelo direito. Essa é, portanto, uma opção epistemológica do sistema jurídico, fundado no garantismo penal, a preponderar na investigação dos crimes, tendo em vista a proteção da liberdade dos cidadãos contra a arbitrariedade de verdades pretenciosamente substanciais e intoleráveis, das quais a história da inquisição nos dá exemplos suficientes.

Essas pretensões subjetivas a uma verdade substancial, e absoluta, estavam na base da investigação feita pela Inquisição em que se admitia a tortura como método de revelação da verdade concebida previamente pela fé, buscando exclusivamente a confissão, considerada prova por excelência. Subjacente a esses métodos de investigação, podemos identificar a

---

[476] L. Ferrajoli, *Diritto e ragione*, 2008, p. 16; em sentido similar, cf. P. Tonini, C. Conti, *Il diritto dele prove penali*, 2014, p. 2ss.

teoria da *verdade como revelação,* cuja concepção metafísica ou teleológica "afirma que a verdade se revela em modos de conhecimento excepcionais ou privilegiados, por meio dos quais se torna evidente a essência das coisas, seu ser ou seus princípios (Deus). A caraterística fundamental dessa concepção é a ênfase dada à *evidência,* assumida ao mesmo tempo como definição e critério de verdade. Mas a evidência, obviamente, nada mais é que a revelação ou manifestação"[477]. E lendo-se o *Directorium Inquisitorium* (Manual do Inquisidor), de Nicolau Eymerich (1376), essa é a noção que exsurge das práticas degradantes nele consolidadas, que não apenas afrontam a liberdade do investigado, mas igualmente a verdade, que acaba por não se tornar possível.

Considerando, assim, a noção de verdade, em sua perspectiva formal, é possível entender que as garantias, tantos as materiais relativas ao objeto, quanto as processuais relativas ao método, presentes na investigação criminal, além de garantias de liberdade, são sobretudo garantias de verdade[478]. E, nesse sentido, deve-se compreender que tais garantias integram o conceito de verdade, a exigir-lhe uma adequação de *validade.*

Essa concepção nos conduz, portanto, a uma noção de verdade fundada na *validade jurídica* dos meios utilizados para seu alcance, o que, no âmbito da justiça penal, é ainda maior do que em qualquer outra atividade judicial. Assim, é necessário reconhecer um nexo entre *verdade* e *validade,* tendo esta um vínculo com o método de investigação (como se verá) que, embora limite a busca da verdade, permite legitimá-la pelo respeito a certos valores relacionados a tais limites jurídicos. A verdade processual é, em suma, como fim da investigação, uma verdade que exige uma validade dos seus meios de obtenção, ainda que ao custo da perda de possibilidade de correspondência material.

A verdade processual se compõe, ainda, de uma "quaestio facti" e uma "quaestio iuris", mas não se podem separar essas questões em fases sucessivas, pois à medida que a investigação avança, as duas questões precisam ser enfrentadas simultaneamente.

Ao afirmar-se no processo penal que "alguém cometeu um crime", essa proposição se compõe de duas questões, que terá exigido investigar se "alguém cometeu tal fato" (*quasteio facti*) e se "tal fato constitui crime"

---

[477] N. Abbagnano, *Dicionário de filosofia,* 2003, p. 996.
[478] L. Ferrajoli, *Direito e Razão,* 2002, p. 39.

(*quaestio juris*). A verdade fática, relativa à primeira questão, é comprovável pela *prova* da ocorrência do fato e de sua imputação ao agente; a verdade jurídica, relativa à segunda, é comprovável por *interpretação* de enunciados normativos. A primeira é resolúvel por via abdutiva, segundo dados probatórios; enquanto a segunda é resolúvel por via dedutiva, segundo o significado da linguagem contida na lei[479].

A respeito dessa distinção, constitui equívoco limitar a investigação criminal à *quaestio facti*, pois a cada ato de investigação, interpretações são realizadas de forma que, embora provisórias, se vão constituindo em definitivas, primeiro para o fim de obter medidas restritivas, depois pela acumulação de hipóteses que se vão materializando em provas.

O Fático e o Jurídico na Teoria Analítica do Crime

Ao distinguir a verdade processual em fática e jurídica, L. Ferrajoli insere a verificação da culpabilidade no âmbito da *questio facti*, sustentando que a proposição fática seria "alguém praticou tal fato culpavelmente"[480]. O tratamento da culpabilidade no âmbito da verdade fática por Luigi Ferrajoli parece justificar-se, metodologicamente, porque ele compreende "a culpabilidade como elemento normativo do fato". Assim, segundo o autor, "sob essa base podemos conceber a culpabilidade, tal como acontece, por outro lado, com a ação e com o resultado lesivo, como um elemento normativo não do autor, mas do delito, do qual designa, mas do que uma conotação psicológica, uma modalidade deôntica e, além disso, alética: o dever de abster-se de realizá-la com base na possibilidade material da sua omissão ou da sua comissão"[481].

Contudo, outra pode ser a conclusão acerca de sua posição no esquema geral da verdade, se partimos da *teoria normativa pura da culpabilidade*, tal como a defendeu Hans Wezel[482] e como vem geralmente aceita, de tal forma que "a culpabildiade limita-se a reunir aquelas circunstâncias que condicionam a censura do fato antijurídico. *Todo o objeto* da censura se encontra no injusto [fato típico e antijurídico]. Na culpabilidade perma-

---

[479] L. Ferrrajoli, *Direito e Razão*, 2002, p. 43ss, fala em via indutiva, e assim considerávamos na primeira edição dessa teoria da investigação criminal, mas nessa segunda edição apuramos a compreensão dessa questão para falar mais precisamente em "abdução", como melhor veremos adiante.

[480] Cf. L. Ferrajoli, *Direito e Razão*, 2002, p. 41ss.

[481] Nesse sentido, L. Ferrajoli, *Direito e Razão*, 2002, p. 399ss.

[482] H. Welzel, *O novo sistema jurídico-penal*, 2001, p. 88ss.

necem apenas as condições que permitem *atribuí-lo a seu autor*"[483]. Não estamos aqui, contudo, a discutir qual seria a melhor posição da culpabilidade na teoria do delito, mas apenas optando pelo que nos parece mais adequadamente aplicável à investigação criminal relativamente a discussão sobre a verdade.

Assim sendo, quanto à proposição fática, entendemos que deveria ela ser decomposta em: a) verdade fática propriamente dita, limitada à observação da existência de fatos exclusivamente, referida à proposição "alguém praticou tal fato"; e b) "verdade valorativa", orientada por um *juízo de reprovação* sobre os fatos, referida à proposição "tal fato é culpável", somente após incidir o juízo de tipicidade e juízo de ilicitude, no âmbito da verdade jurídica. Mas essa é uma questão de imputação final da investigação criminal, a que voltaremos adiante.

A Correspondência Aproximada

A partir da teoria de A. Tarski, pode-se estabelecer o significado semântico da verdade processual, tal como definida em *quaestio facti* e *quaestio iuris,* segundo as condições seguintes: quanto à proposição fática, "alguém praticou tal fato", se, e somente se, "alguém praticou tal fato"; quanto à proposição jurídica, "tal fato constitui crime", se, e somente se, "tal fato constitui crime". Assim, uma proposição acerca da verdade processual somente será verdadeira se, e somente se, forem verdadeiras, tanto fática quanto juridicamente, suas proposições constitutivas[484].

Luigi Ferrajoli, ao recorrer à concepção semântica de Tarki, assim o faz decisivamente orientado pela idéia de que não é ela uma definição real de verdade, mas uma definição nominal, considerando-a uma verdade como correspondência, limitando-se a um significado objetivo do termo verdadeiro, que nada diz acerca dos critérios de verdade, que remetem a teorias subjetivas. Assim, a teoria semântica da verdade não fornece um critério objetivo ou realista de aceitação da verdade, estando limitada a indicar em que condições se faz uso do termo *verdadeiro*, qualquer que seja a epistemologia adotada ou afastada. E nesse sentido, justifica-se o uso da teoria semântica no processo penal, porque "uma vez estabelecido que o termo

---

[483] S. Mir Puig, *Direito penal: Fundamentos e Teoria do delito,* 2007, p. 414.
[484] Cf. L. Ferrajoli, *Direito e Razão,* 2002, p. 41, com a nossa exclusãoda culpabilidade do âmbito da proposição fática.

'verdadeiro' pode ser empregado sem implicações metafísicas no sentido de 'correspondência', é na realidade possível falar na investigação judicial como busca da verdade em torno dos fatos e das normas mencionadas no processo, e usar os termos 'verdadeiro' e 'falso' para designar a conformidade ou a desconformidade das proposições jurisdicionais a respeito deles"[485].

A Noção de Verdade Aproximativa Processual

Considerando, assim, a noção de verdade por correspondência, há que se ter em mente que ela corresponde apenas a *um ideal do qual podemos mais ou menos nos aproximar.* Afinal, se mesmo no âmbito da investigação científica, não se tem admitido a idéia de uma verdade objetiva ou absoluta, com maior razão, essa concepção se deve assimilar no processo penal. É, nesse sentido, importante compreender que: "a 'verdade' de uma teoria científica e, geralmente, de qualquer argumentação ou proposição empírica é sempre, em suma, uma verdade não definitiva, mas contingente, não absoluta, mas relativa ao estado dos conhecimentos e experiências levados a cabo na ordem das coisas de que se fala, de modo que, sempre, quando se afirma a 'verdade' de uma ou várias proposições, a única coisa que se diz é que estas são (plausivamente) verdadeiras *pelo que sabemos* sobre elas, ou seja, em relação ao conjunto de conhecimentos confirmados que deles possuímos"[486].

Aqui, encontra-se aquela ideia de verdade aproximada, que vale para investigação no processo penal, tanto quanto vale para qualquer investigação científica, como verdade relativa. Nesse sentido, pode-se recorrer àquela interpretação sugerida por K. Popper sobre verossimilhança que nos conduz à noção de aproximação (Boyd), entendida esta como uma "ideia regulardora" da qual nos podemos aproximar em partes, sem contudo igualar por completo. Trata-se, nesse sentido, de uma ideia cujo papel de "princípio regulador" visa a decisão entre teses ou teorias a mais aproximadamente verdadeira, permitindo a escolha de uma pelo seu maior "poder de explicação".

---

[485] Essa compreensão de L. Ferrajoli, *Direito e Razão,* 2002, p. 41ss, acerca da teoria de Tarski, acompanha nitidamente a compreensão que dela tem K. Popper, "Comentários filosóficos sbre a teoria da verdade de Tarski", *Conhecimento objetivo,* 1999, pp. 294-312

[486] L. Ferrajoli, *Direito e Razão,* 2002, p. 42.

TEORIA DA INVESTIGAÇÃO CRIMINAL

Assim, a verdade processual se pode compreender semanticamente como correspondência, apenas como um ideal, como um *valor* regulador e limite da investigação. Nesse ponto, observa-se que, no plano semântico, a verdade formal do processo não difere em princípio da verdade das teorias científicas, salvo em virtude de certos fatores intrínsecos dos elementos empíricos da investigação do crime, bem como em virtude dos fatores relativos à verificação processual da verdade.

O Problema do Grau de Cognição da Investigação

A considerar essa noção de aproximação, tendo em conta que nunca nos podemos igualar ao ideal regulador, é importante enfrentar o problema do grau de cognição que se exige da investigação criminal em sua primeira fase de inquérito, relativamente à cognição que se segue posteriormente nas demais fases processuais.

Eis um ponto fundamental do problema da verdade na investigação criminal, afinal, sendo essa aproximativa do ideal de correspondência, quão aproximativa deve ser a busca da verdade no inquérito? É possível diferir a verdade buscada na investigação criminal preliminar, em quantidade ou qualidade, relativamente à verdade da investigação criminal judicial? Ou somente existe uma distinção pela finalidade a que se destina uma e outra, pelo fato de que, na primeira fase investigação, se pretender justificar uma outra decisão (o indiciamento) que não uma sentença (sendo por isso, menor a aproximação da verdade por correspondência)?

A respeito da questão, há ainda quem, partindo também da noção de que a investigação se destina apenas a justificar acusação formal ou não, chega à conclusão de que a investigação requer apenas um juízo de probabilidade e não de certeza como a sentença[487]. O equívoco aqui está imediatamente na assunção de uma teoria da verdade material fundada na ideia de certeza, inaceitável no estágio atual da filosofia da ciência, bem como no processo penal. A questão, portanto, a considerar a epistemologia falseacionista que temos assumido, é que também a sentença final de um processo permanece sendo igualmente provável e, em certo sentido, também decorrente de indícios para justificar-se[488]. Dessa forma, tanto no indiciamento da fase do inquérito, quanto na sentença final da fase do

---

[487] Nesse sentido, A. Lopes Jr, *Sistemas de investigação prepliminar no proceso penal*, 2003, p. 99.
[488] Cf. L. Ferrajoli, *Direito e Razão*, 2002, p. 43ss.

julgamento, há um juízo de probabilidade, não sendo possível uma distinção segura nesses termos.

Se aceitamos a verdade processual na investigação em termos de verdade aproximativa (tal como no conhecimento científico geral), porque provável a verdade fática (além de opinativa a verdade jurídica), devemos entender o juízo de probabilidade na investigação como suficiente ao fim a que se destina (indiciamento preliminar, que pode subsidiar uma acusação penal), ou seja, não o necessário para uma condenação. Assim, somente se considerarmos graus de probabilidade, em termos de qualidade ou quantidade de provas, é que podemos estabelecer alguma diferença.

Mas é necessário entendermos que verdade se torna aceitável no âmbito da decisão de um sujeito cognoscente que investiga. E, nesse sentido, cabe a cada sujeito, autoridade investigante, órgão de acusação ou juiz, aceitar como provável ou não a verdade que investiga, tanto quanto suficiente e necessário, no âmbito das funções que lhes competem (indiciar, denunciar e sentenciar), segundo sua própria convicção motivada, nos limites de sua competência. É, portanto, nessa perspectiva, impossível limitar a investigação da autoridade no inquérito até certo grau de cognição, para evitar um exaurimento das provas, pois estamos a falar, nesse ponto, em um *juízo de satisfatividade subjetiva do investigador*.

Contudo, nessa mesma perspectiva, ainda que a autoridade investigante do inquérito se considere satisfeita com o grau de cognição alcançado, concluindo pelo indiciamento do investigado, isso não assegura nem vincula o órgão de acusação a dar-se por satisfeito, podendo este requerer novas diligências, assim como o juiz pode entender pela falta de provas suficientes para a condenação, ou mesmo antes, para a aceitação da denúncia. Assim, não há como estipular supostos graus de cognição, dizendo a cada um dos atores do sistema processual penal (delegado, promotor/procurador e juiz), até que ponto pode investigar, pois somente cada um pode concluir sobre a cognição necessária e suficiente ao objetivo de sua função institucional. Seria, portanto, exdrúxulo exigir da autoridade investigante que se limite em sua cognição, quando ainda não tem elementos (subjetivos e objetivos) de convicção que o permitam concluir pelo indiciamento, sob o argumento de que estaria a adentrar nas provas em demasia. De outro lado, igualmente exdrúxulo seria exigir da autoridade investigante contentar-se com elementos probatórios de uma cognição insuficiente, e mesmo assim esperar dele o indiciamento final.

TEORIA DA INVESTIGAÇÃO CRIMINAL

A *questão do grau de cognição*, na investigação criminal, parece, portanto, trata-se de um falso problema, ou na melhor das hipóteses de um problema mal colocado, que contém vícios metodológicos, com base em preconteitos ideológicos, tendentes e diminuir a importância da investigação criminal, na fase do inquérito, quando mais se percebe na prática que ele tem avançado na função de instrução provisória com cada vez mais provas irrepetíveis que apenas se reafirmam em instrução judicial. Isso, aliás, tem repercutido na prática, pois mesmo quando a Polícia Judiciária tenta desvincular-se de uma investigação exauriente, o Ministério Público tende a querer exaurir as provas, esvaziando a instrução posterior.

Ademais, podemos preliminarmente distinguir entre investigação dos fatos (a chamada irrestritamente "materialidade" do crime, mesmo no caso de crimes meramente formais) e investigação da autoria, pois, em relação aos fatos, a investigação criminal preliminar deve ser exauriente, tanto quanto possível. É que não se justifica ter um procedimento preliminar de investigação, para ao final se concluir, na fase de julgamento, pela inexistência do fato. Trata-se, portanto, de uma contradição interna do sistema de persecução penal, que ofende ao princípio de economia processual, bem como torna supérflua toda uma estrutura administrativa orientada a uma atividade que, segundo se pretende, seria dispensável, não tem valor probatório, ou precisa ser repetida em juízo, ao passo que na prática, em regra, não se processa sem investigação prévia. A racionalidade do sistema de persecução penal, portanto, pede uma investigação criminal, nesse ponto, exauriente, acerca dos fatos, ainda que estes não se aceitem como tipicos ao final, ou ainda que não se considere suficiente o conjunto probatório acerca do crime para imputá-lo ao réu, mas há que se concluir quanto aos fatos. Assim, a investigação criminal, na busca da verdade fática, deve ser exauriente, tanto quanto possível, buscando a verdade mais aproximativa possível do ideal de correspondência, de tal forma que possa ao final sustentar hipóteses fáticas o mais próximo possível do que realmente aconteceu.

Quanto à autoria, embora possamos distinguir o grau de probalidade que se pode alcançar ao final do inquérito relativamente ao que se estabelece na sentença final, em razão do maior contraditório nas fases posteriores do processo penal, ela ainda permanece sendo uma verdade indiciária, independente do quão exauriente possa ser a investigação criminal, assim como o será mesmo ao final do processo com todo o contraditório possível.

238

Isso decorre não do caráter preliminar da investigação criminal no inquérito, mas sim dos limites da verdade no processo penal.

Os Limites da Verdade no Processo

A verdade processual tem limites que decorrem das duas verdades com que se compõe. É uma verdade que está limitada *faticamente como uma verdade apenas provável* e *juridicamente como uma verdade opinativa*.

Antes dos limites que decorrem da probabilidade da verdade fática e da opinatividade da verdade jurídica, como se discutirá, Luigi Ferrajoli se refere ainda à "subjetividade específica do conhecimento judicial", o que decorre do caráter não impesssoal do juiz como investigador, e com igual razão da autoridade investigante, que, "por mais que se esforce para ser objetivo, está sempre condicionado pelas circunstâncias ambientais nas quais atua, pelos seus sentimentos, suas inclinações, suas emoções, seus valores éticos-políticos"[489]. Trata-se de uma questão prévia à investigação e ao problema da verdade, que se vai refletir nos limites dessa. Mas, além dessa questão, há também os limites que decorrem do "método legal da comprovação processual", por decorrência de certas condições de regras e procedimentos legais, o que concerne mais ao problema do método, como veremos melhor adiante.

Ademais, certos limites da verdade processual são comuns a todo conhecimento em geral[490], salvo os limites procedimentais, que na investigação são legais, e na ciência em geral podem ser apenas éticos, mas não menos limitativos aos seus procedimentos. Pensemos, por exemplo, nos limites éticos de certos procedimentos científicos que podem colidir com a dignidade da pessoa humana, ainda que não estejam proibidos em lei (como o uso de drogas experimentais mediante pagamento de quantia a "candidatos" impelidos pela necessidade financeira, embora conferindo o pagamento a título de compensação por despesas).

Preliminarmente e de forma geral, quanto à verdade fática, trata-se de uma verdade "relativa a proposição que falam de fatos passsados, não diretamente acessíveis como tais à experiência", sendo assim considerada uma *verdade* que se considera *histórica,* por não admitir uma verificação experimental direta; ao passo que, quanto à verdade jurídica, trata-se de uma

---

[489] L .Ferrajoli, *Direito e Razão,* 2002, p. 46.
[490] L .Ferrajoli, *Direito e Razão,* 2002, p. 51.

verdade que podemos chamar de *classificatória*, por referir-se à "classificação ou qualificação dos fatos históricos comprovados conforme as categorias subministratadas pelo léxico jurídico e elaboradas mediante a interpretação da linguagem legal"[491]. É, sobretudo, em razão dessas questões, que devemos admitir que a verdade processual, na investigação criminal, tem sua verificabilidade estabelecida, ainda que possível, com certas limitações intrínsecas à espécie de verdade, seja ela fática ou jurídica.

Abdução Fática e Verdade Provável

Quanto à verdade fática, em específico, sofre ela das limitações de qualquer proposição histórica, que somente pode ser enunciada pelos efeitos produzidos, pelos sinais do passado. Contudo, há diferenças em relação às investigações puramente históricas, pois estas se dirigem a fatos mais remotos e consiste predominantemente em encontrar fontes preexistentes (documentos, inscrições, utensílios etc.) e só raramente criar novas fontes (entrevistas e relatos orais, provas químicas etc.). A investigação do crime, portanto, embora espécie de investigação histórica, possui suas particularidades, pois não consiste apenas na coleta de dados e provas de convicção, mas especialmente em "produzir *novas fontes* de prova", a exemplo do que temos em interrogatórios, testemunhos em geral, reconhecimentos, perícias etc.[492]

Admite-se, dessa forma, que, se há algum experimento fático, o que se experimenta pelo investigador não são os fatos delituosos, mas suas provas, assim como ocorre com o historiador. Em outros termos, os únicos fatos presentes são provas, embora estas se refiram a fatos passados, daí se dizer que não temos uma verificação experimental direta. E é em virtude dessa diferença entre experimento (de um fato presente) e provas (de um fato passado) que não pode chegar a verdade fática a uma correspondência objetiva.

Diante disso, Luigi Ferrajoli sustenta que "a verdade processual fática, da mesma forma que a verdade histórica, em vez de ser predicável em referência direta ao fato julgado, é o resultado de uma ilação dos fatos «comprovados» do passado com os fatos «probatórios» do presente. Esta ilação – realizada por um historiador, um juiz ou um detetive – pode ser

---

[491] L .Ferrajoli, *Direito e Razão*, 2002, p. 43.
[492] L. Ferrajoli, *Direito e Razão*, 2002, p. 44ss.

A VERDADE DA HIPÓTESE DA INVESTIGAÇÃO

representada como uma inferência *indutiva* que contém nas premissas a descrição do fato que se tem de explicar e as provas praticadas, além de generalidades habitualmente subtendidas (entimemáticas)[493] no atendimento de experiências análogas, e que contém na conclusão a enunciação do fato que se aceita como provado pelas premissas e que equivale a sua hipótese de explicação"[494].

É preciso, contudo, fazer uma ressalva à natureza indutiva dessa inferência, apesar de muitos outros autores assim a considerarem também[495], tendo em conta os estudos que se têm realizado acerca da *abdução* como inferência própria da lógica da investigação[496]. Afinal, a considerar que o objetivo da investigação criminal não é propor asserções gerais acerca dos fatos que investiga, ou seja, não pretende a partir de casos particulares apresentar conclusões gerais, não nos é possível aceitar a inferência indutiva como lógica nesses casos. A abdução, diversamente, apenas apresenta conclusões particulares a partir de outras premissas particulares.

Entrentanto, mesmo com base nessa estrutura de raciocínio, devemos admitir até com mais razão que qualquer conclusão acerca da verdade fática na investigação tem o *valor de uma hipótese de probabilidade*, com base em uma "conexão causal entre o fato aceito como provado e o conjunto de fatos adotados como probatórios", de tal forma que "sua verdade não está *demonstrada*" como logicamente deduzida das premissas, mas "apenas *comprovada* como logicamente provável ou razoavelmente plausível de acordo com um ou vários princípios de indução". Isso é o que se passa, igualmente, com explicações alternativas de dados historiográficos, sendo revelado com mais ênfase no juízo penal, em virtude da contradição de teses contrapostas, uma pela culpa e outra pela inocência, ainda que ambas estejam de acordo quanto às provas existentes. Dessa forma, a investigação do crime, quando

---

[493] "O entimema fundado em premissas prováveis nunca conclui necessariamente, pois as premissas prováveis valem *na maioria das vezes*, mas nem sempre. (...) Assim, quando se diz que alguém está doente porque tem febre, ..., cria-se um silogismo do qual simplesmente se omite a premissa maior, ou seja, que quem tem febre está doente..." (N. Abbagnano, *Dicionário de filosofia*, 2003, p. 334).

[494] L. Ferrajoli, *Direito e Razão*, 2002, p. 44.

[495] A exemplo de I. M. Copi, *Introdução à lógica*, 1978, p. 391.

[496] A respeito, cf. os diversos capítulos de U. Eco; T. A. Sebeok, *O signo de três*, 2014, escritos por diversos autores precisamente para discutir a especificidade da abdução no âmbito das investigações, tomando como exemplos as narrativas de Scherlock Holmes e Edar Allan Poe, bem como a lógica de Charles S. Peirce.

TEORIA DA INVESTIGAÇÃO CRIMINAL

chega em juízo, tende a ser uma conclusão acerca de duas hipóteses, que se conclui geralmente "em favor da hipótese mais simples, dotada de maior capacidade explicativa e, sobretudo, compatível com o maior número de provas e conhecimentos adquiridos com anterioridade"[497].

Dedução Jurídica e Verdade Opinativa

Quanto à verdade jurídica, em específico, por sua vez, decorre ela de uma inferência que no direito se chama de *subsunção*, cuja natureza é de procedimento classificatório, na medida em que visa ao enquadramento de um fato em certo modelo típico definido por preposição legal. E, nesse caso, diversamente da verdade fática, o raciocínio se faz por *inferência dedutiva*, em que temos os seguintes elementos[498]:

1. No antecedente, a conjunção da definição legal do crime (o tipo, tal como definido na lei penal, v.g. CP, 121, que define homicídio como "matar alguém") e da hipótese fática (v.g. "X desferiu 1 tiro em Y, levando-o à morte");
2. No consequente, a classificação do fato (já considerado comprovado anteriormente, no âmbito da verdade fática) no conceito jurídico do crime.

Luigi Ferrajoli, ao explicar a verdade jurídica em termos de uma inferência dedutiva, considera-a tão *opinativa* quanto são as premissas de que se vale a dedução, de tal forma que é extremamente relevante que o conceito legal do crime seja suficientemente preciso, para permitir uma melhor dedução, a partir de premissas mais claras. Contudo, quem quer que tenha tido a necessidade de enquadrar certo fato em um tipo penal, sabe que a subsunção não é uma atividade de fácil correlação entre fatos e proposições, seja pela falta de qualidade técnica da linguagem legislativa, seja porque a linguagem nos remete a conceitos indeterminados e incertos, seja, ainda, porque os fatos da vida não estão todos e sob qualquer forma previamente tabelados pela lei. Em síntese, admite-se na investigação do crime, tal como definido legalmente, que há sempre certas características insuscetíveis de serem investigadas empiricamente, e ainda quando o sejam, estão suscetíveis a argumentos quantitativos sobre seu exato enqua-

[497] L. Ferrajoli, *Direito e Razão*, 2002, 45.
[498] L. Ferrajoli, *Direito e Razão*, 2002, p. 45.

dramento no tipo legal, sobretudo quando essa hipótese legal deixa em aberto certos pontos.

Um exemplo corrente desse problema, que limita a verdade no processo, pode ser observado na imprecisão que existe em relação ao enquadramento legal do fato provado de que determinado papel não corresponde a uma *moeda*, embora tenha sido recebida como tal no comércio. Assim, conquanto possa não se divegir sobre o fato certo, não é definitivamente claro que tal fato constitui *crime de estelionato* ou *crime de moeda falsa*, já que *opinativo* o entendimento da jurisprudência sobre os limites entre estelionato e a moeda falsa. Ao investigador, é claro, fica sempre a possibilidade de recorrer à *lógica jurídica dos tribunais*, como fonte de delimitação da verdade jurídica, mas isso não lhe retira o caráter opinativo que decorre do entendimento jurisprudencial, sempre cambiante e com possibilidade de retificação do entendimento do crime, a partir de uma nova compreensão dos valores e princípios do sistema jurídico-penal, a exemplo do que podemos observar nas interpretações em torno do *princípio da insignificância* que tem excluído do âmbito de tutela penal várias condutas antes consideradas típicas.

Assim, torna-se inevitável concluir que a verdade jurídica é, irremediavelmente, opinativa, na medida em que é opinativo enquadrar o fato comprovado em determinada modalidade típica de definição legal do crime, em outra modalidade ou mesmo não o enquadrar. Isso, certamente, foi o que levou Chaïm Perelman a afirmar que a lógica jurídica é o que diz ser a jurisprudência[499]. É, por isso, indispensável, na investigação criminal, reconhecer na jurisprudência os problemas decorrentes dessa hermenêutica opinativa, visando a adquirir mais consciência sobre os limites da verdade jurídica, bem como das possibilidades diversas de interpretação da norma.

A Decibilidade da Verdade no Processo

Ao final de uma investigação do crime, há sempre uma decisão da autoridade investigante, como haverá igualmente pela autoridade judicial acerca das verdades fática e jurídica necessárias para a sentença, que, embora partindo do significado objetivo de correspondência aproximativa, define-se segundo critérios subjetivos, ainda que justificados com base em elementos necessários de motivação.

[499] C. Perelman, *Lógica jurídica*, 1998, p. 221.

TEORIA DA INVESTIGAÇÃO CRIMINAL

A decidibilidade da verdade, assim, decorre da necessidade de concluir a investigação do crime. É que, embora apenas aproximativa da noção da verdade objetiva, em virtude dos problemas e limites da verdade no processo (o que nos proíbe uma atitude dogmática), não se pode admitir uma atitude ceticista radical de que o conhecimento do crime seria sempre impossível. Ademais, certos limites legais, em específico, operam no sentido de uma ponderação de valores que o sistema jurídico prefere, mesmo que em detrimento de uma verdade mais aproximada da realidade, concluindo assim em favor do réu, sempre que em caso de dúvida não se possa chegar, satisfatoriamente e dentro dos limites legais, a uma síntese aceitável juridicamente.

Entretanto, essa decidibilidade da verdade não pode ser levada ao extremo de ignorar certos parâmetros não exclusivamente jurídicos, mas sobretudo lógicos, que consistem em condições necessárias para uma decisão aceitável. Tendo isso em vista, pode-se entendr o juízo criminal como raciocínio a respeito da investigação do crime segundo três inferências dispostas na seguinte sequência:

1. *Uma inferência abdutiva* (prova ou abdução fática), cuja conclusão de fato, CF, é que "A cometeu o fato F" e cujas premissas são o conjunto de provas coletadas;

2. *Uma inferência dedutiva* (subsunção ou dedução jurídica), cuja conclusão de direito, CD, é que "A cometeu o delito D" e cujas premissas são a tese CF e a definição jurídica do crime (o fato F configura o delito D);

3. *Um silogismo prático* (ou disposição), cuja conclusão dispositiva, CD, é a decisão "A deve ser punido com a pena P" e cujas premissas são a tese CD e a norma penal (quem comete D deve ser punido com P) [500].

A diferença entre a conclusão final da investigação criminal em sentença penal e a conclusão que se encontra no indiciamento está apenas na inexistência do terceiro elemento desse esquema, relativo ao silogismo prático que aplica uma pena. Mas o esquema lógico é similar.

Assim, em virtude desse esquema lógico, a conclusão na investigação criminal, seja no indiciamento, seja na setença, tende a ser discricioná-

---

[500] L .Ferrajoli, *Direito e Razão*, 2002, p. 53, embora nela se encontre referência à indução.

A VERDADE DA HIPÓTESE DA INVESTIGAÇÃO

ria, por causa da natureza das inferências abdutiva e dedutiva, sobretudo porque a abdução fática decorre de escolhas sobre fatos que são inevitavelmente *probabilísticas*, enquanto a dedução jurídica decorre de escolhas sobre premissas de direito que são inevitavelmente *opinativas*. Mas é preciso admitir que essa subjetividade não é específica e exclusiva das decisões em processo penal, afinal, esssa decisões com certas escolhas pragmáticas são análogas em qualquer outra conclusão acerca de questões empíricas, mesmo no âmbito da ciência e suas teorias[501].

Apesar dessa ressalva, contudo, não devemos abandonar a teoria semântica da verdade como correspondência para expressar o significado da verdade, sendo possível adotar a *teoria sintática da verdade como coerência* e *a teoria pragmática da verdade como aceitabilidade jusitificada*, pois não há contraposição nem exclusão entre elas, sendo apenas necessário distinguir entre significado e critérios de verdade[502]. A respeito dessa distinção, entre significado e critérios de verdade, como vimos, Luigi Ferrajoli se alinha com a interpretação de Karl Popper, ao sustentar que "o significado de «correspondência», associada ao termo «verdadeiro», nada afirma acerca dos *critérios de verdade*, ou seja, das condições de aceitação da verdade de uma proposição". Assim, sem contradição entre as diversas teorias, pode-se assumir que a coerência e a aceitabilidade justificada são critérios com os quais é possível avaliar e decidir acerca da verdade tanto em relação às premissas probatórias quanto às preminas interpretativas. Mas o significado da palavra "verdadeiro" permanece sento a correspondência.

É com base nessas distinções que Luigi Ferrajoli distingue os três planos de atuação das teorias da verdade (o semântico, o sintático e o pragmático), sendo os critérios da coerência e da aceitabilidade justificada "necessários apenas no plano sintático e no pragmático para estabelecer a verdade precisamente porque esta é caracterizável, no plano semântico, como corres-

---

[501] L. Ferrajoli, *Direito e Razão*, 2002, p. 53: "Nas teorias científicas, por exemplo, presidem elas a aceitação das teses primitivas, quer dizer, dos postulados e das definições que constituem as premissas do racicínios dedutivos e, por outro lado, a indução das leis científicas que, como se sabe, jamais são, por sua forma universal, inteiramente verificáveis, mas apenas aceitáveis como mais ou menos prováveis ou plausíveis pelo seu grau de confirmação e sua capacidade explicativa. É sobre esse caráter relativo e provisório – voluntarista, mas funcional – do conhecimento científico que se baseia o convecionalismo de grande parte da epistemologia contemporânea"

[502] L .Ferrajoli, *Direito e Razão*, 2002, p. 54ss.

TEORIA DA INVESTIGAÇÃO CRIMINAL

pondência apenas pelo que sabemos e somente de forma aproximativa"[503].
Assim, podemos recorrer aos seguintes critérios, segundo as seguintes
razões:

1. A *coerência*, para afirmar que a tese avençada está confirmada e/ou
   não dementida por uma ou várias provas coletadas e por uma ou
   várias interpretações jurídicas de outras normas e que, portanto, é
   verdadeira em relação ao conjunto dos conhecimentos de que dispomos[504]; e
2. A *aceitabilidade justificada*, para afirmar que tal conjunto, incluída a
   tese avençada, é mais satisfatória ou plausivelmente verdadeiro que
   qualquer outro por causa de sua maior capacidade explicativa[505].

Ocorre, no entanto, que no direito penal essa justificação redunda na
referência aos elementos empíricos como motivação das decisões sobre
a verdade, não sobre outros critérios indentificados em outras ordens de
conhecimento em geral. Nessas, os critérios não são necessariamente de
verdade, pois podem remeter *à moralidade, conveniência, eficiência ou utilidade*, como se observa no pragmatismo em geral, ou podem até decorrer do
consenso outorgado pela comunidade científica, como se defende por T. Kuhn
para a ciência em geral, embora modelos de justificação como estes sejam
inaceitáveis no âmbito de uma justiça penal cognitivista (garantista)[506].

Assim, não bastaria ao processo penal cumprir uma função de prevenção e segurança, ou mesmo obter o consenso da comunidade jurídica, pois
"nem uma amplíssima maioria nem sequer a totalidade dos consentidos

---

[503] L .Ferrajoli, *Direito e Razão*, 2002, p. 54ss.

[504] A respeito dessa teoria, L. Ferrajoli, *Direito e Razão*, 2002, p. 71 (em nota n. 79), refere-
se expressamente à concepção de O. Neurath, nos seguintes termos: "quando se formula
um enunciado, confronta-se-o com a totalidade dos encunciados existentes. Se concorda
com estes, acrescenta-se-o a eles; se não concorda, é caracterizado como 'não verdadeiro' e
é abandonado, ou bem se altera o atual conjunto de enunciados da ciência para que o novo
enunciado possa ser nele inserido; em geral, dificilmente se escolhe esta última opção"

[505] A respeito dessa teoria, por sua vez, L. Ferrajoli, *Direito e Razão*, 2002, p. 72, refere-se à
noção de J. Dewey acerca da verdade, no sentido de que "toda idéia é um 'esboço desenhado a
partir de coisas existentes, uma intenção de atuar de forma que tais coisas se coloquem de uma
determinada maneira. Disto deriva que se aquele esboço dá bons resultados, se as existêncais,
com base em informações advindas das ações, se restabelecem da maneira desejada, então
a idéia é verdadeira".

[506] Cf. nesse sentido, L .Ferrajoli, *Direito e Razão*, 2002, p. 55ss.

podem justificar que se aceite como pressuposto de uma decisão penal uma tese não provada ou não submetida à prova", pois, sequer a título de fundamentação democrática, podemos aceitar que a liberdade de um homem seja submetida no interesse da maioria ou todos os demais, sem que antes se verifique cognitivamente a sua responsabilidade penal[507].

A verdade tem, nesse sentido, antes que um valor epistêmico, um valor ético e político fundamental decorrente do liberalismo penal que postula exclusão de justificações instrumentalistas, seja utilitária, contratual ou até mesmo democrática no caso de decisões penais que retiram a liberdade do indivíduo. É por isso que a verdade, embora demande uma decisão, essa somente se pode justificar na referência às provas que possam legitimá-la. Trata-se, assim, de uma vinculação do poder punitivo a estrita legalidade das hipóteses de fatos puníveis.

Verdade Fática e Coerência do Conjunto Probatório

Quanto à verdade fática, *a autoridade investigante deve ter como objeto fundamental a busca de todos os componentes da tipicidade*, de tal forma que todos elementos desta, previstos abstramente no tipo penal (seja qual for sua natureza – objetiva, subjetiva ou normativa), sejam comprovados por elementos probatórios compatíveis (segundo a natureza dos elementos, respectivamente).

Ainda no âmbito da verdade fática, embora vá repercutir na verdade jurídica, *a autoridade investigante deve reunir elementos comprobatórios de fatos que se relacionem à ilicitude e à culpabilidade*, seja porque não se podem dissociar do fato típico, estando intimamente ligado a este, seja porque interessam ao juízo de culpabilidade, por representar circunstâncias relevantes do fato principal, seja ainda porque pode interessar à possível defesa. Isso é necessário, tanto em razão de natureza empírica relativa à unidade do crime como fato típico, ilítico e culpável, quanto em razão de natureza ética, que impõe uma busca irrestrita relativa a dados que possam interessar à defesa.

Em todo caso, é certo que a investigação criminal não pode se limitar a reunir um emaranhado de elementos comprobatórios de fatos que, colhidos desordenadamente, sejam relacionados por obra de puro arranjo estético. Quanto mais *coerente* o conjunto probatório reunido na investigação

---

[507] Cf. nesse sentido, L .Ferrajoli, *Direito e Razão*, 2002, p. 56ss.

criminal, tanto maior será a aceitabilidade da decisão contida na investigação criminal – o ato indiciamento final, que conclui por haver elementos suficientes acerca da existência do crime, sua autoria e suas circunstâncias. Essa *coerência* possui relevância fundamental, sobretudo e especialmente, na atribuição da autoria do crime, pois quanto a esta, por mais que o crime esteja materialmente comprovado por elementos probatórios, não há, em geral, critério que permita de forma absoluta imputar a alguém a responsabilidade por um ato, em razão da intermediação de pessoas (subjetivamente envolvidas de alguma forma no caso) e das provas (objetivamente vinculadas a certo estágio de conhecimento científico sempre refutável). Assim, portanto, a coerência permite apenas chegar a uma decisão aceitável, desde que justificada por raciocínios lógicos que indicam o caminho da conclusão a que se chegou com a investigação, nos limites do estágio de conhecimento em que nos encontramos.

Quanto à coerência da verdade fática, trata-se de critério que tem sido referido na jurisprudência nacional, na qual se aceitam certas e determinadas provas como relevantes, desde que coerentes no conjunto probatório, ou seja, desde que as diversas provas existentes estejam em um mesmo sentido e não se contradigam[508]. Assim, portanto, qualquer fato provado que não esteja em concordância com o conjunto probatório pode conduzir à falta de coerência da investigação criminal em sua conclusão.

Essa compreensão da teoria da coerência impõe que a investigação criminal não se baste com uma pesquisa superficial, evitando exaurir a busca por provas em alguma fase do processo penal, como pode acontecer nos modelos unilaterais de investigação pelo órgão oficial de acusação.

Aceitabilidade Justificada (no Indiciamento) e Verdade Opinativa
O indiciamento, como ato final de conclusão da investigação com conteúdo decisório, na medida em que contém um efeito jurídico para o indiciado, ao adentrar na análise das provas e interpretação jurídica, há que se fazer de forma motivada, demonstrando com base em que é aceitável sua conclusão, justificando-a, portanto. Ele é um ato tão opinativo quanto

---

[508] Nesse sentido, cf. STJ, HC 100.909/DF, DJ 02/06/2008: "Ainda que não apontada, efetivamente, nenhuma outra prova para dar suporte à acusação, a não ser o depoimento da vítima prestado no inquérito policial e ratificado em juízo, é plenamente admissível que, dependendo do contexto probatório produzido nos autos, desde que haja *coerência* e harmonia, essa prova seja utilizada validamente como fundamento único para condenar o réu."

a sentença, embora sem submeter-se ao contraditório pleno que se espera ao final do processo, sendo assim, com mais razão, exigível que se fundamente sua decisão nos termos da teoria da verdade como aceitabilidade justificada.

Isse decorre do dever de motivação, como princípio inerente à atividade da administração pública, sempre que suas decisões impliquem em atingir algum direito fundamental, pois no caso é indiscutível que o indiciamento atinge a imagem da pessoa indiciada, estando de todo superada a idéia de que a investigação criminal não produz nenhum resultado no âmbito jurídico da pessoa, sobretudo porque, uma vez indiciado, a prisão cautelar se torna sempre mais provável, entre outras medidas restritivas de direito que se podem seguir.

Assim, somente uma investigação criminal que seja capaz de apresentar uma tese aceitável de imputação do crime, justificada em fatos comprovados e normas existentes, poderá justificar uma denúncia com submissão do acusado aos demais atos processuais. Trata, nesse sentido, de justa causa para a admissibilidade da acusação penal, que vem assim limitada em seu poder de decisão pela existência efetiva de provas sobre as quais não pode inicialmente interferir em seu exclusivo favor. Certo, contudo, é que nenhuma conclusão a que chega a autoridade investigante é necessariamente viculante para a denúncia ou para a sentença, mas estando justificada em fatos comprovados e normas existentes, a aceitabilidade será maior, tendente a prosseguir e passar tanto pelos testes de refutação pela defesa, como pelo crivo do judiciário, em primeiro e segundo graus. Não o sendo, sequer deveria permitir a aceitação de uma denúncia formal. Nesse sentido, portanto, há que se perceber que a conclusão inicial contida na investigação criminal deve se mostrar como uma hipótese que, somente em sendo devidamente justificada e permanecendo aceitável até o final do processo, poderá alcançar a condição de uma tese capaz de servir de base a uma condenação final.

A Investigação como Condição da Verdade Processual

A verdade é o fim da investigação, de acordo com a concepção de Peirce, mas podemos ter uma outra compreensão dessa relação, segundo a concepção de Dewey, para quem somente a investigação controlada pode nos dar garantia de verdade, ou como ele prefere dizer, a possibilidade de asserções garantidas.

TEORIA DA INVESTIGAÇÃO CRIMINAL

A teoria da investigação de John Dewey, na qual ele sustenta a noção de verdade como *assertabilidade garantida*[509], nos exige que tenhamos em conta não apenas asserções garantidas por outras investigações anteriores e externas ao processo penal, como parece ser a compreensão de Luigi Ferrajoli, mas sobretudo que tenhamos em conta as asserções garantidas pela investigação em causa, que se contém no processo em curso, avaliando se elas estão devidamente garantidas por essa investigação. Essa perspectiva atinge o coração dos problemas da investigação criminal e põe a questão sob outras luzes, pois vincula a dimensão pragmática da verdade à qualidade da investigação que garante as asserções. Ademais, essa concepção de verdade coloca modelos de investigação como o que se dirige pelo próprio órgão de acusação em dúvida quanto às exigências de controles para garantia da verdade final, a considerar a sua instrumentalização em favor apenas de um interesse restrito, qual seja, subsidiar a ação penal formal, o que estaria em confronto com o que J. Dewey sustenta em sua teoria.

O que John Dewey sustenta, e nos interessa especialmente, é a função garantidora que a investigação atribui às asserções que pretendemos aceitar como verdadeiras[510]. Essa perspectiva da dimensão pragmática, em última instância, parece acrescer àquelas outras teorias um aspecto indispensável à questão da verdade, sobretudo em contexto jurídico e tendo em conta os problemas que a investigação pelo órgão de acusação suscita em relação sobretudo à igualdade dos sujeitos parciais do processo. Assim, aquela ideia de aceitabilidade justificada que se defende por Luigi Ferrajoli parece estar a depender de que estejam garantidas não apenas pelo resultado probatório, mas antes e sobretudo pela qualidade da investigação. A justificação cognitiva da verdade advém precisamente do fato de que antes tenha existido uma investigação, controlada e garantida, mas não apenas sob o aspecto cognitivo, também igualmente sob o aspecto potestativo, sobretudo em condições de assegurar uma verdade aceitável. E a coerência que se espera das diversas asserções possíveis no conjunto de verdades, por sua vez, também se pode remeter à necessidade de que esteja garantida por uma investigação, igualmente controlada, que permita o acesso aso sistema coerente de outras provas não exclusivas da acusação.

---

[509] Esse critério vem considerado pela filosofia como uma concepção de verdade, conforme nos adverte S. Haack, *Filosofia das lógicas*, 2002, p. 140ss, mesmo Dewey tendo pretendido a sua substituição pela noção de "verdade" ou de "conhecimento".

[510] J. Dewey, *Logica. Teoria de la investigación*, 1950, p. 16.

A VERDADE DA HIPÓTESE DA INVESTIGAÇÃO

Dewey pretende evidenciar que, não se podendo considerar uma verdade qualquer *a priori*, ela somente se sustenta como resultado de uma investigação. Mas em sua concepção essa investigação deve ser bem sucedida e controlada[511]. Essa noção de sucesso, embora se refira aos métodos que foram testados com êxito no âmbito de uma área de conhecimento, pode ser bem entendida no direito como uma questão de método legal que se tem mostrado adequado a controlar os problemas não apenas cognitivos, mas também potestativos do processo penal. Trata-se, em suma, de uma investigação que esteja em condições de garantir as asserções com que a autoridade penal pretende justificar sua decisão.

A verdade, em última análise, está de tal forma ligada à investigação que sua justificação dificilmente se pode desvincular da forma como a investigação é conduzida e por quem ela é conduzida. E por isso o método legal da investigação criminal terá um impacto direto na qualidade da verdade que produz. A verdade processual, em síntese, está a depender da investigação criminal inevitavelmente. E está a depender, sobretudo, pelo fato de que a sua justificação se encontra na prova que cada vez mais é produzida por investigação. A questão da verdade processual que se coloca, portanto, nos impele inevitavelmente à prova e em última análise ao método processual de que se utiliza a investigação criminal para sua obtenção, indo ao final exigir que tenha em conta as relações de poder e a divisão de funções que se exercem durante todo o curso do processo, sobretudo desde os seus primeiros atos de investigação que antecedem a acusação penal formal. O método legal, como o veremos, portanto, não é apenas uma questão de meios técnicos, é também uma questão de controles intersubjetivos do conhecimento.

[511] J. Dewey, *Logica. Teoria de la investigación*, 1950, p. 32

11
A Prova como Justificação da Verdade

> "Sendo a prova o meio objetivo pelo qual o espírito humano se apodera da verdade, sua eficácia será tanto maior, quanto mais clara, mais plena e mais seguramente ela induzir no espírito a crença de estarmos de posse da verdade" (N. F. Dei Malatesta, *A lógica das provas em matéria penal*, 1912)

A Prova como Justificação da Verdade das Hipóteses da Investigação
As provas são as razões que justificam a verdade, sem as quais não é aceitável qualquer conhecimento produzido pela investigação criminal como motivação de uma sentença penal. A prova é condição necessária da verdade, sobretudo no âmbito do processo penal[512]. A relação entre prova e verdade é teleológica, sendo a verdade o objetivo da atividade probatória[513].

A prova está, portanto, relacionada intimamente à verdade, mas essa relação se pode estabelecer em sentidos variados. Jordi Ferrer Beltrán, a respeito dessa relação, entre verdade dos enunciados sobre fatos e suas provas, explica-nos que existem pelo menos duas formas habituais de considerá-la. A concepção conceitual clássica em declínio considera que "uma proposi-

---

[512] Há, contudo, algumas concepções que parecem inverter essa relação. A respeito, cf. J. Ferrer Beltran, *Prueba y verdad en el derecho*, 2005, p. 55ss; J. Ferrer Beltran, "La valoración de la prueba, verdad de los encunciados probatórios y justificacion de la decision", *Estudios sobre la prueba*, 2006, pp. 1-46.

[513] Cf. M. Taruffo, *La prueba de los hechos*, 2011, p. 21.

ção está provada se é verdadeira e há elementos de juízo suficientes a seu favor". A concepção teleológica, por sua vez, "não atribui à verdade nenhum papel conceitual da prova, mas apenas a considera o objetivo último da finalidade da atividade probatória". E, nesse sentido, pode-se deizer que "a finalidade principal da atividade probatória é alcançar o conhecimento da verdade acerca dos fatos ocorridos e cuja descrição se converterá em premissa do raciocínio decisório"[514].

Ela se pode entender, segundo a epistemologia geral, como justificação da crença verdadeira. As provas são, assim, as razões que justificam a verdade do conhecimento[515]. Essa concepção põe a verdade na dependência da prova, como meio objetivo de que a crença se vale para justificar a verdade de alguma hipótese, embora não se possa cair na ilusão da certeza subjetiva que os tratadistas clássicos pretendiam sugerir[516]. Tampouco se pode cair no equívoco de que a prova demonstra a existência ou verdade de fatos, pois a verdade se refere mais diretamente a proposições[517].

A prova, em sentido geral, pode-se compreender como "procedimento apto a estabelecer um saber, isto é, um conhecimento válido", que abrange, por ser mais extensa, a "demonstração" que é mais restrita e melhor se entende como um procedimento lógico-matemático. Portanto, demonstrações são provas, mas nem todas provas são demonstrações[518].

Nicolás Guzmán, nesse sentido, considera haver uma "função cognoscitiva da prova", no sentido de que "através dela se pode determinar a verdade de uma hipótese dada". Ao se falar, portanto, em função "demonstrativa" da prova, como geralmente se encontra em alguns tratados, o termo não pode ser lida rigorosamente como uma demonstração em sentido lógico, mas em um sentido mais vago e comum, querendo dizer apenas que existem elementos ou razões suficientes para assumir uma asserção como fun-

---

[514] J. Ferrer Beltran, "La valoración de la prueba, verdade de los encunciados probatórios y justificacion de la decision", 2006, p. 2; cf. também J. B. Maier, *Derecho procesal penal, Tomo I*, 2004, p. 852: "*la verdad como objetivo del procedimiento*".

[515] P. K. Moser [et al.], *A teoria do conhecimento*, 2009, p. 85ss: "o conhecimento tem de ser baseado em provas, ou seja, em razões que o justifiquem"; no mesmo sentido, cf. N. Guzmán, *La verdad en el proceso penal*, 2006, p. 100: "a prova opera ademais como elemento de *justificação*, quando serve para justificar racionalmente o juízo de fato...".

[516] A exemplo de N. F Dei Malatesta, *A lógica das provas em matéria criminal*, 1996, p.21ss; bem como C. J. A. Mittermaier, *Tratado da prova em matéria criminal*, 1997, p. 55ss.

[517] A exemplo de E. Florin, *Delle prove penali*, 1961, p. 3ss

[518] N. Abbagnano, *Dizionario di filosofia*, 2013, p. 876

A PROVA COMO JUSTIFICAÇÃO DA VERDADE

dada. Assim, em termos mais apropriados, ao falarmos em uma função cognoscitiva da prova, devemos entendê-la em um sentido não lógico, mais limitado a uma "função confirmatória de uma hipótese fática"[519]. Luigi Ferrajoli, contudo, mais comedido, prefe falar em "comprovação" fática e processual, tendo em conta os limites jurídico da prova, evitando falar em demonstração da verdade no processo penal[520]. O crime, nesse sentido, não está nunca *demonstrado*, mas *comprovado* por um conjunto de provas que podem não corresponder à realidade.

Isso nos exige entender que, quando em uma decisão penal se diz "está provado que *p*", há nisso um sentido muito limitado de que existem elementos a favor de *p*, com uma força descritiva[521]. E, com mais razão, é o que se deve entender na decisão final da uma investigação criminal em sua fase de inquérito. Assim, "está provado que *p*" significa mais precisamente que há uma aceitação por parte de quem o enuncia, mas não necessariamente entre todos aqueles que discutem a verdade[522]. Essa aceitação, é certo, sustenta-se em razões não apenas epistêmicas, no caso da prova jurídico-penal, mas ainda constitui o essencial da questão probatória sua capacidade de verdade, embora dando garantias não apenas lógicas, mas antes e igualmente pragmáticas acerca das condições de sua obtenção.

Dizer, portanto, que "está provado que *p*" em processo penal implica muito mais que uma questão de justificação; exige uma legitimação que decorre do seu modo de obterem-se as provas. Resulta, portanto, que a prova juridicamente considerada congrega problemas que não se limitam a questões cognitivas; ela abrange também questões potestativas. Claro é que as questões epistêmicas das provas em geral subsistem todas na prova jurídica, mas esta suscita questões outras relativas ao poder que se exerce no processo à medida que se busca a justificação da verdade. A prova resulta, assim, de uma imbricação cognitivo-potestativa que se transfere à qualidade da verdade que se pretende justificar.

A prova jurídica, portanto, não resulta específica relativamente a outros campos apenas pelo fato de que venha regulada juridicamente, como se tem

---

[519] N. Guzmán, *La verdad en el proceso penal*, 2006, p. 99ss

[520] L. Frerajoli, *Diritto e ragione*, 2008.

[521] J. Ferrer Beltran, *Prueba y verdad en el derecho*, 2005, p. 90ss

[522] L. H. Araújo Dutra, *Verdade e investigação*, 2001, p. 104ss, dirá que há nesses casos um "acordo"; cf. L. H. Araújo Dutra, *Introdução à teoria da ciência*, 2009, p. 129ss, sobre as teorias da aceitação.

sustentado[523]. É antes o fato de que ela se situa num contexto não apenas de saber, mas antes de exercício de poder, que exige uma regulação jurídica dos modos de sua obtenção e valoração. É antes essa realidade imbricada de questões cognitivo-potestativas que exige sua regulação jurídica. E mais especificamente o fato de que, não havendo maiores regulações, o que fica a descoberto de garantia é também a liberdade que se verá limitada por duvidosas formas de conhecimento.

Mas antes que se estabeleçam quaisquer limites puramente potestativos à prova, como os que decorrem das proibições jurídicas de obtenção, orientados à tutela de outros valores não epistêmicos, há condições especificamente epistêmicas que por si já impõem limites ao poder, exigindo-lhe uma racionalidade que freia o autoritarismo cognitivo. É sobre essas condições que o garantismo erige as bases de seu princípio probatório fundamental.

Aspectos Gerais da Prova

Fato, Vestígio e Prova

A prova, como o dissemos, em seu sentido mais geral, é todo "procedimento apto a estabelecer um saber, isto é, um conhecimento válido", mas nesse procedimento como gênero incluem-se atividades de naturezas diversas. Assim, "mostrar uma coisa ou um fato, exibir um documento, dar testemunho, efetuar uma indução são provas tanto quanto as demonstrações da matemática e da lógica"; as provas têm, portanto, um sentido muito mais amplo que a demonstração[524]. Eugenio Florian, nesse mesmo sentido, considera a prova como "todo meio que produz um conhecimento certo ou provável acerca de qualquer coisa, e, em sentido mais amplo e fazendo abstração das fontes, significa o conjunto de motivos que nos subministram esse conhecimento". Dessa forma a atividade probatória corresponde a todo procedimento que pretenda engendrar em si ou subministrar em outros a convicção da existência de algum fato em qualquer processo de conhecimento[525].

Assim, na investigação criminal como processo de conhecimento, a prova vem a ser um *veículo intermediário para cognição do crime*, como fato

---

[523] M. Taruffo, *La prueba de los hechos*, 2011, p. 342
[524] N. Aabbagnano, *Dizionario di filosofia*, 2013, p. 876
[525] E. Florian, *De las pruebas, Tomo I,* 1968, p. 3.

passado que não pode ser experimentado no presente. Contudo, não se trata de prova do fato, mas de prova acerca do que se diz dos fatos, ou rigorosamente falando, de prova das hipóteses fáticas que são sustentadas para justificação das conclusões de indiciamento, denúncia ou sentença. De início, quanto ao *fato*, como ocorrência do passado, há que se distinguir a *vivência* do fato, se dele participamos ou apenas o presenciamos, da *evidência* de que ele ocorreu, através de *vestígios* ou registros. A *vivência* é "a experiência viva ou vivida", que nos coloca em relação experiencial com os fatos (no sentido de experiência presente, não de experimento), somente sendo possível em relação ao crime quando, como testemunha, o presenciamos ou dele participamos de alguma forma. A *evidência*, por sua vez, é "apresentação ou manifestação de um objeto qualquer como tal" e, nesse sentido, é um fato objetivo, não subjetivo, embora esteja ligado à clareza e distinção de ideias, mas necessariamente quando se apresenta e manifesta em objetos. Apesar de encontrarem-se na filosifa concepções que consideravam a evidência um caráter subjetivo, a exemplo mesmo de Descartes, "...em toda filosofia contemporânea que se inspira na fenomenologia, a evidência readquiriu caráter objetivo, voltando a designar a apresentação ou manifestação de um objeto como tal, qualquer que seja o objeto e quaisquer que sejam os métodos com os quais e se pretende certificar ou garantir sua presença ou manifestação"[526].

A *prova*, assim, não se confunde com os *fatos* nem com os *vestígios*. Os *fatos*, na investigação criminal, são sempre históricos (passados), mas por vezes deixam *rastos* (fatos passados que permanecem no presente sob certas condições) que nos permitem conhecê-los, *por decorrerem dele* (vestígios) ou *a ele se referirem* (registros). *Vestígios* (coisas) e *registros* (documentos, em sentido amplo), juntamente com *pessoas*, que se podem considerar tanto vestígios quanto registros, compõe o que podemos chamar de *fontes de prova*.

O fato sempre existe para a investigação criminal, mas o vestígio depende da natureza do crime que se investiga, pois há crimes cujos elementos formais constitutivos não deixam qualquer *vestígio* no mundo material (v.g. crime de calúnia por expressão verbal). Independente da existência de vestígio, contudo, por vezes é possível conhecer o fato a partir de algum *registro* de sua ocorrência, considerando o documento em sentido amplo, que se constitui em uma prova por antecipação (v.g. crime de

---

[526] N. Abbagnano, *Dicionário de filosofia*, 2003, p. 392, p. 1006.

TEORIA DA INVESTIGAÇÃO CRIMINAL

calúnia por expressão escrita, ou registro de som e imagem de qualquer ato, embora nesse caso, não exista propriamente *vestígio* da fala). Às vezes, fala-se em "indícios" do fato como prova por via indireta, a respeito do que precisamos fazer uma distinção importante.

Prova e Indícios

A respeito dos indícios, há várias concepções correntes. Há quem considere os indícios como *fatos probatórios naturais*, embora nesse sentido se confundam com o conceito de evidência ou vestígios, que se opõem à prova como *fato probatório artificial*. Há, ainda, quem considere os *indícios* como fato conhecido de que se extrai o desconhecido, embora nesse sentido se ignore que também a prova pode nos conduzir ao desconhecido, apenas em um nível diverso de certeza. Há, nesse sentido, uma concepção que remonta a Aristóteles, para quem a *prova* é o que produz um saber seguro, diversamente do *indício* que proporciona apenas um conhecimento provável[527]. Esse é o melhor ponto de partida para entendermos a distinção em termos de probabilidade, mas não necessariamente em favor de uma certeza da prova, em detrimento dos indícios.

Afastando-se, assim, da forma habitual de definir a prova em distinção aos indícios, L. Ferrajoli propõe chamar de "*prova* o fato probatório experimentado no presente, do qual se infere o delito ou outro fato do passado, e de *indício* o fato provado do passado, do qual se infere o delito ou outro fato do passado que, por sua vez, tenha valor de um indício". Observe-se que, nessa definição, a prova assume exatamente o lugar dos indícios considerados como "fatos probatório naturais", tendo em conta uma distinção prévia entre *fatos* e *dados probatórios*, "segundo sejam experimentados direta ou indiretamente, isto é segundo permitam mais ou menos indiretamente a indução do fato-delito"[528].

Assim, considerando a noção de verdade aproximada, que não se define nunca em termos de certeza, mas apenas em termos de probabilidade, devemos falar sempre em probabilidades, distinguindo em *probabilidade das provas* e em *probabilidade dos indícios*. Dessa forma, tanto na prova, quanto no indício, há inferências que conduzem o raciocínio a conclusões proba-

---

[527] Cf. N. Abbagnano, *Dicionário de filosofia*, 2003, p. 947

[528] Nesse sentido, cf. L. Ferrajoli, *Direito e Razão*, 2002, p. 106ss, com nossa ressalva sobre tratar-se de abdução.

bilísticas, só que um a partir de um dado probatório presente, outro por um fato provado do passado.

Admite-se, nesse sentido, que uma *prova*, em que a testemunha afirma ter visto o investigado portando uma arma logo após a ocorrência do crime, seria *prova* apenas de que ela afirma ter visto o fato narrado, e seria um *indício*, mais ou menos provável, de que o fato ocorreu tal como narrado, a depender da sinceridade e confiabilidade do testemunho, o que somente se alcança por uma inferência. A essa inferência, pode-se acrescer outra relativa à fidedignidade da redação do depoimento, se somente por este tomamos conhecimento do testemunho, como ocorre em certos casos. Portanto, para considerar-se prova de que o investigado seria o autor do crime, teríamos mais uma inferência acrescida, o que mais aprofunda o caráter de indício dessa *prova*. Não se pode, assim, descartar a possibilidade de que a testemunha tenha mentido, tenha se equivocado no que viu, ou mesmo que não se tenha traduzido bem seu testemunho para o depoimento.

Ora, considerando que nenhuma dessas inferências pode ser considerada verdadeira indubitavelmente, devemos considerar a distinção entre prova e indícios, segundo a quantidade de inferências que precisamos fazer para chegar oa que queremos provar, sendo claro que quanto maior o número de inferências, tanto menor o grau de probabilidade; mas quanto mais provas diversas e independentes, concordantes entre si, puderem concorrer para a conclusão, tanto maior o grau de probabilidade. Contudo, independente de qual seja o caso, devemos entender que "acerca do delito, as provas coletadas em um processo não são quase nunca provas *diretas,* mas quase sempre *indiretas*, quer dizer, provas de indícios, por sua vez, diretos ou indiretos; 'probabilidades de probabilidades...'"[529].

Assim considerada a diferença entre prova e indícios, apenas a prova obtida diretamente pela autoridade poderá ser considerada rigidamente prova, o que depende de sua vivência diante da realização do crime. Mas, ainda dessa forma, mesmo em caso de flagrante delito que se presencie pela autoridade investigante, a mesma prova já terá para o juiz a natureza de indícios em razão da intermediação de um sujeito anterior. Essa é razão pela qual o direito probatório moderno insiste na imediação do juiz, para diminuir a necessidade de quantidade de inferências probabilísticas, embora isso não se resolva pela mera encenação na audiência com a apre-

---

[529] L. Ferrajoli, *Direito e Razão*, 2002, p. 107ss.

TEORIA DA INVESTIGAÇÃO CRIMINAL

sentação de provas que se obtiveram antes e por outros sujeitos processuais diversos em condiçoes epistemológicas adversas.

É, portanto, necessário entender que a diferença entre prova e indícios se deve fazer a partir da "diversa natureza da probabilidade" de um e outro, na medida em que "os indícios são, em suma, mais diretos que as provas no que toca à hipótese explicativa final, mas as provas são mais diretas do que os indícios no que toca à experiência probatória inicial". Assim, pode-se concluir com Luigi Ferrajoli que "a probabilidade ou *força indutiva* das provas afeta a *confiabilidade* ou *crédito subjetivo* da fonte ou do meio de prova: a sinceridade, a espontaneidade, o desinteresse e, mais em geral, a confiabilidade dos testemunhos, das confissões (...); o caráter não apócrifo dos documentos; a solidez das perícias; o rigor das inspeções (...); a autenticidade e não falsificação das pegadas e das peças de convicção. A probabilidade ou força indutiva dos indícios, por sua vez, afeta sua *relevância* ou *gravidade objetiva*, quer dizer, a sua idoneidade para gerar explicações plausíveis ou verossímeis de todo o material probatório em conjunto"[530]. Apesra dos exemplos penais referidos, essas questões são comuns a qualquer campo de conhecimento.

Aspectos Jurídicos da Prova

Aspectos Materiais: Objeto, Elementos e Meios
Além dos aspectos gerais que concernem à prova em qualquer procedimento cognitivo, há certas questões específicas que lhe concernem em âmbito jurídico, a começar por certas confusões terminológicas que precisam ser defeitas.

Isso decorre porque o conceito de prova é uma síntese de diversos aspectos, em razão dos diversos sentidos que assume na linguagem no direito e dos diversos momentos que tem no processo, o que muito corretamente se resume na imagem de Eugenio Florian, para quem "a figura da prova é poliédrica", a indicar ao mesmo tempo: 1) o objeto da prova ou a matéria que se deve provar; 2) a atividade probatória dos diversos sujeitos processuais; 3) os meios de prova que são admitidos e empregados; 4) o procedimento probatório com que são obtidas; e 5) tanto uma prova em específico quanto o resultado final e total do conjunto de tudo que se considera prova do caso.

---

[530] L. Ferrajoli, *Direito e Razão*, 2002, p. 107.

A PROVA COMO JUSTIFICAÇÃO DA VERDADE

Em síntese, pela palavra "prova" se pode referir ao seu conteúdo substancial, sua manifestação formal e seu procedimento ou ao seu resultado[531].

É nesse sentido que Julio Maier também nos adverte para os diversos conceitos acessórios ou derivados que se ocultam sob o conceito originário de prova e nos auxiliam na compreensão de seu sentido jurídico, como os significados materiais de *elementos de prova, objeto de prova, meio de prova* e *fontes de prova,* bem como outros de caráter mais processual[532].

Objeto de prova é a matéria ou tema probatório acerca do qual precisamos fazer alguma prova; na concepção de E. Florian, "o objeto compreende a determinação das coisas que podem provar-se, é dizer, a determinação do requisito da idoneidade da comprovação processual, da aptidão processual da prova"[533]. No entanto, até se pode confundir o objeto da prova com o objeto da realidade material, a manifestação física imediata que se apresenta nos objetos que se obtem na investigação processual do crime. Mas, bem vistas as coisas, são indiretamente os fatos acerca dos quais temos alguma afirmação direta que queremos provar, tendo em conta que os fatos são sempre passados, não se podendo experimentá-los no presente. A prova se apresenta, assim, como meio para confirmar a hipótese dos fatos, sendo essa hipótese o objeto imediato da prova. Pode-se, assim, inicialmente, identificar-se com o fato, mas na medida em que esse se constituem no conteúdo próprio da imputação.

Elemento de prova, por sua vez, é o que se apresenta imediatamente à pecepção, como "o dado, o rastro, o sinal, contido em um meio de prova já realizado, que conduz, direta ou indiretamente, a um conhecimento certo ou provável do objeto do procedimento"[534]. Essa concepção não faz distinção entre o que se produz na fase de inquérito ou nas fases seguintes do processo. Mas há, diversa e erroneamente, quem pretenda considerar elemento de prova como o dado ainda não incorporado ao processo mediante sua realização formal conforme as regras processuais. Assim, nesse sentido, o elemento de prova, como vestígios e documentos, não seria a prova enquanto não incorporado ao procedimento, segundo as regras jurídicas do contraditório. Essa concepção acaba incorrendo em artifilidade conceitual

[531] E. Florian, *De las prubelas penales, T. I,* 1968, p. 3ss.
[532] J. B. Maier, *Derecho procesal penal, Tomo I,* 2004, p. 859.
[533] E. Florian, *De las prubelas penales, T. I,* 1968, p. 52ss; J. B. Maier, *Derecho procesal penal, Tomo I,* 2004, p. 859.
[534] Essa é a concepção de J. B. Maier, *Derecho procesal penal, Tomo I,* 2004, p. 859.

apenas para o fim de excluir certas provas não submetidas ao contraditório devido, porque concluídas no inquérito, embora depois em juízo não se acrescente nada epistemicamente que justifique a mudança de sua natureza. O melhor, portanto, será compreender o elemento de prova como o define Julio Maier, como aquilo que dará conteúdo ao meio meio de prova. Esse, aliás, parece ser o sentido que podemos encontrar em algumas jurisprudências, nas quais os elementos de prova aparecem como o conjunto probatório contido nos autos, sem referência ou distinção com os meios de prova, mas com referência ao todo que se encontra no processo como prova em sentido estrito, que autoriza uma conclusão condenatória[535].

Meio de prova, portanto, nesse sentido, será "o instrumento que permite a aquisição de um elemento de prova"[536]. É, mais especificamente, "o ato processual, regulado pela lei, por intermédio do qual se introduz no processo um elemento de prova, seu conteúdo eventual (a declaração testemunhal, o laudo pericial, o documento)". Em outros termos, são todas as formas legalmente estabelecidas pelo Código de Processo Penal, as formas como as provas se revelam no processo. Assim, uma vez descrito o objeto sobre o qual pode e deve desenvolver-se a prova, é necessário saber a maneira como ela se faz, os meios que servem para esse fim, as formalidade que se observam e a pessoa a quem cumpre essa tarefa, em síntese, como se verifica a introdução do objeto de prova no processo, com os elementos se encontram na invesgigação. Aqui, portanto, o que está em questão é a necessidade de reconhecerem-se as exigências de certas formalidades de instrumentalização da prova, mesmo antes de qualquer contraditório, tendo em conta suas regras jurídicas.

Contudo, tem-se admitido que "ordinariamente se considera meio de prova tudo que serve para estabelecer a verdade de um fato que tem importância para a sentença, é dizer, tudo que se apresenta razoável à convicção do juiz; em suma, o meio de prova é um meio de conhecimento". Dessa forma, esse conceito acaba sendo vago e insuficiente, pois diversos órgãos podem transmitir conhecimento direito ou indireto a respeito do objeto, ainda quando não estejam presentes no processo e não se tenham cumprido as regras processuais específicas, desde que sejam assumidas como fonte

---

[535] Nesse sentido, cf. p. ex. STF, HC 95.489; HC 95.725; HC 94.160.

[536] P. Tonini, *A prova no processo penal italiano*, 2002, p. 108; J. B. Maier, *Derecho procesal penal, Tomo I*, 2004, p. 859.

A PROVA COMO JUSTIFICAÇÃO DA VERDADE

de prova razoável[537]. Essa compreensão ampla e aberta pode ser aceita em virtude de não haver tipicidade taxativa das provas criminais, na medida em que, sendo possível transmitir conhecimento acerca dos fatos, e considerando a livre convicção motivada do juiz (valoração da prova), todo elemento, embora não tipificado normativamente como meio de prova, não estando proibido, deve ser admitido como prova em sentido amplo.

Assim, portanto, pode-se reconduzir a questão dos meios de prova a outro conceito de *fonte de prova* que se refere a tudo aquilo que é idôneo a fornecer resultado apreciável para a decisão do juiz, como por exemplo *uma pessoa, um documento ou uma coisa*[538]. Mas sem insitir na artificialidade conceitual de considerar a fonte como algo anterior ao processo judicial, confinando-o ao que se encontra no inquérito, mesmo quando assumiu a forma de um meio de prova legalmente previsto e realizado. Essa confusão apenas contribui para sonegar à discussão teórica o que efetivamente interessa relativamente aos aspectos processuais.

Aspectos Processuais: Obtenção, Admissão e Valoração

Além dos aspectos materais jurídicos da prova, há certos aspectos especificamente processuais que merecem uma distinção entre obtenção, admissão e valoração, a considerar que isso nos permite entender melhor o que está realmente em causa na distinção artificial entre elemento de prova e meio de prova, que encontramos no discurso da doutrina processual.

A desqualificação que a doutrina tenta fazer às provas que se obtêm na fase de inquérito nunca esteve seriamente relacionada a uma questão substancial sobre o valor da prova em si como fonte de conhecimento, mas a uma questão processual sobre seu valor em razão da falta de contraditório com que é obtida e produzida. Mas ao buscarem desqualificar essa prova, acabam incorrendo em uma artificialidade discursiva, porque na fase seguinte do processo em juízo, em muitas espécies de provas preconstituídas na fase anterior, não se acresce qualquer conteúdo epistemológico, tampouco qualquer contraditório efetivo que justifique a mudança de seu status probatório. E, assim procedendo, o discurso persiste tratando do problema de forma insfuciente. Afinal, é ainda a mesma prova que se produz na fase de inquérito que se transmite ao juízo; e sendo irrepetível,

---

[537] Nesse sentido, cf. E. Florian, *De las prubelas penales, T. I,* 1968, pp. 123-129.

[538] G. Badaró, *Processo penal,* 2008, p. 198.

apenas se admite na instrução e julgamento, sendo valorada em condições similares ao que se produz depois. A única exceção, no direito processual penal brasileiro, encontra-se na prova repetível que, além de ser cada vez menos utilizada, ainda pode ser valorada conjuntamente com as demais. Essa é a interpretaçãoo que se pode extrair do art. 158 do Código de Processo Penal, ao qual voltaremos adiante.

Mas, antes, essa questão nos exige distinguir entre obtenção, admissão e valoração da prova como conceitos processuais que interessam à compreesão da prova na investigação criminal, para entendermos que os sistemas processuais não estabelecem necessariamente uma simetria entre os casos de proibição de obtenção, admissão e valoração como fases de aquisição, incorporação e utilização da prova no processo penal[539].

A *obtenção da prova* se refere aos meios processualmente permitidos de aquisição probatória, bem como aos requisitos legais que são exigidos para a produção, recolhimento ou busca de uma prova, a exemplo do que podemos encontrar na disciplina jurídica da busca e apreensão, quebras de sigilos bancário e fiscal, bem como na interceptação telefônica, em comparação com outros meios como a oitiva de testemunhas, requisição de documentos ou de dados em geral.

A *admissão da prova*, por sua vez, diz respeito ao que, uma vez obtido ainda que por meios de obtenção não proibidos legalmente, poderá incorporar-se o processo como meio indôneo a ser objeto de valoração final. Essa fase processual de consideração probatória é especialmente relevante nos sistemas que permitem a "investigação de parte", como na Itália onde se procede o inquérito pelo órgão oficial de acusação, admitindo a prova para fim de juízo sobre a justa causa da ação penal, mas excluindo tudo que não foi produzido em contraditório para o fim de julgamento pelo "princípio da inutilizibilidade", embora exista em relação às espécies de prova irreptíveis uma maior concessão à sua admissibilidade com base em um questionável "princípio de não dispersão da prova"[540].

A *valoração da prova*, por sua vez, diz respeito à efetiva utilização em juízo cognitivo que se faz sobre o conjunto probatório considerado idôneo a compor as motivações da sentença, pressupondo necessariamente que se tenha obtido por meios permitidos, bem como que se tenha admitido regularmente ao processo, embora possa ser excluído nesse momento,

---

[539] A respeito, cf. P. Tonini, C. Conti, *Il diritto delle prove penali*, 2014, p. 485ss.

[540] Cf. P. Tonini, C. Conti, *Il diritto delle prove penali*, 2014, p. 497ss

sobretudo quando não há uma fase anterior de admissão ao julgamento, e se possa valorar cada elemento com grau de probabilidade diverso, em razão de sua aptidão cognitiva relativamente ao objeto de prova.

Os Diversos meios de Prova e sua Necessáraia Adequação Típica

Há vários meios de provas aptos a produzirem algum conhecimento acerca de algum aspecto do crime, sendo necessário à investigação criminal especificá-los o mais adequadamente, segundo a natureza dos elementos do tipo, tendo sempre em conta sua verificabilidade e falseabilidade.

Os códigos de Processo Penal costumam organizar-se com base em espécies diversas de meios de prova, mas uma classificação doutrinária pode nos fornecer alguma comprensão prévia à diversa aptidão cognitiva que cada uma nos oferece, segundo sua fonte probatória. É, portanto, nesse sentido que apresentamos algumas classificação que nos parecem relevantes para os problemas que a investigação criminal pode enfrentar na busca por estabelecer um conjunto probatório.

As provas, contudo, não interessam apenas por sua capacidade de verificar-se por qualquer um que se ponha a analisar positivamente o seu valor a favor de tese acusatória, mas sobretudo também a quem se ponha a analisá-las negativamente, buscando falseá-las a favor de teses defensórias. Assim, os diversos meios de provas devem ser considerados em suas diversas classificações possíveis, tendo em conta tanto sua verificabilidade positiva, quanto sua falseabilidade negativa, seja a favor de teses acusatórias, seja a favor de teses defensórias.

A investigação criminal como atividade essencial ao exercício da jurisdição não se pode sonegar nenhuma dessas possibilidades probatórias, limitando-se a uma direção apenas, em detrimento de outras. Ao tratarmos dos diversos meios de prova, nesse sentido, devemos ter em mente que elas se podem destinar a provar qualquer aspecto do crime, inclusive suas justificantes e excludentes. As classificações doutrinárias, assim, nada antecipam acerca de seu papel na disputa entre acusação e defesa, podendo servir tanto a uma posição quanto à outra.

As Classificações Doutrinárias

A Classificação da Prova Segundo Malatesta
A partir de sua definição de prova como "meio objetivo pelo qual o espírito humano se apodera da verdade", Nicola Framarino Dei Malatesta sustenta

que "sua eficácia será tanto maior, quanto mais clara, mais plena e mais seguramente ela induzir no espírito a crença de estarmos de posse da verdade"[541]. É com base nessa concepção que ele nos apresenta seu sistema de classificação das provas, que ainda permanece sendo reproduzido por diversas doutrinas, fazendo uma distinção entre uma classificação acessória, baseada nos fins da prova, e uma clasificação fundamental, baseada em elementos essenciais, no que se refere à natureza e produção, propondo que se considerem três aspectos: objetivo, subjetivo e formal.

A Prova Penal Segundo o Objeto

Quanto ao objeto ou conteúdo, a prova se pode considerar *direta* ou *indireta*. A prova, sob esse aspecto, "pode referir-se tanto à coisa que se quer verificar como a uma outra coisa diversa, de que se deduz a primeira. Quanto ao juízo penal em particualr, pode respeitar ao *delito* ou a uma *coisa diversa dele*, do qual, pois, por um trabalho racional, o espírito do juiz o deduz"[542].

Malatesta explica que "a prova direta e indireta requerem, de certo modo, a arte da lógica, para sua avaliação subjetiva". Assim, é do ponto de vista da avaliação objetiva, no exame do conteúdo da prova, que existe a diferença entre prova direta e indireta, pois, enquanto a conclusão a partir da prova direta pode ser obtida por uma afirmação pura e simples, sem aventar outras hipóteses excludentes, na prova indireta há sempre a necessidade de excluir hipóteses que possam explicar o fato de outra forma. Em síntese, conclui o autor que, "se do ponto de vista da avaliação subjetiva das provas não existe diferença entre prova direta e prova indireta, pois a razão explica sua atividade do mesmo modo para ambas, do ponto de vista da avaliação objetiva, ao contrário, existe uma enorme diferença entre prova direta e indireta. Com a simples percepção da prova direta, firma-se a conclusão objetiva; não se pode afirmar a conclusão da prova indireta, senão passando pelo trabalho de raciocínio, da sua percepção à do crime"[543].

São, nesse sentido, espécies de provas indiretas a *presunção* e o *indício*, que consistem em formas de raciocínio, o *presuntivo*, que deduz o conhecido do desconhecido por via do princípio da identidade, e o *indicativo*, por via do princípio da causalidade. Assim, enquanto, o raciocínio indica-

---

[541] N. F. Dei Malatesta, *A lógica das provas em matéria criminal*, 1996, p. 19.
[542] N. F. Dei Malatesta, *A lógica das provas em matéria criminal*, 1996, p. 112.
[543] N. F. Dei Malatesta, *A lógica das provas em matéria criminal*, 1996, pp. 148-150.

tivo "reduz-se ordinariamente a um entimema, em que a premissa maior é omitida" (como p. ex. dizer que o autor acusado evadiu-se do local do crime, por isso é culpado, no que está subtendida a máxima da experiência de que geralmente quem se evade é o culpado, como premissa maior); ao contrário, o raciocínio presuntivo "reduz-se ordinariamente a uma simples conclusão, suprimindo-se as duas premissas, maior e menor" (como p. ex. o acusado, sem qualquer explicação, declarar-se inocente por presunção legal). Mas o importante é observar que, tanto em uma como na outra forma de raciocínio, a premissa maior é retirada da experiência comum do caso em questão. É, portanto, na premissa menor que se estabelece a diferença.

Assim, no raciocínio indicativo, a premissa menor primeiramente afirma uma verificação particular para dela retirar uma inferência pretendida de uma premissa maior não explicitada, mas da qual se espera tirar a força da conclusão particular, segundo uma suposta causalidade. Malatesta, nesse sentido, explica que "depois de termos enunciado na premissa maior do raciocínio que *a fuga, à primeira suspeita, é ordinariamente causada pela consciência do crime*, passa-se, na menor, a afirmar *a fuga do acusado*, para poder, então, concluir que ele tem consciência da sua culpa e, portanto, é réu" [544].

Ao contrário, no raciocínio presuntivo, pela premissa menor, sem nada afirmar acerca da premissa maior omitida subtendida, apenas atribui-se ao sujeito particular aquilo que se espera aceitar em relação a todos sujeitos em geral segundo uma suposta identididade. Malatesta, nesse sentido, explica que, "depois de ter afirmado na *maior* do raciocínio, que *os homens são ordinariamente inocentes*, passa-se, na *menor*, a afirmar que *o acusado é um homem*, para poder, por isso, concluir que o acusado é considerado inocente até que se prove o contrário. Ora, tanto neste caso, como no de qualquer outro raciocínio presuntivo, a compreensão do particular no geral, a continência do indivíduo na espécie, é percepção de senso comum; é percebido por todos intuitivamente e eis por que se julga também completamente inútil enunciar a proposição que afirma tal continência, suprimindo-se as premissas menor e maior" [545].

---

[544] N. F. Dei Malatesta, *A lógica das provas em matéria criminal*, 1996, pp. 180ss.
[545] N. F. Dei Malatesta, *A lógica das provas em matéria criminal*, 1996, p. 179ss.

A Prova Penal Segundo o Sujeito

Quanto ao sujeito, por sua vez, considerando a origem de que emana a prova, esta pode ser *real* ou *pessoal*. A respeito desse critério, Malatesta nos explica que "o *sujeito* da prova não pode em concreto apresentar-se diante do juiz, como diante de qualquer outra pessoa, senão de uma forma particular, a *forma* da prova. Embora se trate de afirmação de pessoa ou coisa, não poderá nunca, em concreto, apresentar-se diante do juiz um *sujeito* da afirmação, destituído de uma determinada *forma* de afirmação: a pessoa que afirma nunca poderá apresentar-se à consciência do juiz, senão enquanto exterioriza sua afirmação pela forma do *testemunho* ou do *documento*, que são as duas únicas espécies formais de afirmação pessoal. A *coisa* que afirma não poderá, mesmo como tal, apresentar-se diante do juiz, senão quando exteriorize sua afirmação na forma de *prova material*, a única espécie formal da afirmação da coisa"[546].

Assim, uma vez ocorrido um fato, este pode deixar vestígios reais ou morais. São reais os que se apresentam aderentes à "realidade inconsciente da coisa", dando lugar ao que se chama de prova real; os morais, por sua vez, consistem nas impressões mnemônicas do espírito humano, que se distinguem em inconscientes e conscientemente reveladas. Essas últimas dão lugar à prova denominada pessoal. Assim, do ponto de vista do sujeito, a prova consiste em uma "afirmação da coisa", prova real, ou "afirmação de pessoa", prova pessoal.

O mais importante desse critério de distinção das provas está em compreender que "a distinção subjetiva das provas, em pessoais e reais, é considerada em relação à consciência do juízo dos debates", porque se assim não se fizer a distinção, se apenas atentássemos para a sua fonte originária, sempre teríamos provas reais, o que não correponde ao espírito dessa distinção classificatória. Afinal, é preciso admitir que qualquer afirmação originária de uma pessoa pressupõe ainda uma prova em sentido genérico real relativamente à própria pessoa que afirma. Assim, portanto, "temos sempre uma prova real, relativamente ao que se faz a afirmação, que teve a percepção direta das coisas a que se refere (...). Toda prova, neste sentido, começa por ser real". A distinção, nesse sentido, em pessoal e real, depende do sujeito que ao final vai emitir o juízo conclusivo acerca da

---

[546] N. F. Dei Malatesta, *A lógica das provas em matéria criminal*, 1996, p. 275ss.

prova: "é este o momento em que se estuda a natureza subjetiva das provas, distinguindo suas classes"[547].

A prova é real, nesse sentido, portanto, somente quando, entre a coisa e o sujeito que se convence dela, não exista outra pessoa para intermediar o conhecimento segundo suas impressões pessoais. E por isso, "sempre que o escrito é uma manifestação consciente pessoal, destinada a fazer fé dos fatos nele afirmados, é sempre uma prova pessoal....", o que atinge a essência do que se tem buscado legitimar como prova material nos laudos periciais.

Assim, apenas são reais as provas que decorrem de coisas, quando sejam estas diretamente averiguadas pelo juiz julgador ou pela autoridade investigante a quem interessa conhecer e concluir sobre os fatos preliminarmente; e são pessoais as provas que decorrem de pessoas, sendo por estas intermediadas o conhecimento em relação ao julgador ou investigador. Uma prova pericial, portanto, por ser expressão de perito (pessoa), embora se refira a elementos materiais diretamente analisado pelo perito, não seria prova real; somente seria real se o conhecimento decorresse de incursão imediata pelo juiz na coisa, objeto da perícia. É, nesse sentido, que se entende a advertência de Malatesta sobre a necessidade de considerar a distinção da prova em relação à consciência do juiz. O que, dessa forma, pode constituir-se em prova real para a autoridade investigante, durante o inquérito, será para o juiz um prova pessoal, salvo se essa última autoridade proceder à inspeção diretamente, sendo isso possível. Ou seja, somente a prova realizada pela autoridade a quem compete decidir, seja sobre a condenação (no julgamento), seja sobre o indiciamento (no inquérito), de forma direta, sem intermediação do conhecimento de outra pessoa, é que seria uma prova real, deixando de ser quando for intermediado por outros sujeitos.

A Prova Penal Segundo a Forma

Quanto à forma, por fim, a prova pode ser *testemunhal*, *documental* e *material*. Entre as provas testemunhais, Malatesta arrola todas as hipóteses de conhecimento oriundo de testemunho, seja da testemunha imparcial, terceiro em relação ao processo, seja do ofendido ou do acusado, tratando apenas de distinguir a credibilidade de cada um, bem como o conteúdo possível do testemunho, nele se incluindo a hipótese de *confissão*. Ainda, entre as

---

[547] N. F. Dei Malatesta, *A lógica das provas em matéria criminal*, 1996, p. 286ss.

provas testemunhais, como o antecipa a distinção entre prova real e pessoal, inclui o que se chama devidamente de "testemunho pericial", como aquele que "é prestado por testemunhas escolhidas *post factum*; testemunhas que procuramos para deporem sobre certas condições e certas relações particulares do fato, não-perceptíveis ao comum dos homens, mas somente a quem é dotado de uma perícia especial"[548].

A necessidade das perícias decorre sempre que a verificação de certas coisas não sejam perceptíveis por conhecimento ordinário de senso comum, tendendo a diminuir à medida que certas ciências se vão assimilando à rotina das pessoas em geral, dispensando conhecimentos especializados, embora certos tipos particulares de crime sempre exijam uma mais detida atenção descritiva. Malatesta, no entanto, apresenta critérios de avaliação do testemunho pericial que merecem atenção, em especial ao considerar que "o testemunho do perito, com a da testemunha comum, tem tanto de valor probatório quanto de exatidão têm sua percepções. É preciso aqui saber como se verificam suas percepções, para se poder ter fé na sua exatidão, isto é, que o perito *dê causa da sua ciência*, como dizem os práticos a propósito do testemunho comum. (...) Quanto aos laudos científicos, enfim, o dar a razão da ciência se resolve, para o perito, na exposição dos motivos racionais das suas afirmações"[549].

Quanto à prova documental, Malatesta chama atenção para o sentido de documento como registro em geral, de forma permanente, não limitado ao escrito em papel como de ordinário tendemos a relacionar, embora este seja o mais comum dos documentos. Em todo caso, adverte o autor que "o documento é essencialmente prova pessoal", porque revela a expressão de uma pessoa a respeito de um fato. E aqui também podemos voltar à prova pericial, seja porque decorre de pessoas, seja porque materializada em um laudo, é sempre uma prova pessoal, no duplo sentido, nunca uma prova material em sentido estrito. Assim, deve ser submetida a dupla avaliação, segundo os critérios aplicados aos testemunhos e os critérios de avaliação dos documentos. A questão é que, sendo os peritos atualmente oficiais em sua maioria, alguns critérios são presumidos como cumpridos, embora nada impeça que se os considere no caso concreto[550].

---

[548] N. F. Dei Malatesta, *A lógica das provas em matéria criminal*, 1996, p. 319ss, p. 534ss
[549] N. F. Dei Malatesta, *A lógica das provas em matéria criminal*, 1996, pp. 540-543.
[550] N. F. Dei Malatesta, *A lógica das provas em matéria criminal*, 1996, p. 553ss, p. 585ss.

Quanto à prova material, Malatesta explica que ela consiste em "uma materialidade que, apresentada à direta percepção do juiz, serve-lhe de prova". Há, nesse sentido, duas espécies de provas materiais, *transitórias*, quando praticadas na presença do juiz, mas que logo depois se esvaem; e *permanentes*, quando permanecem aptas ao conhecimento posterior. Além dessas espécies, é possível distinguir ainda entre prova material própria e imprópria, sendo material propriamente dita apenas a constatação judicial imediata, porque "tudo que se apura materialmente fora do juízo, será prova material para quem o percebe, não o será no entanto para o juiz de debates, ao qual o fato é simplesmente afirmado por uma pessoa"[551].

Provas Históricas e Críticas
Francesco Carnelutti considera a prova como "objetos mediante os quais o juiz obtém as experiências que lhe servem para julgar", ou, dito de outra forma, como "instrumentos, indispensáveis e perigosos, que conduzem ao conhecimento", embora não sejam suficientes para esgotar dito conhecimento, sendo necessário, segundo ele, "para tal fim, penetrar mais profundamente o dado, o que não se pode obter sem uma classificação", que ele sugere a partir de dois critérios, segundo a função da prova e segundo sua estrutura [552].

Inicialmente, tendo em conta a função, Carnelutti considera que "algumas provas têm e outras não têm eficácia representativa do fato a provar; as primeiras se chamam provas históricas, as segundas provas críticas. A diferença entre uma e outra está fundada sobre o conceito de *representação*, um mais entre aqueles conceitos que não pertencem à ciência do Direito, mas que são indispensáveis a esta....". Tendo, assim, em conta a noção de representação, "...o que distingue as provas históricas das provas críticas é sua idoneidade para suscitar na mente do juiz, direta ou indiretamente, mediante a *figura* ou o *discurso*, que são as duas espécies de *conceito*, a *imagem* do fato a provar, o que precisamente se diz *representar* no sentido de *fazer presente o que é passado ou distante*"[553].

Tendo em conta a estrutura da prova, por sua vez, Carnelutti considera que "quem observa como se desenvolva um processo, se dá conta facilmente

---

[551] N. F. Dei Malatesta, *A lógica das provas em matéria criminal*, 1996, p. 603, pp. 621ss
[552] F. Carnelutti, *Das provas no processo penal*, 2005, p. 16ss, p. 29ss.
[553] F. Carnelutti, *Das provas no processo penal*, 2005, p. 16ss, p. 30.

TEORIA DA INVESTIGAÇÃO CRIMINAL

de que os julgadores obtêm as razões já de *homens*, já de *coisas* (...). Segundo esse outro critério, de inteligência mais fácil que o precedente, as provas se distinguem em provas pessoais e provas reais. Entre as provas pessoais, o autor situa as que decorrem das partes, imputado ou parte prejudicada, e de terceiros. Entre as reais, as históricas e as críticas".

A prova histórica se pode inicialmente definir como *"um fato representativo de outro fato"*, desde que esse se entenda como uma experiência que se representa imediatamente na prova. Mais especificamente, para que a representação do fato se possa considerar uma prova histórica não basta que seja um representação indireta do fato, mas antes que seja uma representação direta de experiência relativa ao fato, o que se pode sintetizar na definição de que "a prova histórica é *não tanto um fato representativo de outro fato quanto de uma experiência*". Assim, Carnelutti considera que "histórica se chama precisamente a esta prova porque, representando uma experiência, ou seja um fato ocorrido, afirma a historicidade do fato representado, ou seja que o inclui na história". E, nesse sentido, são provas históricas a testemunha e o documento, porque "...tanto a testemunha como o documento serve para *expressar uma impressão* do fato, mas a expressão da testemunha está dirigida a quem o escuta, pelo que ele pode ser uma maneira tosca, assimilado a um tubo pelo qual a impressão se *transmite*; em troca, a expressão do documento não está dirigida a nada e, por isso, o documento se assemelha, pelo contrário, a uma vaso, no qual a impressão *se conserva*"[554].

A prova crítica, por sua vez, em contraposição à *função representativa* das históricas, tem uma função denominada *indicativa*: "a diferença entre *representação* e *indicação* está em que o fato indicativo não é, como o fato representativo, um equivalente sensível do fato a provar, no sentido de que não determina sua imagem na mente do observador, quando menos imediatamente...". É nesse sentido que Carnelutti considera os indícios como *prova crítica natural*, na qual se situa o *corpo de delito*, que é "uma entre as 'cosias pertinentes ao delito' e, por isso, tem o primeiro posto entre os indícios deste"[555].

Prova por Concurso de Circunstâncias, Composta e Imperfeita

C. J. A. Mittermaier, após tratar das espécies de provas ordinariamente referidas em geral (prova por verificação judicial, por peritos, confissão,

[554] F. Carnelutti, *Das provas no processo penal*, 2005, pp. 34-35.
[555] F. Carnelutti, *Das provas no processo penal*, 2005, pp. 53-60

prova testemunhal, prova documental) apresenta conceitos sobre *prova por concurso de circunstâncias*; *prova composta, ou por concurso das diversas provas;* e *prova imperfeita.* Inicialmente, contudo, o autor se refere à divisão das provas em natural e artificial, ou circunstancial, sendo dessa natureza, segundo ele, os indícios, que não dão ao juiz uma segurança muito grande sobre os fatos, ao passo que as naturais repousam em evidências materiais, embora igualmente exijam uma série de conclusões do raciocínio, de tal forma que não seria relevante essa distinção[556]. As suas razões para a especial atenção que se deve dar a essas espécies de prova são dignas de consideração, porque nos adverte contra aquela superada ideia de que há provas mais naturais que por si possam levar a conclusões sem maiores inferências de raciocínio em contraposição ao que se obtém a partir da artificialidade dos indícios, tendo em conta que grande parte das provas relevantes a aspetcos fundamentais do crime não se encontram nas evidências mais materiais.

Quanto à prova circunstancial, ou por concurso de circunstâncias, Mittermaier sustenta haver, além das provas naturais (evidências materiais), certas circunstâncias que são "testemunhas mudas" do crime, a partir das quais, por via de inferência se pode concluir de fatos conhecidos outros fatos necessários. Assim, são os meios de prova artificial, ou circunstancial, os indícios e as presunções, considerados, em essências, expressões sinônimas. Um indício é, dessa forma, "um fato em relação tão precisa com um outro fato que de um o juiz chega ao outro por uma conclusão toda natural. É pois, preciso que haja na causa dois fatos, um verificado, outro não estabelecido, e que se trata de demonstrar, raciocinando do conhecido para o desconhecido; aplicado ao processo criminal, o indício é o fato, circunstância acessória que se prende ao principal, e por isso faz concluir ou que o crime foi praticado, ou que um indivíduo determinado tomou parte nele, ou que teve lugar por esta ou aquela forma. Em uma palavra, os indícios têm relação ou com o fato, ou com o agente, ou com o modo do fato". É nesse sentido que se fala, então, em prova por concurso de circunstâncias, sendo necessário, portanto, "pesquisar primeiro os fatos que servem de base aos indícios, e depois todos aqueles, cuja existência verificada permite determinar o valor dos primeiros"[557].

---

[556] C. J. A. Mittermaier, *Tratado das provas em matéria criminal*, 1997, p. 116ss
[557] C. J. A. Mittermaier, *Tratado das provas em matéria criminal*, 1997, p. 315, p. 323, p. 329.

Considerando, dessa forma, que uma condenação penal requer a demonstração completa dos fatos investigados, até que seja plena e inteira a prova, não se pode considerar culpado o acusado. Assim, Mittermaier sustenta que, faltando alguma prova relativamente a algum elemento do crime, ainda que existam partes demonstradas pelas provas, não se tem *prova perfeita suficiente* para concluir acerca do crime, ou da autoria. Mas essa perfeição somente se pode chegar por composição de várias provas, o que se chama de *prova composta,* que consiste no conjunto de todas as provas, naturais e artificiais, sendo raro o caso em que um processo judicial não se conclua pelo concurso de diversas provas que devem ser contrastadas entre si[558].

Assim, portanto, na investigação criminal, tendo em conta essa concepção de Mittermaier, poderemos observar que "a maior parte dos meios de prova não repousam, como se supõe, na evidência material, e é sem razão atribuir a esta suposição a confiança que eles podem inspirar; é preciso, antes de tudo, que o espírito os examine, os analise, e nunca é sem terem passado por uma série inteira de conclusões do raciocínio, que o mesmo espírito presta fé à sua veracidade, e que se convence da realidade dos fatos em demonstração". Claro é que, nesse discurso, Mittermaier pretende atribuir ao indício um valor maior que o geralmente aceitável, o que somente podemos admitir nos limites daquela distinção que Lugi Ferrajoli nos apresenta, mas sua concepção tem especial valor por nos levar ao final a concluir que "a divisão em prova natural e artificial não tem objeto prático"[559].

Algumas Questões Específicas de Investigação

Adequação Probatória Segundo os Elementos do Tipo

Considerando a teoria jurídica do crime como linguagem conceitual de interpretação da tipologia legal, a partir da qual nos referimos aos fatos e dados probatórios, é princípio fundamental da atividade probatória na investigação criminal que seja dirigida em conformidade com esse pressuposto conceitual. A teoria do crime é, nesse sentido, não apenas o ponto de partida para a obtenção das provas, na medida em que determina *o que provar (objeto da prova) e qual sua natureza,* como igualmente o ponto de chegada, pois somente se conclui uma investigação criminal quando estiverem

---

[558] C. J. A. Mittermaier, *Tratado das provas em matéria criminal,* 1997, p. 359ss, p. 365ss

[559] C. J. A. Mittermaier, *Tratado das provas em matéria criminal,* 1997, p. 118ss

presentes provas que se refiram a cada elemento do crime que se permita provar. Há, assim, que se ter uma adequação probatória segundo a natureza dos elementos do tipo.

Inicialmente, devemos ter em mente que a prova de que falamos se destina a alcançar certeza sobre a existência de fatos, não do direito nem da teoria do crime. Assim, quando dizemos, do ponto de vista da teoria, que há crime se presentes tipicidade, ilicitude e culpabilidade, estes elementos são constatados por *juízos* de tipicidade, de ilicitude e de culpabilidade, mas sobre os fatos demonstrados por provas. E tais fatos essenciais aos referidos juízos, em suma, estão delimitados pelo tipo penal. É, portanto, a partir do tipo penal – como estrutura hipotética legal que deve ser "preenchida" por provas – que a atividade probatória deve realizar-se. Em outros termos, o tipo penal, devidamente *decomposto* em seus elementos, é o ponto de partida e de chegada da investigação criminal. Somente quando todos seus elementos estiverem devidamente confirmados por provas adequadas é que podemos concluir pela existência do crime. Tais provas, não raramente, são obtidas pelo concurso de circunstâncias que configuram uma prova composta, mas é fundamental que a investigação esteja orientada por *responder* a cada elemento do tipo penal com uma *prova adequada a natureza do elemento do tipo.*

A investigação criminal, nesse sentido, deve distinguir entre os elementos materiais (objetivos-descritivos), normativos e subjetivos do tipo, pois somente aqueles primeiros, em virtude de sua natureza ontológica, são passíveis de investigação e prova em sentido estrito. Quanto aos elementos normativos, o conhecimento deles se basta em uma atividade puramente valorativa (um juízo de valor), para a qual não se exige investigação propriamente dita, embora se deva concluir a respeito deles, ainda que provisoriamente, já na própria investigação. Quanto aos elementos subjetivos (seja ele geral, o dolo, seja um especial fim de agir), somente de forma indireta são conhecidos, a partir da investigação dos elementos materiais (elementares ou circunstanciais do tipo), que constituem indícios da subjetividade do investigado, ou quando este mesmo admite sua intenção.

Isso limita substancialmente o campo de investigação criminal e torna proporcionalmente complexa a atividade, considerando que, não obstante, ao se falar em investigação e prova do crime, é exigível que todos os elementos estejam referidos na conclusão. Assim, somente falando em prova em um sentido muito amplo é que poderíamos dizer que o crime está provado, segundo os elementos do tipo. Em todo caso, seja por prova propriamente dita, seja por juízo de valor sobre elementos normativos, seja por indício a respeito de elementos subjetivos, a investigação criminal deve referir-se conclusivamente a cada um dos elementos do tipo, indicando em que se fundamenta para o indiciamento. Seria, portanto, adequado que, para cada fato ou dado probatório, considerado especificamente na conclusão, se atribuísse um símbolo de valor probatório a um determinado fato ou dado (p, v. g.) em função de determinado elemento do tipo penal (e, v.g.). Assim, ainda que não conste no ato formal de indiciamento, em sua análise pessoal, valendo-se dos símbolos, a autoridade investigante deveria relacionar provas (p) a elementos (e) de maneira racional e segura, que lhe conduza no discurso de fundamentação do ato.

Trata-se de simples técnica de trabalho em que, considerando o *conjunto probatório completo* (P, vg.), podemos catalogar os fatos e dados probatórios (p', p'', p'''...), a partir dos quais cada elemento do tipo poderia ser considerado como provado ($p' \rightarrow e'$; $p'' \rightarrow e''$...), em uma argumentação lógica formalmente demonstrada, permitindo uma melhor visualização dos resultados da investigação, naquilo que interesse mais imediatamente à conclusão – os fatos e dados probatórios com relação aos elementos do tipo penal.

Verificabilidade da Prova e Prova Preferencial

Essa organização do trabalho probatório, para além de permitir uma conclusão da atividade investigativa, com relação precisa sobre os elementos do crime demonstrados, permite, nas fases de instrução e julgamento, a verificabilidade dos fatos e dados que são referidos como fundamento para a conclusão acerca do crime e sua autoria. Além disso, uma vez especificado o elemento do tipo e a prova a ele relacionado, podemos observar mais seguramente a aptidão da prova para demonstrar o objeto de prova. Não quer isso dizer que devemos falar de *provas necessárias*, segundo a natureza do elemento do crime, mas com isso podemos adquirir a consciência da *possibilidade* de outras provas mais adequadas para sustentar uma maior aceitação das hipóteses fáticas, segundo sua força de convencimento em julgamento. Falemos, assim, em lugar de prova necessária, de provas preferenciais.

Podemos, nesse sentido, sustentar que certas provas estão mais aptas a demonstrar o crime, em virtude de certas qualidades de que dispõem para produzir um conhecimento mais aceitável, seja porque traduzem maior credibilidade, seja porque reduzem as inferências necessárias para uma conclusão. Assim, havendo várias provas possíveis de se realizar na investigação, e considerando que não basta um conjunto quantitativo, a autoridade investigante, racionalizando sua atividade, deveria optar por certas provas em detrimento de outras, preferindo:

a. Dados *objetivos*, em lugar de *subjetivos*, em virtude do interesse subjacente que toda testemunha tem em relação aos fatos;

b. Registros *originários* (ocorridos ao tempo do fato), em lugar de *derivados* (no presente), em virtude da artificialidade dos registros *a posteriori* (a exemplo da preferência expressa na hipótese do art. 174, III do CPP);

c. Conhecimento subjetivo *imediato* (inspeção pessoal), em lugar de conhecimento *mediato* (determinado a terceiro).

A Questão do Corpo de Delito e a "Necessidade" de Exame

Ao falarmos de preferência, não devemos pensar em *prova necessária*, mas apenas de *prova possível*, tendo em conta os subsistemas de liberdade e valoração de provas geralmente presentes nos sistemas processuais, embora seja relevante considerar a *obrigatoriedade legal* do exame de corpo de delito no sistema processual brasileiro, cujo CPP parece instituir uma *preferência*, *desde que* seja possível a prova segundo esse meio. Não o sendo, contudo, o próprio CPP admite o exame indireto, que pode ser feito por testemunhas do fato. Essa preferência, portanto, deve ser bem compreendida, para que não se estabeleça a falsa idéia de uma prova necessária, sob pena de estarmos retrocedendo a um sistema medieval de provas legais.

A perícia em geral. Perícia é todo exame técnico, realizado em pessoas ou em coisas, para demonstração de fatos que dependem de conhecimento especializado, sem o qual os vestígios não se revelam imediatamente ao juiz, na fase de julgamento, ou à autoridade investigante, na fase do inquérito. Trata-se, nesse sentido, sempre de uma exposição técnica, segundo o estágio de determinada ciência, mas necessariamente nutrida da subjetividade do perito, segundo o estágio de sua especialização.

Assim, embora possa se considerar uma prova direta (em relação a quem pesquisa o objeto), nos casos em que a perícia se realiza diretamente no objeto de conhecimento, não é nunca uma prova real, como o adverte Malatesta, pois não representa o conhecimento imediato do juiz, ou da autoridade investigante, já que intermediada pelo conhecimento do perito. Por esse motivo, sobretudo, é que o art. 182 do CPP assegura ao juiz (e à autoridade investigante, por analogia) a possibilidade de aceitar o laudo ou rejeitá-lo, não ficando a ele adstrito, podendo ainda ordenar novo exame por outros peritos (CPP, art. 181). Seguindo essa compreensão, o art. 180, por sua vez, admite inclusive que pode haver divergência entre peritos, dando motivo a realização de nova perícia.

As perícias, nesse sentido, são *exames* (técnicas de pesquisa) realizados por peritos[560], pessoas qualificadas em conhecimentos especializados (no que se aproximam de um testemunho técnico)[561], e se consubstanciam em *laudos periciais* (documentos técnicos), nos quais se registram descrições e respostas aos quesitos feitos pela autoridade a que se destina. Assim, as perícias são provas que participam da natureza das provas testemunhais e documentais, e como tais devem ser valoradas pela autoridade a quem compete concluir sobre o crime, seja para indiciamento na fase do inquérito, seja para condenação na fase de julgamento. No entanto, a perícia se caracteriza especialmente por ser um exame sobre elementos reais denominados vestígios, cuja natureza material é de sua essência, permitindo-se sua constatação sensível por qualquer pessoa, a qualquer tempo, ainda que seja necessário o uso de instrumentos tecnológicos para verificá-los, bem como conhecimento específico para localizá-los e compreendê-los. Em síntese, destinam-se às infrações penais que se constituem de elementos materiais, ou cuja realização implica modificações fáticas, ainda que estas não constituam elementos típicos.

Em tais casos, o art. 6º, inc. I, do CPP determina, desde o primeiro momento, na fase de inquérito, que a autoridade policial deverá assegurar que não se alterem o estado e conservação das coisas, até a chegada dos peritos, reafirmando a necessidade dessa providência no art. 169. Essa providência, contudo, limita-se aos casos em que há um local de crime a ser resguardado, mas se deve estender, por analogia, a todos os demais casos em que, mesmo não havendo local de crime, há vestígios do crime a serem preservados.

---

[560] O perito, mesmo quando não oficial, se submete à disciplina judiciária, sendo considerado auxiliar da justiça, segundo disposições contidas nos arts. 275 a 281.

[561] O testemunho técnico se qualifica por conter uma avaliação (perícia *deducendi*), além de declarações (perícia *percipiendi*), diferentemente da testemunha que deve se limitar a declarações. Nesse sentido, cf. G. Badaró, *Processo penal*, 2008, p. 226.

Classificação de perícias e tratamento diferenciado. As perícias, em geral, podem ser divididas, segundo sua imprescindibilidade, em: *(a) obrigatórias*, quando destinadas a crimes que deixam vestígios *(delicta facti permanentes)*; e *(b) facultativas*, quando destinadas a crimes que não deixam vestígios *(delicta facti transeuntes)*. A primeira, prevista no art. 158 do CPP, é o exame de corpo de delito. Sua obrigatoriedade deve ser aferida em função do conceito de "corpo de delito". As demais são referidas apenas como "outras perícias" pelo art. 159 do CPP.

Com relação à obrigatoriedade, contudo, sabe-se que a perícia se impõe por dois motivos preliminares: primeiro, porque há elementos materiais a serem submetidos a exame pericial; segundo, porque o juiz, ou o delegado de polícia, não dispõe de conhecimento específico à compreensão dos elementos. Daqui surgem duas questões iniciais, antes de se considerar a obrigatoriedade do exame de corpo de delito: se é possível perícia independente de vestígios; e se é possível dispensar perícia, quando o juiz, ou autoridade investigante, possui conhecimento suficiente para compreensão dos elementos materiais.

Quanto à perícia sem vestígio, o CPP parece reservar tal possibilidade para as "outras perícias", haja vista que, quando há vestígios, temos corpo de delito e o exame é obrigatório (art. 158). Por outro lado, contudo, admite que não sendo possível o exame de corpo delito, por desaparecimento dos vestígios, a prova testemunhal pode supri-lo (CPP, art. 167). Por sua vez, à luz do CPP, a falta de vestígio não impediria "outras perícias", mas o código não diz sobre que objeto se deve realizar tais perícias, embora o possamos deduzir das diversas espécies de exames como idenificação de pessoas e a constatação de idade do acusado[562]. O problema, aqui, parece estar em torno do conceito de corpo de delito e sua equivalência integral ou não com todo e qualquer vestígio. Segundo entendemos, o art. 158, ao dizer que o exame de corpo delito será indispensável quando a infração deixar vestígios, aplica-se somente quando estes forem elementos materiais do tipo penal (corpo de delito); ao passo que o art. 184 diz respeito às demais perícias, sobre vestígios que não constituem elementos do tipo[563].

---

[562] A respeito, cf. D. Feitoza, *Direito processual penal,* 2008, p. 637.

[563] Em sentido aproximado, distinguindo entre perícia intrínseca (sobre o corpo de delito) e perícia extrínseca (sobre pessoas e coisas que conduzem à prova do crime), cf. G. Badaró, *Processo penal,* 2008, p. 226. Outra interpretação possível, mas inadequada segundo entendemos, seria considerar que o exame de corpo de delito se aplica em todos os vestígios,

TEORIA DA INVESTIGAÇÃO CRIMINAL

Na base dessa distinção está um determinado conceito de corpo de delito, que o limita aos elementos materiais do tipo. Somente se fazendo essa distinção, é possível entender os casos em que é indispensável o exame (de corpo de delito nesse caso), segundo o art. 158 do CPP, e separar dos casos em que o juiz ou a autoridade policial pode negar realização de perícia requerida pela parte (ou interessado na investigação), segundo o art. 184.

No entanto, posto dessa forma, deve-se observar que há certos vestígios que, mesmo não constituindo componente do crime, a este se relacionam de tal forma que seu conhecimento mesmo somente se completa com o conhecimento daqueles, mas, embora não imprescindível, por ser necessário ao esclarecimento da verdade, exigem perícia. Daí porque o art. 184, ao possibilitar ao juiz e à autoridade policial negar realização de perícia, ressalva o seguinte ao final: "quando não for necessário ao esclarecimento da verdade". E quando o será? Quando a compreensão de tais vestígios (secundários, circundantes) exigirem um conhecimento especializado que somente se alcança por perícia. Com essa conclusão, pode-se observar que o CPP, ao utilizar do termo "vestígios" o fez em sentido restrito e equivalente a um determinado conceito de "corpo de delito".

Assim, em relação ao segundo questionamento (sobre se é possível dispensar perícia), pode-se aceitar que, quando o juiz, ou autoridade investigante, possuir conhecimento suficiente para compreensão dos elementos materiais, poderá dispensar a perícia. Nesse caso, contudo, somente seria possível dispensar a perícia, na hipótese de "outras perícias" referidas pelo art. 184, haja vista o que este artigo excepciona ("salvo o caso de exame de corpo delito..."), deixando claro que aqui não pode o juiz, ou a autoridade investigante, negar a perícia, porque se trata de uma questão de direito à prova, direito ao seu esclarecimento para conhecimento e defesa em contraditório. Ainda que se possa considear questionável essa preferência de uma pespsectiva científica por estabelecer uma prova quase-necessária, é de uma pespectiva jurídica uma tentativa de aprimorar a garantia de verdade em favor da liberdade, não podendo ser lida em sentido contrário para tornar a prova pericial uma rainha das provas suficiente para a condenação.

sejam estes componentes do tipo penal, sejam apenas resultados da ação típica sem relação com os elementos do tipo.

O Problema da Prova da Autoria

É necessário que se distinga entre prova do crime e prova da autoria. Ao passo que podemos falar em prova mais ou menos segura da existência do crime, em relação à sua autoria os dados probatórios têm quase sempre apenas um caráter indiciário. Mesmo quando temos a confissão do investigado, essa não passa de um indício muito forte de que ele é o autor do crime, desde que não tenhamos nenhum motivo para duvidar de sua sinceridade. Fora dessa hipótese, considerando que a prova direta se estabelece em função da autoridade a quem cabe concluir, somente quando esta tenha presenciado o cometimento do crime é que podemos ter uma prova mais ou menos segura. Dizemos "mais ou menos segura" porque ainda assim subsiste a possibilidade de a autoridade não ter *representado* adequadamente a compreensão do fato, em virtude de vários fatores psicológicos que interferem na cognição. Assim, nem mesmo a testemunha presencial, uma vez tendo que transmitir à autoridade competente seu conhecimento, poder-se-ia considerar uma prova absoluta e definitiva. Nesse sentido, podemos dizer que, em geral, a autoria se estabelece por indícios. É, portanto, um equívoco acreditar que *o indiciamento* do investigado se dá apenas por ser a investigação criminal do inquérito um estágio prévio de conhecimento probatório, pois mesmo na investigação instrutória de julgamento, ao aprofundar-se a persecução cognitiva do crime e sua autoria, a conclusão a respeito desta permanece sempre como um indício mais ou menos provável.

A questão da autoria do crime é, portanto, um dos problemas probatórios mais complexos da investigação. Uma vez demonstrado o crime (que em geral, segundo o estágio de nossa ciência, pode-se dizer devidamente provado), cumpre à investigação concluir e explicar porque determinado sujeito, e não outro, é seu autor. Pense-se, p. ex., nos casos de homicídio, de nota falsa e de todos os crimes que deixam vestígios, cuja conclusão acerca de sua existência é seguramente obtida, sempre é claro de acordo com o que entendemos por morte, falsidade etc. O mesmo já não podemos dizer do autor. É importante, portanto, compreender que certos fatos e dados probatórios que indicam o investigado como autor são aptos às vezes a indicar outros tantos sujeitos, sem maiores distinções, e nesse caso a conclusão indiciária é tão frágil que não se pode sustentar.

É certo, porém, que durante a investigação fática do crime, há certos fatos e dados probatórios que direcionam para um sujeito genericamente

TEORIA DA INVESTIGAÇÃO CRIMINAL

considerado (que detém certas características em comum com outros), o que em conjunto com outros dados adicionais podem auxiliar na individualização do sujeito. Mittermaier, a respeito desse problema, explica que "...o fato, que atrai para uma pessoa a atenção do juiz, serve de base, de ponto de partida para o indício; porém, para que daí resulte um estado real de suspeita, é preciso descobrir uma série inteira de circunstâncias acessórias, cujas coincidências fixam as convicções do juiz [e da autoridade investigante]...."[564]. Nesse sentido, não basta concluir a partir dos elementos materiais do crime a autoria, pois há que se observarem certas circunstâncias externas ao tipo penal, que indicam o autor dos fatos. Mas isso ainda não será conclusivo a respeito da autoria, é preciso que se reconheça.

Ainda que se reúnam todos os fatos e dados que conduzem a determinado investigado, é importante que se ouça ele a respeito desses elementos, porque ele pode fornecer outra hipótese explicativa dos mesmos fatos e dados de forma igualmente adequada sem que, no entanto, impliquem-no ao caso investigado. Sendo sua hipótese explicativa razoável, igualmente aceitável relativamente à hipótese acusatória, a dúvida pode conduzir, no julgamento, à absolvição; não o sendo, contudo, justificada estará uma condenação, ou teríamos que, levando ao pé da letra o princípio *in dubio pro reo*, nunca admitir uma condenação[565]. Ao final do inquérito, portanto, pode-se manter o indiciamento do investigado, remetendo a decisão ao órgão de acusação, caso não queira sustentar uma denúncia temerária, ou ao órgão de julgamento, caso, ao final do processo, não tenha outros elementos de convicção. É nisso apenas, em síntese, que diferem as conclusões indiciárias acerca da autoria, no inquérito, na ação e na sentença. Mas ainda assim, no indiciamento, os indícios precisam ter força probante à autoridade investigante.

Os Sistemas de Obtenção e Proibição de Prova

Os meios de obtenção de provas estão, em princípio, livres à investigação criminal, salvo expressa proibição absoluta ou relativa, que se justifica por razões não apenas epistêmicas, no interesse da melhor verdade possível, mas também por razões ético-políticas, no interesse de proteção de outros valores não-epistêmicos.

---

[564] C. J. A. Mittermaier, *Tratado das provas em matéria criminal*, 1997, p. 332.
[565] A respeito dos limites razoáveis desse princípio, cf. L. Ferrajoli, *Direito e Razão*, 2002, p. 119ss.

Além das diversas disposições sobre meios de provas, os sistemas processuais penais se organizam segundo os diversos meios de obtenção, cujos modelos atualmente, com maiores ou menores diferenças, partem de uma relativa liberdade de produção, que vem no entanto limitada por um sistema de proibição probatória que alcança não apenas a obtenção por meios ilícitos como também a valoração das provas assim obtidas.

Assim, portanto, ainda que se possa falar em relativa liberdade de produção de prova, como disposição implícita que deixa em aberto todos os caminhos não obstruídos por disposição normativa, o que marca efetivamente o sistema de obtenção é sua relativa proibição que se torna como um caminho impedido de investigação criminal a ser levado a sério, tendo em conta que qualquer prova obtida fora desses parâmetros se torna ilícita e assim imprestável a qualquer conclusão juridicamente válida acerca do crime.

Ademais, há que se considerar como fundamental a obrigatoriedade do *contraditório como essência do conceito jurídico de prova*, que se projeta no 6ambito metodológico da investigação. O contraditório, sob essa perspectiva, projeta-se nas provas como elemento essencial de sua produção, sem o qual a verdade obtida não adquire a validade necessária para fundamentar as decisões judiciais.

Liberdade de Produção Probatória

Ao falarmos em *liberdade de produção probatória*, portanto, devemos entender que são admitidas todas as provas possíveis no processo penal, com ampla liberdade, desde que não existam restrições legais. A mais importante restrição encontra-se na proibição de provas obtidas por meios ilícitos, tratada adiante devido à sua relevância.

Essa liberdade abrange as fontes, os meios e os métodos de obtenção. Quanto ao objeto de prova, embora o CPP não o diga, pode-se limitar o objeto de prova aos fatos pertinentes, relevantes e controversos, ou sobre os quais não haja presunção legal[566]. Não se trata nesse caso propriamente de uma restrição à liberdade de prova, mas de uma racionalização ao que é essencial ao processo. Há outras restrições, ainda, relativas ao estado das pessoas, à quantidade de testemunhas e ao momento para apresentação de provas.

---

[566] G. Badaró, *Processo penal*, 2008, p. 203ss adverte, contudo, que em relação aos fatos incontroversos, no processo penal, não se pode admitir uma confissão como suficiente à condenação, podendo ainda assim ser objeto de prova o fato alegado.

Assim, por exemplo, no Código de Processo Penal, "somente quanto ao estado das pessoas serão observadas as restrições estabelecidas na lei civil" (art. 155, parágrafo único), impondo-se ao juiz recorrer aos meios estabelecidos por lei. Em relação a essa restrição, a *Súmula 74 do STJ* estabelece que "para efeitos penais, o reconhecimento da menoridade do réu requer prova por documento hábil". Em relação à prova testemunhal, o Código de Processo Penal restringe seu número, admitindo, por exemplo, apenas 8 testemunhas, no procedimento comum ordinário e no do tribunal do júri arts. 401 e 406, § 2º), e 5 testemunhas, no procedimento comum sumário (art. 531). No que se refere à apresentação de provas, além dos limites decorrentes da preclusão em geral, não se admite no tribunal do júri, durante o julgamento, a leitura de documento ou a exibição de objeto que não tiver sido juntado aos autos com antecedência mínima de 3 dias úteis, com ciência à outra parte (art. 479). São essas as restrições expressas. No mais, vige um sistema de liberdade de provas, com os limites gerais decorrentes da proibição de provas obtidas por meios ilícitos.

O sistema moderno de liberdade das provas concorre com o sistema medieval de taxatividade das provas, ou de provas legais limitadas ao que a lei preveja, que já não tem sentido entre os sistemas processuais contemporâneos. Admitem-se no sistema do CPP brasileiro provas típicas, previstas expressamente na lei, e provas atípicas, consideradas essas tudo quanto possa produzir conhecimento relativo aos fatos discutidos no processo. Esse sistema de liberdade se conecta com o sistema de valoração das provas, no qual o juiz também tem liberdade para apreciá-las segundo sua convicção, embora existam algumas restrições atuais. Permitidas as provas atípicas, os limites se encontram na proibição de provas obtidas por meios ilícitos, princípio fundamental que orienta toda a produção probatória, ficando ao juiz a livre apreciação do conhecimento produzido, segundo uma avaliação criteriosa da credibilidade da prova, o que se exige mesmo nas provas típicas. Entre as *provas atípicas*, podemos citar a *prova emprestada* em geral e as *provas obtidas fora do processo* sem ofensa à lei.

A *prova emprestada*, produzida em outro processo, tem sido admitida através de produção documental, devendo o juiz analisar se foi ela produzida com respeito ao devido processo legal, o que exige a identidade das partes nos dois processos[567]. Assim, não se tem admitido a prova empres-

---

[567] G. S. Nucci, *Código de processo penal comentado*, 2007, 348.

A PROVA COMO JUSTIFICAÇÃO DA VERDADE

tada que foi produzida em outro processo, no qual a parte atual não participou em contraditório. Não tendo participado, deve-se repetir a prova com participação do réu. E, em todo caso, essa prova não pode ser o fundamento exclusivo da condenação[568].

Entre as provas obtidas fora do processo, sem ofensa à lei, tem-se admitido como prova lícita a gravação de conversa telefônica por um dos interlocutores, ou a escuta com ciência e autorização de um deles[569]. Assim também, qualquer filmagem feita por ofendido, sem ofensa à intimidade e vida privada do filmado. A questão aqui, assim como na hipótese anterior, está na credibilidade da prova que deve ser avaliada pelo juiz, ou se necessário até submetida a perícia para analisar a veracidade dos dados e inexistência de manipulação, mas a prova em si não é ilícita, estando dentro do âmbito de liberdade de produção de provas[570]. Mas essas questões, inevitavelmente, conduzem-se à discussão mais detalhdada sobre a proibição de provas, que ainda tendem a oscilar muito constantemente com o entendimento da jurisprudência.

Proibição de Provas Ilícitas

A proibição de prova ilícita, dentre os princípios fundamentais da prova – que deve ser lido em conexão com os limites da investigação –, *se insere no conceito de prova como elemento constitutivo de sua definição jurídica*, na medida em que no processo penal somente o conhecimento produzido com respeito aos direitos fundamentais pode ser considerado prova em sentido jurídico e admitido como base de fundamentação de uma decisão judicial. O prin-

---

[568] Cf. nesse sentido, STF, HC 67.064-4/RS.

[569] G. S. Nucci, *Código de processo penal comentado,* 2007, 340ss; nesse sentido, já o STF (RE 402.035-SP, 06/02/2004) e o STJ (HC 33.110-SP, 25/05/2004; HC 23.891-PA, 28/10/2003) se pronunciaram considerando lícitas as duas formas. Também a gravação feita em espaço público, tem sido admitida como lícita. Nesse sentido, MS 12429/DF, d.j. 29/06/2007, STJ: "Não configura prova ilícita gravação feita em espaço público, no caso, rodovia federal, tendo em vista a inexistência de 'situação de intimidade' (HC 87341-3, Min. Sepúlveda Pertence, 07.02.2006)".

[570] Na jurisprudência do STJ, admite-se também como lícita a prova obtida por 'acidente', durante interceptação telefônica de investigação de outro crime. Nesse sentido: "É lítica a prova de crime diverso, obtida por meio de interceptação de ligações telefônicas de terceiro não mencionado na autorização judicial de escuta, *desde que relacionada com o fato criminoso objeto da investigação*" (HC 33.553-CE, 5ª T., rel. Min. Laurita Vaz, 17.03.2005 – com grifo nosso). Posteriormente, contudo, o STJ se pronunciou de forma diversa sobre a ressalva contida no julgado (STJ, HC 69552/PR, 06/02/2007 – Rel. Felix Fischer)

cípio, nesse sentido, decorre diretamente da noção de um devido processo penal, com respeito a certos limites fundamentais do Estado Democrático de Direito, tendo por conseqüência impor limites à liberdade de produção das provas[571].

As proibições probatórias são atualmente consagradas nas diversas constituições políticas e legislações processuais penais, apesar da grande resistência que encontrou na prática processual histórica dos tribunais e ainda persiste encontrando naqueles que consideravam inaceitável admitir a absolvição daquele que se sabe verdadeiramente culpado[572]. É, portanto, importante entender que as proibições probatórias, para além de já não se terem pensado como garantia da verdade, mas antes para outros valores não-epistêmicos, implicam efetivamente uma redução da possibilidade de verdade[573].

Ao falar de proibição de provas, a doutrina costuma distinguir entre proibição de obtenção e proibição de valoração, sendo decorrente da primeira a ilicitude da prova sobre a qual depois poderá pesar uma proibição de valoração, embora não exista uma simetria necessária entre as duas figuras proibitivas nos sistemas normativos[574].

A origem do princípio da proibição é disputada por muitas doutrinas, sendo geralmente indicado o processo penal dos Estados Unidos no qual surge a prática do princípio da exclusão (*exclusionary rule*), por obstar ao Judiciário a apreciação de prova assim obtida, mas nesse tema não se pode ignorar o papel pioneiro da doutrina teórica de E. von Beling em 1903[575].

Dentre os vários fundamentos, que justificaram o princípio da exclusão, o que mais se impôs nessa doutrina norte-americana como primordial foi o sentido de prevenção na atividade da polícia, visando a dissuadir condutas policiais ilícitas com violação a direitos fundamentais. Considerando que a prova assim obtida não pode ser utilizada na fase de julgamento, espera-se que os policiais não trabalhem com violação de direitos. Por esse motivo, há assim uma tendência crescente a aceitar certos casos em que a função de

---

[571] Cf. M. Costa Andrade, *Sobre as proibições de prova em processo penal*, 1992, pp. 11-17.

[572] Cf. T. Armenta Deu, *A prova ilícita. Um estudo comparado*, 2014, p. 5ss.

[573] Cf. H. K. Gössel, "Las prohibiciones de prueba como límites de la búsqueda de la verdad en el processo penal", *El derecho procesal penal en el Estado de Derecho*, 2007, pp. 143-168.

[574] Cf. M. Costa Andrade, *Sobre as proibições de prova em processo penal*, 1992, p. 55ss.

[575] Cf. a tradução E. von Beling, "As proibições de prova como limite a averiguaçào da verdade no processo penal", *Proibições probatórias no processo penal*, 2013, pp. 1-46.

prevenção não estaria presente, justificando a aceitação de provas ilícitas orientada por outros critérios de exceção. No entanto, a partir da doutrina alemã, é possível identificar fundamentos que excedem o âmbito da atividade policial e suas questões, com o que o discurso teórico se enriquece com a consciência dos limites de toda o aparelho estatal na busca por provas, a justificar que se compreenda o princípio como expressão dos direitos fundamentais em matéria probatória oponível a qualquer autoridade[576].

A partir do princípio da proibição de provas ilícitas surge a "doutrina dos frutos da árvore envenenada" (*fruis of the poisonous tree doctrine*), pela qual se pretende a inadmissibilidade das provas derivadas daquelas originariamente ilícitas. São provas ilícitas por derivação[577]. O art. 157, §1º do CPP (com a redação dada pela Lei nº 11.6890, de 9/6/2008) agora expressamente estabelece que "são também inadmissíveis as provas derivadas das ilícitas, salvo quando não evidenciado o nexo de causalidade entre umas e outras, ou quando as derivadas puderem ser obtidas por uma fonte independente das primeiras". Com essa disposição, a lei não somente acolhe a doutrina do fruto da árvore envenenada, como já estabelece as exceções admitidas ao princípio da proibição da prova ilícita, que já vinham sendo consideradas pela jurisprudência, seguindo tendências da doutrina jurídica norte-americana, na qual alguns tópicos fundamentais já estão consolidados, como (a) *exceção da boa-fé*; (b) a *fonte independente*; e (c) a *descoberta inevitável*[578], atualmente incorporadas no sistema probatório brasileito.

Exceções às Proibições

a) *Exceção da boa-fé (good faith exception)*. Essa exceção é dirigida à proibição da prova ilícita originária, com base no seguinte argumento: considerando que o objeto do princípio da proibição é de prevenir provas obtidas por meio ilícito, se elas forem obtidas com boa-fé, não se justificaria sua exclusão do processo. Um exemplo de boa-fé poderia ser o cumprimento de mandado de busca expedido por

---

[576] Cf. M. Costa Andrade, *Sobre as proibições de prova em processo penal*, 1992, p. 11ss.

[577] A respeito da ilicitude por derivação como extensão do princípio originário, no Brasil, cf. jurisprudência do Supremo Tribunal Federal (RHC 90376/RJ, D.J. 18/05/2007 – Rel. Celso de Mello).

[578] Além dessas hipóteses, D. Feitoza, *Direito processual penal*, 2008, p. 613) apresenta outras de exceção à doutrina dos frutos da árvore envenenada, como a limitação da contaminação expurgada (*purged tanit limitation*) ou da conexão atenuada (*attenuated connection limitation*).

juiz que se sabia incompetente, mas o policial cumpre na crença de que se tratava de uma ordem legítima. Em uma situação dessas, no direito processual penal brasileiro, considerando a definição legal atual de provas ilícitas (segundo a disciplina do art. 157, caput, com a redação dada pela Lei n. 11.690, de 9/6/2008), "assim entendidas as obtidas em violação a normas constitucionais ou legais", acreditamos ser difícil sustentar o aproveitamento de uma prova nesse caso, sobretudo no caso de incompetência decorrente de norma constitucional, embora a questão permaneça em aberto sempre para o entendimento jurisprudencial.

b) *Fonte independente (independent source limitation)*. Essa exceção, assim como a seguinte, tem sido oposta à proibição da prova ilícita por derivação, com fundamento no argumento de que, se a prova ilícita por derivação puder ser obtida por uma fonte diversa da primeira, ela se desvincula do vício originário. O art. 157 do CPP (com a redação dada pela Lei n. 11.690, de 9/6/2008) admite expressamente que são admissíveis as provas derivas das ilícitas quando "puderem ser obtidas por uma fonte independente da primeira" (§1º), "considerando-se fonte independente aquela que por si só, seguindo os trâmites típicos e de praxe, próprios da investigação ou instrução criminal, seria capaz de conduzir ao fato objeto da prova" (§ 2º). Na jurisprudência do STF e STJ, antes mesmo da inovação legislativa, já se podia encontrar referência a essa exceção, sob a denominação de *prova autônoma, ou independência da prova*, afastando-se assim o reconhecimento da teoria do fruto da árvore envenenada[579].

c) *Descoberta inevitável (inevitable discovery)*. Também suscitada como exceção à proibição da prova ilícita por derivação, segundo essa tese, não se impede a admissão de prova derivada de uma violação constitucional, se tal prova teria sido descoberta "inevitavelmente" por meio de atividades investigatórias lícitas sem qualquer relação com a violação. Para além de se tratar de uma situação dificilmente provável, não estamos certos sobre sua aplicabilidade no direito brasileiro, a não ser que a descoberta da nova prova rompa com o nexo causal em relação à prova originariamente ilícita, e nesse caso outra será a fonte da prova, não mais o conhecimento oriundo da

---

[579] Nesse sentido, confiram-se os julgados: STF, HC 89032/SP, D.J. 23/11/2007, Rel. Menezes Direito; STJ, AGRHC 40089/MG, D.J. 29/08/2005, Rel. Felix Fischer.

ilicitude inicial. Nesse sentido, segundo nos parece, é que se apresenta a segunda exceção legal à inadmissibilidade da prova derivada da ilícita, ao admitir nos casos em que "não evidenciado o nexo de causalidade entre umas e outras" (CPP, art. 157, §1º, com a redação dada pela Lei n. 11.690, de 9/6/2008). Dessa forma, bem interpretado o dispositivo, parece que a lei admite a prova pela simples falta de evidência do nexo de causalidade, não exigindo uma demonstração dessa falta de nexo[580].

As diversas exceções em seu conjunto se configuram como que um retorno da proeminência do valor epistêmico em relação ao não-epistêmico, pondo em suspensão a discussão sobre se nesses casos violam ou não direitos fundamentais.

Os Sistemas de Valoração da Prova

As provas obtidas por meios admissíveis são a princípio valoráveis, salvo proibição expressa em razão que justifica sua exclusão do conjunto probatório, o que pode atingir certas provas obtidas em investigação criminal da fase de inquérito, embora não em absoluto.

Admitem-se, historicamente, três sistemas distintos de valoração: 1) o sistema de provas legais, ou tarifado pelo legislador; 2) o sistema de livre e íntima convicção do julgador; e 3) o sistema do livre convencimento motivado, ou da persuasão racional.

O *sistema de provas tarifadas*, estabelecido pelo legislador *a priori*, determinava o que poderia ser admitido como prova para determinado crime, em hipótese, independente da realidade concreta de cada processo. Há, ainda, nos sistemas atuais, certos resquícios dessa limitação valorativa, ao se estabelecer como ocorre no CPP que o estado da pessoa somente se prova segundo a lei civil (art. 155). Trata-se de um sistema que confia na infalibilidade do legislador em antecipar racionalmente todas as hipóteses fáticas, podendo incorrer muito facilmente em conflitos entre lei e realidade. Além disso, representa ideologicamente certa proeminência do legislador em relação ao poder judiciário, que se resumiria a ser "a boca da lei".

---

[580] Esse sentido, aliás, de certa forma já vinha sendo atribuído pela jurisprudência do STJ (HC 67433/RJ, d.d. 07/05/2007).

O *sistema da íntima convicção pura*, em sentido contrário, inverte a ideologia jurídica para colocar nas mãos do judiciário a discricionariedade não controlada sobre a valoração das provas, admitindo-se ao julgador decidir sobre a prova segundo sua exclusiva consciência. É o sistema que ainda subsiste no Tribunal do Júri, por disposição constitucional que lhe reconhece "a soberania dos veredictos" (art. 5º, XXXVIII, "c").

O *sistema do livre convencimento motivado*, por sua vez, pretende justificar-se na idéia de que o Judiciário deve fundamentar suas decisões com argumentos racionais capazes de persuadir o cidadão sobre seus motivos de decisão, sendo tal requisito elemento legitimador do exercício do poder. É o sistema que prevalece no processo penal brasileiro, por disposição constitucional expressa ao estabelecer que: "todos os julgamentos dos órgãos do Poder Judiciário serão públicos, *e fundamentadas todas suas decisões*, sob pena de nulidade..." (CF, art. 93, inc. IX). E, nesse sentido, também o Legislador e o Executivo, ao exercerem atividades que impliquem restrição de direitos fundamentais. Assim, portanto, esse sistema deve também ser o usado nas decisões de indiciamento da investigação criminal, justificando a autoridade investigante suas conclusões acerca do crime e do investigado.

Contudo, atualmente, a legislação processual brasileira, seguindo um movimento crescente de mitigação da liberdade motivada de valoração, tem criado algumas exceções restritivas que pretendem limitar o valor da prova obtida na investigação criminal da fase de inquérito, como uma forma de assegurar o princípio probatório garantista fundamental que exige produção da prova em contraditório. É o que podemos encontrar nas disposições do art. 155 do CPP, no qual se diz que "o juiz formará sua convicção pela livre apreciação da prova, produzida em contraditório judicial...", mas na seqüência estabelece uma limitação ao livre convencimento (não à necessidade de motivação), para determinar que não pode o juiz "fundamentar sua decisão exclusivamente nos elementos informativos colhidos na investigação, ressalvadas as provas cautelares, não repetíveis e antecipadas". Trata-se de inovação legislativa que, embora limite consideravelmente a discricionariedade judiciária, não parece entrar em conflito direto com a garantia da motivação, pois a exige até com maior rigor, na medida em que não se a admite com base em elementos colhidos sem o devido processso em contraditório. O que se restringiu, sim, foi a liberdade de convicção do julgador, que poderia sentir-se convencido com base em elementos da investigação, mas não poderá fundamentar sua decisão final nelas.

Temos, assim, um sistema de convicção motivada mitigado pela restrição de valoração de certas provas, o que precisa ser melhor compreendido de forma sistêmica para entender que, em última análise, ele não previne o problema que pretende resolver, apenas criando uma obstrução artificial às provas da investigação do inquérito.

A Insuficiência dos Sistemas de Controle da Prova

A forma mais frequente de assegurar o princípio probatório garantista tem sido a exigência positiva de que o juiz ou tribunal apenas julgará com base nas provas produzidas em juízo[581]. Esse princípio da imediação, bem considerado, apenas reafirma o contraditório em um sentido subjetivo, ao exigir que o imputado se deva confrontar com o acusador diante do juiz, quando então se deveriam produzir as provas a serem utilizadas em julgamento[582]. Quando se propõe, portanto, que a prova da investigação se limite à decisão sobre a acusação e não se transmita ao julgamento, apenas reafirma esse princípio por um caminho diferente. O problema, contudo, é que ele fica a depender de um sistema eficiente de controle dessa prova, cujos exemplos positivados em vários sistemas processuais parecem não assegurar, inclusive no Brasil.

1) Uma primeira forma de concretizar esse postulado fundamental é pela proibição de valoração de provas obtidas em investigação criminal. Ela pode vir expressamente assim exposta ou, em outros termos, afirmando a necessidade de que as provas do julgamento sejam limitadas àquelas produzidas em audiência. Pode-se ver nessa forma de disposição uma similaridade com aquela que limita o conceito jurídico de prova ao que se produz em audiência, mas aqui a prova é reconhecida, ficando apenas sua valoração proibida. Evita-se, assim, trabalhar com ficções terminológicas, bem como uma contradição com as disposições sobre meios de obtenção de prova praticados fora de audiência, que assim se reconhecem, portanto,

---

[581] Cf. a respeito, M. Jaen Valejo, *Los principio de la prueba en el proceso penal*, 2000, p. 13ss; P. Tonini, C. Conti, *Il diritto dele prove penali*, p. 134ss; G. Marques da Silva, *Direito processual penal português I*, 2013, p. 100ss.

[582] Acerca desse sentido do contraditório, cf. P. Tonini, C. Conti, *Il Diritto delle prove penali*, p. 32ss; em sentido similar, cf. P. Dá Mesquita, *A prova e o que se disse antes do julgamento*, 2011, p. 298; p. 656.

TEORIA DA INVESTIGAÇÃO CRIMINAL

como provas que apenas estão proibidas de valoração. Esse parece ser o sentido da disposição normativa fundamental que caracteriza o sistema processual português no tema em questão[583].

O problema é que o sistema parece fazer uma abertura, ao admitir não apenas a produção, como também o exame da prova. O que significa admitir que mesmo não sendo produzida em audiência, basta o exame da prova. Além dessa exceção conceitual do dispositivo fundamental, permitem-se ainda todas as exceções em dispositivos que concedem apenas na leitura, visualização ou audição de atos produzidos anteriormente à audiência, o que acaba vulnerando excessivamente o contraditório. O dispositivo de leituras que se admite como exceção acaba por abrir-se tanto que mais poderia considerar-se a regra do sistema probatório, a considerar que poucos são os casos em que a prova produzida antes da audiência não se aproveita de alguma forma. Chega-se, por fim, a admitir até a leitura de declarações do arguido feitas no inquérito. Em outros termos, teoricamente considerado, admite-se a leitura até da prova que se poderia produzir originariamente em audiência[584].

Ademais, a considerar o entendimento de que essa disposição fundamental não abrange a prova documental, bem como todos meios de obtenção de prova de que se utiliza a investigação criminal – autos de exames, revistas, buscas, apreensões e escutas telefônicas[585], o postulado probatório fundamental que o legitima parece subsistir totalmente deturpado na prática processual.

2) Uma outra forma similar de obstruir o uso da prova obtida na investigação preliminar se encontra no instituto da "inutilizabilidade" da prova, que muito se pode aproximar da ideia de proibição de provas, mas que enfrenta mais abertamente o problema do ponto de vista do debate em audiência, para dizer que a prova se torna inutilizável mesmo para debate em razão de uma falha originária no contraditório da obtenção. Esse parece ser o sentido do sistema probatório com que o processo italiano enfrenta a questão da prova obtida em fase anterior ao debate. A ideia de inutilizi-

---

[583] Pontualmente, o art. 355º (Proibição de valoração de provas) do CPP de 87, cujo item 1 assim dispõe: "Não valem em julgamento, nomeadamente para o efeito de formação da convicção do tribunal, quaisquer provas que não tiverem sido produzidas ou examinadas em audiência".

[584] Essa é uma das alterações que a reforma da Lei n. 20/2013 realiza, não sem resistência da doutrina (Cf. G. Marques da Silva, *Direito processual penal português III*, 2014, p. 223s).

[585] Nesse sentido, cf. P. P. Albuquerque, *Comentários do Código de Processo Penal*, 2011, p. 914ss.

A PROVA COMO JUSTIFICAÇÃO DA VERDADE

bilidade dos atos oriundos da investigação se pode interpretar como um corolário do princípio da neutralidade psíquica do juiz, segundo o qual o julgador somente pode se utilizar de atos produzidos perante ele em contraditório. Em outros termos, uma conjugação de contraditório e imediação, na perspectiva de quem se utiliza ao final da prova produzida. Tem-se chamado esse sistema de "inutilizabilitá fisiológica", cujo significado reconduz-se à ideia fundamental de todos sistemas que pretentedem limitar o valor probatório da investigação criminal realizada no inquérito – o juiz não pode usar como base de sua decisão final atos anteriores ao debate[586].

A questão é que processo penal italiano faz depender a funcionalidade do sistema de inutilizibilidade de uma "técnica dos autos duplicados". Apenas aquilo que constar nos autos duplicados pela secretaria da Corte pode ser usado como prova, embora os autos do MP possam ser usados como prova de refutação sempre que se queira rebater um depoimento dado em julgamento. A limitação ao valor probatório dos atos de investigação, que se devia operar por meio dessa técnica, pretende impedir que o juízo de julgamento tenha qualquer acesso a provas da investigação. Contudo, a secretaria do juízo ao constitui-lo deve juntar relatórios escritos de atos de investigação que não podem ser repetidos, bem como o "corpus delicti" e objetos a ele relacionados. Admitem-se ainda os autos da defesa, bem como as provas contidas nos autos do MP que possam ser usadas negativamente em refutação. As provas da investigação podem, assim, ser admitidas por constituição dos autos duplicados ou por leitura. E pelo simples fato de serem admitidos e/ou lidos adquirem a natureza de prova para o julgamento. Em suma, nesses autos duplicados seguem relatórios das medidas investigativas que não podem ser repetidas, além das provas do incidente, bem como os autos elaborados pela defesa. O princípio de que a investigação (do MP, da Polícia ou da defesa) não constitui atos de prova, em síntese, à partida, não se aplica aos casos de irrepetibilidade probatória[587].

O problema, portanto, do sistema italiano, assim como de todos os sistemas que buscam concretizar o princípio fundamental garantista, é a impossibilidade de repetição ("non ripetiibilitá oggettiva") de certos atos probatórios produzidos anteriormente, o que se deve entender

---

[586] P. Tonini, C. Conti, *Il diritto delle prove penali*, 2014, p. 485ss;

[587] A. Perrodet, "Sistema italiano", *Processos penais da Europa*, 2005, p. 387-395ss

muito sobriamente como uma espécie de derrogação do princípio do contraditório[588]. É necessário enfrentar a questão de uma perspectiva mais realista, admitindo que as exceções implicam de fato um afastamento do contraditório. Afinal, como se tem observado, é exatamente a partir do conceito de "non ripetibilità", cujo significado oscila entre uma concepção naturalística e outra jurídica, que se tem desenvolvido o "princípio de não dispersão dos elementos de provas", que a doutrina já tem chamado de "mecanismo perverso", porque permite ao final das contas a utilização de um amplo conjunto de atos que se praticam na investigação criminal de uma forma elástica[589]. Isso, contudo, tem levado a uma melhor compreensão do problema, ao exigir-se que em qualquer caso de aquisição unilateral da prova, exista logo um sucessivo controle dialético da prova. Assim, exige-se que, embora se admita a produção unilateral anterior ao debate, a prova se deve produzir por meios que permitam um controle sucessivo. Essa interpretação, se bem pretenda minimizar os problemas da falta de contraditório simultâneo, subiste ainda no problema de que a investigação criminal sob direção do órgão acusatório, embora se proponha a obstruir o valor probatório de seus elementos, acaba por admitir muito mais do que exceções, pois estas tendem a ocupar a maioria dos casos no sistema processual. Essa é, portanto, a principal objeção que se pode fazer também ao modelo brasileiro no que se refere ao valor da prova obtida em investigação do inquérito.

A Força Probante dos Elementos da Investigação

A forma com que o sistema penal brasileiro tenta resolver a questão probatória fundamental do garantismo se pode denominar de "aceitabilidade condicionada", tendo em conta as disposições do CPP brasileiro com as reformas de 2008[590]. No processo penal brasileiro, sempre se discutiu o valor probatório dos atos de investigação que resultam em provas. A doutrina considerava inicialmente que o inquérito policial tinha valor proba-

---

[588] Cf. C. Cesari, "«Giusto processo», contradditorio ed irripetibilità degli atti di indagine", *RIDPP,* ANNO XLIV, Fasc. 1, 2001, pp. 56-87.

[589] P. Tonini, C. Conti, *Il diritto delle prove penali,* 2014, p. 497ss;

[590] "Art. 155. O juiz formará sua convicção pela livre apreciação da prova produzida em contraditório judicial, não podendo fundamentar sua decisão exclusivamente nos elementos informativos colhidos na investigação, ressalvadas as provas cautelares, não repetíveis e antecipadas".

tório para o julgamento. Em comentários contemporâneos à promulgação do código, ao tratar do valor que ao inquérito se reconhece na aferição da prova, Eduardo Espínola Filho observou que embora fosse destinada a instruir a denúncia, o juiz não o podia desprezar na apreciação da prova ao proferir a sentença. Observou-se que, para além de apenas recepcionar a jurisprudência majoritária anterior ao DL 3.689/1941, dever-se-ia ter em conta o princípio norteador do novo código, que remetia ao sistema de livre convicção do juiz. Nessa linha de interpretação, a conclusão era que não se podia prefixar uma hierarquia de provas, sendo todas as provas consideradas relativas, não subordinadas a qualquer critério apriorístico[591].

O art. 155 do CPP brasileiro, contudo, com a Lei 11.690/2008, passou a limitar a convicção do juiz à livre apreciação da prova produzida apenas em contraditório judicial, proibindo-lhe fundamentar a decisão *exclusivamente* naquilo que se passou a designar de "elementos informativos". Esses elementos, segundo se entende, correspondem precisamente à investigação que se contém no inquérito policial[592]. Tende-se a sustentar, assim, que os atos de investigação do inquérito policial não possuem valor probatório[593]. Mas, assim como os demais, o sistema processual brasileiro permanece funcionalmente incapaz de realizar essa diretriz. Ademais, observou-se que esse artigo contém uma limitação moderada em relação ao inquérito[594]. É que, ao dizer "exclusivamente", o artigo parece admitir que os elementos informativos possam ser considerados provas, se estiverem em conjunto com provas produzidas em instrução.

Essa é de fato uma interpretação que se pode fazer, levando a considerar que a prova obtida em investigação tem um valor condicionado a sua conjunção com outra prova obtida em instrução. Esse sistema, contudo, não parece levar a sério a ideia de que uma prova assim obtida possa influenciar a produção de outras provas obtidas posteriormente. Ademais, assim como em outros sistemas, admite-se, já aí sem qualquer condição, que provas cautelares, não repetíveis e antecipadas, podem servir para julgamento, ainda que obtidas em investigação criminal, o que tende a ser a maioria dos casos e, portanto, está longe de serem exceções a partir das leis de intercepta-

---

[591] E. Espínola Filho, *Código de Processo Penal brasileiro anotada, Volume I*, 1954, p. 295ss.
[592] G. Badaró, *Processo penal*, 2015, p. 416.
[593] A. Lopes Jr, *Direito processual penal*, 2015, p. 156.
[594] G. S. Nucci, *Código de processo penal comentado*, 2014, p. 362.

ção telefônica e de organizações criminosas[595]. E, assim, em seu conjunto probatório, mesmo quando se referem a provas que possam ser reptetidas, não se podem simplesmente ignorar sem concluir por alguma *força probante* dos elementos reunidos na investigação do inquérito, sendo possível distinguir sua relevância segundo o *conjunto quantitativo* (quanto mais provas melhor, na medida em que conferem maior probabilidade, embora não se exijam provas supérfluas), bem como segundo o *conjunto qualitativo* (coerência das diversas provas, referidas especificamente aos elementos do tipo penal, em condições de ser verificada em processo contraditório).

Assim sendo, em síntese, tratando-se de prova produzida na investigação criminal, não sendo repetível (como é o caso de certas perícias realizadas ainda durante o inquérito, entre outras cada vez mais como busca e apreensão, quebra de sigilos e interceptação), deve nesse caso ser analisada pelo juiz, segundo as circunstâncias em que foi produzida, mas será considerada prova em sentido pleno. Os demais elementos de prova produzidos na investigação criminal, ainda que sem contraditório, devem ser ponderados pelo juiz e aceitos no conjunto probatório, desde que não seja a base exclusiva de sentença condenatória. Mas não sendo repetível, a norma está a admitir que com base nela, ainda que exclusivamente, possa haver condenação. Nesse caso, contudo, o contraditório deve ser diferido, permitindo-se ao acusado sempre uma manifestação acerca da prova, ainda que posterior. Não há, assim, um afastamento do direito ao contraditório. Em síntese, nesse ponto, não difere essencialmente das demais provas que devem ser submetidas ao contraditório diferido. Em todo caso, embora produzida na investigação com seu valor limitado a esta, desde que se transfira ao processo como elementos de prova, com submissão ao contraditório, deve e pode ser valorada segundo a convicção motivada pelo juiz. Afinal, em última análise, não se pode negar ao inquérito como procedimento penal a função probatória que lhe foi conferida como objeto principal sobretudo à vista de cada vez mais provas irrepetíveis. O que precisamos é encontrar formas jurídicas de torna-lo mais garantido por princípios probatórios, o que será objeto de discussãoo acerca da devida metodologia processual da investigação.

---

[595] Pontualmente, cf. as leis nº 9.296/96 e nº 12.850/2013.

A Prova como Objeto Imediato da Investigação Criminal

A prova é, em suma, o objeto imediato da investigação criminal, que vai exigir os diversos métodos da investigação criminal, podendo-se dizer que a atividade probatória é a essência da investigação cirminal.

A atividade probatória constitui a essência da investigação criminal, considerando que todo ato investigativo deve estar orientado a obter provas relativas ao crime, sua autoria e suas circunstâncias. Nesse sentido, considerando a liberdade da produção probatória e o sistema de valoração motivada, ainda que mitigado, parece não ter sentido estabelecer distinções entre os meios formais de prova admitidos pela lei. Desse ponto de vista, qualquer meio de prova formalmente previsto na lei, sendo apto a transmitir um conhecimento acerca do que se investiga, deverá ser aceito no processo. Essa conclusão, contudo, à vista da liberdade da produção probatória (tendo em conta, sobretudo, a possibilidade de provas atípicas), permite-nos concluir que qualquer *dado probatório*, seja ele típico ou não, estando apto a oferecer um conhecimento sobre o objeto de investigação, pode ser considerado prova em algum sentido.

Essa extensão da noção de prova se justifica, ademais, em virtude daquelas considerações que Malatesta faz a respeito da prova real e pessoal, em que a distinção é feita a partir do sujeito a quem compete decidir sobre o valor da prova. Assim, considerando que a prova é real ou pessoal, segundo a autoridade que conclui acerca da probabilidade dos fatos, podemos entender que a prova direta ou indireta se define não em função de sua natureza própria, mas em função de quantas inferências são necessárias para se concluir acerca do crime ou de sua autoria; e toda vez que, entre a autoridade que decide e o objeto de prova, se interpõe alguém, haverá pelo menos um inferência que a torna indireta, relativa a acreditar em quem concluiu antes a respeito dos fatos. E mesmo quem conhece o dado probatório diretamente (p. ex. um perito em relações ao corpo do delito), não o conhece senão por alguma inferência que decorre do conjunto de conhecimentos prévios de que se vale para compreender o objeto. A única exceção a isso parece ser a hipótese em que o sujeito cognoscitivo conhece o crime ou sua autoria a partir da experiência atual do fato, sendo ele o próprio autor ou testemunha, mas esta, se não for ela a própria autoridade a quem compete decidir, tornar-se-á igualmente um *veículo intermediário*, o que implicará na necessidade de uma inferência para se chegar ao conhecimento.

Assim, é razoável aceitar a distinção que faz Ferrajoli a respeito das provas e indícios, para admitir que elas apenas se distinguem em graus de probabilidades, por estarem mais ou menos próximas do objeto de prova, sejam dados, sejam fatos probatórios. Em todo caso, como adverte o autor, "as provas coletadas em um processo não são quase nunca provas *diretas*, mas quase sempre *indiretas*, quer dizer, provas de indícios, por sua vez, diretos ou indiretos"[596]. Dessa forma, a prova pode ser considerada o dado probatório que conclui sobre o objeto, segundo o que sabemos dele no momento em que concluímos, sendo, contudo, sob certo aspecto, um indício, na medida em que fazemos alguma inferência para concluir acerca do objeto de conhecimento e, sobretudo, porque, sendo esse conhecimento adquirido em conformidade com o estágio de nossa ciência, não está nunca descartada a possibilidade de que estejamos errados sobre nossas conclusões, sendo nesse ponto, portanto, apenas um indício de que estamos certos. Consciente desse caráter limitado da prova para produzir conclusões absolutamente certas acerca do crime, seja qual for sua natureza, probatória ou indiciária, podemos aceitar a idéia de K. Popper, segundo o qual nossas hipóteses são conjecturas que se mantém até que sejam refutadas por outra explicação melhor[597].

---

[596] L. Ferrajoli, *Direito e Razão*, 2002, p. 107.
[597] Cf. K. Popper, *Conjecturas e refutações*, 2006.

IV
MÉTODOS

12
O Discurso Geral do Método

A investigação criminal como atividade probatória se desenvolve por um conjunto de atos de natureza diversas, que se podem sintetizar no conceito amplo e complexo de método como caminho necessário para obtenção de um conhecimento acerca do crime.

"Methodos", semanticamente considerado em seu sentido primário e mais geral, decorre de "metá" (no meio, entre, através) e de "hódos" (caminho). Diz-se, nesse sentido, que é o caminho a percorrer-se, procedimento para alcançar um objetivo qualquer. Pode, assim, aludir a um modo mais amplo de investigação ou a uma técnica específica orientada a fins próprios de uma disciplina ou arte. Pode, ainda, referir-se a projetos organizados com o objetivo de instrução ou técnica para fazer algo. É termo usado em sentido amplo como processo particular ou conjunto de processos vários orientados ao conhecimento de alguma realidade, à orientação de comportamentos ou à produção de algum objeto[598].

Foi, contudo, no âmbito do saber, sobretudo do científico, que o termo adquiriu seu mais respeitável significado que tende a ser considerado como modelo metodológico de conhecimento a ser reproduzido por vários outros campos de saber a exemplo da investigação criminal. A esse respeito, contudo, será necessário ter em mente a mais dura crítica desferida contra o método científico como modelo único e universal, na defesa por uma espécie de vale tudo metodológico[599].

---

[598] L. Hegenberg (org), *Métodos*, 2005, p. 9ss
[599] Cf. P. K. Feyerabend, *Contra o método*, 2011.

TEORIA DA INVESTIGAÇÃO CRIMINAL

Entre uma noção única universal de método e a teoria do vale tudo, podemos encontrar algumas possibilidades intermediárias que nos podem aproveitar à metodologia da investigação criminal tendo em conta que como método para obtenção de conhecimento, neste se incluem processos muitos diversos que vão desde técnicas para obtenção e observação de dados, descrição e explicação, bem como valoração e imputação jurídica, o que nos exige uma compreensão prévia acerca de três noções fundamentais do método que se colocam em continuidade para nossa compreensão.

Há muitos e inúmeros métodos, sendo certo, nesse sentido, que há tantos métodos quantas sejam as doutrinas teóricas existentes na filosofia do conhecimento[600]. Ademais, há outras tantas noções de método que se referem às diversas técnicas de que se utiliza um campo de conhecimento. A considerar, portanto, todas as questões relativas ao discurso geral do método, este engloba muitas coisas diversas em natureza, como ações a pensamentos, regras e procedimentos, projetos e gerenciamento, que refletem a complexidade ontológica do método. Assim, pode-se com proveito aceitar, em concepção inicial, uma definição detalhada do método, como a apresentada por Enrique P. Haba, para quem o "*método* é o conjunto ordenado – modelo racional – de procedimentos intelectuais e eventualmente materiais, que se empregam para um determinado tipo de atividades; esses procedimentos são meios que apontam para certos aspectos de um tipo de objetos (reais ou ideais), aos quais o método é aplicado com a finalidade de obter ou confirmar conhecimentos acerca deles ou para elaborar ou transformar ditos objetos"[601].

O método consiste, assim, inicial e essencialmente, em um modelo racional de que se utiliza o ser humano para realização de diversas operações orientadas a um fim estalecido. E a investigação criminal, nesse sentido, se pode compreender ela mesma como o conjunto de métodos de obtenção de prova para a justificação e legitimação da verdade acerca de um crime, suas circunstâncias e seu autor. É o método de que se vale a jurisdição para cumprir seu fim. Também nessa atividade persecutória se encontram as diversas noções de método com que podemos compor um programa de metodologia da investigação criminal.

---

[600] Cf. N. Abbagnano, *Dicionário de filosofia,* 2003, p. 668: "...não há doutrina ou teoria, quer científica quer filosófica, que não possa ser considerada sob o aspecto de sua ordem de procedimentos, sendo, pois, chamada de Método"

[601] E. P. Haba, Racionalidad y método para el Derecho, *Doxa n. 7,* 1990, p. 175ss

A Noção Primária de Método: as Diversas Racionalidades

A noção primária de método nos remete à ideia de racionalidade com que uma investigação se desenvolve visando a apresentar algo que faça sentido a quem interessa seu resultado.

A mais antiga noção de método se confunde com a ideia de investigação em si, mas se encontra vinculado à doutrina geral que o fundamenta, que concerne a um específico conceito de racionalidade e uma respectiva noção de verdade[602]. Assim, poderemos entender a racionalidade inquisitória que se encontra na história das instituições processuais penais como uma concepção metológica a que se segue uma noção de verdade. Essa racionalidade institucional, contudo, tem raízes em certas racionalidades cognitivas nas quais encontra as bases de sua metodologia, podendo mesclar-se ainda com outras tantas racionalidades ao longo da história e diante de específicos objetos que exijam novas posturas racionais diante de problemas novos. Essa racionalidade mais geral acaba por incidir nos procedimentos, regras e técnicas particulares de pesquisa que concernem a um campo de conhecimento, como podemos identificar na história da investigação criminal com sua diversidade metodológica, até chegar à racionalidade moderna que se vai unir à ciência e tecnologia para alcançar seus objetivos.

A racionalidade metodológica da investigação criminal, nesse sentido, acompanha a racionalidade geral da cultura na qual se desenvolve, passando por fases de racionalidade pré-científica (ordálias), proto-científica (inquisição) e científica (moderna). A sua racionalidade fundamental, contudo, tendo superado os extremos do dogmatismo e ceticismo cognitivos, encontra-se entre uma concepção empírica e racional que constituem a cultura ocidental, situada na ideia de falibilidade do conhecimento humano que constitui o falseacionismo do racionalismo crítico que Karl Popper soube sintetizar em sua filosofia do conhecimento. Mas, mesmo chegando a essa racionalidade moderna com que se tem desenvolvido, podemos identificar algumas possibilidades diversas. A considerar a diversidade fenomenológica da criminalidade, pode-se identificar pelo menos três racionalidades metodológicas fundamentais com que atualmente a investigação criminal se desenvolve mesmo em sua fase científica: analítico-cartesiana; investigativo-acionista; sistêmico-complexa.

---

[602] N. Abbagnano, *Dicionário de filosofia*, 2003, p. 668.

A Racionalidade Analítico-Cartesiana

A primeira e mais fundamental racionalidade metodológica da investigação criminal encontra no discurso do método cartesiano suas bases essenciais que caracterizam a racionalidade moderna ocidental. É uma metodologia que podemos encontras na investigação da criminalidade ordinária, orientada a crimes individualizados e conclusos, que se desenvolve segundo uma racionalidade analítica cujas linhas gerais possuem a orientação cartesiana do método, organizada pela divisão e análise de dados, que constituem verdadeiras regras para direção do espírito.

René Descartes, a respeito dessas regras para a direção do espírito na busca metódica do conhecimento, explica que "todo o método consiste na ordem e disposição das coisas, para as quais é necessário dirigir a agudeza do espírito para descobrir a verdade". Noutras palavras, consideram-se método "regras certas e fáceis, graças às quais o que as observa exatamente não tomará nunca o falso por verdadeiro e chegará, sem gastar esforço inutilmente, ao conhecimento verdadeiro de tudo aquilo que seja capaz"[603].

A respeito dessas regras, que se se sintetizam em seu discurso do método, cujo objetivo é dar garantia de obtenção da verdade, Descartes nos apresenta a seguinte ordem de passos: (1) a *primeira* é a regra da evidência que consiste em "*nunca aceitar como verdadeira coisa alguma que não se conheça evidentemente como tal*", devendo-se evitar com todo cuidado a precipitação e a prevenção, só incluindo nos juízos conclusivos o que se apresenta de tal modo claro e distinto ao espírito que não se possa disso duvidar; (2) a *segunda* regra é a do *método analítico* que consiste na "*divisão de cada dificuldade que se deve examinar em tantas partes quanto seja possível e necessário dividir para resolvê-las*", para escapar às generalizações; (3) a *terceira* é a *regra da síntese* que consiste em "*conduzir ordenadamente o pensamento, iniciando pelos objetos mais simples e mais fáceis de conhecer, para chegar, aos poucos e gradativamente, ao conhecimento dos mais compostos*", supondo sempre uma ordem de precedência de uns em relação aos outros; (4) *quarta* regra, por fim, consiste em "*fazer enumerações tão completas e revisões tão gerais*", para acercar-se de certeza de que não houve omissão alguma[604].

O método proposto por Descartes, contudo, deve ser visualizado dentro de uma filosofia racionalista, cujo modelo de conhecimento é predo-

---

[603] R. Descartes, *Regras para a direção do espírito*, 2004, p. 81, p. 85.
[604] R. Descartes, *Discurso do método*, 2004, pp. 31-32.

minantemente conceitual e dedutivo. Esse método é concebido para ser utilizado em qualquer investigação racionalmente orientada, porque a motivação cartesiana era de unificação do conhecimento[605]. Mas se trata de método que aposta excessivamente na razão e na crença da infalibilidade do raciocínio, contra o que Francis Bacon fazia ressalvas, buscando apoio empírico, ao referir-se aos tantos obstáculos com que a mente humana se debate na busca da verdade[606].

Portanto, àquela concepção racional e dedutivista, costuma-se opor a filosofia empirista que, por sua vez, provém das ciências naturais fundadas geralmente na experiência e na indução. É esse diálogo entre racionalismo e empirismo que constitui o racionalismo crítico contemporâneo com que a investigação criminal se desenvolve em sua racionalidade metodológica fundamental, que persiste ainda na base de diversos modelos práticos. Mas é possível observar algumas variações nessa estrutura fundamental.

A Racionalidade Investigativo-Acionista

A criminalidade múltipla que se tem desenvolvido em fases contínuas e sucessivas tem demandado um incremento da racionalidade metodológica de investigação, cuja base teórica se pode encontrar na concepção de investigação-ação como pesquisa orientada a resolver problemas sociais. Essa racionalidade tem permitido conduzir investigações criminais baseadas na ideia de processo de aquisição de dados seguida de decisões progressivas que se seguem e incrementam o conhecimento para novas investigações. A cada investigação que se desenvolve em fases se seguem outras investigações de forma que a conclusão de uma é o pressuposto de possibilidade da outra, levando a investigações em série, o que é propício à criminalidade continuada e organizada, que se podem não ter concluído no passado, persistindo na prática

Apesar da grande discussão epistemológica que exite em torno da ideia de investigação-ação, sobretudo a respeito das relações entre o sistema social e os autores, bem como acerca da relação entre conhecimento e prática, a investigação-ação se apresenta como uma redefinição do conheci-

---

[605] J. Hessen, *teoria do conhecimento*, 2003, p. 49; L. Hegenberg (org), *Métodos*, 2005, p. 36

[606] A respeito da "teoria dos *idola*", F. Bacon consideradava necessário antes purificar a mente dos "ídolos", fixando-se no conhecimento das formas da natureza o verdadeiro objetivo do saber, para somente depois ver através de que caminhos, procedimentos e de que *método* tal objetivo pode ser alcançado (G. Reale, D. Antisteri, *História da filosofia*, V. II, 2003, p. 339)

TEORIA DA INVESTIGAÇÃO CRIMINAL

mento científico através de uma concepção pragmática. Trata-se de postura sociológica que pretende re-equacionar a relação entre ação e conhecimento, aprofundando as relações entre teoria e prática, em recusa a uma concepção contemplativa da ciência. Assim, mais do que uma corrente teórica, "trata-se, sobretudo, de posturas de investigação – apelidadas de investigação-acção – que procuram abranger um conjunto de experiências práticas desenvolvidas por vários autores, e relativamente distintas entre si, mas enquadradas no mesmo propósito de conhecer a realidade para a transformar, assumindo assim uma concepção pragmática da realidade social"[607].

A investigação-ação, portanto, instaura uma metodologia diversa na ciência, que, em comparação com o positivismo clássico, oriundo de uma visão das ciências naturais, possui características muito próprias – quanto ao tipo de generalização, não é universal e independente do contexto, mas limitada e dependente; quanto aos fins epistemológicos, não pretende predizer acontecimentos, mas construir planos de intervenção que permitam atingir objetivos visados; quanto ao tratamento de informações colhidas, os casos individuais podem ser fontes suficientes de conhecimento; quanto à tomada de posição sobre valores, os métodos não são neutros, pois se desenvolvem e atualizam o potencial humano. E essas características, além de aproximar a investigação criminal da prática científica, torna-a dinamicamente mais efetiva para a solução dos problemas a que se destina.

Ao utilizar-se de todas as técnicas disponíveis nas ciências sociais, enfatiza as mais qualitativas, tentando teorizar a partir de informações empíricas, colhidas no campo, no terreno de ação, a partir de problemas que se colocam, na tentativa de resolvê-los, e para os quais a teoria se pretende voltar. Trata-se de conhecimento produzido em confronto direto com o problema real, tentando transformar a realidade em que se desenvolve, com desconstrução da ideia do papel do "especialista social" alheio ao problema que se enfrenta. Assim, essa abordagem sociológica "produz-se muitas vezes à margem do sistema, junto de grupos e organizações em crise, sendo uma sociologia periférica (...) e não gozando de um grande reconhecimento pelas academias, pelo que também sofre de algumas debilidades metodológicas e técnicas".

---

[607] I. C. Guerra, *Fundamentos e Processos de Uma Sociologia de Acção. O Planeamento em Ciências Sociais*, 2002, p. 43.

É precisamente essa racionalidade metodológica que podemos encontrar em práticas de investigação criminal que atualmente se desenvolvem na dinâmica de persecução de crimes que continuam a praticar-se mesmo após a primeira investigação, seguindo-se sempre em novas etapas sem finalização, o que exige uma forma de simetria operativa da investigação criminal, visando a resolver novos problemas criminais que não se permitem compreender completamente pela racionalidade cartesiana estática. Contudo, essa racionalidade dinâmica da investgação-ação não exclui em absoluto a racionalidade cartesiana, a considerar que ainda pode aproveitar a mesma lógica analítica de consideração dos dados necessários à investigação criminal em cada caso individual e particular. O que vai alterar mais seriamente aquela racionalidade cartesiana é o que podemos identificar na racionalidade sistêmica, orientada a enfrentar a complexidade da criminalidade nas sociedades do risco.

A Racionalidade Sistêmico-Complexa

A criminalidade múltipla que se tem desenvolvido nas sociedades que viabilizam crimes em massa pelas possibilidades tecnológicas exige uma metodologia sistêmica que possa antes organizar os dados e orientar a investigação, não a cada caso como problema individual, mas ao conjunto de casos como problemas entrelaçados em um sistema. Essa metodologia exige retenção de dados para uma organização compreensiva da totalidade do problema, não o reduzindo a cada caso individual, o que pode permitir uma identificação de atores principais da criminalidade em um nível diverso de perspecpção da atividade criminosa. A sua racionalidade se encontra naquilo que podemos denominar por paradigma sistêmico da complexidade.

Ao falar de paradigma, devemos pensá-lo como paradigma ético-epistêmico[608], a considerar que "o problema da liberdade entrelaça-se intimamente com o problema do conhecimento"[609]. Não nos podemos desvencilhar das grandes questões atuais sem que levemos a sério essa relação, a menos que se queira colocar o direito a reboque de movimentos que não têm as preocupações próprias da ciência jurídica.

---

[608] Não é aceitável, portanto, a concepção de M. J. E. Vasconcellos, *Pensamento sistêmico: o novo paradigma da ciência*, 2002, p. 43, que postula uma "equivalência entre as noções de paradigma e epistemologia".

[609] E. Cassirer, *Indivíduo e Cosmos na filosofia do renascimento*, 2001.

TEORIA DA INVESTIGAÇÃO CRIMINAL

A vida, biológica ou sociologicamente considerada, está imersa em uma "nova ecologia" que nos tem exigido pensar de forma sistêmica para compreender a complexidade do mundo em que vivemos. Fala-se de uma "ecologia profunda", orientada a superar os paradigmas atuais da sociedade, porque "quanto mais estudamos os principais problemas de nossa época, mais somos levados a perceber que eles não podem ser entendidos isoladamente. São problemas sistêmicos, o que significa que estão interligados e são interdependentes"[610]. A criminalidade – entre outros tantos – é apenas um dos problemas que nos exigem um novo paradigma de pensamento. Na base desse paradigma vamos encontrar uma teoria dos sistemas, especialmente a que se iniciou com Ludwing von Bertalanffy, mas devemos ainda incluir uma melhor compreensão do problema da complexidade, segundo o discute Edgar Morin.

Antes, contudo, devemos ter a pré-compreensão de que as implicações de um novo paradigma como este não se limitam ao campo científico. Com ele podemos chegar não apenas a uma melhor compreensão da realidade, mas também ter muitas implicações ético-políticas. E é isto que importa compreender. Um novo paradigma que pretende nos oferecer uma nova descrição da realidade traz consigo elementos teóricos que nos habilitam a agir no campo prático em um sentido diverso. Fritjof Capra considera que para os principais problemas de nosso tempo há soluções até simples, mas requerem "uma mudança radical em nossas percepções, no nosso pensamento e nos nossos valores"[611].

A "teoria geral dos sistemas" de Ludwig von Bertalanffy implica uma mudança na concepção tradicional de sistema jurídico. O pensamento sistêmico tem permeado vários campos das sociedades contemporâneas, em parte decorrente dos problemas que se põem a essa nova sociedade, que vão desde questões de natureza industrial e militar, até questões emergentes de meio ambiente e poluição, bem como congestionamento de trânsito e criminalidade organizada. Mas não apenas essa criminalidade. O fato de que o enfrentamento de todos os outros problemas pode exigir força

---

[610] F. Capra, *A teia da vida: Uma nova compreensão dos sistemas vivos*, 2006; L. Ferry, *A Nova Ordem Ecológica: a árvore, o animal e o homem*, 2009, p. 121. Atribui-se a Aldo Leopold (The Land Ethic) a ideia de uma Ecologia Profunda, defendida em seu ensaio publicado pós-morte em 1949: "The land ethic simply enlarges the boundaries of the community to include soils, waters, plants, and animals, or collectively: the land" (www.aldoleopold.org)

[611] F. Capra, *A teia da vida*, p. 23.

O DISCURSO GERAL DO MÉTODO

pública, em última análise é o direito penal que se expande em todos os campos, vindo a exigir mais do que se costumava do processo penal[612].

Não se trata, portanto, de uma questão de avanço tecnológico apenas, mas sobretudo de "transformação nas categorias básicas do pensamento". Implica, primeiramente, uma reorientação do pensamento que se viu sentir em vários campos do conhecimento, incluindo as ciências sociais. Implica, ainda, compreender fatos históricos em escalas diversas, chegando a observações de maior alcance que nos impele a admitir que somos resultados de "forças históricas" decorrentes de sistemas socioculturais.

Uma ideia fundamental da teoria dos sistemas é a tendência a não isolar fenômenos em contextos confinados, mas a buscar compreendê-los em interações cada vez maiores, em sistemas cada vez mais amplos, no tempo e no espaço. Mas uma consequência que disso parece resultar é a priorização de coletividades em detrimento de individualidades, o que para o campo do direito tende a implicações nitidamente totalitárias, baseadas em ideias de defesa da sociedade. Bertalanffy admitiu que, no contexto de uma teoria geral dos sistemas, "o homem torna-se substituível e consumível"; assim como "o indivíduo se torna cada vez mais uma roda dentada dominada por uns poucos líderes privilegiados, mediocridades e mistificadores que só têm em vista seus interesses privados sob a cortina de fumaça das ideologias"[613]. Esse é exatamente o problema que se põe ao Direito relativamente às ideias de uma teoria geral dos sistemas aplicada à ciência jurídica, não se podendo perder de vista a diferença entre a abordagem descritiva da realidade e sua abordagem valorativa.

Há, ademais, outras ressalvas a fazerem-se. É necessário acrescer à teoria dos sistemas, que se encontra na base do ecologismo holítisco, a compreensão do que Edgar Morin chama de *pensamento complexo*, se não quisermos parar a meio do caminho desa renovação paradigmática. Morin admite também que os modos simplificados de conhecimento mutilam a realidade, sendo necessária uma forma de pensamento complexo que a possa abordar. Mas ressalta que "a complexidade é uma palavra problema e não uma palavra solução". O pensamento complexo, mais que apresentar uma teoria da realidade complexa, aspira a um conhecimento multidimensional mediante um método adequado para aquela realidade. Portanto, ao

---

[612] Nesse sentido, cf. J. M., Silva-Sanchez, *A expansão do direito penal*, 2002; J. M., Silva-Sanchez, *Aproximação ao direito penal contemporâneo*, 2011, p. 93ss
[613] L. von Bertalanffy, *Teoria geral dos sistemas*, 2008, p. 29ss

TEORIA DA INVESTIGAÇÃO CRIMINAL

pretender abordar a complexidade, não se pode cair na tentação de pretender a completude e a certeza. Essas duas ilusões devem ser afastadas. O pensamento complexo comporta "o reconhecimento de um princípio de incompletude e de incerteza"[614].

Essa advertência sobre a incompletude e incerteza nos deve trazer de volta ao nosso ponto de partida, relativo ao tipo de criminalidade que tem motivado o pensamento sistêmico como paradigma de racionalidade de nova metodologia de investigação criminal, para entendermos que no limite não será nunca possível investigar todos os crimes que se apresentam, pois ainda que o quiséssemos não nos seria possível ter o domínio completo de conhecimento dos crimes.

A Segunda Noção de Método: Etapas e Técnicas Específicas

A considerar que todo campo de conhecimento tem seus métodos específicos, é preciso ter em conta uma segunda noção de método que nos remete a técnicas, regras e procedimentos com que se desenvolve uma investigação criminal, na qual podemos distinguir diversas etapas de pesquisa.

Todo campo de conhecimento tem seus métodos específicos, embora alguns métodos possam ser partilhados por ramos diversos – a investigação criminal tem métodos que são comuns a outros ramos de conhecimento, mas há alguns que lhe são específicos. É, nesse sentido, que se tem questionado com razão a ideia de um único método científico, como padrão apriorístico, que possa ser válido para toda e qualquer circunstância, pois se tem observado que não podemos estabelecer de uma vez por todas um método definitivo. É, ao contrário, cada vez mais evidente que – a considerar as incertezas da realidade – os métodos devem ser inventados a cada vez, em relação a cada situação e objeto, o que relativamente à investigação criminal é cada vez mais necessário. Essa mudança na orientação do método se percebe na diversidade metodológica da investigação criminal, que decorre da mudança social da criminalidade (fenomenologia criminal) e nas formas de percepção e resposta político-criminal, que constituem as diversas racionalidade como vimos.

É nesse sentido que podemos compreender que o método significa a investigação em si mesma[615]. A investigação criminal se compreende,

---

[614] E. Morin, *Introdução ao pensamento complexo*, 2008, p. 8.
[615] N. Abbagnano, *Dicionário de filosofia*, 2003, p. 780.

O DISCURSO GERAL DO MÉTODO

nesse sentido, ela mesma como o método através do qual o processo penal adquire o conhecimento necessário acerca do crime e seu autor, visando à aplicação da lei penal pela interpretação jurídica. Como o fazer, contudo? Isso nos leva a outro sentido, que concerne ao procedimento da pesquisa. Era nesse sentido que Bacon e Descartes concebiam a ideia do método, como caminho que nos leva ao conhecimento. Tratava-se do método como caminho para construção do conhecimento, o que é muito diverso do que atualmente se considera métodos ao se falar de "um método para julgar, não para construir"[616].

O importante é entender que, nesse sentido, podem-se distinguir espécies de métodos segundo a espécie do objeto e os tipos de conhecimento que se pretende, tendo em conta especialmente fins variados, o que se pode colocar em etapas diversas de uma metodologia mais ampla. Assim, podemos ter na ideia geral de método etapas várias nas quais certas técnicas se utilizam especificamente para cada operação. É a respeito dessa distinção do método em etapas que Carnap considerava haver *três etapas* sucessivas e fundamentais, relativas ao método: 1) uma *etapa relativa ao encontrar*, como espécie de "invenção" de uma conclusão; 2) uma *etata relativa à construção*, também outra "invenção", mas de uma prova que permita submeter a verificação essa conclusão; e, por fim, 3) uma *etapa relativa ao controle*, ao exame sobre se aquela conclusão é correta, mediante a prova proporcionada[617]. Essa distinção é especialmente importante para a investigação criminal, porque nos exige entender que qualquer metodologia investigativa não se basta apenas com a primeira fase que geralmente costuma ser considerada pela tradição prático-policial.

É preciso que tenhamos essa distinção em mente, pois, de fato, encontra-se na investigação criminal não apenas o buscar e encontrar fatos, mas sobretudo a construção probatória desse fato, para que se submeta ao exame e controle processual das partes. Ademais, essas são etapas fundamentais mais gerais que se podem ainda detalhar em seu funcionamento interno com outras diversas subetapas, como podemos observar no caso da chamada construção em que se exige não apenas uma formalização da prova, mas operações que envolvem descrição, narrativa e explicação, além de uma imputação jurídica final. E todo esse conjunto se pode ainda

---

[616] R. Òmnes, *Filosofia da ciência contemporânea*, 1996, p. 271ss.
[617] *Apud* E. P. Haba, Racionalidad y método para el Derecho, *Doxa n. 7*, 1990, p. 175ss

TEORIA DA INVESTIGAÇÃO CRIMINAL

colocar segundo perspectivas metodológicas muito variadas conforme o contexto lógico, pragmático ou processual em que se considerem, o que nos exige uma última distinção relativa ao método.

A Distinção dos Contextos Metodológicos

A considerar as duas noções fundamentais do método, encontra-se no discurso do método uma distinção fundamental da metodologia em geral, entre contexto de descoberta e contexto de justificação, ao que precisamos acrescer um contexto de legitimação próprio da metodologia específica da investigação criminal.

A distinção entre *contexto de descoberta* e *contexto de justificação* que surgiu no século XX traz consigo a distinção entre técnica e método em sentido estrito, respectivamente. Dessa forma, "as técnicas se prestam para *descobrir* (exibir, colocar claros, mostrar) os dados passíveis de experimentação e controle. Entretanto, a fim de *justificar* resultados descobertos, não valem as técnicas – vale o método (...). Diferenças de técnicas não estão obrigatoriamente associadas a diferenças de métodos"[618]. Atribui-se, geralmente, a H. Reichebach (Experience and Predition, 1938) essa distinção que se tornou mais conhecida no âmbito do positivismo lógico, em que se insistia na proeminência do contexto de justificação, em detrimento do contexto de descoberta. Contudo, Karl Popper, já na primeira edição de *A lógica da pesquisa científica* (1934) fazia uso de uma distinção similar para também privilegiar o contexto de justificação, embora tenha combatido as teses fundamentais do Círculo de Viena[619]. Embora se admita que essa distinção perdeu força no século atual, ela permanece como forma de elucidar aspectos distintos da pesquisa, e na investigação criminal nos permite distinguir, em matéria probatória, aspectos metodológicos. A partir desses dois sentidos do método, pode-se entender uma distinção relevante entre os aspectos lógicos e pragmáticos de uma pesquisa como a investigação criminal.

Ao falarmos, assim, de metodologia da investigação criminal, devemos ter em mente dois significados de metodologia que se admitem, tanto como "lógica ou parte da lógica que estuda os métodos", quanto como "conjunto de procedimentos metódicos de uma ou mais ciências"[620]. Dessa forma,

---

[618] L. Hegenberg (org), *Métodos*, 2005, p. 7ss
[619] Cf. R. Òmnes, *Filosofia da ciência contemporânea*, 1996, p271ss.
[620] N. Abbagnano, *Dicionário de filosofia*, 2003, p. 780ss

O DISCURSO GERAL DO MÉTODO

no primeiro sentido, considera-se a metodologia uma forma de lógica aplicada, como "ciência das operações do intelecto que servem para avaliação da prova"; no segundo sentido, considera-se o "conjunto de procedimentos técnicos de averiguação ou verificação à disposição de determinada disciplina ou grupo de disciplinas". A ênfase que nesse caso se dá às técnicas como recurso metodológico nos permite falar de tecnologia da investigação criminal. Mas, nesse sentido, "o termo «tecnologia», quando usado de maneira ampla, designa disciplina assentada na ciência e voltada para os projetos (não a execução) de coisas e processos artificiais – inanimados (p.ex. computadores), vivos (p. ex. um vegetal) ou sociais (p. ex. distribuição de serviços em uma empresa)"[621].

Asssim, podemos falar não apenas em uma *metodologia da investigação*, como também de uma *tecnologia da investigação criminal*, o que, de certa forma, já existe na prática da investigação criminal, a exemplo das diversas operações policiais que, a partir de um projeto operacional, chegam a resultados satisfatórios de um ponto de vista gerencial. Mas podemos igualmente falar, como o preferimos e faremos adiante, em *lógica da investigação* e *pragmática da investigação*, seguindo a esse respeito uma distinção metodológica entre o que se faz e o que se pensa enquanto se realiza uma investigação criminal. Esses dois aspectos, contudo, embora possam ser apresentados separadamente como se seguem imediatamente, se imbricam no desenvolvimento da diversidade metodológica da investigação, nas diversas etapas com que podemos enfrentar os problemas específicos do método.

É preciso, portanto, compreender que essa distinção entre contexto de descoberta e contexto de justificação apenas se justifica no âmbito teórico, afinal na prática, as duas concepções se imbricam na ideia geral do método, que ficaria incompreensível se apenas tivermos em conta os resultados de uma investigação, sem levar em conta todo o caminho percorrido pela pesquisa. A importância dessa interrelação se torna mais evidente no caso da investigação criminal cujo contexto de descoberta nos vai revelar questões relativas a problemas de legitimação do poder nos diversos meios de obtenção de prova, que embora não digam respeito diretamente ao problema da verdade e sua justificação cognitiva das provas, pode impedir a validade jurídica destas no contexto pragmático de sua utilização efetiva

[621] L. Hegenberg (org), *Métodos*, 2005, p. 7ss

para motivação de uma sentença. Afinal, o método é, ainda, em um outro sentido, "procedimento de investigação organizado, repetível e autocorrigível que garanta a obtenção de resultados válidos"[622]. E validade na investigação criminal evoca necessariamente o respeito a regras de proteção a direitos fundamentais.

Assim, quanto aos métodos da investigação criminal, devemos ter em conta não apenas uma distinção entre contexto de descoberta e de justificação, como também de legitimação. Esse contexto se torna evidente e relevante sobretudo no âmbito do método compreendido em suas técnicas, regras e procedimentos. Aqui em complemento à lógica e à pragmática, podemos já falar em processualística da investigação criminal, que se refere a um contexto jurídico do método. Contudo, deve-se ter em conta que essa juridicidade processualística transmite à lógica e à pragmática da investigação especificidades que fazem da metodologia da investigação criminal algo próprio relativamente a qualquer outro campo de conhecimento.

A Metodologia da Investigação Criminal

Ao falarmos de metodologia da investigação criminal, portanto, tendo em conta todas as noções de método, suas distinções teóricas fundamentais e as questões relativas à legitimação processual, devemos ter em conta três *perspectivas metodológicas da investigação*, relativas à *pragmática, lógica e processualística* com que podemos inicialmente compreender, a partir do discurso geral do método, a questão do método específico da investigação criminal. É essa a nossa proposta metodológica fundamental, que vamos desenvolver no próximo capítulo, ao qual se seguem outras distinções.

Assim, ao falarmos de perspectivas metodológicas pragmática, lógica e processualística, estamos a considerar que as três correspondem a um aspecto do método da investigação que se pode tratar separadamente, podendo até mesmo assumir a função de diretriz principal de abordagem metodológica da investigação, embora essa não seja a nossa opção. A nossa abordagem pressupõe que cada uma corresponde a um aspecto metodológico sempre presente em qualquer espécie de método, sendo sempre necessário ter em conta que os demais se acrescem e complementam nossa compreensão geral, sobretudo em certas operações específicas que pressupõem as três perspectivas. Nesse sentido, uma técnica simples de busca

---

[622] N. Abbagnano, *Dicionário de filosofia*, 2003, p. 780.

e apreensão que se apresenta sob seu aspecto pragmático de ato de investigação materialmente orientado à obtenção de provas, pressupõe certa hipótese de busca que depois exigirá uma inferência lógica acerca de sua conclusão probatória, além de exigir que se realize segundo certas normas processuais sem as quais se torna inválido o conhecimento produzido como resultado. E essa mesma compreensão lógica, pragmática e processualística se pode ter em relação a qualquer outra técnica de investigação.

A essa distinção, outra igualmente importante se segue, relativa não mais às perspectivas, mas às diversas operações com que a investigação criminal se desenvolve, tendo em conta certas etapas fundamentais do método. E nesse ponto, nosso programa metodológico se organiza com base em operações que consideramos essenciais em toda e qualquer investigação criminal, independentemente das técnicas de que se utiliza. Vamos chamá-las de *etapas fundamentais do método*.

Ao final, enfatizando a perspectiva metodológica do processo, enfrentaremos o problema da legitimação do conhecimento produzido com a exigência de uma *devida metodologia processual da investigação* como questão de método de controle do exercício do poder que se encontra na condução da investigação criminal.

13
As Perspectivas Metodológicas da Investigação

> "O método é necessário para a procura da verdade"
> (R. Descartes, *Regras para a direção do espírito, Regra IV*)

A Pragmática da Investigação Criminal

A perspectiva pragmática nos informa imediatamente o conjunto de ações básicas com que metodologicamente se desenvolve uma investigação em sua forma externa, independente de um relato sobre as operações lógicas que se desenvolvem.

Assim, antes da perspectiva lógica, pode-se considerar a metodologia da investigação criminal segundo uma perspectiva pragmática, em que se ponha relevo não no contexto de justificação do conhecimento, mas no seu contexto de descoberta[623]. Essa abordagem, em contraste com a lógica que se preocupa apenas com o apoio empírico e a justificação racional do conhecimento, pretende não ignorar os meios pelos quais chegamos às hipóteses e teorias. É nessa perspectiva que Luiz Henrique de Araújo Dutra sustenta uma pragmática da investigação científica, segundo a qual a ciência é essencialmente uma atividade de formular modelos, através de um conjunto de comportamentos que se encaixam em determinados contextos institucionais identificados como uma tradição científica. Em sua abordagem pragmática, que utilizaremos como base para entender uma

---

[623] L. H. Araújo Dutra, *Pragmática da investigação científica*, 2008, p. 259ss, trata lógica e pragmática da investigação científica como tradições filosóficas da ciência.

TEORIA DA INVESTIGAÇÃO CRIMINAL

pragmática da investigação criminal, destacam-se os seguintes elementos essenciais: a concepção de conhecimento como ação; a ideia de modelo--réplica da atividade científica; e a relevância do contexto de investigação, em que se encaixam as ações de investigar. O que se segue é uma síntese dessa concepção, no que tem de relevante à compreensão de uma pragmática da investigação criminal.

O termo pragmática, nessse sentido, tem aqui um sentido muito específico. Entende-se por pragmática da investigação "uma classe de aspectos da investigação ordinariamente apresentados pela prática científica", entre os quais se encontram teorias, modelos, observações etc., com o que se pretende apenas uma compreensão parcial da atividade, mas não como uma perspectiva normativa de como se deve investigar. O que se pretende com uma abordagem pragmática é apenas "mostrar como alguns de seus aspectos mais salientes se apresentam nos contextos de investigações científicas"[624]. Nesse sentido, quanto à investigação criminal, não se trata de apresentar um conjunto de etapas como roteiro prático de investigação, mas apenas de evidenciar as etapas mais gerais com que uma investigação se desenvolve.

Ações Investigativas como Conhecimento

O ponto de partida da pragmática da investigação criminal é *a noção de conhecimento como ação*. Essa é a ideia que defende Luiz Henrique de Araújo Dutra, para quem, "em última instância, a concepção do conhecimento humano como representação está fundamentada na concepção do conhecimento humano como ação"[625]. Segundo a ideia de conhecimento como representação, conhecer é representar o que se encontra fora de nós, podendo ser verdadeiro ou falso o conhecimento. Segundo a ideia de conhecimento como ação, conhecer é uma forma de lidar com os objetos, é uma forma de comportamento que muda à medida que os conhecemos, o que pode se mostrar mais ou menos eficiente no que pretendemos. Há abordagens que consideram as duas ideias inconciliáveis; há as que as consideram complementares, como a que sustenta Luiz H. A. Dutra, através de uma abordagem "externalista" do conhecimento.

---

[624] L. H. Araújo Dutra, *Pragmática da investigação científica*, 2008, p. 262ss.
[625] L. H. Araújo Dutra, *Pragmática da investigação científica*, 2008, p. 26ss.

Na abordagem externalista, que está associada à concepção pragmática, a teoria do conhecimento é uma descrição de comportamentos do homem em relação ao seu ambiente, que são elementos do contexto em que se encontra o fenômeno cognitivo. Isso nos permite falar de "diversos tipos de investigação, nos diversos domínios do saber humano e na vida cotidiana", de cuja generalização se podem extrair propriedades cognitivas dos homens. Sob essa perspectiva externalista e pragmática, o conhecimento é aquilo que os homens fazem, não o que se pressupõe (crenças e representações) para explicar o que fazem. Não implica ignorar a ideia de conhecimento como representação, mas entender que esta pressupõe a de conhecimento como ação. A abordagem pragmática é, portanto, uma abordagem externalista relevante à explicação do conhecimento humano, que pode prescindir da abordagem lógica e internalista, ao passo que esta pressupõe aquela necessariamente[626].

É nesse sentido que L. H. Araújo Dutra considera essa abordagem econômica conceitualmente, por reduzir ao essencial as questões conceituais. Nessa abordagem, as ações investigativas assumem papel relevante. *Pragmático*, assim, nesse sentido, pode ser entendido em seu sentido originário, não relacionado ao pragmatismo, como se tem usado na linguagem contemporânea, mas relativo à ação[627]. Mas de que ação (ou ações) se trata, quando falamos de pragmática investigação? Podemos relatar o conjunto de ações investigativas de forma concisa ou detalhada. Trata-se de observar as ações do padrão de investigação, o que converge para aquele padrão de que J. Dewey já falava[628].

A Estrutura Pragmática Fundamental

De uma forma concisa, podemos então observar que a investigação se desenvolve em quatro etapas: (a) problema; (b) hipótese; (c) base de dados; e (d) acordo. Mais detalhadamente: "1. a colocação de um problema; 2. a elaboração de uma hipótese, visando solucionar o problema; 3. a constituição de uma base de dados, com a qual a hipótese vai ser comparada; 4. a constatação do acordo entre hipótese e a base de dados, a averiguação

---

[626] L. H. Araújo Dutra, *Pragmática da investigação científica*, 2008, pp. 36-48

[627] N. Abbagnano, *Dicionário de filosofia*, 2003, p. 783: "quando não se refere a pragmatismo, designa simplesmente *o que é ação ou que pertence à ação*"

[628] L. H. Araújo Dutra, *Pragmática da investigação científica*, 2008, p. 137.

TEORIA DA INVESTIGAÇÃO CRIMINAL

propriamente dita"[629]. É importante a esse respeito observar que as operações lógicas internas são subtendidas, pondo-se ênfase nas ações materiais externas da investigação, o que corresponde a uma descrição clara e concisa da investigação criminal.

Essas etapas da investigação são desenvolvidas e explicadas por Luiz H. A. Dutra, com base em dois exemplos típicos de investigação, a científica e a policial, através dos quais ele demonstra os pontos em comuns, que se podem compreender como se segue[630]:

A) *A colocação do problema.* Na investigação, o problema é levantado em determinado contexto (ou "pando de fundo"), no qual "múltiplos elementos conceituais tomam parte". Em geral, o problema nasce de uma "expectativa violada", que, na investigação dos crimes, consiste em uma infração da lei que rege o comportamento das pessoas e que se espera seja respeitada. Assim, "é o contraste com uma expectativa ou predição antes feita [no caso de uma investigação científica] que dá lugar a um problema que gera a investigação. O problema é formulado mediante a constatação de um fenômeno saliente e, em muitos casos, não apenas saliente, mas inesperado".

B) *A elaboração de uma hipótese.* Assim como o problema, a elaboração de uma hipótese somente é possível, segundo o autor, em um determinado contexto. No caso de uma investigação de crimes, há certas questões que não requerem explicação, outras que são implícitas, como no caso de um assassinato em que se supõe ter sido cometido por uma pessoa (ficando de fora certas conjecturas mirabolantes, como seria o caso de suscitar um crime cometido por extraterrestres, espíritos malignos ou algo parecido). Em geral, é com base em outros crimes já investigados e resolvidos, e por isso considerados relevantes, que se torna possível especificar "hipóteses plausíveis", ao que se agregam certos dados inicialmente disponíveis que permitem uma hipótese inicial.

C) *A base de dados.* A partir desses elementos (dados iniciais e experiências anteriores), a investigação segue na busca de outros dados com base nas hipóteses levantadas. A hipótese requer ser sustentada por uma base de dados, que permita concluir positivamente pela sua

[629] L. H. Araújo Dutra, *Verdade e Investigação*, 2001, p. 141.
[630] L. H. Araújo Dutra, *Verdade e Investigação*, 2001, pp. 141-148

aceitação. Em uma investigação científica, essa base de dados é em geral constituída por experimentos adequados que podem levar à confirmação da hipótese; em uma investigação de crime, outros dados que estejam em conformidade com os dados iniciais, obtidos por meios de provas comumente aceitos na investigação, levarão à confirmação da hipótese. Em todo caso, uma investigação requer que se estabeleça sua base de dados.

D) *A constatação de acordo.* Por fim, há a verificação, ou melhor dizendo, a *averiguação*, que consiste em *"constatar o acordo entre a hipótese levantada e a base de dados estabelecida".* Isso se dá, no sentido corrente da expressão, quando na investigação, o investigador averiguou que determinado crime foi cometido por alguém. Em síntese, o acordo se dá entre uma hipótese e uma base de dados. Nesse ponto, há um raciocínio lógico que, partindo de certas premissas, leva à conclusão, que é um certo conhecimento produzido acerca de alguma coisa.

Na investigação criminal, as premissas iniciais são sustentadas, em geral, com base em certas regras de experiência, segundo o que normalmente se observa na prática da investigação, servindo de hipótese. Por exemplo, no caso de um crime previdenciário, em que se exige liberação do benefício previdenciário por um funcionário público, é possível partir da premissa de que houve participação, dolosa ou culposa, de um funcionário e que o beneficiário da vantagem indevida estava em conluio com ele. Isso é o que normalmente se observa em várias investigações, servindo de hipótese a ser confirmada pela base de dados, mas não é absolutamente a única possibilidade de cometimento do crime. Em não se confirmando, outra hipótese deve ser levantada, mas sempre com fundamento na base de dados inicial e nos dados posteriormente obtidos, no caso incluindo os que falsearam a hipótese inicial.

A Pragmática com Base em Modelos

Essa descrição pragmática se pode tornar ainda mais clara e rica em detalhes, quando a descrevemos em termos diversos como atividade que trabalha com modelos, cuja concepção proposta por L. H. Araújo Dutra é igualmente o nosso ponto de partida[631].

---

[631] L. H. Araújo Dutra, *Pragmática da investigação científica*, 2008, p. 283.

TEORIA DA INVESTIGAÇÃO CRIMINAL

A) O investigador, ao se deparar com uma situação real, tenta compará--la com um modelo idealizado existente que se encontra na tradição de investigação em que desenvolve sua atividade;
B) Se não o conseguir, o investigador tende a elaborar um novo modelo que se ajuste à situação real ou possa melhor se aproximar dela. Essa é a ação que se considera a atividade científica propriamente dita, mas que pressupõe outras anteriores e posteriores;
C) O novo modelo idealizado deve ser testado com a teoria de base, na qual se baseia também o modelo não suficiente. É essencial que o novo modelo seja aceitável no âmbito da teoria;
D) O novo modelo deve ainda ser comparado com a situação real, através de modelos-ponte, considerado "uma peça de engenharia da investigação" que permite observações e/ou experimentos;
E) Com base em um modelo-ponte, o investigador deve contrastar situações reais, através de experimentos e/ou de observações, para obter informações relevantes. Trata-se do chamado "trabalho de campo" que pressupõe vários elementos institucionais externos à atividade;
F) Consolidados os dados colhidos, o investigador deve compará-los com o modelo abstrato. Nesse passo, temos uma atividade especulativa;
G) Conforme o resultado, o novo modelo pode ser incorporado à teoria de base que sustenta a tradição de investigação. Aqui, temos o momento crucial com a corroboração do modelo, que pode conduzir a uma "simples extensão da teoria" ou a uma "revisão na teoria".

Esse roteiro de passos (A-G), com algum esforço comparativo, pode ser constatado no âmbito da investigação criminal, mas antes precisamos entender o que são os diversos modelos referidos, e como eles se apresentam no contexto jurídico em que temos modelos pré-teóricos estabelecidos em lei.

O Papel dos Modelos na Investigação Criminal

A noção de modelo é uma ideia central na concepção pragmática de investigação, por isso é essencial entendermos o que é um modelo, quais suas diversas formas e como eles figuram na investigação criminal. Inicialmente, um modelo pode ser entendido como uma idealização da realidade; ele se pode entender, descritivamente considerado, embora de forma bem simplificada, como o que "um mapa é para a passagem real", na qual se eleiminam detalhes inúteis. O uso de modelos é comum nas ciências humanas,

322

AS PERSPECTIVAS METODOLÓGICAS DA INVESTIGAÇÃO

podendo utilizar-se na pragmática da investigação criminal[632]. Mas a noção de modelo não é unívoca.

Mario Bunge situa a discussão do modelo no âmbito do que ele considera a nova metodologia que aproxima as ciências empíricas (física e não-físicas), distintas apenas em objeto, técnicas especializadas e estágio de evolução[633]. É nessa nova metodologia que se destaca a construção de *objetos-modelo* e de *modelos teóricos*. O primeiro passo é uma "conquista conceitual da realidade", que começa por idealizações, através da extração de "traços comuns de indivíduos ostensivamente diferentes, agrupando-os em espécie". Disso nasce o objeto-modelo, ou modelo conceitual, que é um afastamento da informação, com adicionamento de alguns elementos imaginários. Em síntese, um objeto-modelo é uma representação de um objeto, que pode ser uma coisa ou um fato (nesse caso, temos um *evento-modelo*). Na investigação criminal, podemos encontrar o modelo conceitual, ou evento-modelo, nos tipos penais de crime. Nesse sentido, os tipos penais podem ser entendidos como abstrações da realidade, através da redução das informações fáticas ao mínimo essencial (elementos constitutivos materiais) e acréscimo de alguns elementos imaginários (pressuposição da liberdade de ação e do conhecimento da proibição legal, p. ex.). O tipo penal se apresenta como um modelo conceitual que, como ressalta Mario Bunge, "negligenciará numerosos traços da coisa [ou evento] e afastará as características que individualizam os objetos"[634]. O outro passo remete à construção do modelo teórico, que é "um sistema hipotético-dedutivo que concerne a um objeto-modelo". É a descrição do objeto-modelo em termos teóricos que nos permite enquadrá-lo em um todo sistemático compreensível, no âmbito de uma teoria geral. Na investigação criminal, a teoria analítico-jurídica do crime pode ser entendida como modelo teórico que deve enquadrar-se em uma teoria geral compreensiva do sistema.

Luiz Henrique de Araújo Dutra, após considerar algumas concepções de modelos, sustenta em sua abordagem pragmática a noção de *modelos-réplica*, que nos permitem conduzir uma investigação no domínio de uma

---

[632] J.-F. Dortier, *Dicionário de Ciências Humanas,* 2010, p. 417; L. H. Araújo Dutra, Pragmática da investigação: modelos instencionais na investigação policial, *RBCP n.1, v.1,* 2010, pp. 137-152.
[633] M. Bunge, *Teoria e realidade,* 2008, p. 11ss.
[634] No entanto, adverte M. Bunge, *Teoria e realidade,* 2008, p. 17: "A formação de cada modelo começa por simplificações, mas a sucessão histórica dos modelos é um progresso de complexidade". O que é igualmente verdadeiro no direito penal.

prática científica, mesmo que não tenhamos modelos matemáticos formalizados[635]. Nesse sentido, sob uma perspectiva pragmática da investigação, "os modelos-réplica são um artifício metodológico". E embora a descrição da realidade que emerge do modelo-réplica se possa considerar incompleta, ele tem o que se pode chamar de "uma vantagem heurística", porque aberto à intuição e operativo para guiar nossa predição (ou retrodição) e observação dos fenômenos. Em síntese, é uma ferramenta que opera no contexto de descoberta, que tem a mesma estrutura abstrata de uma teoria, mas em nível diferente de abstração. O modelo-réplica é também uma maneira de formulação teórica. Em síntese, "os modelos-réplica instanciam uma teoria porque concebem situações possíveis nas quais estão em determinadas relações certas entidades de que fala a teoria, especificando e descrevendo suas propriedades".

Dessa forma, o que L. H. Araújo Dutra considera um modelo-réplica não parece se confundir com o que Mario Bunge considera um modelo-objeto (a que pudemos comparar com o modelo típico-penal). Pelo menos no âmbito da investigação criminal não vemos como seria isso possível. Afinal, somente se considerarmos o modelo-réplica como um modelo abaixo do tipo penal (modelo-evento), como ferramenta operativa e heurística para a investigação criminal, podemos conceber a possibilidade de modificá-lo. Precisamos dessa distinção porque, quando falamos de modelos típico-penais, a norma jurídica tem prevalência sobre a observação fática, ainda que possamos observar uma ofensa ao bem jurídico análoga a uma ofensa prevista no tipo penal. O que está em jogo aqui é a limitação do poder punitivo pelo princípio da legalidade. Daí porque o roteiro de passos (A-G) encontra na investigação criminal certas peculiaridades que precisam ser adaptadas à sua abordagem pragmática.

Nesse sentido, podemos entender que a pragmática da investigação criminal pode conceber modelos-réplica como modelos de *formas de manifestação do crime*, como descrição fenomenológico-criminal, que é uma tarefa importante da Criminologia. Trata-se de entender o modelo-réplica da investigação criminal como modelos de *modus operandi* dos crimes. Dessa forma, o modelo-ponte pode ser entendido apenas como uma adaptação dos modelos disponíveis na tradição de investigação, para abranger as novas formas de cometimento de crimes.

---

[635] L. H. Araujo Dutra, *Pragmática da investigação científica*, 2008, p. 123ss.

Assim, as observações fáticas em conflito com o modelo típico-penal podem orientar discussões criminológicas e político-criminais, em um âmbito de discussão anterior/posterior e exterior ao sistema legal (nas universidades, nos programas de pesquisas científicas e nos processos legislativos), embora não possam conduzir à redefinição do modelo típico-penal no âmbito da própria investigação.

A Lógica da Investigação Criminal

A investigação criminal se desenvolve tanto por dedução, quanto por indução, a considerar a diversidade das questões com que se depara, mas é na abdução que se encontra o fundamental de seu raciocínio.

A justificação do conhecimento fático, que se produz acerca do crime na investigação, possui especificidades que nos permitem falar de uma lógica da investigação criminal. O conhecimento não se justifica por si, pelo simples fato de ter sido produzido por uma autoridade estatal. Não se justifica, igualmente, pela apresentação de uma prova confirmatória do fato, ainda que não tenhamos motivo para duvidar de sua confirmação, sem que seja dada pelo menos a possibilidade de refutá-la a quem mais interessam suas conclusões. Não se justifica nem mesmo se o conteúdo do conhecimento corresponde a tudo o que sabemos, ou podemos saber, sobre o crime (pretensão de verdade), se os meios utilizados para alcançá-los não tiverem atendido a certas condições formais essenciais.

É certo, contudo, que em suas conclusões probatórias, o processo penal acaba por assimilar certas particularidades que podem interferir nessa lógica da investigação, a exemplo do que decorre de princípios da presunção de inocência e do *in dubio pro reo*, que especificam garantias jurídicas de direito fundamentais, transmitindo especificidades à forma de raciocinar. Mas ainda assim temos alguma lógica que se pode encontrar nos diversos raciocínios com que se desenvolve a atividade investigativa, em inferências parciais e intermediárias, até chegar às conclusões finais acerca do crime. E, nesse sentido, é preciso ter em conta em que sentido podemos falar de lógica da investigação criminal.

A história da lógica está repleta de sentidos que lhe foram atribuídos. Fala-se de três períodos de desenvolvimento, cada uma com discussões muito próprias e distintas a ponto de podermos falar não de uma lógica (como se pretendeu relativamente à lógica aristotélica, considerada *a*

TEORIA DA INVESTIGAÇÃO CRIMINAL

lógica), mas de lógicas diversas[636]. A lógica moderna (antes de Boole), por exemplo, desenvolve-se essencialmente como ideia da "arte de pensar", e chega-se a defender que a lógica contém "princípios invariantes para todos os mundos possíveis" (Leibniz). Noutro sentido, contudo, sustenta--se sobre a lógica que "os objetos de que trata são o resultado de generalizações empíricas" (Mill). Essas diversas concepções põem em causa uma questão filosófica sobre a natureza das leis da lógica, se elas são descrições do modo como pensam os seres humanos (Boole), ou são prescrições independentes de qualquer psicologismo (Frege).

A lógica se pode definir como "o estudo dos métodos e princípios usados para distinguir o raciocínio correto do incorreto"[637]. A lógica trata de argumento e inferências[638]. A inferência é um processo com o qual chegamos a uma proposição (conclusão), que se afirma baseada em outras proposições (premissas). Não é, contudo, o processo de inferência que interessa à lógica, mas o argumento que lhe corresponde. Esses argumentos costumam ser apresentados em dois tipos fundamentais – dedutivos e indutivos. A partir das premissas, especialmente de uma geral, os argumentos dedutivos pretendem chegar a uma prova conclusiva. Se as premissas são verdadeiras, a conclusão há que o ser igualmente. No raciocínio indutivo, não acontece o mesmo. A pretensão é de que a conclusão nos forneça apenas alguma prova, melhor ou pior, segundo um grau de verossimilhança ou probabilidade, a partir de premissas particulares. As duas lógicas estão presentes em operações básicas da investigação, sendo relevante identificar sua estrutura fundamental e seus limites para que se compreendam as razões conclusivas de uma investigação criminal. Mas estudos modernos têm cada vez mais tratado de uma lógica abdutiva que corresponde mais precisamente ao essencial do que se passa na investigação criminal.

A Descrição Lógica da Investigação

Irving M. Copi, ao tratar da lógica indutiva, apresenta-nos o que considera um padrão de investigação, utilizando como ilustração do método o modelo de atividade do detetive como cientista, "cujo objetivo não é idêntico ao do cientista puro, mas cuja abordagem e técnica para a inves-

[636] J. F. Mora, *Dicionário de filosofia*, 1993, p. 432ss.
[637] I. M. Copi, *Introdução à lógica*, 1978, p. 19.
[638] W. Salmon, *Lógica*, 1969, p. 13.

tigação dos problemas ilustram, claramente, o método da ciência"[639]. A sua explicação se divide em sete passos, que em síntese correspondem ao que se segue.

A investigação se inicia com um *problema (1)*. Problema é um fato ou um grupo de fatos a respeito do qual não se tem qualquer explicação aceitável: "todo pensamento reflexivo – e este termo inclui tanto a investigação criminal como a pesquisa científica – é uma atividade de resolução de problemas...".

Ao problema, seguem-se *hipóteses preliminares (2)*, porque "é rigorosamente impossível fazer qualquer tentativa séria de reunir dados sem *ter* teorizado de antemão", afinal existem demasiados dados para que alguém queira registrar todos eles. Não precisa ser uma hipótese conclusiva, completa, mas há que ser um esboço antecipado dela, ou seria impossível decidir que fatos selecionar. Considerando que "existem demasiados fatos particulares, demasiados dados no mundo, para que seja possível alguém registrá-los todos", no início de uma investigação, deve-se ter alguma hipótese preliminar de trabalho, a partir da qual são colhidos dados relevantes, para assim ser possível decidir sobre que fatos selecionar, visando a uma análise da totalidade do problema. "Algumas dessas hipóteses são sempre requeridas para orientar o investigador na sua busca de dados relevantes, pois na ausência de toda hipótese preliminar, há, simplesmente, fatos demais, neste mundo, para examinar", mas, a respeito dessa hipótese preliminar, deve-se enfatizar que "não necessita ser uma solução completa do problema". Em síntese, "a hipótese preliminar deve ser sumamente provisória e deve basear-se em conhecimento prévios. Mas, para iniciar uma investigação séria, a hipótese preliminar é tão necessária quanto a própria existência do problema".

Com tais hipóteses, é possível passar à *compilação de fatos adicionais (3)*, e igualmente necessário, afinal os fatos iniciais que constituem o problema são insuficientes para a hipótese conclusiva. Os passos 2 e 3 estão correlacionados e podem repetir-se quantas vezes sejam necessárias, até chegar

---

[639] I. M. Copi, *Introdução à lógica*, 1978, p. 391, recorre às narrativas de Arthur Conan Doyle (1859-1930), explicando que "o método científico não está limitado aos cientistas profissionais; pode-se dizer que procede cientificamente toda pessoa que obedece ao padrão geral de raciocínio, depois de provas evidentes, para chegar a conclusões suscetíveis de testes experimentais. Nesse sentido, o detetive hábil é um cientista, como o somos a maioria das vezes, – pelo menos, em nossos momentos mais racionais."

TEORIA DA INVESTIGAÇÃO CRIMINAL

à formulação da *hipótese conclusiva (4)*, após algumas reflexões. É o resultado de tais reflexões uma hipótese, desde que explique todos os dados, tantos os do conjunto inicial de fatos que constituíram o problema, quanto os fatos adicionais.

A respeito da compilação de fatos adcionais, deve-se compreender que "toda investigação séria principia com algum fato ou grupo de fatos que fere a atenção do investigador, como problemáticos, e que desencadeia todo o processo do inquérito. Os fatos iniciais que constituem o problema são, usualmente, demasiado escassos para que proporcionem, por si só, uma explicação totalmente satisfatória, mas poderão sugerir – ao investigador competente – alguma hipótese preliminar que o leve a procurar fatos adicionais. Espera-se que esses fatos adicionais sejam pistas importantes para a solução final", para o que devem concorrer aquelas etapas práticas de execução da pesquisa. Embora seja certo que precisamos de uma hipótese preliminar, é igualmente certo que novos fatos podem sugerir novas hipóteses que conduzem a busca de novos fatos, e assim por diante. Nesse sentido, observamos que os passos "2" e "3" são interdependentes e podem ser repetidos diversas vezes.

Mas, em alguma momento, "numa ou noutra fase de sua investigação, qualquer homem quer seja ele detetive, cientista ou um mortal comum – terá a sensação de possuir todos os fatos de que necessita para a solução." E essa conclusão final, resultado de reflexões e inferências, é considerada a sua hipótese se explica o conjunto de todos os fatos, tanto iniciais quanto adicionais, mas não se pode ignorar que essa hipótese explicativa se aproxima de uma descoberta, porque exige um processo criador em que está envolvido tanto imaginação quanto interpretação.

Dessa hipótese conclusiva, deve-se ainda obter *dedução de consequências adicionais (5)*. Afinal, "uma hipótese, realmente frutuosa, explicará não só os fatos que originalmente a inspiraram, mas ainda muitos fatos adicionais". Nesse ponto, a dedução tem um papel importante no inquérito indutivo, a demonstrar que a inevstigação não se basta na indução, pois "o valor fundamental de toda hipótese reside no seu poder preditor ou explicativo, o que significa que fatos adicionais devem ser deduzíveis de uma hipótese adequada". Na investigação criminal, isso implicaria abranger além dos fatos adicionais do inquérito, fatos adicionais trazidos pela defesa do investigado. A esse poder preditivo como confirmação da hipótese, soma-se a *verificação das consequências (6)*, que se pode reduzir apenas à observação, se não for possível algum experimento. Ao final, no último passo, exige-se que a hipótese tenha *aplicação (7)*, ou seja, que tenha fins práticos, o que se encontra na identificação do autor do crime.

Assim, uma boa hipótese de investigação apontará sempre mais além dos fatos inicialmente disponíveis, permitindo ir em direção de outros fatos novos, de cuja existência não se suspeitava, mas precisamente esses fatos novos se verificados poderão confirmar a hipótese que conduziu a investigação à obtenção das provas. É o que se dá, quando, concluída a investigação, mesmo havendo alegações e provas do investigado em sua defesa, sendo provadas, é possível aceitá-las em conformidade com a hipótese conclusiva. Mas, inversamente, se uma investigação criminal se conclui com determinada hipótese, havendo indiciamento do investigado, mas depois, ante alegações igualmente plausíveis e provas contrárias, observa-se que a hipótese não se mantém Assim, ou se renova um ciclo de investigação, em sendo ainda conciliável a hipótese com uma nova versão a ser confirmada, ou se arquiva a investigação, em sendo inconciliável. O importante, sobretudo, é entender que essa submissão à verificação das consequências como teste de validade da hipótese constitui etapa necessária da lógica da investigação, que se conclui portanto apenas ao final do processo em contraditório probatório. Afinal, tendo em conta que em última análise o interesse da investigação gira em torno de uma questão prática, diante de um crime a resolver, não apenas se exige explicar os fatos, como indicar o seu autor. Mas este poderá sempre opor-se às hipóteses em refutação, sem a qual o processo lógico não se pode concluir.

Esses passos representam o que se considera um "padrão de investigação científica", de tal forma que "procede cientificamente toda pessoa que obedece ao padrão geral de raciocínio", não se limitando aos cientistas profissionais. O termo "científico", nesse sentido, "refere-se a qualquer raciocínio que procure desenvolver-se, a partir de fatos observáveis da experiência, para chegar a explicações razoáveis (isto é, relevantes e testáveis) para esses fatos"[640]. Contudo, é relevante observar que, ao tratar da lógica como padrão geral de raciocínio, Irving Copi imbrica na sua exposição aspectos pragmáticos pressupostos para a inferência, como descrevemos na seção anterior. Ademais, embora esse padrão se desenvolva por Irving Copi em capítulo específico da lógica indutiva, é evidente que

---

[640] I. M. Copi, *Introdução à lógica*, 1978, p. 400.

não corresponde ao que classicamente se entende por indução, não apenas por recorrer adicionalmente a raciocínios dedutivos no decorrer do processo lógico, mas porque, rigorosamente considerado, o essencial de seu desenvolvimento passa por raciocínios abdutivos, ao que daremos algumas explicaçõesa adicionais. Mas não se pode negar papel às induções na investigação, o que justifica comprendê-la melhor, tanto em sua estrutura fundamental, quanto em seus limites problemáticos.

A Indução e seus Problemas

A indução parte de casos particulares para generalizações, o que se pode identificar subjacente a muitos raciocínios que o investigador pressupõe em suas hipóteses de pesquisa, tendo em conta o conjunto de casos particulares que já investigou, bem como relatos alheios e outras tantas fontes formais ou informais de conhecimento acerca de como se praticam certos crimes. A título de exemplo, pense-se na suposição corriqueira que se faz acerca do reincidente de um crime novamente investigado; ou na frequente constatação de que certos crimes contra a administração pública contam quase sempre com a participação de servidores públicos. Contudo, essas suposições indutivas somente nos servem para criar hipóteses de partida para a investigação, não podendo ser utilizadas como inferência conclusiva do geral para o particular, pois esse exige sempre alguma prova específica acerca do que se quer afirmar. É importante, portanto, a esse respeito, ter em conta os limites da indução que já Hume havia identificado, porque ao partir de questões particulares para universalizar, encontra-se barreira na impossibilidade de abranger todos os casos particulares. Nesse sentido, é preciso entender que "a indução não tem valor necessário ou demonstrativo, conquanto seja mais clara que o silogismo; seu âmbito de validade é o mesmo do fato, ou seja, da totalidade dos casos em que sua validade foi efetivamente constatada"[641].

Tendo em conta essa natureza da indução, Hume propôs o seguinte problema: "Todas as inferências extraídas da experiência supõem, como fundamento, que o futuro se assemelhará ao passado e que poderes semelhantes estarão unidos a qualidades sensíveis semelhantes. Se houvesse alguma suspeita de que o curso da natureza pudesse mudar e de que o passado não servisse de regra para o futuro, toda a experiência se tornaria inútil e

---

[641] N. Abbagnano, *Dicionário de filosofia*, 2003, p. 557.

não poderia dar origem a nenhuma inferência ou conclusão. É impossível, portanto, que argumentos extraídos da experiência possam provar a semelhança entre o passado e o futuro, visto que todos os argumentos desse tipo fundam-se na suposição dessa semelhança. Mesmo se admitindo que o curso das coisas sempre regular foi, só isso, sem nenhum argumento ou inferência nova, não prova que no futuro continuará assim"[642].

A esse problema foram dadas algumas soluções baseadas na existência de uma uniformidade, seja considerando um princípio de causalidade natural, seja considerando a uniformidade da estrutura do intelecto, mas somente na filosofia contemporânea é que se reconheceu a impossibilidade de justificação teórica, para se sugerir uma justificação pragmática. Uma das justificações pragmáticas se encontra na *interpretação probabilista da indução*, segundo a qual, "quando a proporção é igual a cem por cento das amostras examinadas, quando o caráter em questão ocorre em *todas,* tem-se a generalização *uniforme* ou *completa*. (...) Por outro lado, quando o valor numérico dessa proporção é tomado como medida da *possibilidade* de que o caráter em questão reapareça em novo exemplo, tem-se um juízo de *probabilidade*"[643].

Outra forma de justificação pragmática da indução consiste em reconhecer nela a *capacidade de autocorreção*, ou seja, admite-se que o procedimento indutivo "tem o caráter de um método de tentativa e erro". Noutros termos, sustenta-se que "o problema da indução em geral, assim como o problema de inferir o futuro do passado ou os casos não observados dos casos observados, não têm sentido por falta de dados. (...) Na realidade, os procedimentos científicos e, em geral, os comportamentos e as diretrizes *racionais* do homem consistem em limitar o risco, em torná-lo calculável, não em eliminá-lo"[644]. Essa é a concepção de Popper aceca da indução, para quem esta inferência é um mito, nem um fato psicológico nem um fato da vida comum, tampouco um procedimento científico.

---

[642] N. Abbagnano, *Dicionário de filosofia*, 2003, p. 558; D. Hume, *Investigação sobre o entendimento humano*, [2013], p. 86ss.

[643] N. Abbagnano, *Dicionário de filosofia*, 2003, p. 559, considera tratar-se em síntese de uma questão estatística: "A mais simples expressão da regra da indução probabilista talvez seja a de Kneale: 'Depois de observarmos certo número de coisas α e de descobrirmos que a frequencia das coisas β entre elas é f, concluímos que a frequência que $P(α, β) = f$, ou seja, que a probabilidade de uma coisa α ser β deve ser f".

[644] N. Abbagnano, *Dicionário de filosofia*, 2003, p. 561.

Karl Popper considera equivocada, portanto, a lógica indutiva propugnada pelas ciências empíricas que buscam validar seus enunciados universais a partir de enunciados singulares, porque independente de quantos casos se observem, isso não justifica concluir que todos os casos são e serão como enunciados. Mas as mesmas dificuldades permanecem no caso de substituir a indução pela probabilidade, deixando de falar em "verdadeiro" para falar em "provável". Essa questão, contudo, não se pode confundir com o problema psicológico do conhecimento, acerca do ato de conceber uma hipótese, que é um estágio anterior que diz respeito a questões de fato, não à questão de justificação que interessa à lógica[645].

É por isso que Popper defende como lógica da pesquisa científica a "prova dedutiva de teorias", cujo método deve partir de uma hipótese conjecturada, que pode ser comprovada logicamente por vários meios. É, contudo, com base na "comprovação por meio de aplicações empíricas das conclusões que dela se possam deduzir" que podemos concluir sobre uma hipótese, se as conclusões singulares se mostrarem aceitáveis. Neste caso, dizemos que a hipótese está corroborada, não que seja verdadeira ou mesmo provável, pois subsiste sempre a possibilidade de em outra aplicação empírica ser refutada.

Assim, bem vistas as coisas, não se trata de uma questão de substituição de uma lógica por outra, mas de entender os limites de cada lógica, seja por indução, seja por dedução, orientada a cada tipo de operação investigativa. Como veremos a chamada lógica dedutiva da ciência, sem excluir as possibilidades limitadas de indução, terá aplicação em outros aspectos da metodologia da investigação criminal.

A Lógica da Pesquisa Científica

Karl Popper defende que a questão do método científico está estreitamente ligada ao critério de demarcação da ciência (a falseabilidade, conforme ele propõe). Ao considerar o *problema da teoria do método científico*, Popper sustenta as regras metodológicas como convenções, como *regras do jogo da ciência*, centrando sua atenção nas ciências empíricas, cuja estrutura pode ser comparada ao jogo do xadrez, que se pode definir em função de suas regras, assim como "a Ciência pode ser definida por meio de regras metodológicas". E nesse sentido, bem considerado, "não se deve esperar verda-

---

[645] K. Popper, *A lógica da pesquisa científica*, 2007, p. 27ss.

des profundas da parte da metodologia. Não obstante, em muitos casos, ela pode auxiliar-nos a ver mais claramente a situação lógica e mesmo a resolver alguns problemas de longo alcance..."[646].

Assim, com base nessa ideia, apresenta-nos *um exemplo simples* de regra metodológica, nos seguintes termos: "Uma vez proposta e submetida a prova à hipótese e tendo ela comprovado suas qualidades, não se pode permitir seu afastamento sem uma «boa razão». Uma «boa razão» será, por exemplo, sua substituição por outra hipótese, que resista melhor às provas, ou o falseamento de uma conseqüência da primeira hipótese".

Popper parte do *problema da indução* de Hume, para rejeitar o método indutivo, considerando que "está longe de ser óbvio, de um ponto de vista lógico, haver justificativa no inferir enunciados universais de enunciados singulares, independentemente de quão numerosos sejam estes; com efeito, qualquer colhida desse modo sempre pode revelar-se falsa: independentemente de quantos caso de cisnes brancos possamos observar, isso não justifica a conclusão de que *todos* os cisnes são brancos". Essa rejeição da indução atinge vários aspectos de uma investigação, naquilo que geralmente ela pressupõe com base em regras de experiência do investigador, embora se possa utilizar ainda como regra prática para sustentar hipóteses. Mas como regra lógica, diversamente, Popper considera necessário recorrer ao que chama de *método dedutivo de prova*, com base no qual "a partir de uma ideia nova, formulada conjecturalmente e ainda não justificada de algum modo – antecipação, hipótese, sistema teórico ou algo análogo – podem-se tirar conclusões por meio de dedução lógica. Essas conclusões são em seguida comparadas entre si e com outros enunciados pertinentes, de modo a descobrir-se que relações lógicas (equivalência, dedutibilidade, compatibilidade ou incompatibilidade) existem no caso".

Observe-se como essa construção se encontra no processo penal, na relação entre as teses de acusação e defesa, e sua relevância para antecipar na investigação criminal o *valor* de suas conclusões, postas em situação de prova. Essa lógica dedutiva de provas é o que constitui a essência da discussão processual penal, para a qual a investigação criminal oferece provas que possam servir de base empírica acerca de quaisquer aspectos sobre o crime, sua autoria e suas circunstâncias. Mas iremos encontrar esse método hipotético-dedutivo mais explicitamente utilizado nas provas periciais que recorrem às diversas teorias científicas de base.

---

[646] K. Popper, *A lógica da pesquisa científica*, 2007, p. 57.

TEORIA DA INVESTIGAÇÃO CRIMINAL

O Método Hipotético-Dedutivo

Tendo em conta o problema da indução, bem como as diversas justificações apresentadas, em especial a que nos oferece Karl R. Popper, podemos recorrer ao método hipotético-dedutivo proposto por Carl G. Hempel, como forma de compreender a maneira de atuar das hipóteses, no contexto da justificação do método científico. Asssim com K. Popper, também C. Hempel considera que "não se chega ao conhecimento científico pela aplicação de algum procedimento de inferência indutiva a dados coligidos anteriormente, mas, antes, pelo que é freqüentemente chamado 'o método da hipótese', *i.e.*, pela invenção de hipóteses como tentativas de resposta ao problema em estudo e submissão dessas hipóteses à verificação empírica. Parte dessa verificação consistirá em apurar se a hipótese se ajusta ao que já fôra estabelecido antes de sua formulação; outra parte, em derivar novas implicações para submetê-las a observações e experiências apropriadas"[647].

A lógica da investigação científica, portanto, não corresponde a uma indução em sentido estrito, mas apenas em *um sentido mais amplo*, pelo fato de que aceita hipóteses baseadas em dados que não fornecem uma evidência dedutiva conclusiva, sim o que se pode chamar de "suporte indutivo". Assim, conclui-se que "as regras da indução devem ser concebidas, em analogia com as regras da dedução, como cânones de validação e não propriamente de descoberta. Longe de gerarem uma hipótese que dê razão de certos dados empíricos, essas regras pressupõem que além desses dados empíricos que formam as «premissas» de um «argumento indutivo» seja *dada* também a hipótese proposta com sua «conclusão». As regras de indução forneceriam então critérios para a legitimidade do argumento".

O método hipotético-dedutivo consiste em suma em (1) estabelecer uma hipótese, (2) deixando-a ao lado das condições iniciais da investigação, para (3) deduzir as consequências que podem ser (4) testadas em confronto com a experiência[648]. É o que se pode observar muito frequentemente nas diversas pesquisas periciais que se realizam na investigação com base em alguma ciência, mas também se pode encontrar em todas as situações em que a investigação pretenda apresentar conclusões proba-

---

[647] C. G. Hempel, *Filosofia da ciência natural*, 1970, p. 30ss.
[648] L. Hegenberg (org), *Métodos*, 2005, p. 185; S. Blackburn, *Dicionário Oxford de Filosofia*, 1997, p. 248.

tórias a partir de máximas de experiência elevadas a conhecimento geral que jusfifique alguma inferência lógica.

Os Modos Dedutivos das Provas

A dedução, ademais, em sua mais ampla expressão, terá aplicação em várias outras operações durante a investigação, a considerar a natureza da lei penal e a necessária subsunção que se realiza a partir de premissas legais.

A dedução, considerada como "relação pela qual uma conclusão deriva de uma ou mais premissas", pode ser interpretada de várias formas. Aristóteles a considerava como silogismo – "um raciocínio em que, postas algumas coisas, seguem-se necessariamente algumas outras, pelo simples fato de aquelas existirem", sendo esse o significado mais geral que se atribui à palavra. E, nesse sentido, a dedução se distingue da indução por sua estrutura esquemática, por ser "procedimento que leva do particular ao universal". Um e outro, segundo Aristóteles, seriam os dois caminhos pelos quais formamos nossas crenças, embora a indução, pelo seu caráter demonstrativo, esteja limitada ao âmbito de validade do fato, ou seja, à "totalidade dos casos em que sua validade foi efetivamente constatada", diversamente da dedução que deve ter premissas universais, a partir de pressupostos substanciais do objeto considerado em sua essência[649].

Há, ainda, uma noção de dedução convencional, presente na lógica contemporânea, que admite "a possibilidade de livre escolha das regras de dedução". E, nesse sentido, a dedução, atualmente, entende-se como "discurso que se inicia com pequeno número de regras assumidas como premissas, e que sempre pode assumir como regra qualquer proposição deduzida daquelas premissas e em conformidade com as regras que elas prescrevem". Assim, como método, a dedução consiste "em procurar a confirmação de uma hipótese através da verificação das conseqüências previsíveis nessa mesma hipótese".

Em síntese, na dedução, o primeiro aspecto a considerar são as *premissas* – o ponto de partida convencionado ou sobre o qual não se diverge. E esse é certamente o problema que pode sempre surgir na investigação criminal que postule como conclusão inferências dedutivas baseadas em conhecimento sobre o qual se diverge ou cuja convenção seja puramente legal como presunção jurídica.

---

[649] N. Abbagnano, *Dicionário de filosofia*, 2003, p. 232ss; p. 556ss.

TEORIA DA INVESTIGAÇÃO CRIMINAL

Ademais, partindo das premissas, ainda que elas não se questionem, podemos chegar a deduções, por dois modos de silogismo hipotético que conduzem à conclusões distintas. Pelo *modus ponens*, "posto o antecedente, põe o conseqüente (se *A* é, é *B*; mas *A* é, portanto, é *B*)"; pelo *modus tollens*, "retirado o conseqüente, retira o antecedente o antecedente (se *A* é, é *B*; mas *A* não é, portanto, não é *B*) [650]. A distinção lógica é sutil mas corresponde a diversos interesses que se podem identificar no processo penal, considerando que as confirmações probatórias assumem a forma de *modus ponens*, ao passo que as refutações assumem a forma de *modus tollens*[651].

A Abdução na Investigação Criminal

A lógica da investigação criminal é essencialmente abdutiva. Embora recorra a indução e dedução em várias inferências com que desenvolve operações básicas, é na abdução que podemos encontrar a sua estrutura lógica fundamental. Guilherme de Baskerville, explicando-se ao noviço Adson de Melk sobre como procedia nas investigações dos crimes, conclui que "resolver um mistério não é a mesma coisa que deduzir a partir de princípios primeiros. E não equivale sequer a recolher muitos dados particulares para depois deles inferir uma lei geral. Significa antes achar-se diante de um, dois ou três dados particulares que aparentemente não têm nada em comum, e tentar imaginar se podem ser muitos os casos de uma lei geral que não conheces ainda, e talvez nunca tenha sido enunciada"[652].

Ao descrever assim o "método para chegar a uma verdade provável através de uma série de erros seguros", Umberto Eco expressamente exclui a dedução (primeira frase) e a indução (segunda frase), para indicar como método a abdução, que ele mesmo voltará a discutir em contexto mais teórico, juntamente com Thomas Sebeok na coletânea de artigos dedicados ao estudo da lógica da investigação[653].

A abdução, com a dedução e a indução, constitui o conjunto de três figuras lógicas irredutíveis que se encontram no famoso exemplo do saco de feijões utilizado por Charles S. Peirce para demonstrar as diferenças e

---

[650] L. Hegenberg (org), *Métodos*, 2005, p. 132ss; N. Abbagnano, *Dicionário de filosofia*, 2003, p. 680.

[651] A respeito, cf. L. Ferrajoli, *Direito e Razão*, 2002, p. 116.

[652] U. Eco, *O Nome da Rosa*, 1995, p. 349.

[653] U. Eco, T. A. Sebeok, *O signo de três*, 2014.

complementariedade entre elas, nos seguintes termos, em que temos *regra (a), caso (b)* e *resultado (c)*[654]:

Dedução:
(a) Todos os feijões deste saco são brancos
(b) Estes feijões provêm deste saco
(c) Estes feijões são brancos

Indução:
(b) Estes feijões provêm deste saco
(c) Estes feijões são brancos
(a) Todos os feijões deste saco são brancos

Abdução:
(a) Todos os feijões deste saco são brancos
(c) Estes feijões são brancos
(b) Estes feijões provêm deste saco

A abdução, nesses termos, corresponde ao "primeiro degrau do raciocínio científico", porque em última análise, é o "único tipo de argumento que inicia uma nova ideia", sendo por isso considerado "um instinto que confia na percepção inconsciente de conexões entre os aspectos do mundo..."[655]. E, assim, compreende-se por que se torna essencial à lógica da investigação criminal cujo sentido principal é apresentar uma resposta desconhecida sobre um caso a partir de um resultado conhecido, sem que tenha uma regra suficientemente estabelecida, embora pressuposta na suposição que faz. Em outras palavras, "tanto para as abduções de Perice quanto para as de Holmes, excogitar hipótese sobre as causas desconhecidas de fatos resutantes é o ponto-chave da busca"[656]. Mas ao pressupor qualquer regra geral, a confiança do investigador não está nelas, mas nos dados particulares da experiência imediata que tem às mãos e à vista.

---

[654] T. A. Sebeok, Um, Dois, Três, UBERDADE Desta Vez, *O signo de três*, 2014, p. 9; a respeito, cf. também "Sinopse parcial de uma proposta para um trabalhao sobre lógica", bem como "Os três tipos de raciocínio", mas especialmente "Pragmatismo e abdução" de C. S. Peirce, *Semiótica*, 2017, pp. 21-37, pp. 211-224, pp. 225-239.

[655] T. A. Sebeok, J. Umiker-Sebeok, "Você Conhece Meu Método". Uma justaposição de Charles S. Peirce e Sherlock Holmes, *O signo de três,* 2014, p. 23.

[656] M. A Bonfantini, G. Proni, "Suposição: Sim ou Não?, Eis a Questão", *O signo de três*, 2014, p. 138.

TEORIA DA INVESTIGAÇÃO CRIMINAL

Portanto, na base da abdução está um indício sempre, que possa sustentar a narrativa explicativa do investigador, e nele está a base fundamental de argumentação conclusiva da investigação[657]. Mas, o indício por si não é conclusivo, sem qualquer suposição. Por isso, C. S. Peirce conclui que "abdução é, afinal de contas, apenas suposição". E é com base em indícios e suposições que se constrói a conclusão: "a abdução é processo de formação de uma hipótese explanatória"[658].

A Processualística da Investigação Criminal

O Processo como Método de Legitimação do Conhecimento

A investigação criminal se pode considerar, ainda, segundo o processo legal com que se desenvolve, tendo em conta tudo que juridicamente isso implica na limitação dos métodos tanto em contexto de descoberta, quanto em contexto de justificação, mas é sobretudo no contexto de legitimação que essa consideração tem sua maior relevância.

A ideia fundamental de *processo* nos remete a um *método de realização do direito*, que oferece condições para um alcance melhor de justiça, porque se abre a perspectivas múltiplas de conhecimento e valoração de um objeto, antes de uma decisão. Mas, indo além da questão puramente ética, ele se pode ainda compreender como um método de legitimação política do conhecimento. O processo se assume, assim, como metodologia de uma teoria da justiça em um mundo de valores múltiplos e ciências diversas. Ele nos remete a aceitar, em algum sentido mais axiológico, uma teoria processual de justiça[659], entre as quais se encontra aquela que pretende sustentar a legitimação do poder, com base no fato de que se desenvolve segundo um procedimento previamente estabelecido[660]. Mas, bem visto, em um sentido mais epistemológico, também nos sugere uma teoria processual de justificação do conhecimento que busca legitimar a decisão penal em valores epistêmicos[661]. E, no conjunto, permite-nos compreen-

---

[657] G. P. Capretitini, "Peirce, Holmes, Popper", *O signo de três*, 2014, p. 149: "Nenhuma narração pode se sustentar sem indícios ou sintomas".

[658] N. Harrowitz, "O Arcabouço do Modelo de Detetive: Charles S. Peirce e Edgar Allan Poe", *O signo de três*, 2014, p. 201.

[659] Cf. A. Kaufmann, *Filosofia do direito*, 2007, p. 393ss, sobre as diversas teorias processuais da justiça.

[660] Essa é a tese fundamental de N. Luhmann, *Legitimação pelo procedimento*, 1980.

[661] Essa é a tese fundamental de L. Laudan, *Verdad, error y proceso penal*, 2013.

der a processualização do direito como um caminho possível, por vezes até necessário, embora não se deva aceitá-lo como suficiente para a realização da justiça, sem um elemento ético-material[662].

A processualização do direito, assim, consente com a ideia de que, pela metodologia processual, muitos órgãos e atividades estão em condições de realizar o direito de forma igualmente justa, desde que se obedeçam certos princípios de justiça processual, conquanto se deva admitir que é no exercício da jurisdição que esses princípios soem estar mais firmemente consolidados e tendem, por isso, exatamente, a ser copiados por outras instituições jurídicas ou mesmo não jurídicas[663].

O processo penal é estruturado com base em certas concepções metodológicas contidas nas normas que o disciplinam. Ainda que isso não nos seja evidente, teoricamente podemos sustentar essa afirmação, e a prática do processo, por sua vez, reproduz tais regras ou, em certas situações, até multiplica outras tantas concepções não abrangidas pela norma. O mesmo se observa na investigação criminal. Não pretendemos, contudo, tratar de todos os aspectos metodológicos do processo, mas apenas evidenciar os mais salientes, naquilo que representa sua estrutura fundamental em conformidade com certas teorias da política e teorias do conhecimento.

A Dicotomia Acusatório vs. Inquisitório

Os sistemas processuais penais acusatório e inquisitório, como já antecipamos, podem-se entender, em perspectiva teórica, como *métodos de investigação* dirigidos por epistemologias próprias, que se relacionam tanto com a organização judiciária quanto com o modelo de Estado em que se praticam. É, nesse sentido, que se podem compreender as razões ético-políticas que se encontram subjacentes nos diversos modelos processuais nos quais as normas exprimem opções por certos direitos, vindo a influir nos métodos de investigação processual[664]. A partir dessa perspectiva, pode-se distinguir bem acusatório e inquisitório, segundo os interesses defendidos, entre coletividade e individualidade, mas é preciso ressaltar que

---

[662] Cf. nesse sentido, a teoria processual da justiça materialmente fundada de A. Kaufmann, *Filosofia do direito*, pp. 426-439.

[663] Cf. O. Medaur, *A processualidade no direito administrativo*, 2008.

[664] L. Ferrajoli, *Direito e Razão*, 2002, p. 451ss; C. J. A. Mittermaeir, *Tratado da prova em matéria criminal*, 1997, p. 34.

TEORIA DA INVESTIGAÇÃO CRIMINAL

"nem o processo inquisitório ignora o problema da tutela do inocente, nem tampouco o acusatório descuida do escopo da repressão dos culpados". Entende-se, assim, por que C. J. A. Mittermaier considerava que, "quando se comparam as vantagens e os inconvenientes da acusação e da inquirição, é um erro considerar esta essencialmente nociva à liberdade e à inocência; as censuras que fundadamente merecem os abusos, as aplicações bastardas de seu princípio, não podem ser dirigidas a este mesmo princípio, quando for aplicado com lealdade e inteligência".

O dilema se pode colocar, portanto, em outros termos, para entender que, "enquanto o método inquisitório exprime uma confiança tendencialmente ilimitada na bondade do poder e na sua capacidade de alcançar o verdadeiro, o método acusatório se caracteriza por uma desconfiança do mesmo modo ilimitada no poder como autônoma fonte de verdade"[665]. Assim, de um ponto de vista político, devemos compreender que no conhecimento sustentado pelo inquisitório, prepondera o *princípio da autoridade* e o sujeito tende a ser reduzido a mero objeto de investigação, enquanto no sustentado pelo acusatório, pretende-se assegurar o *princípio da liberdade* e encarar o investigado como sujeito de direitos. Em síntese, "o predomínio de uma ou outra forma em um Estado depende, sobretudo, da Constituição política deste"[666].

Princípios Contraditório e Autoditório como Método
Além das diferenças de natureza política, de um ponto de vista a metodológico, pode-se ainda compreender a diferença entre acusatório e inquisitório segundo seus princípios cognitivos. Assim, enquanto o inquisitório pretende indagar a verdade por via da análise, o acusatório o faz por via da síntese[667].

A análise, em geral, remete a descrição ou interpretação de qualquer objeto ou situação em termos mais simples e detalhados possíveis. A síntese, por sua vez, além do significado d e unificação e composição, apresenta-se como método oposto à análise, a partir de uma unidade dialética de opostos, visando à unificaçào de conhecimento, como unidade de

---

[665] Cf. L. Ferrajoli, *Direito e Razão*, 2002, p. 483, com correção nossa ao equívoco da tradução brasileira, comparando com o original italiano.
[666] C. J. A. Mittermaier, *Tratado da prova em matéria criminal*, 1997, p. 39.
[667] C. J. A. Mittermaier, *Tratado da prova em matéria criminal*, 1997, p. 37.

contrários[668]. O caráter analítico do inquisitório está intimamente relacionado à investigação da verdade por esforço exclusivo e individual do investigador, ao passo que o caráter de síntese do acusatório, relacionado à noção de descobrimento da verdade por dialética do contraditório.

É nesse sentido que Nicolás Guzmán sustenta ser o contraditório não apenas um direito do imputado e um dever do Estado de garanti-lo, mas *um método conveniente para o conhecimento da verdade*[669]. Assim, podemos admitir que, se no sistema acusatório há um *princípio contraditório* que sustenta a investigação como método *dialógico* de conhecimento do objeto por multiplicidade de sujeitos, em exercício de igualdade, no sistema inquisitório, por sua vez, há um *princípio autoditório* que sustenta a investigação como método *monológico* de conhecimento com apropriação do objeto por um único sujeito que investiga.

Sustenta-se, assim, que pelo contraditório, diversamente do inquisitório, assegura-se maior *objetividade* no conhecimento da verdade, porque o método se constitui com base na *imparcialidade* do juiz no processo penal, na medida em que as funções de acusação, defesa e julgamento estão divididas entre sujeitos diversos. Sob essa perspectiva, no inquisitório, porque o responsável pela busca da verdade é o mesmo a quem cabe decidir em definitivo, essa imparcialidade tende a ser afetada pela subjetividade do envolvido. Mas essa distinção precisa ser aprofundada para que não se caia na seduçãoo fácil de uma objetividade impossível.

Intersubjetividade e Intrasubjetividade
A distinção teórica entre acusatório e inquisitório não se pode conduzir a uma simetria entre objetividade e subjetividade, pois não é certo, em absoluto, que o contraditório permita um conhecimento objetivo da verdade, em oposição à subjetividade do inquisitório. O que há, em um e em outro, são subjetividades distintas. Assim, podemos falar em *intersubjetividade* e *intrassubjetividade*, para distinguir os métodos contraditório e autoditório, respectivamente.

---

[668] N. Abbagnano, *Dicionário de filosofia*, 2003, p. 51, p. 905.
[669] N. Guzmán, *La verdad en el proceso penal*, 2006, p. 149ss: "se ha insistido demasiado en el contradictorio como derecho de defensa, como garantia individual, pero no se ha puesto de relive – con igual medida – su dimension como *medio* para el descubrimiento de la veradd, para la correcta reconstrucción de los hechos".

A intersubjetividade se pode entender como a propriedade "sobre a qual a opinião de diferentes sujeitos coincide ou pode coincidir. Se isso acontecer unicamente porque os sujeitos têm uma natureza em comum, pode-se supor que essa propriedade não é totalmente objetiva"[670]. Nesse sentido, dizemos que o conhecimento obtido pelo método contraditório tende a ser intersubjetivo, porque se abre para composição múltipla de sujeitos diversos, mas não é essa multiplicidade que lhe confere a legitimidade necessária, sim o caráter participativo do sujeito a respeito de quem se discute a verdade. Se em algum momento lhe falta essa participação, desde o momento de obtenção da prova em investigação, essa intersubjetividade já será defeituosa, não sendo compensada pela mera participação sobre a discussão posterior.

No método autoditório, diversamente, há uma intrassubjetividade, em virtude de o conhecimento não se abrir para o sujeito a respeito de quem se discute a verdade. Ainda que, no âmbito do inquisitório, exista uma multiplicidade de sujeitos, esses são internos ao seu próprio procedimento. Eles dialogam entre si, fechados em relação a quem interessa igualmente. É o que ocorre na metodologia processual de investigação que se estabelece no diálogo exclusivo entre Polícia Judiciária e Ministério Público como parte acusatória que sonega à defesa a mesma possibilidade de dialogar. A intersubjetividade, portanto, exige um controle intersubjetivo entre *sujeitos distintos do conhecimento*[671].

Esse processo de formação da verdade, por ter um impacto direto no método, ainda que não alcance a objetividade tão propugnada por um ideal de ciência pura, como se admite, tem o condão de influir na legitimidade das decisões tomadas com base no conhecimento obtido, não tanto pela qualidade da verdade alcançada (subjetiva/objetiva), mas pela especial relevância política que se encontra no caráter participativo do sujeito interessado, o que vai pedir uma conciliação do poder entre os diversos sujeitos processuais que podem atuar na investigação criminal.

Aspectos Metodológicos do Processo de Investigação

Os contextos metodológicos de descoberta e justificação, relativos à pragmática e à lógica da investigação, estão no processo penal envolvidos por

---

[670] S. Blackburn, *Dicionário Osford de Filosofia*, 1997, p. 208.
[671] Enrique P. Haba, Racionalidad y método para el Derecho, *Doxa 7,* 1990, p. 178.

normas variadas e difusas que condicionam a verdade à validade relativa ao cumprimento de certas regras do procedimento judicial, bem como ao sistema probatório legal e ao sistema de valoração das provas, que são alguns dos aspectos mais relevantes.

Essas regras metodológicas giram em torno da atividade básica do processo penal, relativa à obtenção da verdade e sua *necessidade de prova, possibilidade da refutação* e *convicção justificada*, que correspondem a três condições cuja natureza epistemológica se pode encontrar na ciência em geral, mas que adquire a função de garantia, cuja natureza jurídica se reflete na ideia de método legal de comprovação processual, na noção de prova como método jurídico-processual e na sua estrutura lógica fundamental que se conclui no raciocínio *in dubio pro reo*.

O Método Legal de Comprovação Processual

À diferença do que acontece em outras atividades cognitivas (na ciência em geral), o "método legal de comprovação processual" é limitado por várias regras e procedimentos que disciplinam a comprovação da verdade, com um caráter *autoritativo* e convencional. Luigi Ferrajoli observa que, "essas regras são muito menos rígidas e numerosas no processo penal moderno do que no processo medieval, em que havia espaço para as chamadas 'provas legais'... Mas ainda hoje, no atual processo informado pelo princípio da 'livre apreciação do juiz', continuamos disciplinando pelo menos o *método* de investigação e de formação da verdade processual"[672]. A respeito disso, podemos encontrar diversos exemplos, como os relativos ao número de testemunhas admitidas, o ônus da prova atribuído à acusação, o princípio *in dubio pro reo*, entre outros. Certas normas, é certo, devemos compreender e admitir, se destinam a garantir o processo contra abusos e assegurar o contraditório às partes, e algumas se dirigem a permitir a conclusão do processo, mesmo em caso de dúvida quanto ao mérito da causa, mas há "numerosas normas e mecanismos processuais que entorpecem inutilmente a busca da verdade".

Assim, portanto, embora a lei não discipline positivamente o método de investigação por completo, ela limita negativamente o método de investigação, naquele âmbito de questões que estabelece a forma de conhecimento da verdade e obtenção de provas. E nesse sentido é que podemos

---

[672] L. Ferrajoli, *Direito e Razão*, 2002, p. 49ss.

TEORIA DA INVESTIGAÇÃO CRIMINAL

falar em *método legal negativo*, por não estar dito na lei qual método seguir, embora esteja dito qual método não seguir, em certos casos. Em geral, de um ponto de vista material, esse âmbito coincide com o âmbito de proteção dos direitos fundamentais, assegurados por normas absolutas de proibição (a exemplo da proibição de tortura), embora, de um ponto de vista formal, existam variadas normas que apenas restringem ou condicionam o afastamento do direito fundamental (a exemplo da possibilidade de interceptação telefônica por autorização judicial). Essas normas são essencialmente processuais, por isso podemos falar de uma processualística da investigação criminal, que se reflete essencialmente na disciplina jurídica da prova penal.

A Prova como Método, suas Condições Epistêmicas e Políticas

A prova concentra em si a disciplina jurídica fundamental que importa à compreensão metodológica processual da investigação criminal, em razão de sua função cognitiva central. Afinal, metodologicamente considerado, "o processo se nutre da prova e através dela se adquire o conhecimento. A prova é o único instrumento que pode ser utilizado pelo juiz para afirmar que um determinado evento passado ocorreu em um determinado lugar, em um certo momento e de determinada maneira"[673]. Assim, no processo penal, a prova como método opera no *contexto de justificação*, não como *demonstração* do fato propriamente dito, mas como *confirmação* de uma hipótese fática. Ela é, sob esse aspecto, o veículo necessário à compreensão fática do crime, com *função confirmatória*, não exatamente como *demonstração*. A prova, portanto, opera como "*elemento de justificação* quando serve para jusitificar racionalmente o juízo de fato, é dizer, a concatenação e a combinação das inferências em função das quais a asserção do fato é assumida como verdadeira". É, portanto, em razão dessa sua função primordial, que se torna necessário falar em condições epistêmicas mínimas de compreensão processual.

A ideia de que a prova em processo penal deve atender a condições mínimas, contudo, pode parecer pouco convincente, pois ela nos remete a admitir que há algo que antecede ao direito positivo e pretende colocar-se fora de uma disponibilidade legislativa. E, de fato, por muito tempo, a noção de contraditório, por exemplo, esteve sustentada na ideia de um direito natural, mais precisamente em princípios de razão natural, imanente ao

---

[673] N. Guzman, *La verdad en el proceso penal*, 2006, p. 93 (tradução nossa).

processo[674]. E essa mesma justificação se poderia utilizar para qualquer outro princípio fundamental da prova, sob condição de aceitarem-se as razões de direito natural como fundamento para a proeminência de um preceito[675].

Pode-se alterar o fundamento de uma qualquer pretendida preeminência de preceito, recorrendo-se a outros postulados, mas ele vai sempre permanecer sob condição de aceitarem-se suas razões. Nicola Framarino dei Malatesta, por exemplo, havia recorrido aos princípios da lógica para fundamentar sua teoria da prova, mas mesmo nessa perspectiva ele já tinha consciência de que o objetivo último era o respeito pela personalidade humana[676]. Afinal, a questão se pode reconduzir ao entendimento de que se trata sempre de uma específica razão natural, uma específica lógica ou mais genericamente uma específica racionalidade. E é nessa perspectiva que podemos admitir a ideia de recorrer a condições mínimas que se exigem de um qualquer direito da prova em processo penal, para falar não de razão natural, não de lógica, mas de condições epistêmicas. Não podemos, contudo, cair na redução epistemologista de que existe uma exclusiva forma de pensar, que se torna então ante-normativa e condicionante ao direito, pois estaríamos por outro caminho a sustentar que existe uma razão natural nos termos clássicos, mas podemos invocá-la consciente de que se trata de uma específica (não exclusiva) forma de pensar que permite e promove valores próprios de uma forma de viver.

Somente assim podemos admitir aquilo que Luigi Ferrajoli chama de condições mínimas da prova que têm um caráter antes epistemológico que jurídico, mas que vão dar suporte àqueles princípios especificamente jurídicos sem os quais não existe prova no sentido garantista, que pretende igualmente assegurar a dignidade da pessoa contra o poder[677]. As condições mínimas,

---

[674] Nesse sentido, cf. N. Picardi, "Il principio del contradittorio", *RDP 53*, n. 3, 1998, p. 673-681.

[675] T. Hobbes, *Leviatã,* [2004], Capitulo XIV, p. 120, tratando da primeira e segunda leis naturais e dos contratos, dizia: "Um pacto no sentido de alguém se acusar a si mesmo, sem garantia de perdão, é igualmente inválido".

[676] N. F. Dei Malatesta, *A lógica das provas em matéria criminal,* 1927, p. 17: "Assim como o código das penas deve ser a espada infalível para ferir os delinquentes, assim também o código das fórmulas, inspirando pelas teorias da lógica sã, ao mesmo tempo que deve ser o braço que guia com segurança aquela espada ao peito dos réus, deve ser também o escudo inviolável da inocência. E sob êste aspecto que o Código de processo penal, que é o corolário legislativo da sciência e da arte judicial, é o índice seguro do respeito pela personalidade humana, e o termómetro fiel da civilisação de um povo".

[677] L. Ferrajoli, *Diritto e ragione,* 2008, p. 132ss.

nesse sentido, se colocam como requisitos da prova que se exigem assegurar por um justo processo penal. Fugindo, assim, daquelas concepções histórico-tradicionais que pretendiam arbitrar o valor de qualquer prova *a priori*, de forma geral e abstrata, ao final de um qualquer processo sob quaisquer condições de produção da prova, essas condições se antepõe como requisitos para que a prova se possa habilitar a sua função justificante de uma condenação penal. Elas se exigem como condição de que a prova se possa constituir o melhor possível, pondo em dúvida, diversamente, não apenas sua justificação cognitiva, mas antes sua legitimidade caso não se observem[678].

Essas condições se expressam pela (i) necessidade de prova; (ii) possibilidade de contraprova e (iii) exigência de justificação do convencimento. Elas têm uma expressão tanto lógica, quanto pragmática que se vão discutir mais detalhadamente adiante. Mas de imediato é preciso entender sua dimensão epistemológica. Pela primeira condição, abandona-se a predeterminação da qualidade ou quantidade da prova – que poderia levar à ideia de um conjunto de provas suficientes – para exigir-se que exista um conjunto de provas necessárias a sustentar uma acusação. Pela segunda, vai-se exigir a instituição de um conjunto de possibilidades de refutação da acusação. E pela terceira, vai-se exigir que qualquer decisão esteja justificada no conjunto de provas que emergem dessa contradição entre um e outro[679]. São condições que devem orientar os princípios da prova no processo penal de base garantista.

Elas não se entendem, contudo, apenas como condições epistêmicas mínimas relativas a uma específica tradição de racionalidade teórica, mas também como condições políticas mínimas relativas a uma específica tradição de racionalidade prática, que se unem na concepção de uma sociedade aberta. Trata-se, em suma, de condições epistêmicas que se recolhem de uma epistemologia especificamente falseacionista, cuja melhor expressão não apenas cognitiva, mas sobretudo potestativa, se encontra muito bem delimitada na obra de Karl Popper[680].

Pode-se, contudo, postular que essas condições devem ter preeminência porque elas permitem chegar a uma melhor verdade, a uma boa ver-

---

[678] Essa é a exata compreensão que se pode colher em L. Ferrajoli, *Diritto e ragione*, 2008, p. 133, cuja tradução brasileira (l. Ferrajoli, *Direito e razão*, 2002, p. 123) comete o erro de exlcuir daí a irracionalidade cognitiva.

[679] Cf. L. Ferrajoli, *Diritto e ragione*, 2008, pp. 126-132.

[680] K. Popper, *A lógica da pesquisa científica*, 1975; K. Popper, *A sociedade aberta e seus inimigos*, 1987.

dade construída a partir do diálogo, não do consenso, entre as perspectivas relativas a um fato. Somente uma sociedade aberta, democrática e episte-micamente disposta a colocar-se sob refutação, está apta a assumir essas condições como bases de sua justificação cognitiva e legitimação potesta-tiva. E é nesse sentido que nos parece ser possível aceitá-las como condi-ções garantistas da prova, na interpretaçãoo de seu princípio probatório fundamental. Elas nos permitem entender as razões anteriores e subja-centes aos princípios pragmáticos e lógicos da metodologia processual.

Os Princípios Pragmáticos da Metodologia Processual

A Igualdade Processual como Condição Pragmática

A ideia de justiça processual exige um "processo que conceda a todos os interessados uma oportunidade franca de fazerem a sua exposição dos fatos e exporem o seu ponto de vista jurídico"[681]. Em outros termos, exige uma igualdade processual como elo de continuidade entre liberdade e verdade, como condição de sua possiblidade nesse processo. Não se trata, portanto, apenas de uma igualdade de todos perante a lei que disciplina o processo, embora isso não se possa ignorar por uma justiça processual. Mas interessa, no processo penal, sobretudo, é que os sujeitos ativo e pas-sivo sejam iguais em relação. A igualdade processual é, nesse sentido, uma relação entre acusação e defesa. Primeiro, precisam ser iguais quanto à posição que ocupam perante o julgador. Isso, de certa forma, decorre da presunção de inocência como norma de tratamento. Segundo, precisam ser iguais especialmente em possibilidades reais de influenciarem não ape-nas na decisão final do julgador, mas ainda naquelas intermediárias que possam retirar a liberdade e influenciar a verdade de alguma forma, nas diversas medidas restritivas de direitos fundamentais que se desenvolve na investigação criminal.

O diverso estatuto jurídico que acusação e defesa têm no processo penal, portanto, implica inevitavelmente uma diferenciação que precisa ser justificada. E uma maior aproximação entre os estatutos jurídicos da acusação e do juiz tende também inevitavelmente a subestimar a igualdade processual, o que também precisará vir justificado por razões suficientes. Mas essas razões que pretendam justificar as diferenciações que se esta-belecem nas relações entre acusação e defesa se vão fazer necessariamente

---

[681] R. Zippelius, *Filosofia do direito*, 2010, p. 266.

com base nos fins que se assumem pelo Estado no processo penal. Não se pode fugir a essa questão valorativa no estabelecimento dos parâmetros da igualdade processual. E, nesse sentido, Luigi Ferrajoli tem razão, portanto, quando conclui que o duplo objetivo do direito penal – de proteção dos inocentes e de punição dos culpados –, pede um processo penal com estrutura apta a viabilizá-los[682]. E o pede em condições de igualdade, sob pena de apenas um vir efetivamente garantido pelo direito.

A igualdade processual é, portanto, uma questão de distribuição de poderes potestativos e cognitivos entre acusação e defesa, como condição de garantia dos objetivos do direito penal, segundo o interesse diverso com que cada sujeito atua no processo penal. Ela se pode limitar juridicamente a uma distribuição qualquer que se aplica a todos os casos, atribuindo a todo e qualquer acusado os mesmos poderes relativamente a deveres, embora distintos da acusação, sendo isso suficiente para assegurar uma justiça processual. Mas de uma perspectiva fática, sempre ficará por discutir se, em todos os casos, todos os acusados terão as mesmas possibilidades reais de defesa em condições de igualdade com a acusação. A igualdade processual, em última análise, não se pode definir exclusivamente com base em uma igualdade jurídica nos termos da lei. Ela pede uma igualdade na distribuição de direitos e deveres, na relação jurídica processual, no sentido fático de buscar um equilíbrio de poderes à vista do que se confere à acusação. Entende-se, assim, como uma equiparação com a acusação. Nesse sentido, ela tanto pode ser um direito a ser tratado igualmente em relação à acusação, quanto pode ser um direito a ser tratado desigualmente, em relação com acusação, desde que tenha uma razão suficiente para isso. Ela pode implicar ainda um direito a não ser tratado desigualmente, o que implicaria não ter restringido direitos de defesa, a ter oportunidade efetiva de defesa e, sobretudo, a garantia de participar na produção da prova que vai servir em decisão final, bem como antes em decisões interlocutórias que lhe restringem direitos fundamentais.

É claro que o sentido da igualdade entre acusação e defesa no processo precisa ser bem compreendido, pois não significa que terão a mesma e idêntica distribuição de poderes. Mas isso não é exclusivo da igualdade processual, pois decorre mesmo da igualdade em geral precisamente que existam tratamentos desiguais. A igualdade processual entre acusação e defesa, portanto, deve-se remeter aos conceitos de equilíbrio, simetria e paridade.

---

[682] L. Ferrajoli, *Diritto e ragione*, p. 328.

A igualdade processual evoca que a relação entre as partes seja sobretudo de equilíbrio[683]. Isso exige que nenhuma das partes tenha sobre a outra uma posição de proeminência, sobretudo relativamente a quem julga como forma de assegurar sua imparcialidade. O equilíbrio processual exige aquela equipolência a que a igualdade em geral remete. A partes devem encontrar-se em igualdade de poderes durante o processo.

Há, ainda, que se estabelecer uma simetria entre as possibilidades de participação no processo, o que pode exigir uma constante *audiatur et altera pars* em todos os atos do processo[684]. É isso que permite o contraditório no processo, razão por que a igualdade processual é como que uma condição de possibilidade do contraditório efetivo[685].

Tudo isso não significa que acusação e defesa se devam considerar em igualdade absoluta. Isso não teria qualquer sentido, pois exigiria o critério das "partes iguais para todos". Nem a ideia geral de igualdade se concebe assim. A considerar o critério das "partes iguais para os iguais" (Oppenheim) ou a fórmula "o igual deve ser tratado igualmente; o desigual, desigualmente" (Alexy), devemos conceder que a igualdade processual exige precisamente um tratamento jurídico desigual para alcançar uma melhor igualdade fática. E não estando acusação e defesa em busca de iguais objetivos, não se pode imaginar como igualdade processual tratá-los exatamente de uma mesma forma. É nesse sentido que, quando se fala de igualdade processual, deve-se ter uma compreensão do significado de paridade, não apenas das "armas", mas antes e sobretudo das partes.

A igualdade processual, nesse sentido, se compreende como uma questão de paridade (*par conditio*) entre acusação e defesa, tanto na posição em que se encontram no processo, quanto nas possibilidades de agir no processo. Não significa sequer ter os mesmos e idênticos instrumentos. Não se pode pensar numa perfeita simetria, tampouco num absoluto equilíbrio. Isso não seria possível, sequer desejável, a considerar que acusação e defesa não se encontram na proteção de iguais interesses. Os instrumentos devem ser pertinentes aos fins. Os poderes de uma parte precisam ser idôneos a contrabalancear os poderes da outra parte, em função da perspectiva em que cada uma se encontra, buscando o equilíbrio em cada etapa

---

[683] N. J. Giacomolli, *O devido processo penal*, 2015, p. 407

[684] K. Ambos, *Principios del proceso penal europeo*, 2005, p. 69.

[685] L. Ferrajoli, *Diritto e ragione*, 2008, p. 629

TEORIA DA INVESTIGAÇÃO CRIMINAL

do processo. "Em suma, pode-se ser paritário também dispondo de armas diversas, porque apropriadas à função exercitada"[686]

Quando os tratados e convenções se referem genericamente ao processo "em plena igualdade", remetem especificamente na sequência a um conjunto mínimo de direitos de defesa (segundo a expressão "pelo menos"), a admitir que há outros que se podem conceder e seriam necessários para garantir efetivamente aquela igualdade plena.

A igualdade processual, portanto, compreende-se na perspectiva dos direitos da defesa, certamente não apenas por pressupor que a acusação se encontra em posição de proeminência, mas porque os direitos de defesa integram a justiça do processo na perspectiva do julgador. É, contudo, na perspectiva da igualdade que se devem entender os direitos de defesa, se queremos discutir se eles são suficientes a assegurar uma paridade.

Os direitos de defesa se podem remeter a um conceito geral de direito a uma defesa efetiva e adequada, tendo primeiro como condição de uma defesa o direito a informação e comunicação, seguido de prazo suficiente para defender-se, aos quais se seguem outros tantos relativos a direito a defensor, confrontação de testemunha e assistência de intérprete[687]. Podem-se relacionar todos os direitos de defesa, discutir todas suas interpretações e extensões, mas sempre ficará por responder qual sua extensão durante todo o processo, em que fases eles atuam, com que força atuam em cada fase e se isso é suficiente a assegurar a igualdade processual.

O Tribunal Europeu de Direitos Humanos desde há muito reconhece que os direitos de defesa garantidos pela Convenção não se limitam ao procedimento principal, não podendo ser excluído do procedimento de investigação[688], o que permite Kai Ambos concluir, muito adequadamente, que "a igualdade de armas deve ser garantida o mais cedo possível, para permitir ao imputado a intervenção na construção dos resultados da investigação prejudicial"[689].

A questão está em definir o quão cedo é possível admitir que a defesa participe em paridade, considerando o problema da necessidade de sigilo na investigação criminal. Deve-se, de imediato, observar que esse sigilo é já

---

[686] P. Ferrua, *Il 'giusto processo'*, 2012, p. 102.

[687] K. Ambos, *Principios del proceso penal europeo*, p. 73ss, referindo ao art. 6º, §1º da CEDH.

[688] Especialmente, desde os casos Murray v. Reino Unido, Decisão de 8 de fevereiro de 1996, par. 62; Imbrioscia v. Suiça, decisão de 24 de novembro de 1993, par. 36.

[689] K. Ambos, *Principios del proceso penal europeo*, 2005, p. 69ss.

em si o primeiro indício de desigualdade, tendo em conta que ele somente se impõe à defesa, nunca à acusação. E as razões para que se sustente essa desigualdade precisam ser fundamentadas, na lógica do que o enunciado geral da igualdade exige.

O ministro Manuel Alonso Martínez, no capítulo XXII da Exposição de Motivos da *Ley de Enjuiciamiento Criminal* de 1882, sustentava que "é difícil estabelecer a igualdade absoluta de condições jurídicas entre o indivíduo e o Estado no começo do procedimento, em razão da desigualdade real que existe entre um e outro". A desigualdade, contudo, segundo o ministro, foi introduzida pelo ato do criminoso, ao planejar antes o crime, com tempo e organização que se antecedem ao Estado, cuja situação nessas circunstâncias é igual à da vítima que sofre um "golpe de surpresa". Em razão disso, "para reestabelecer a igualdade nas condições de luta", é necessário que o Estado tenha alguma vantagem nos primeiros momentos para recolher vestígios e indícios de culpabilidade[690]. O vício desse argumento está em que, à partida, considera-se que o investigado é precisamente aquele mesmo criminoso que cometeu o crime, ou seja, ignora-se a presunção de inocência. Mas, ainda que seja precisamente o criminoso, é verdadeiramente questionável que o Estado esteja em situação de desvantagem frente a ele, a considerar todo o aparato de que dispõe. As razões, portanto, precisam ser outras que não essas.

Quaisquer que sejam as razões, contudo, o certo é que não se podem excluir todos os direitos de defesa na fase de inquérito, sem que isso implique prejuízo para as demais fases. Não se trata, apenas, de justificar a impossibilidade real de assegurar à defesa uma paridade durante a investigação, mas sobretudo compreender que essa disparidade material inicial vai implicar uma paridade meramente formal na segunda fase, pois muito do que se vai discutir nesta já estará definido na primeira fase sem possibilidade de recuperar a paridade inicial[691]. Em síntese, como se tem observado com razão, "na prática atual o juízo fica decidido, em grande parte, durante a instrução [investigação], que é onde, provavelmente, na realidade rege a *«desigualdade de armas»*". A paridade na primeira fase processual é, assim, condição de possibilidade de uma real paridade na segunda

---

[690] J. Montero Aroca, J. I, Gomez Colomer, *Ley de Enjuiciamiento Criminal*, 2014, p. 21.

[691] A considerar que é na busca de provas e nas medidas corcitivas que a desigualdade mais se aprofunda (P. B. Martins da Costa, *Igualdade no processo penal brasileiro*, 2001, p. 10)

TEORIA DA INVESTIGAÇÃO CRIMINAL

fase do processo, pois não raro quando se chega a esta, muitas questões já estão superadas, surgindo como prejudicial a discussões da segunda etapa. Em outros termos, "a igualdade de armas limitada ao juízo oral não é, portanto, uma autêntica igualdade de armas"[692].

Enrique Bacigalupo, nesse sentido, suscita que uma das questões mais transcendentes do processo penal é "como estender o princípio da igualdade de armas à fase de investigação preliminar", para o que se têm apresentado várias soluções, embora entre estas atribuir a direção ao órgão oficial de acusação seja em definitivo contrário a qualquer noção de igualdade.

A consideração da igualdade na perspectiva exclusiva dos direitos de defesa reduz a questão da igualdade ao sentido de uma simetria de poderes, mas não enfrenta o problema da posição jurídico-institucional da defesa no processo de investigação, frente à posição que ocupa a acusação. Se isso parece pouco relevante na fase de debate e julgamento em que há uma simetria maior, sustentada numa ampla defesa que assegura o contraditório, torna-se contudo o ponto mais relevante de discussão no âmbito da fase de inquérito.

Aqui, o problema que se coloca é a posição que tem acusação e defesa reciprocamente, suas relações de poder, o estatuto do MP e o estatuto da defesa relativamente ao juiz como terceiro do processo – essa questão é tão importante para o julgamento quanto o é para a investigação criminal. E não basta que se proíba à acusação qualquer exercício de poder sobre a defesa – o que é um requisito indisponível da mínima paridade durante a investigação criminal –, mas sobretudo é necessário que se organize um contra-poder de defesa que possa atuar nas mesmas condições de igualdade com que o órgão de acusação atua durante o processo de investigação, visando a viabilizar o mais possivelmente o contraditório em toda a metodologia processual[693].

O Contraditório como Princípio Pragmático Metodológico Central

O contraditório tem, portanto, um valor metodológico não apenas cognitivo, por assegurar a construção do conhecimento de forma intersubjetiva, como também potestativo, por assegurar o controle do poder.

---

[692] E. Bacigalupo, *El debido proceso penal*, 2005, p. 35ss

[693] Cf. G. Guarneri, "O problema da igualdade de armas no processo penal", *RBC, II*, N. 9, 1949, p. 11ss; G. Guarneri, *Le parti nel processo penale*, 1949, p. 73ss.

O contraditório tem uma centralidade fundamental no princípio probatório do processo penal garantista[694]. Ele encarna as razões essenciais que justificam o conhecimento perseguido pelo processo e que legitimam uma possível condenação penal. Ele constitui o núcleo fundamental do direito de defesa, a forma elementar de defesa dirigida à prova, mediante uma específica forma de pesquisa da verdade no processo penal[695]. É, nesse sentido, uma específica forma de controle epistêmico das provas[696]. Mas também, em última análise, "exprime os valores democráticos do respeito da pessoa do imputado, da igualdade entre as partes..."[697]. Ele, portanto, garante não apenas a verdade, mas também a igualdade.

A questão, contudo, está em definir sua extensão, sobretudo no âmbito da investigação criminal na fase do inquérito. E, a respeito disso, várias são as concepções que se podem colocar em disputa, sobretudo quando se leva em conta sua projeção no âmbito da investigação criminal. Pode-se considerá-lo apenas de uma perspectiva puramente cognitiva, como forma de controle da justificação cognitiva do processo, mas também se pode vê-lo como um elemento de legitimação do poder que se exerce no processo. Pode-se, ainda, considerá-lo apenas de uma perspectiva puramente lógica, ao limitá-lo ao momento de discussão sobre as provas, mas também se pode colocá-lo em perspectiva pragmática no âmbito da obtenção da prova. Essas quatro perspectivas – cognitiva, potestativa, lógica e pragmática – conjugadas de formas diferentes parecem cobrir a diversidade das concepções fundamentais acerca do contraditório.

O contraditório se pode entender, primeiramente, como o direito de contestar a admissibilidade e relevância das provas produzidas pela outra parte e, em segundo, como o direito de propor provas contrárias às

---

[694] Cf. L. Ferrajoli, *Diritto e ragione*, 2008, p. 629ss; G. Ubertis, *Principi di procedura penale europea*, 2009, p. 49ss; P. Ferrua, *Il 'giusto processo'*, 2012, p. 99ss; P. Tonini, C. Conti, , *Il Diritto delle prove penali*, 2014, p. 31ss; p. 486ss; I. C. Barreto, *A Convenção Europeia dos Direitos do Homem*, 2010, p. 166ss; G. Marques da Silva, *Direito processual penal português I*, 2013, p. 86ss; M. M. Guedes Valente, *Processo Penal, Tomo I*, 2010, p. 123ss; N. J. Giacomolli, *O devido processo penal*, 2015, p. 161ss; G. Badaró, *Processo penal,* 2015, p. 50ss.

[695] N. Picardi, "Il princípio del contradittorio", *RDP 53*, 1998, p. 680.

[696] M. Taruffo, *La prueba de los hechos*, 2011, p. 427ss; N. Guzman, *La verdade en el proceso penal*, 2006, p. 149ss.

[697] L. Ferrajoli, *Diritto e ragione*, 2008, p. 629ss; G. Ubertis, *Principi di procedura penale europea*, 2009, pp. 49-51.

propostas[698]. A primeira revela uma perspectiva lógica do contraditório, em "modo fraco", e se pode limitar a uma discussão argumentativa, em que as partes têm a possibilidade apenas de controlar a valoração da prova. Em um segundo sentido, o contraditório requer um conjunto de poderes que permitam uma defesa tendente a produzir a prova contrária. Essa perspectiva, se levada a sério, exige muito do direito processual, pois requer não apenas poderes para obter provas, mas possibilidades atuais de exercê-los em momentos oportunos para fazer frente à prova contraditada. Trata-se de um "modo forte" de contraditório, uma forma de "defender-se provando" que se contrapõe à forma de "acusar provando"[699]. Essa perspectiva pragmática, contudo, se pode desenvolver simultaneamente, se o processo o permitir, embora o comum seja a forma diferida no processo penal. Podemos falar aqui de um "modo médio" de contraditório.

Luigi Ferrajoli, a considerar essas diversas concepções de contraditório, por exemplo, parece lhe conferir uma extensão amplíssima, que, tendo em conta sua expressão cognitivo-potestativa, abrangeria não apenas a lógica da discussão sobre a valoração da prova, mas antes sua pragmática de obtenção: "para que a disputa se desenvolva lealmente e com paridade de armas, é necessária, por outro lado, a perfeita igualdade entre as partes: em primeiro lugar, que a defesa seja dotadas das mesmas capacidades e dos mesmo poderes da acusação; em segundo lugar, que o seu papel contraditor seja admitido em todo estado e grau do procedimento e em relação a cada ato probatório singular, das averiguações judiciárias e das perícias ao interrogatório do imputado, dos reconhecimentos aos testemunhos e às acareações"[700]. O contraditório, nesse sentido, em sua máxima extensão, deveria abranger não apenas a possibilidade de refutar cada ato praticado com anterioridade pela acusação, no momento da discussão e julgamento, mas antes uma igual possibilidade de investigação da defesa – em paridade com a investigação da acusação, com igual tempo e poder.

É precisamente porque o contraditório, em seu máximo significado garantista, nos exige toda essa extensão, que a questão probatória constitui talvez o cerne dos problemas dos modelos processuais de investigação

---

[698] M. Taruffo, *La prueba de los hechos*, 2011, p. 429ss.

[699] Acerca das questões que se põem nesse ponto, cf. T. Rafaraci, *La prova contraria*, 2004, p. 72, para quem a noção de prova contrária também exige "controle sobre a valoração da prova" (p. 253ss).

[700] L. Ferrajoli, *Diritto e ragione*, 2008, p. 629.

criminal. Afinal, a considerar o inevitável processo penal de duas fases que se impõe pela ideia de uma investigação prévia, não parece haver momento oportuno para um contraditório com essa dimensão, sobretudo no modelo de investigação dominado pelo órgão oficial de acusação.

Claro é que se pode tomar um caminho diverso, retirando do contraditório essa centralidade fundamentadora da prova, na busca por outros mecanismos de controle epistêmico que o possam substituir, a considerar que seu objetivo principal, embora não único, seja, em última análise, conferir uma qualidade epistêmica à prova que se produz[701]. Mas é porque esses outros mecanismos falham que, longe de criarem substitutivos do contraditório, antes o reafirmam pela necessidade de seu aperfeiçoamento para frear o autoritarismo cognitivo que se tem constituído pelos meios técnico-científicos de obtenção de provas na investigação criminal contemporânea.

As soluções alternativas que pretendem sustentar-se em supostas qualidades de certas provas consideradas objetivas ou neutras, ou que acabam apostando no mero procedimento formal garantido por regras de autocontrole do poder, não se podem aceitar se realizarmos uma análise mais minuciosa que acaba por revelar aspectos problemáticos da prova. A considerar os limites das abordagens técnico-científicas, bem como o caráter seletivo e parcial da investigação como pesquisa histórica, apenas uma concepção ingenuamente inconsciente ou maliciosamente consciente das ciências e tecnologias poderia encontrar nelas justificação aceitável. É que, inversamente, bem analisadas as diversas possibilidades, elas na verdade vão pedir uma melhor compreensão e expansão do contraditório, e não sua superação, a nos revelar as diversas fases de um necessário controle epistêmico mais detalhado.

Assim, aquilo que a doutrina tende a reduzir a mera constatação das condições legais de medidas restritivas de direito que resultam em prova, exigiria um controle sobre a verdade parcial dessas condições e, em certos casos, a possibilidade de um controle da necessidade da medida, numa espécie de juízo de proporcionalidade contraditório. Aquilo, por sua vez,

---

[701] Nesse sentido, cf. M. Taruffo, *La prueba de los hechos*, 2011, p. 430, para quem o contraditório "não pode ser entendido como uma condição geral e absoluta de utilizibilidade do meio de prova"; em sentido contrário, cf. N. Guzman, *La verdad en el proceso penal,* 2006, p. 159ss, a sustentar a ilegitimidade de qualquer possibilidade de o Estado condenar sem prévio contraditório.

TEORIA DA INVESTIGAÇÃO CRIMINAL

que a doutrina tende a considerar uma parcela objetiva da investigação policial, representada por vestígios meramente recolhidos, exigiria na verdade um controle da seleção sobre o que se recolhe e, em certos casos, sobre como recolher a título de vestígios, numa espécie de seletividade contraditória[702]. E, por fim, no que diz respeito às provas periciais que se pretendem suficientemente fundamentadas na ciência de uma forma equivocadamente irrefutável, é preciso entender que a refutabilidade é uma qualidade intrínseca da ciência não se podendo aceitá-las como superação da dúvida subjetiva do julgador por uma qualquer pretensa qualidade objetiva do conhecimento[703].

A prova científica exige, na verdade, muito mais contraditório do que geralmente os sistemas positivos estão dispostos a conceder[704]. Primeiro, pela possibilidade de desde o início a defesa apresentar quesitos ao perito oficial, numa espécie de contraditório cruzado do testemunho pericial; segundo pela possibilidade de apresentar perícia por assistente técnico próprio, tendo disponibilizado o material e igual tempo, numa espécie de contraditório pericial; e terceiro, pela necessidade de o juízo ter em conta uma espécie de contraditório anterior e externo ao processo que diz respeito ao controle epistêmico sobre as teorias de que se tenha utilizado o perito em seu exame e laudo, visando a verificar sua aceitabilidade pela comunidade científica específica que esteja em condições de assegurar sua corroboração ou refutação[705].

---

[702] Cf. J. M. Asencio Melado, *Derecho procesal penal*, 2012, p. 95ss; V. Gimeno Sendra, *Derecho procesal penal*, 2012, p. 343s, a respeito da jurisprudência do TC espanhol, ao admitir como parte objetiva certas diligências policiais que se aceitam como prova preconstituída; em sentido similar, embora implícita a ideia de objetividade, P. P. Albuquerque, *Comentário do Código de processo Penal*, 2011, p. 914, ao aceitar p. ex. revistas, buscas e apreensões, mesmo que nao sejam examinados em audiência.

[703] Cf. D. Tochetto, (org.), *Tratado de perícias criminalísticas*, 1995, pp. 1-52, acerca dessa visão equivocada da ciência em confronto profundo com as ideias de K. Popper, *A lógica da pesquisa científica*, 1975.

[704] Cf. G. Marques da Silva, *Processo Penal II*, 2011, p. 268: "A formação dialéctica da prova, para funcionar como veículo eficaz de controle do conhecimento técnico, científico ou artistic introduzido no processo, não pode exaurir-se no contraditório sobre o relatório dos peritos".

[705] Cf. C. Vázquez, *De la prueba científica a la prueba pericial*, 2014, pp. 277-287; P. Tonini, C. Conti, *Il Diritto delle prove penali*, p. 354-383; E. S. Pereira, «Conjecturas e refutações» na investigação criminal: perícia, contraditório e ponderação jurídico-científica das provas criminais, *Galileu, v.* XVIII, p. 193-215, 2013.

A prova técnico-científica, portanto, não se pode entender como substituto do contraditório, pois a ciência em sentido estrito pede exatamente um contraditório qualificado pela especialidade de uma defesa pericial apta a contradizer os diversos elementos do testemunho pericial, tanto as observações particulares sobre os vestígios e materiais, quanto as conclusões dedutivo-nomológicas que se seguem no exame. As provas ditas objetivas ou neutras, na verdade, não autorizam a dispensa do contraditório, antes o reafirmam pela necessidade de uma melhor adequação jurídica do princípio aos diversos avanços técnico-científicos, pedindo ainda em complemento um sistema de controle epistêmico por mecanismos aptos a assegurar a cadeia de custódia dos vestígios e materiais sobre os quais recaem exames e perícias[706].

O contraditório, portanto, persiste tendo uma proeminência no quadro de justificação-legitimação da prova que não se pode seriamente substituir. E, por isso, a investigaçãoo criminal requer um modelo processual que o possa viabilizar, como o vamos discutir melhor no último capítulo.

Os Princípios Lógicos da Metodologia Processual

A verificação fática do crime, por meio das provas obtidas em investigação criminal, segue um sistema de inferências com limitações que lhe são inerentes, sem conclusão acerca da verdade da hipótese, que apenas se confirmam ou se invalidam ao final do processo penal. Assim, ainda que uma hipótese acusatória não se possa sustentar com qualquer conjunto de provas suficientes, permanece sendo exigível um conjunto de provas necessárias para justificar-se. É, nesse sentido, a síntese de Luigi Ferrajoli, para quem "nenhuma prova é suficiente e todas as provas e contraprovas praticáveis são necessárias". Ademais, em razão da estrutura processual, em que prova e contraprova são atribuídas a partes antagônicas, diferentemente do que ocorre na investigação científica em geral, existe uma *estrutura lógica da prova* em que há confirmação por *modus ponens* e refutação por *modus tollens*[707].

---

[706] Cf. a respeito, G. Prado, *Prova penal e sistema de controles epistêmicos. A quebra da cadeia de custódia das provas obtidas por métodos ocultos*, 2014; também a enfatizar os problemas da cadeia de custódia, cf. P. Tonini, C. Conti, *Il Diritto delle prove penali*, 2014, p. 363ss.

[707] Cf. L. Ferrajoli, *Direito e Razão*, 2002, p. 116ss.

O esquema probatório relativo à justificação das hipóteses fáticas do crime, no processo penal, está constituído, portanto, pelos seguintes elementos:

1) O ônus da *acusação* de produzir dados ou fatos probatórios que tenham o valor de confirmações necessariamente consequentes acerca da hipótese acusatória e de generalizações ou "máximas da experiência" que os liguem a ela;

2) O direito da *defesa* de invalidar tal hipótese, contraditando-a mediante contraprovas compatíveis apenas com hipóteses alternativas, as quais por sua vez a acusação tem o ônus de invalidar;

3) A faculdade de o *juiz* aceitar como convincente a hipótese acusatória (não se, mas) apenas se concordante com todas as provas e resistentes a todas as contraprovas coletadas.

Dessa forma, observa-se que a investigação fática no processo não parte das provas para chegar à inferência indutiva, mas de hipóteses fáticas, sustentadas como verdadeiras e que podem ser confirmadas pelas provas.

Esse esquema lógico do processo penal decorre especialmente do fato de que seu objeto é um acontecimento do passado, impossível de ser experimentado por reprodução artificial no presente, tendo assim a prova um *caráter indireto de cognição* para a explicação do crime cuja natureza não é exatamente causal, mas condicional, como ocorre na historiografia, porque condicionada pelas hipóteses fáticas como plausíveis e pela base de dados de acordo com elas.

Tendo em conta a estrutura lógica da prova, e as condições epistemológicas do processo (necessidade de prova; possibilidade da refutação e convicção justificada), chegamos ao contexto de justificação que, no processo penal, possui um raciocínio em que prevalece o *"in dubio pro reo"*. Luigi Ferrajoli, a respeito de cada condição referida, assim explica o raciocínio probatório final[708]:

1) A hipótese acusatória deve ser, antes de tudo, confirmada por uma pluralidade de provas ou dados probatórios. A tal fim, deve ser formulada de tal modo que implique a verdade de vários dados probatórios e a explicação de todos os dados disponíveis. Com efeito, uma hipótese verdadeira é sempre fecunda, isto é, idônea para expli-

---

[708] L. Ferrajoli, *Direito e Razão*, 2002, p. 121ss

car muito mais fatos do que aqueles para os quais fora formulada e, portanto, para produzir *modus ponens;*

2) Ainda mais importante do que a necessidade da prova é a garantia do contraditório, isto é, a possibilidade da refutação ou da contra-prova. Com efeito, se a verificação de uma hipótese é impossível, dado que sua verdade não pode ser demonstrada, senão apenas con-firmada, é, ao contrário, possível sua refutação por *modus tollens;*

3) A terceira condição ou garantia da verdade fática, conectada às outras duas e não menos decisiva, se refere à imparcialidade da escolha realizada pelo juiz entre hipóteses explicativas em conflito. Para ser aceita como verdadeira, a hipótese acusatória não só deve ser confirmada por várias provas e não ser desmentida por qualquer contraprova, senão que também deve prevalecer sobre todas as pos-síveis hipóteses em conflito com ela, que devem ser refutadas por *modus tollens.*

A partir desse esquema, a decisão acerca da hipótese fática do processo penal, que, embora fundamentada na livre convicção do juiz, exige a jus-tificação com base nos dados probatórios, deve atender, como norma de decisão, em caso de dúvida, ao princípio *in dubio pro reo*, quando não são refutadas nem a hipótese acusatória nem as hipóteses em conflito com ela. "Esse princípio", segundo Luigi Ferrajoli, " equivale a uma norma de conclusão sobre a decisão da verdade processual fática, que não permite a condenação enquanto junto à hipótese acusatória permaneçam outras hipóteses não refutadas em conflito com ela. Por isso, enquanto a hipótese acusatória só prevalece se estiver confirmada, as contra-hipóteses preva-lecem pelo fato de (não) haverem sido refutadas: não desmenti-las, com efeito, ainda que sem justificar sua aceitação como verdadeira, é suficiente para justificar a não aceitação como verdadeira da hipótese acusatória". É o que se chama de *favor rei*[709].

Ao final, bem entendido o princípio "in dubio pro reo", ele corresponde a uma atualização derivada diretamente da presunção da inocência em momento de decisão[710], cuja dúvida pode subsistir mesmo diante de uma

---

[709] L. Ferrajoli, *Direito e Razão,* 2002, p. 122.
[710] Nesse sentido, P. Andrés Ibáñez, "Presunción de inocencia e «in dubio pro reo»", *Prueba y coviccion judicial en el proceso penal,* 2009, p. 86.

pluralidade de prova, não sendo aceitável a concepção que o limita à falta absoluta de prova[711]. A "dúvida", operando sempre em favor do réu, exige que seu afastamento se dê por meios confiáveis de prova, sendo o contraditório ainda a forma fundamental com que o processo penal garantista se pode legitimar. É certo que, da perspectiva de quem julga ao final, contraditório e investigação de fato parecem ser modelos antagônicos de modelos epistêmicos, que não se podem conciliar adequadamente[712]. Mas isso não obstrui que na perspectiva de quem investiga esse antagonismo possa ser minimizado, desde que o modelo processual de investigação organize as funções dos sujeitos processuais. É o que apresentaremos como proposta de "devida metodologia processual da investigação" no último capítulo dedicado ao método, após tratar das etapas fundamentais no próximo capítulo.

---

[711] Nesse sentido, S. Sentis Melendo, *In dubio pro reo*, 1971, p. 20ss; p. 158ss.

[712] Nesse sentido, cf. P. Dá Mesquita, *A prova e o que se disse antes do julgamento*, 2011, p. 297ss.

14
As Etapas Fundamentais do Método

"O método existe, nenhum horizonte parece limitá-lo e ele
encontra seu fundamento último na liberdade do espírito"
(R. Omnès, *Filosofia da ciência contemporânea*)

A Investigação Criminal como Pesquisa

A investigação criminal se pode entender como pesquisa que se desenvolve por atos realizados por diversos agentes, sob a direção de uma autoridade competente para conduzir todo o procedimento formal. A concepção teórica da investigação criminal como atividade cientificamente orientada, tendo em conta as similaridades e especificidades que observamos relativamente ao objeto e aos métodos de outros campos de conhecimento, passa necessariamente pelo tratamento de seu aspecto técnico de pesquisa e compreensão dos problemas relativos a cada etapa.

A pesquisa, em sentido geral, é busca (do desconhecido) e averiguação (do conhecido), a partir de indagações relativas a um problema pressuposto em situação concreta, ou posto pelo pesquisador em formulação abstrata. Tendo por fim obter respostas às questões que se colocam, a pesquisa, qualquer que seja a sua espécie, é sempre um procedimento sistematizado, fundado em conhecimentos teóricos anteriores, que visa a uma investigação lógica e pragmática, baseando-se na organização de dados obtidos, registrados e analisados meticulosamente É, em síntese, uma perscrutação do problema que se examina com atenção, sondando-o, estudando-o, penetrando-o[713]. O ponto de partida é sempre "a existência de um problema

---

[713] M. A. Marconi, E. M. Lakatos, *Ténicas de pesquisa*, 2009, p. 3ss.

que se deverá definir, examinar, avaliar e analisar criticamente para, em seguida, ser tentada sua solução"[714], o que na investigação criminal, corresponde ao crime, segundo a *notitia criminis*, a respeito do qual se deve concluir sobre sua existência e espécie (o que), sua autoria (quem) e suas circunstâncias (por que, como e para que)

A depender da natureza do problema e dos objetivos pretendidos, a pesquisa pode ser (a) pura ou aplicada; (b) histórica, descritiva ou experimental; (c) individual ou grupal; (d) monodisciplinar ou interdisciplinar; (e) bibliográfica, social, tecnológica ou laboratorial, e de campo[715]. A partir dessas espécies, podemos classificar a investigação criminal como pesquisa de tipo aplicada, histórica, descritiva, grupal e interdisciplinar, em que se desenvolvem ações de natureza bibliográfica, tecnológica, laboratorial e de campo. É *aplicada* pelo seu interesse prático na solução de um problema bem delimitado, embora suscite necessariamente ao final uma hipótese teóricas a respeito do crime que investiga; é *histórica* porque (em geral) se refere a fatos do passado, embora cada vez mais se tenha dedicado a crimes que se realizam no presente e continuam a realizar-se sem cessação, não perdendo por isso a especificidade da pesquisa histórica, voltada ao fato particular; é *descritiva* em virtude da descrição desse passado, podendo eventualmente envolver algum *experimento* em perícia criminal, mas a descrição não esgota a sua fase analítica dos dados, pois também se exige uma explicação e valoração, sobretudo em seu sentido jurídico específico contido na imputação final; é *grupal*, porque (em geral) vários são os indivíduos que concorrem para elucidar o problema, embora possa eventualmente ser *individual*, nos casos mais simples, mas em qualquer caso será sempre processual, seguindo-se por várias fases que se complementam por outros sujeitos necessariamente; é *interdisciplinar*, porque, mesmo quando se desenvolva por único indivíduo, dificilmente se conclui com base em um único campo de conhecimento. A investigação criminal, assim considerada, recorre a estudos e pesquisas de natureza diversas, incluindo tanto a pesquisa bibliográfica (na obtenção de conhecimento prévio teórico, sobretudo em razão do caráter jurídico do objeto, em sua expressão legislativa e jurisprudencial), quanto a pesquisa de campo (na obtenção de dados reais relativos ao crime), bem como a recursos tecnológicos que

---

[714] A. Vera, *Metodologia da pesquisa científica*, 1983, p. 11.
[715] M. A. Marconi, E. M. Lakatos, *Ténicas de pesquisa*, 2009, p. 5ss.

AS ETAPAS FUNDAMENTAIS DO MÉTODO

permitam o acesso adequado ao conhecimento (aparelhos de interceptação telefônica, p. ex.) e estudos laboratoriais (nos casos de perícias químicas em entorpecentes, p. ex.). É essa a multiplicidade de facetas que se pode conter na investigação criminal.

É, possível, contudo, a título de sistematização, dividir a investigação criminal segundo suas macro-etapas, nas quais se encontram diversas ações específicas essenciais que podemos identificar sempre. Uma primeira visão geral nos permite distinguir na pesquisa *três macro-etapas: planejamento, execução e conclusão.*

A fase de planejamento, inicialmente, exige tanto um imaginação criativa do raciocínio, quanto um projeto escrito de orientação. O planejamento deve ocupar um lugar fundamental na investigação como pesquisa, pois com ele se permite equilibrar meios materiais disponíveis e objetivos pretendidos. O efetivo equilíbrio, contudo, se realiza na dinâmica gerencial da administração da investigação. Mas o projeto "deve ser preparado com o critério de que não é imutável, mas, pelo contrário, provisório e perfectível. Sua finalidade é proporcionar apoio e ajuda, não coerção"[716]. O projeto de investigação criminal deve ser produto de reflexão que exige conhecimento prévio sobre o objeto a pesquisa, tanto jurídico quanto científico, passando ainda uma postura estratégica no planejamento da gestão dos meios, visando a chegar ao fim pretendido[717]. O projeto de pesquisa, portanto, não corresponde aos autos de inquérito que se expõe ao público, porque ao antecipar um *roteiro de investigação*, requer que se consolide em um caderno à parte de orientação do investigador. Um projeto de investigação criminal, assim entendido, tem uma dupla função relevante: (a) como conjunto de elementos que estabelecem a hipótese da investigação, suas técnicas e estratégia de execução; (b) como memória da investigação, contendo elementos que permitem estabelecer a conexão entre as diversas diligências realizadas, o sentido probatório dos dados reunidos e a indicação implícita do que falta realizar. Quanto à primeira função, de um ponto de vista jurídico, um projeto permite estabelecer a distinção entre o que se pode levar ao conhecimento do investigado, considerando seu direito de vista dos autos, limitando-o a conhecer o que já foi produzido,

---

[716] A. Vera, *Metodologia da pesquisa científica*, 1983, p. 106
[717] Cf. A. M. Barbosa, *Curso de investigação criminal*, 2014, a respeito da gestão estratégica da investigação.

TEORIA DA INVESTIGAÇÃO CRIMINAL

nunca o que será feito pela autoridade investigante de um ponto de vista da estratégia da investigação. Não fosse assim, seria impossível investigar efetivamente, dando ao investigado conhecer sempre cada passo da investigação[718]. Quanto à segunda função, de um ponto de vista administrativo, ele permite manter a continuidade da investigação, mesmo nos casos em que a autoridade investigante é sucedida ou substituída, impedindo uma cessação constante da marcha da investigação, ou renovação de diligências em sentido diverso.

Quanto à etapa da execução, esta se revela contrária a determinismos que pré-fixem o caminho necessário da pesquisa. O que se pode, em relação à execução, é oferecer modelos que auxiliem na prática da pesquisa, em condições de sempre permitirem inovações, com fugas e reorganizações, aptas a responder aos problemas que podem surgir no curso da investigação. A ideia de *roteiros de investigação*, dessa forma, não se pode estabelecer como modelos normativos que impliquem limitação na capacidade do investigador de inovar o curso de sua pesquisa. Essa é uma questão de gestão estratégica que não se pode negligenciar. A metodologia da pesquisa costuma dividir a investigação em geral por ações materiais e externas, *etapas de atividades* que se desdobram em "coleta de dados, elaboração dos dados, análise e interpretação dos dados, representação dos dados e conclusões"[719]. No âmbito da investigação criminal, contudo, podemos observar certas ações investigativas que, embora não se possam estabelecer de forma cronológica, são etapas que se distinguem e se comunicam em sua pesquisa. Nesse sentido, considerando que toda a investigação como pesquisa se desenvolve em torno de dados reais, deve-se distinguir entre as ações de *obtenção, formalização, análise* e *manutenção* desses dados. O importante é entender que a investigação criminal como pesquisa, ao desenvolver-se segundo essas etapas, não se limita a atos que se dirigem a dados empíricos ou de mera exploração, o que constitui o ponto de partida, mas nunca o todo de uma investigação cientificamente orientada[720]. É necessário que se trabalhe com conceitos de uma teoria jurídica do crime,

---

[718] É nesse sentido importante ter em conta a *Súmula Vinculante n. 14 do STF*: "É direito do defensor, no interesse do representado, ter acesso amplo aos elementos de prova que, já documentados em procedimento investigatório realizado por órgão com competência de polícia judiciária, digam respeito ao exercício de defesa".

[719] M. A. Marconi, E. M. Lakatos, *Ténicas de pesquisa*, 2009, p. 9ss.

[720] Cf. R. Òmnes, *Filosofia da ciência contemporânea*, 1996, p. 274ss.

AS ETAPAS FUNDAMENTAIS DO MÉTODO

atentando para o *aspecto lógico* da investigação e tendo em conta a necessária instrumentalização probatória, para permitir o estágio de *verificação* e *refutação* processual. É importante, assim, na execução da pesquisa, que se tenha sempre em conta as *ações de natureza pragmática e lógica, sem esquecer-se sobretudo de sua processualística*. Essas perspectivas diversas da execução *não são, portanto, fases* sucessivas que se seguem, *mas antes faces* que se imbricam na metodologia da investigação criminal, em uma mesma atividade que se desenvolve simultaneamente na pesquisa de forma interdependente, não se podendo considerar como formas alternativas de pesquisa.

É possível, assim, imbricar essas perspectivas para definir o programa metodológico mais específico com que podemos analisar os problemas da investigação em cada etapa. E, nesse sentido, é importante ter em contra algumas operações básicas da fase de execução, sendo essencial aquelas que constituem a base fundamental de toda investigação em sua metodologia específica: *1º Obtenção de provas e sua observação; 2º Descrição, explicação e valoração das provas; 3º A imputação jurídica*. Essa última corresponde, precisamente à *fase de conclusão*, que, por sua vez, se pode encontrar tanto em indiciamento, na primeira fase do processo, quanto em denúncia e sentença, nas fases seguintes, a representarem conclusões do órgão oficial de investigação, da acusação e do juiz.

A Obtenção da Prova e sua Observação

Os Meios de Obtenção da Prova como Técnicas de Pesquisa

Os diversos meios de obtenção de prova disponíveis à investigação criminal na legislação processual penal se podem considerar as técnicas de pesquisa específicas desse campo de conhecimento, que partilham de várias semelhanças com as diversas técnicas de recolhas de informações nas investigações das ciências sociais em geral[721]. Contudo, sob o nome de obtenção da prova, a investigação criminal pode realizar ações muito distintas, como *recebimento, recolhimento* e *busca* de provas, devendo ter em conta o diveso valor probatório segundo o interesse de orientação de cada modalidade de obtenção.

---

[721] A respeito, cf. nosso E. S. Pereira, "Ciências sociais e investigação criminal: metodologia da investigação crimina na lógica das ciências sociais", *RBCP V. 2, N. 2*, 2011, pp. 35-46; R. Quivy, L. van Campenhoudt, *Manual de investigação em ciênia sociais*, 2008, p. 188ss.

TEORIA DA INVESTIGAÇÃO CRIMINAL

O conceito de técnica em sentido amplo abrange muitas e diversas coisas, desde atividades cognitivas, comportamentais e organizativas, bem como produtivas[722], mas no sentido restrito orientado à pesquisa, a técnica é "um conjunto de preceitos ou processos de que se serve uma ciência ou arte; é a habilidade para usar esses preceitos ou normas, a parte prática", tendo em conta que todo campo de conhecimento recorre a variadas formas técnicas para o alcance de seus objetivos[723].

A considerar a tipologia das técnicas que se encontram ns ciências sociais em geral, todos os meios disponíveis para obtenção de provas na investigação, com suas particularidades jurídicas, podem enquadrar-se em alguma das técnicas conhecidas, aproveitando-se de suas discussões metodológicas. Assim, a vigilância policial, a interceptação telefônica e a captação ambiental de sons e imagens, podem-se considerar modalidades de observação direta; a infiltração de agentes se aproxima da observação participante; a entrevista e o interrogatório partilham dos problemas da entrevista em geral; a quebra de sigilos bancário e fiscal, e a busca e apreensão, se consideram meios de recolha de dados preexistentes.

Quanto às particularidades das técnicas de recolhimento de dados na investigação criminal, em parte decorrem do sistema jurídico em que se praticam, em parte, do objeto próprio de pesquisa. Entre as principais particularidades que se observam no campo da investigação criminal, os limites jurídicos decorrentes dos direitos fundamentais certamente são os mais importantes. A considerar que toda técnica de recolha de dados em sentido científico, embora possa transportar ao âmbito da investigação criminal, encontra nesta um condicionamento ético muito particular, que limita efetivamente a persecução de uma verdade fática, em favor da valorização do direito de liberdade dos investigados. Essa é uma barreira intransponível da investigação como pesquisa, mas é dentro desses limites que o aperfeiçoamento das técnicas deve ser desenvolvido.

Em contrapartida, as modalidades técnicas encontram na investigação uma variedade de que talvez nenhuma outra investigação científica se possa beneficiar. Em alguns casos, como a interceptação telefônica, na investigação criminal, de um ponto de vista científico, obtém-se um depoimento espontâneo que poucas entrevistas de pesquisa social poderiam obter.

---

[722] N. Abbagnano, *Dicionário de filosofia*, 2003, p. 939ss.
[723] M. A. Marconi, E. M. Lakatos, *Ténicas de pesquisa*, 2009, p. 48ss.

Noutros casos, como no agente infiltrado, a observação participante não depende do consentimento do grupo observado. Entretanto, é nos estudos das ciências sociais destinados às técnicas de recolha de dados que a investigação criminal pode encontrar considerações científicas relevantes para o aperfeiçoamento de seus meios de obtenção de provas. A tais estudos e considerações técnicas das ciências sociais, contudo, devem-se acrescer estudos e considerações jurídicas a respeito das particularidades dos meios de obtenção da prova no contexto da investigação criminal.

Quanto à entrevista, por exemplo, a partir da perspectiva do interacionismo simbólico, tem-se considerado que em situações de investigação, "o significado atribuído pelos sujeitos aos atos sociais é produzido no interior da própria relação em que esses atos ocorrem". Ademais, para além dos problemas comuns às ciências sociais, essa técnica encontra na investigação criminal todo um conjunto de problemas que decorrem da especial situação pesquisada – a existência de um crime, a respeito do qual se procura seu autor, vindo acrescida da interação entre uma autoridade e um sujeito em posição hierarquicamente distinta. É, portanto, exigível que essa técnica tenha uma atenção redobrada na investigação criminal, tendo em conta as diversas questões já suscitadas em sociologia como um bom ponto de partida para estudos mais específicos. Nesse sentido, deve-se considerar que: "respostas a perguntas anteriores podem afetar as respostas a perguntas subsequentes"; "a ordem das opções de resposta pode afetar as respostas dos inquiridos"; "as respostas podem ser afetadas pelo próprio formato da pergunta"; "os contextos culturais de pertença afetam a forma de interpretar e responder"[724]. Apesar da relevância dessa técnica na investigação criminal, assim como nas ciências sociais, os pesquisadores tendem a dedicar pouca atenção a ela. Mas sua sistematização em torno de um modelo de entrevista, como técnica de pesquisa fundada em certos pressupostos básicos da psicologia, com uso de tecnologia de colheita (gravadores de voz) e redação de relatório, pode contribuir para a qualidade científica das investigações criminais.

A considerar o quanto de questões suscita uma simples técnica de entrevista utilizada aqui como exemplo, pode-se antever a complexidade metodológica das diversas técnicas com que a investigaçãoo criminal se

---

[724] W. Foddy, *Como Perguntar: Teoria e Prática da Construção de Perguntas em Entrevistas e Questionários,* 1993, p. 23ss.

desenvolve, tendo em conta a necessidade de seu aperfeiçoamento. É, nesse sentido, necessário acautelar-se contra o discurso tecnológico limitado ao horizonte de eficiência[725], porque isso pode gerar mais problemas do que soluções à investigação criminal. Assim, visando ao aperfeiçoamento técnico dos meios de obtenção de provas, tendo em conta tantas considerações das ciências sociais quanto as particularidades jurídicas, devem-se observar como critério de orientação duas diretrizes. Uma diretriz deve ser no sentido de aumentar a capacidade de conhecimento, incluindo o alcance de maior fidedignidade possível em relação à informação. Outra diretriz, no sentido de diminuir a necessidade do uso da força, sob qualquer forma, mesmo de constrangimento psíquico que possa influenciar naquela diretriz anterior. Essa é uma orientação que deve alcançar todos os meios técnicos de obtenção de prova se não queremos transformar a investigação criminal em mero exercício de poder punitivo sem qualquer base cognitiva séria.

Assim, portanto, as técnicas devem ser desenvolvidas ou aperfeiçoadas, tendo por orientação a *busca do aumento da capacidade de conhecimento, incluindo o alcance de maior fidedignidade possível em relação à informação, mas sempre ponderada com a diminuição da necessidade do uso da força.* Há, nessa orientação, uma imbricação entre os valores epistêmicos e não-epistêmicos. É preciso ter em conta que, na investigação criminal, a justificação com base na busca da verdade não legitima toda e qualquer técnica (p. ex. a tortura, dantes aceita, hoje repudiada), e quando aceita certa técnica, há casos em que não se prescinde de certas formalidades essenciais (p. ex. autorização judicial para interceptação telefônica). É com essa orientação que devemos estudar e aplicar as diversas técnicas de pesquisa, tanto as decorrentes da ciência em geral, como as específicas da investigação criminal. Mas especialmente devemos considerar o problema da prisão como técnica.

A Tecnologia Autoritária da Prisão

Considerando o critério de orientação aqui propugnado em relação à técnica, é impossível legitimar-se qualquer prisão cautelar como forma de pesquisa. Sendo a investigação criminal uma forma de saber-poder em que o

---

[725] G. F. Kneller, *A ciência como atividade humana*, 1980, p. 245: "Onde a Ciência persegue a verdade, a tecnologia prega a eficiência".

AS ETAPAS FUNDAMENTAIS DO MÉTODO

conhecimento deveria superar o uso da força, é inaceitável que, ainda atualmente, no Estado de Direito, a prisão possa ser utilizada como alguma forma de conhecimento, sobretudo diante de sua ineficácia para esse fim, porque a verdade assim produzida tem sempre sobre si a dúvida indigna do autoritarismo cognitivo.

É certo, contudo, que a prisão cautelar (preventiva ou temporária) pode assumir outras funções legais que não estamos a consideradar, embora também estas outras funções possam ser igualmente reprováveis sob outras perspectivas. Mas é especialmente do ponto de vista epistemológico, exclusivamente em relação à hipótese de imprescindibilidade para a investigação (Lei n. 7.960/89, art. 1º, I) e conveniência da instrução criminal (CPP, art. 312), que se pode questionar a tecnologia autoritária da prisão como forma de conhecimento. A prisão cautelar, em geral, pode, assim, ser questionada sob uma perspectiva dos valores que delineiam o Estado de Direito, tendo em conta que, ontologicamente, a prisão antes da sentença tem o mesmo resultado prático que a restrição da liberdade do acusado, antes de ser considerado culpado. O uso da prisão, como meio para outros fins que não a retribuição ao final do processo, tem sempre o condão de *transformar o ser humano em meio* para fins diversos dos poucos que ainda legitimam o direito penal moderno (a proteção dos bens jurídicos).

Considerada como forma de cognição, enquanto for mantida e utilizada na investigação criminal, a prisão, em última análise, representa o reconhecimento da incapacidade do Estado para desenvolver técnicas mais racionais (cognitivas) de obtenção da verdade, optando sempre e ainda por recorrer ao uso da força como técnica (coativa) ineficaz ao fim a que se destina, deixando sempre implícito outros motivos que não se declaram expressamente na lei, nem na prática das investigações[726].

A Observação, seus Condicionamentos e Problemas

A observação consiste na operação mais ordinária e fundamental de uma metodologia da investigação criminal, estando na base de diversas técnicas de obtenção de dados necessários à prova do crime. Ademais, nela se pode detalhar algumas ações que não são muito bem consideradas juridicamente, mas que cientificamente são especialmente relevantes à

---

[726] A respeito do tema, cf. artigo nosso E. S. Pereira, "Investigação e crime organizado: funções ilegítimas da prisão temporária", *Boletim do IBCCRIM* n. 157, 2005

TEORIA DA INVESTIGAÇÃO CRIMINAL

compreensão dos condicionamento e problemas que pode suscitar metodologicamente.

Ao tratar da observação em investigação nas ciências sociais, Raymond Quivy e Luc van Campenhoudt consideram necessário realizar três operações que, na investigação criminal, não se costumam seguir, mas que deveriam compor o projeto de suas pesquisas. Distinguem-se as operações de (a) "conceber o instrumento de observação", preparando-a para aplicar na prática, sobretudo nos casos de inovações técnicas que requerem treinamento para o seu uso; (b) "testar o instrumento de observação", para assegurar sua viabilidade e sua eficácia ao fim que pretende, abrindo oportunidade para identificação de defeitos nos resultados esperados; (c) "recolha de dados", que consiste na execução prática das técnicas apropriadas[727].

Henri Peretz, ao tratar da observação como método fundamental em sociologia, explica essa técnica, a partir da noção de interação social, distinguindo entre a atividade de observação e o registro dos dados observados[728]. Apesar da grande relevância que possui essa passagem do observado ao seu registro, essa questão não tem sido devidamente considerada nas práticas sociais de pesquisa, assim como não encontramos a devida atenção nas práticas de investigação criminal, nas quais os agentes devem aperfeiçoar a prática de relatar o observado. O descaso pela observação como técnica, em parte, decorre de uma visão muito difundida que limita o científico ao experimento, ao fato como dado imediato da realidade que se colhe e registra sem maiores problemas, sem questionamentos sobre as condicionantes que atuam desde a seleção dos dados. Afinal, como técnica que pode vir imbricada na recolha de informação, nas ciências sociais, apesar dos vários sentidos que pode adqurir, em um sentido mais restrito e bem delimitado, "a observação consiste em estar presente e envolvido numa situação social para registrar e interpretar, procurando não modificá-la"[729].

A observação é, nesse sentido, portanto, a operação fundamental de partida de uma metodologia da investigação; uma técnica que tem como objetivo encontrar um significado para os dados recolhidos, a fim de classificá-los, o que se exige igualmente na investigação criminal, em correspondência com um tipo jurídico-penal.

---

[727] R. Quivy, L. V. Campenhoudt, *Manual de investigação em ciências sociai*, 1995, p. 155ss.
[728] H. Peretz, *Método em Sociologia: A observação*, 1998.
[729] H. Peretz, *Método em Sociologia: A observação*, 1998, p. 13.

AS ETAPAS FUNDAMENTAIS DO MÉTODO

Dentre as espécies de observação, pode-se estabelecer uma comparação entre as formas da sociologia (direta, indireta e participante) com as diversas formas de observação que se encontram na investigação criminal. Mas é importante entender que a observação do fato, como operação fundamental que se desenvolve no contexto da obtenção da prova, pode vir muito constantemente imbricada no próprio ato de obtenção Assim, podemos falar em (a) observação direta pela autoridade – local de crime e inspeção; (b) a observação indireta – por agentes e peritos, com pesquisa de campo em vigilância, em laboratórios, com relatórios e laudos; c) A observação participante – agente infiltrado.

Entretanto, as técnicas da investigação não se reduzem restritamente às modalidades sociológicas. Algumas parecem não se enquadrar muito facilmente nas modalidades comuns de observação. É o caso da interceptação telefônica que, embora se refira a dados verbais tem a característica própria da observação, por não interferir na situação. A infiltração de agente, por sua vez, melhor se pode considerar uma observação encoberta[730]. E o sentido que tem a observação indireta, em sociologia[731], não se pode confundir com a gravação de imagens e sons. Mas sem todos os casos temos a questão comum da precedência teórica.

A Precedência da Teoria sobre a Observação

Qualquer que seja a forma de observação, é preciso compreender que existe um teoria subjacente condicionando os atos do investigador, porque não existe observações objetivamente desvinculadas de qualquer idéia prévia da realidade como forma purificada de conhecimento. As observações empíricas são sempre precedidas de teorias. É, portanto, necessário entender "a dependência que a observação tem da teoria"[732].

O indutivismo ingênuo acredita que "a ciência começa com a observação" e que a partir dessa observação se produz uma base segura de que se pode derivar todo conhecimento. Contrariamente, contudo, sabe-se que as experiências visuais que temos estão determinadas não exclusivamente pela sensação, pois "o que um observador vê é afetado pelo seu conhecimento e experiência". Em outras palavras, "experiências não são

---

[730] U. Flick, *Métodos qualitativos na investigação científica*, 2002, p. 238.
[731] R. Quivy, L. V. Campenhoudt, *Manual de investigação em ciências sociai*, 1995, p. 164ss.
[732] C. G. Hempel, *Filosofia da ciência natural*, 1970, p. 30; K. Popper, *A lógica da pesquisa científia*, 1972, p. 61; A. F. Chalmers, *O que é ciência, afinal?*, 1993, p. 45.

TEORIA DA INVESTIGAÇÃO CRIMINAL

dadas como únicas e imutáveis, mas variam com as expectativas e conhecimento do observador".

A. F. Chalmers nos apresenta um exemplo, a partir do desenho de uma escada em perspectiva. A perspectiva é um expediente de desenho técnico que nos permite compreender uma realidade tridimensional, a partir de uma representação bi-dimensional. Há várias formas de perspectiva; no exemplo do autor, a escada é apresentada em perspectiva oblíqua. A primeira imagem regular que de imediato surge é uma escada cujos degraus estão na parte superior. Mas, sem dificuldade, é possível extrair uma escada "de cabeça para baixo". E experimentos com tribos africanas, cuja cultura não abarca a compreensão tridimensional de representações, têm demonstrado que seus membros apenas conseguem ver traços paralelos, representados bi-dimensionalmente. A esse respeito, é preciso entender que a representação tridimensional é uma aquisição cultural. Dessa forma, podemos começar a nos questionar quando seremos capazes de representar e compreender uma realidade tetra-dimensional, em que o espaço tridimensional está entrelaçado ao tempo, como sugerem certas teorias contemporâneas da física. A conclusão é que "as proposições de observação pressupõem teoria". Pode-se até aceitar que a experiência particular da realidade seja acessível diretamente ao observador, mas não as "proposições de observações públicas", que são asserções externadas pelo observador a respeito do que captou. Assim, portanto, "algum tipo de teoria deve preceder todas as proposições de observação e elas são tão sujeitas a falhas quanto as teorias que pressupõem"[733].

As teorias, portanto, precedem as observações, e as preposições de observação, feitas segundo alguma teoria, são precisas na medida em que o são as teorias e todo seu conjunto de leis, conceitos e hipóteses. Em suma, "teorias precisas, claramente formuladas, são um pré-requisito para proposições de observações precisas", assim em ciência como em investigação criminal. Mas, considerando que as teorias do conhecimento científico são falíveis e incompletas, "a orientação que elas oferecem, como por exemplo, as observações relevantes para algum fenômeno sob investigação, podem ser enganosas e podem resultar no descuido com alguns importantes fatores"[734].

[733] A. F. Chalmers, *O que é ciência, afinal?*, 1993, p. 51ss.
[734] A. F. Chalmers, *O que é ciência, afinal?*, 1993, p. 58

Essas afirmações que se podem fazer acerca das observações da ciência em geral com maior razão se devem fazer às observações da investigação criminal em específico, para questionar que teorias se encontram subjacentes na base de diversas observações declaradas sobre provas obtidas.

A Fenomenologia como Método de Observação

A fenomenologia como método de observação pode nos oferecer maior compreensão acerca dos problemas com que essa operação fundamental se depara na simples atividade de interagir com um objeto qualquer.

A fenomenologia, significava orignariamente a "descrição da consciência e da experiência, abstraindo de considerações sobre seu conteúdo intencional"[735], mas a partir da filosofia de Edmund Husserl – que considera precisamente a intencionalidade como marca característica da consciência –, o conceito passou a ter um sentido especialmente próprio e assim permanece atualmente[736].

A fenomenologia de Husserl pressupõe um determinado conceito de fenômeno que não se limita apenas ao que aparece ou se manifesta ao homem, sob determinadas condições, mas "aquilo que aparece ou se manifesta em si mesmo". A partir dessa noção de fenômeno, a fenomenologia seria não ciência de dados de fato, mas uma ciência de essências (*eidética*), empenhada assim na exclusão dos fenômenos psicológicos das características reais do fenômeno, o que constitui a *redução eidética*: transformação do fenômeno em essência. *Eidética* é o termos introduzido por Husserl "para indicar tudo o que se refere às essências, que são objeto da investigação fenomenológica"[737].

A redução eidética se opera através do que Husserl chama de *epoché*, algo como uma suspensão de juízo que se encontrava nos antigos céticos e consiste sumariamente em "não aceitar nem refutar, não afirmar nem negar" qualquer coisa a respeito das coisas em diversos momentos da investigação[738]. E, nesse sentido, a fenomenologia significa, antes de tudo, um *conceito de método*, que pretende mostrar aquilo que não se manifesta,

---

[735] Esse era o sentido atribuído por Kant, conforme N. Abbagnano, *Dicionário de filosofia*, 2003, p. 437.

[736] E. Husserl, *A ideia da Fenomenologia*, [2012].

[737] N. Abbagnano, *Dicionário de filosofia*, 2003, p. 308; J.-F. Lyotard, *A Fenomenologia*, 2006, p. 15ss

[738] N. Abbagnano, *Dicionário de filosofia*, 2003, p. 339; J.-F. Lyotard, *A Fenomenologia*, 2006, p. 23ss

aquilo que está escondido, sendo por isso considerada a verdadeira e única ontológica possível.

A respeito do método fenomenológico, é preciso que ele não se entenda como um instrumento, utensílio ou técnica espeçífica. Trata-se de um método que consiste sobretudo na *variação imaginária*, ou seja, "faz-se variar as determinações pensadas do objeto no sentido de se ver se ele tem possibilidades de ser outro desde que não prejudiquem a sua identidade, a identidade 'invariável' da coisa nela mesma que faz ser ela e não outra coisa. Pela variação livre da imaginação se revela a verdadeira resistência da essência e a sua contingência..."[739].

É, nesse sentido, portanto, relevante considerar a potencialidade metodológica da fenomenologia para a investigação criminal, tendo em conta a complexidade ontológica de seu objeto que, não sendo por si um crime *in natura*, exige que os dados imediatos sejam observados e avaliados a partir de uma suspensão inicial do juízo e após variação imaginária das diversas possibilidades de sentido antes que se constitua como crime. Assim, a fenomenologia pode concorrer para o aprimoramento da investigação, sobretudo no interior das diversas técnicas de obtenção e observação que se seguem, visando à compreensão eidética do crime, em conformidade com a sua estrutura ontológica tridimensional. Trata-se de uma operação metodológica que exige um *exercício fenomenológico*, sobretudo em virtude do caráter unilateral da investigação, mesmo no caso do juiz ao final do processo, quando as partes se manifestaram em contraditório, mas ainda precisa concluir em sua decisão individual. A vantagem pode ser evitar, no exercício da investigação, a compreensão precipitada do objeto, obtida por conclusões imediatas, sem ponderações acerca de outras possíveis conclusões igualmente aceitáveis. É preciso compreender que acerca de um mesmo dado da realidade podemos chegar a conclusões diversas igualmente aceitáveis. Assim, o exercício fenomenológico pode, portanto, concorrer para uma investigação mais esmerada na intenção de compreender o objeto em sua essência fundamental.

[739] L. Hegenberg (org), *Métodos*, 2002, p. 107; A. Ales Bello, *Introdução à fenomenologia*, 2006, p. 21ss.

A Descrição, a Narrativa e a Explicação

"Os Fatos não falam por si": a Descrição e seus Mitos

Após a obtenção da prova e sua observação fática, que se podem desenvolver em fases circulares e repetitivas, chega um momento em que a investigação criminal requer uma análise do conjunto probatório para produzir uma exposição interpretativa, afinal os fatos não falam por si, tampouco se bastam com um mera descrição aparentemente neutra a considerar a complexidade problemática do crime, que requer muito mais do que a simples apresentação das provas.

O positivismo difundiu uma ideia irreal de que é possível adquirir fatos de forma objetiva, dando-lhes uma descrição pura que exclua todo interesse subjetivo do pesquisador. Essa ideia se difundiu, por exemplo, na abandonada historiografia factográfica de L. von Ranke, mas ainda hoje persistente no positivismo da investigação criminal que espera do investigador apenas um relatório sem maiores discussões valorativas e muito menos jurídicas, embora o fato típico seja essencialmente uma realidade jurídica tridimensional constituída de fato, valor e norma, e o tipo se constitua de elementos objetivos, subjetivos e normativos. É, portanto, necessário acabar com o mito de exigência da mera descrição, que se constitui na base de uma autoritarismo cognitivo, buscando justificar a verdade em sua autoevidência. E contra essa ideia factográfica, é exatamente na história que podemos encontrar a melhor mudança de paradigma para a investigação criminal, ao identificar fases de descrição, explicação e avaliação no método.

O método científico dos historiadores para a exposição de seu conhecimento pretende que "cada afirmação seja acompanhada por provas e pela indicação das fontes..."[740]. Esse método pode ser observado igualmente na investigação criminal. Mas antes da exposição, há fases que se não mostram claramente ao investigador, mas que o historiador tem percebido que são obrigatórias. Houve tempo em que, entre os historiadores, se cria no processo de colecionar fatos e reuni-los simplesmente, na crença de que os "fatos falam por si". Esta é uma crença ingênua que ainda persiste na atividade da investigação criminal, ou o que é pior, um discurso deliberadamente tendencioso que pretende omitir a subjetividade do conhecimento. Por vezes até pede-se ao investigador que apenas descreva os fatos, sem

---

[740] A. Prost, *Doze lições sobre a historia*, 2008, p. 55.

TEORIA DA INVESTIGAÇÃO CRIMINAL

qualquer outra operação, como se isso fosse realmente possível. Chama-se a esta forma de história *historizante, factográfica*. Mas "não há fatos sem questionamento". Não há fatos sem hipótese prévia, sem uma questão posta. O problema é que em geral o questionamento é implícito e não declarado.

Adam Schaff observa que o historiador não pode escapar ao papel ativo, como sujeito de uma relação cognitiva, assim como não o pode igualmente o investigador. No fato histórico (assim como no fato criminoso passado), como categoria científica, introduz-se o fator subjetivo. E isso não se reduz à seleção preliminar, pois se prolonga por todas as fases do conhecimento histórico, que podemos vislumbrar na descrição, explicação e avaliação[741]. Ao descreverem-se os fatos, faz-se uma interpretação, inevitavelmente, segundo conceitos. E ao interpretar é que se reconstrói o fato. Isso é evidente na investigação criminal, por trabalhar com conceitos teóricos sem os quais é impossível estabelecer em que elemento do crime se pode situar um vestígio qualquer, tendo em conta as categorias conceituais da teoria jurídico-analítica do crime. Mas a história não se limita a selecionar fatos para descrevê-los. Deve também explicá-los. Não basta dizer o que se passou, há também que dizer como e por quê. Estas questões, na investigação criminal, encontram-se exigidas implicitamente nos motivos e fins do crime que por vezes compõem o tipo penal fundamental. Mas como se procede à explicação em história e investigação criminal? Este é um dos problemas fundamentais do método em história, com que filósofos e historiadores se debatem em torno dos conceitos de compreensão e explicação, geralmente como atividades contrapostas, mas por vezes como atividades que se confundem.

A Necessidade da Explicação e sua Diversidade

A primeira explicação é, contudo, a narrativa que constitui a essência do método historiográfico. Trata-se de uma explicação temporal, cujo alcance e limites da história nos leva ao problema fundamental da narrativa, que pretende nos oferecer uma história que faça sentido ou que, em termos jurídico-processuais, faça sentido para uma condenação. Assim como acontece em história, a investigação criminal exige uma narrativa do que se passou, unindo todos os elementos existentes e provados. É o método de explicação narrativa, que consiste em conferir sentido à narração de fatos

---

[741] A. Schaff, *Verdade e história*, 2000, p. 197ss.

que se sucedem no tempo, em um lugar especifico. Essa é a conclusão de Jörn Rüsen, para quem "explicações especificamente históricas são explicações narrativas", que se podem representar conforme o *esquema de Danto*, que aqui reproduzimos com pequena alteração[742]:

Esquema de uma explicação narrativa	
(1) S é F em t_1	*Explanandum*
(2) G ocorre com S em t_2	*Explanans*
(3) S é H em t_3	*Explanandum*

S="sujeito"de uma história; F=situaçãoo inicial; H=situação final; G=acontecimento; t=tempo

Mas mesmo a explicação narrativa histórica exige, além da ordem temporal dos fatos, dizer *o que* se passou, bem como dizer *o como* e *o porquê*, questões que, na investigação criminal, encontram-se exigidas implicitamente nas diversas circunstâncias do crime, seus motivos e fins do crime que por vezes compõem o tipo penal fundamental ou o qualificam. Em geral, na história se procede à explicação com base em máximas de experiência, leis pseudocientíficas que pressupomos na explicação corriqueira de fatos ordinários, para os quais não há ciência em condições de nos oferecer leis explicativas – que é igualmente comum à investigação criminal – mas não raro a história, assim como na investigação criminal, recorre às ciências em geral, às chamadas leis científicas. Assim, além da explicação narrativa, podem ser necessárias mais explicações complementares, que se podem distinguir em causal e finalista[743]. Essa distinção, que parece conciliatória de certas divergências existentes na teoria da história, serve-nos ao entendimento da atividade de explicação na investigação criminal. À pergunta "por quê?" duas séries de respostas são possíveis – "por causa de X" ou "para que X". No primeiro caso, temos uma *retrodicção*, em que não se espera uma explicação integral de todas as causas, mas a causa

---

[742] Cf. J. Rüsen, *Reconstrução do passado. Teoria da história II: os princípios da pesquisa histórica*, 2010, p. 51, que adota a argumentação de A. C. Danto, *Analytische Philosophie der Geschichte*, Frankfurt, 1974.
[743] A. Schaff, *Verdade e história*, 2000, p. 201ss.

TEORIA DA INVESTIGAÇÃO CRIMINAL

próxima, parcial. No segundo, uma *compreensão,* com a qual se busca "compreender a ação".

A retrodicção é um procedimento em que, tendo um ponto de chegada bem definido (os efeitos), o historiador se orienta na busca de uma causa presumida, por imaginação[744]. Carl Hempel descreve a retrodicção com base na *função de leis gerais em história,* mas não *leis especificamente históricas,* sustetando que se trata de explicação de um evento que contém (1) "uma série de afirmações que asseveram a ocorrência de certos eventos (...) em certos lugares" e (2) "uma série de hipóteses universais...", a partir das quais é possível deduzir a conclusão[745]. As hipóteses universais que exercem a função de lei podem ser retiradas de vários campos do conhecimento científico, ou da experiência diária. Em história, assim como em qualquer outro ramo da investigação empírica, "só é possível obter a explicação científica mediante hipóteses gerais adequadas ou mediante teorias que sejam corpos de hipóteses sistematicamente correlacionadas". Grande número de explicações na história (mas não todas) se procede dessa forma, mas nem as condições prévias nem as hipóteses são indicadas explícita e univocamente. Em conseqüência, a imprecisão determina a probabilidade da explicação, com caráter estatístico. O que temos, portanto, são *esboços de explicação,* decorrentes de alguns limites da explicação histórica. O primeiro limite decorre do fato que em história, assim como em investigação criminal, em geral a base hipotética são *máximas de experiência.* O segundo decorre do conceito limitado de causa, que geralmente é restringido ao imediatamente anterior, à causa eficiente, uma condição necessária, mas não suficiente. Essa causa é escolhida, segundo um sistema de referência. E isso é muito evidente na investigação criminal, em que o sistema de referência aceita como causa uma responsabilidade legal, a exemplo do que temos em crimes de omissão imprópria, cujo autor é responsável por não ter agido quando devia. Ou seja, na investigação criminal, como acontece na história, a "explicação histórica nunca é integral" e "tudo o que é insignificante é ignorado"[746]. Mas tudo aquilo que recebe uma explicação causal se comporta segundo o *esquema nomológico de Hempel,* seja com base em

---

[744] A. Prost, *Doze lições sobre a historia,* 2008, p. 156; P. Veyne, *Como se escreve a história,* 2008, p. 162.
[745] C. Hempel, As funções das leis gerais na História, p. 43ss, in P. Gardiner, *Teorias da Historia,* 2008.
[746] A. Schaff, *Verdade e história,* 2000, p. 206ss

leis científicas nos casos de perícias, seja com base em máximas de experiências, como o sintetiza Jörn Rüsen no quadro que aqui reproduzimos[747]:

Esquema de uma explicação nomológica	
(1) A é o fato (2) Sempre que se trata de A, também acontece B	*Explanans*
(3) B acontece	*Explanandum*

(1) = Condição inicial ou marginal ("causa"); (2) = Lei; (3) = ("Efeito")

A explicação causal, contudo, não é suficiente, nem na história, nem na investigação criminal. Em história, "a explicação causal é sempre acompanhada pela explicação finalista"[748]. E, no contexto jurídico-penal da investigação criminal, deve-se ter em conta que Hans Welzel já havia observado essa particularidade da conduta humana como "exercício de uma atividade final"[749]. É como efeito da explicação finalista que surge a atividade de *compreensão*. Encontram-se, contudo, duas formas essenciais de considerá-la na história. Há quem a considere uma operação simpatética, como o faz R. G. Collingwood, cuja ideia de história como "reconstituição da experiência passada" requer que o historiador passe pela experiência do personagem histórico[750]. Embora criticada essa forma de compreensão subjetivista na história, Luigi Ferrajoli considera que ela corresponde precisamente ao que se pede na análise da inexigibilidade de conduta diversa para determinação da culpabilidade, explicando, contudo, que "esta compreensão simpatética não consiste em uma identificação com os hábitos mentais do sujeito em julgamento, como a que proviria de uma romântica fusão afetiva, mas em uma 'participação imaginativa indireta e mediata', que é de tipo racional, porque se baseia na 'representação da situação do fato' submetida a julgamento"[751].

---

[747] Cf. J. Rüsen, *Reconstrução do passado. Teoria da história II: os princípios da pesquisa histórica*, 2010, p. 24, com base em C. G. Hempel, *Explanation in science and in history*, Londn, 1966.

[748] A. Schaff, *Verdade e história*, 2000, p. 209.

[749] H. Welzel, *O novo sistema jurídico-penal*, 2001.

[750] R. G. Collingwood, *A ideia de história*, 2001,

[751] L. Ferrajoli, *Direito e Razão*, 2000, p. 132.

TEORIA DA INVESTIGAÇÃO CRIMINAL

Diversamente, contudo, G. Simmel considera que essa "pretendida transferência da própria experiência interior" não é a chave para a compreensão do personagem histórico[752]. A esta forma de compreensão K. Popper opõe uma "teoria objetivista da compreensão subjetiva", na qual o essencial não é a reconstituição mental do passado[753]. O papel do historiador, portanto, seria a "análise situacional", que se pode fazer a partir do "esquema tetrádico" $P1 \rightarrow TP \rightarrow DC \rightarrow P2$, em que temos problema inicial, teoria provisória ou solução conjectural ou hipotética, discussão crítica à luz das provas e novo problema. O que Popper considera uma *análise situacional* está bem descrita em exemplo-padrão apresentado, pelo qual se supõem elementos psicológicos do personagem, mas eles são tratados como elementos objetivos da situação[754]. Encontramos uma forma típica de análise situacional no direito penal na teoria finalista da ação, quando se pressupõem no agente certos atributos psicológicos, como o dolo natural no tipo subjetivo cujo sentido se colhe pelo resultado objetivo externo. Karl Popper opta por este método objetivo porque "permite a discussão crítica das nossas soluções provisórias – das nossas tentativas de reconstruir a situação". Ora, é exatamente o que mais interessa à investigação criminal, tendo em conta as particularidades do direito e a necessidade oportuna do contraditório. E mesmo entre historiadores, Jörn Rüsen adota uma explicação intencional com base no *esquema de Donagan,* a partir de considerações sobre a teoria de Hempel e Popper, segundo o quadro que aqui reproduzimos[755]:

Esquema de um explicação intencional	
(1) S quer Z. (2) S avalia a sua situação como C. (3) S está convencido que, em C, só é possível conseguir Z por meio de x	*Explanans*
(4) S executa x	*Explanandum*

S = sujeito da ação; Z = objtivo da ação; C = natureza de uma situação (um conjunto de possibilidades de agir); x = ação

[752] G. Simmel, A natureza da compreensão, *Escritos sobre a história*, 2011, p. 30.
[753] K. Popper, Uma abordagem pluralista à filosofia da história, *O Mito do Contexto*, 2009, p. 226.
[754] K. Popper, Modelos, instrumentos e verdade, *O Mito do Contexto*, 2009, p. 242.
[755] Cf. J. Rüsen, *Reconstrução do passado. Teoria da história II: os princípios da pesquisa histórica*, 2010, p. 24, com base em A. Donagan, Neue Überlegungen zur Popper-Hempel-Theorie, Frankfurt, 1982.

Ao final de tudo, além da diversidade explicativa que se pode exigir na atividade de investigação, temos a valoração como parte do trabalho do historiador. Em geral, essa avaliação judicatória é implícita, através da apreensão e seleção dos fatos, sem formulação clara, mas é possível afirmar que "os valores e os juízos invadem o terreno do historiador, trazidos pelos vetores mais diversos que escapam muitas vezes ao controle do historiador e mesmo à sua consciência"[756]. A questão é que, assim como em história, também na investigação criminal, isto é inevitável. Mas na investigação criminal essa questão se vai situar no âmbito mais jurídico da imputação de uma responsabilidade penal por um crime, ao que daremos uma atenção em separado, após aprofudanr alguns aspectos da explicação nomológica das perícias.

A Explicação Causal Nomológico-Dedutiva das Ciências Naturais

A investigação criminal exige, por vezes, que, no conjunto das explicações causais, se recorra às ciências naturais, sem as quais alguns aspectos do crime não se tornam evidentes, sendo contudo necessário acautelar-se sobre o alcance e limites dessa metodologia para não se cair no romantismo científico ingênuo de uma verdade infalível que nega a maior aquisição da epistemologia popperiana.

As ciências, em síntese, "são sistemas de teorias", teorias que "estão em perpétua mutação". K. Popper explica que "é fácil obter confirmações ou verificações para quase toda teoria, desde que a procuremos", mas o critério que define o seu *status* científico seja sua capacidade de ser testada ou refutada. Essa concepção falseacionista da ciência nos permite entender que "todas as leis e teorias são essencialmente tentativas, conjecturas, hipóteses – mesmo quando não é mais possível duvidar delas"[757].

Carl G. Hempel entende que "uma teoria é usualmente introduzida quando um estudo prévio de uma classe de fenômenos revelou um sistema de uniformidades que podem ser expressas em forma de leis empíricas"[758]. O que a teoria representa é uma explicação dessas regularidades, proporcionando uma compreensão mais profunda dos fenômenos em questão, a partir de leis pressupostas, algumas hipóteses adicionais e certos con-

---

[756] A. Schaff, *Verdade e história*, 2000, p. 217.
[757] K. Popper, *A lógica da pesquisa científica*, 2007; K. Popper, *Conjecturas e refutações*, 2006, p. 66ss
[758] C. G. Hempel, *Filosofia da ciência natural*, 1970, p. 92ss.

TEORIA DA INVESTIGAÇÃO CRIMINAL

ceitos teóricos que formam a rede do conhecimento científico[759]. Hempel também critica a "concepção indutiva estreita da investigação científica". Segundo ele, a partir de um problema, o investigador levanta várias hipóteses e as considera inicialmente por *modus tollens*. De tal forma que "se *H* é verdadeira, *I* o será igualmente; mas *I* não o é (por observação ou experimento); logo, *H* não é verdadeira". Ao encontrar uma possível explicação, o investigador conclui pelo que se chama em Lógica de "falácia de afirmação do consequente", o que é dedutivamente não valido, isto é, a conclusão pode ser falsa, ainda que verdadeiras as premissas. Nesse sentido, temos que "se *H* é verdadeira, *I* o será igualmente; *I* é verdadeiro (por observação ou experimento); logo, *H* o será também". Ora, segundo bem observa Hempel, "o resultado favorável de uma verificação, i. e., o fato de ser achada verdadeira a implicação inferida de uma hipótese, não prova que a hipótese seja verdadeira". E isso se pode afirmar ainda que várias implicações de uma hipótese tenham sido obtidas por observações e experimentos, pois ainda assim podemos ter uma hipótese falsa. Isso não quer dizer que essa hipótese não tenha qualquer valor, pois pelo menos nos fornece certo suporte, alguma corroboração dela.

Essa compreensão contraria a ideia indutivista de conhecimento científico, afinal como adverte Hempel, "as premissas de uma inferência indutiva implicam a conclusão apenas com maior ou menor probabilidade"[760]. Ademais, um relato indutivista do conhecimento científico é irreal, pois sugere que devemos fazer observações e registros de todos os fatos, analisá-los e classificá-los independentemente de qualquer hipótese anterior, para somente depois fazer derivar das observações uma generalização com verificação adicional. Acerca dessa sugestão, Hempel nos adverte que seria impossível observar todos os fatos e mesmo analisá-los, sem partir de uma qualificação dos relevantes, sem exclusão de qualquer interveniente externo, a menos que tenhamos uma hipótese, uma ideia prévia como tentativa de resposta ao problema que nasce na investigação. Com isso, Hempel conclui que "não existe, portanto, 'regras de indução' aplicáveis em geral, mediante as quais hipóteses ou teorias possam ser meca-

---

[759] "A sistematização científica requer o estabelecimento de diversas relações, por leis ou princípios teóricos, entre os diferentes aspectos do mundo empírico que são caracterizados pelos conceitos científicos. Estes são como que os nós de uma rede cujos fios são formados pelas leis e pelos princípios teóricos" (C. G. Hempel, *Filosofia da ciência natural*, 1970, p. 117).
[760] C. G. Hempel, *Filosofia da ciência natural*, 1970, p. 27ss

AS ETAPAS FUNDAMENTAIS DO MÉTODO

nicamente derivadas ou inferidas dos dados empíricos". Em síntese, "as 'regras de indução' devem ser concebidas em analogia com as regras da dedução como cânones de validação e não propriamente de descoberta". Ou seja, elas não geram uma hipótese que nos dá "uma razão de certos dados empíricos"; elas em verdade "pressupõem que além desses dados empíricos que formam as 'premissas' de um 'argumento indutivo' seja *dada* também a hipótese proposta como sua 'conclusão'".

Ademais, as verificações, sejam por experimentos sejam por observações, em geral incluem certas hipóteses *auxiliares*, tendo um caráter condicional, pois "elas nos dizem que, sob determinadas condições, ocorrerá um resultado de certa espécie"[761]. Quanto à *hipótese auxiliar*, ela comumente está subtendida (ou implícita) na hipótese principal, de tal forma que ou esta ou a auxiliar pode ser falsa, quando uma verificação não se confirma. Se se confirma, não parece criar maiores problemas. No âmbito de uma perícia, uma hipótese auxiliar pode dizer respeito, p. ex., ao que se espera, implicitamente, de certos instrumentos utilizados nas observações. Mas às vezes, incluem-se até mesmo hipótese *ad hoc*. No séc. XVIII, p. ex., a *teoria do flogístico* foi contestada por Lavosier ao demonstrar que, após a combustão de um metal, este não perdeu o flogístico como se supunha, pois apresentava peso maior. A hipótese *ad hoc* então oferecida dizia que o flogístico teria peso negativo, buscando salvar a teoria originária de sua refutação. No caso da perícia criminal, o recurso a hipótese *ad hoc* deveria ser excluída, ou pelo menos referida expressamente pelo perito, se utilizada.

O certo, portanto, é que, sendo favorável um resultado a partir das verificações, por mais numerosas e exatas, isso não implica certeza, mas um apoio, mais ou menos forte, conforme o seja esse suporte empírico em questão. Esse suporte exige *quantidade, variedade e evidência sustentadora*[762], e por vezes confirmações por novas implicações. O que resulta, em todo caso, é sempre uma probabilidade da hipótese. Em virtude disso, segundo

---

[761] "As implicações de uma hipótese são pois normalmente implicações num duplo sentido: são enunciados implicados pela hipótese e são enunciados da forma 'se-então', que, em Lógica, são chamados condicionais ou implicações materiais" ((C. G. Hempel, *Filosofia da ciência natural*, 1970, p. 32). Em síntese, algo como "Se se realizarem as condições C; então ocorrerá o acontecimento E". Um exemplo típico é a lei $V=c.T/P$, que explica o *volume* de um gás como *função* de sua *temperatura* e sua *pressão*, sendo C um fator constante.

[762] Cf. C. G. Hempel, *Filosofia da ciência natural*, 1970, p. 48ss, a respeito dessas questões e sua relevância para aceitação de teorias e leis.

TEORIA DA INVESTIGAÇÃO CRIMINAL

Hempel, rigorosamente, "deveríamos falar da *credibilidade de uma hipótese H relativa a certo corpo de conhecimento*, que é o conjunto *K* de todos os enunciados aceitos pela ciência da época". E essa deve ser rigorosamente a natureza da conclusão de uma explicação científica pericial, portanto.

Com base nessas considerações, podemos agora entender que uma *explicação científica*, como as que se encontra em certas perícias, deve ter certos requisitos – a *relevância explanatória*[763] e a *verificabilidade*[764] – assumindo geralmente a forma de explicação *dedutivo-nomológica* (D-N), em que temos *leis gerais* (L) e *enunciados acerca de fatos particulares* (C), como *explanans*, e a explicação científica (E), como *explanandum*, por subsunção dedutiva.

D-N)

$$\frac{L_1, L_2, ..., L_n}{C_1, C_2, ..., C_k} \quad \Bigg] \quad explanans$$

$$\overline{E} \quad \Big] \quad explanandum$$

As conclusões periciais, quando fundamentadas em ciências empíricas, assumem essa estrutura lógica fundamental. Mas, em certos casos, as leis gerais são *leis probabilísticas*, dando-se, portanto, uma *explicação* probabilística, para a qual se sugere separar o *explanans* do *explanandum* por um traço duplo (===) para especificar que, "nesse caso, o *explanandum* não deve ser esperado como 'certeza dedutiva', mas como uma 'certeza prática'"[765]. Advertir, portanto, a autoridade investigante acerca do caráter probabilístico das leis pressupostas na explicação científica deve ser um requisito técnico das perícias. À falta dessa advertência, o assistente técnico do imputado deve ter conhecimento suficiente para captar essa particularidade e expô-la ao juízo.

O requisito da relevância explanatória, que consiste em explicar um fenômeno em termos científicos fundamentado em certas leis, é necessário, mas não suficiente. Faltando-lhe verificabilidade, não se pode dizer científica uma explicação, porque nos falta suporte empírico para uma

---

[763] "A informação aduzida fornece bom fundamento para acreditar que o fenômeno a ser explicado de fato aconteceu ou acontecerá. É a condição a ser satisfeita para que estejamos autorizados a dizer: o fenômeno está explicado – é justamente o que se esperava nas circunstâncias dadas" (C. G. Hempel, *Filosofia da ciência natural*, 1970, p. 66).

[764] "Os enunciados que constituem uma explicação científica devem prestar-se à verificação empírica" (C. G. Hempel, *Filosofia da ciência natural*, 1970, p. 67).

[765] C. G. Hempel, *Filosofia da ciência natural*, 1970, p. 79.

possível refutação[766]. Esse critério, no âmbito jurídico, adquire papel fundamental, na medida em que permite ao imputado, por assistência técnica, conhecer a explicação científica pela explanação pericial e verificar se é mesmo o caso de chegar àquela conclusão, ou não o sendo ter condições de contraditório jurídico.

A Especificidade do Contraditório das Perícias Científicas

O que caracteriza o científico, portanto, é sua maneira de expor-se à falseação, por todos os meios concebíveis, submetendo-se a provas[767]. Nessa concepção, o objetivo da ciência não é salvar a vida de teorias, mas selecionar o que se revela comparativamente melhor. Na fase judicial da investigação criminal, as provas científicas apresentadas como explicação de enunciados singulares devem ser entendidas como proposições acerca da observação dos vestígios, com base em teorias e leis. É ao expor-se a uma contradição jurídica que a explicação científica se expõe à refutação, sendo corroborado o conhecimento científico a cada caso singular que consegue explicar sem ser falseado. Assim, sejam as provas científicas ou não, podemos vislumbrar a concepção falseacionista atuando na investigação criminal.

No entanto, além dos requisitos da explicação científica (verificabilidade e relevância explanatória), que são epistemológicos e essenciais à possibilidade de contraditório jurídico efetivo, o direito deve estabelecer outras condições que assegurem uma possibilidade real de defesa pelo acusado em processo. Com efeito, em tais casos, não basta ao direito dizer que é assegurado ao imputado contraditar as provas científicas, como em qualquer outra prova. Há que se assegurar a efetividade desse direito, para que as conclusões periciais não sejam apenas verificáveis, mas ainda falseáveis, segundo expressão sugerida por K. Popper a respeito das teorias e leis científicas em geral, que se pode estender à compreensão jurídica do contraditório no processo. Um dos caminhos possíveis para isso é a garantia jurídica de assistência técnica ao imputado. Essa garantia, ademais, é uma forma de assegurar a objetividade do conhecimento científico no processo.

A respeito dessa questão, entre objetividade e subjetividade no conhecimento científico, Karl Popper chama a atenção para o problema da base empírica relativa a enunciados singulares (proposições acerca de fatos)

---

[766] C. G. Hempel, *Filosofia da ciência natural*, 1970, p. 67.
[767] K. Popper, *A lógica da pesquisa científica*, 2007, p. 44.

TEORIA DA INVESTIGAÇÃO CRIMINAL

que podem ser contrapostos aos enunciados universais (teorias e leis)[768]. Popper nos adverte que existe um problema de base empírica, no que diz respeito à relação entre *experiências perceptivas* e *enunciados singulares*, que não se pode resolver pela convicção do observador, por mais *autorizado* que ele seja no campo de seu conhecimento. Popper chega a usar a si mesmo como exemplo, ao perguntar: "Pode qualquer enunciado encontrar justificativa no fato de K. R. P. estar totalmente convencido de sua verdade? A resposta é 'não' e qualquer outra resposta se mostraria incompatível com a ideia de objetividade científica". Dessa forma, a pretendida *objetividade* acerca de enunciados singulares (que em uma perícia seriam os relativos aos vestígios que serão explicados por teorias e leis científicas), por não ser possível decorrer da percepção *subjetiva* do observador, deve ser alcançada intersubjetivamente. Portanto, "a objetividade dos enunciados científicos reside na circunstância de eles poderem ser *intersubjetivamente submetidos a teste*". Ora, não há intersubjetividade efetivamente possível na contraposição entre a hipótese de um perito e a opinião de um advogado do imputado, ou mesmo com a opinião do juiz, porque estes não detêm conhecimento científico acerca dos fatos que se deseja definir como objetivos. Somente pela composição dialógica entre sujeitos com conhecimentos equivalentes, em condições de estabelecerem uma discussão, pode-se chegar à objetividade intersubjetivamente. É, nesse sentido, portanto, essencial a assistência técnica ao acusado.

Ademais, essa compreensão do problema jurídico nos permite uma compreensão democrática do saber científico. No direito, não se pode concluir exclusivamente em argumentos de autoridade do perito, sob o risco de termos um autoritarismo científico. A concepção científica de Popper, segundo seu critério da falseabilidade, tem esse condão de nos advertir para problemas políticos e de autoridade subjacentes ao problema do saber[769]. Nem mesmo a maior autoridade no assunto poderia justificar decisões que impliquem restringir a liberdade de um homem, sem que a este, a quem mais interessa a consequência prática do saber, seja dada a oportunidade real de contraditar o saber científico da autoridade no assunto. Esse é o problema e a forma com que devemos compreendê-lo – em todo saber há subjacente um poder que, se não for devidamente conformado por certas

---

[768] K. Popper, *A lógica da pesquisa científica*, 2007, p. 46ss.
[769] Cf. K. Popper, *A pobreza do historicismo*, 2007.

regras, tende a prevalecer sobre aquele – o que é verdade mesmo no âmbito de perícias que pretendem fundamentar-se em ciências.

É sob essa perspectiva que se pode compreender a relevância da previsão legal da assistência técnica nos sistemas jurídicos, bem como sua efetiva garantia. A respeito da questão, Germano Marques da Silva salienta que, em virtude do especial valor probatório da prova pericial, "compreende-se a necessidade de rodear a perícia de garantias para assegurar o contraditório para a prova"[770]. E adverte que a formação dialética da prova, para funcionar como veículo eficaz de controle do conhecimento científico, não se pode exaurir no contraditório sobre o relatório dos peritos. O que se deve ter em conta no caso é que o conhecimento humano, mesmo considerado objetivamente, deve-se construir por oposição dialética, pois não há conhecimento *a priori* e absoluto que não possa estar equivocado. E isso sem sequer cogitarmos de vícios subjetivos, pela imperícia ou até possibilidades de corrupção dos sujeitos envolvidos no processo.

Assim, em síntese, para que se garanta o contraditório efetivamente, no caso de provas científicas, são várias as condições que devem concorrer, desde condições intrínsecas à explicação pericial em si (verificabilidade e relevância explanatória), até as que assegurem uma falseabilidade no direito, tanto formal (por previsão na lei), quanto material (por garantia efetiva de assistência técnica). Não se pode deixar que o ideal de verdade (que é um valor da ciência) prevaleça sobre o ideal de liberdade (que é um valor da justiça), porque ambos devem ponderar-se no direito.

A Necessária Ponderação Jurídico-Científica das Provas Periciais

A investigação criminal, nas diversas fases processuais, requer uma decisão final acerca das provas em seu conjunto, no qual se pode encontrar uma prova pericial científica. E na decisão final que implica uma restrição completa à liberdade, em juízo, os cuidados hão de ser sempre maiores que nas fases preliminares. Se houve assistência técnica ao acusado, o juiz deverá ponderar suas considerações sobre a prova científica. E ainda que não tenha havido, não pode deixar de considerar o valor da prova. Mas em que sentido se faz uma valoração jurídica das provas. Tem sentido, além de uma ponderação do valor jurídico, fazer-se uma ponderação do valor científico?

---

[770] G. Marques da Silva, *Curso de Processo Penal II*, 2008, p. 221.

TEORIA DA INVESTIGAÇÃO CRIMINAL

No Brasil, porque o Código de Processo Penal estipula que "o juiz não ficará adstrito ao laudo, podendo aceitá-lo ou rejeitá-lo, no todo ou em parte" (art. 182), não há dúvida de que se permite ao juiz adentrar no círculo da questão científica. Em Portugal, o Código é mais detalhado, ao estabelecer primeiramente que "o juízo técnico, científico ou artístico inerente à prova pericial presume-se subtraído à livre apreciação do julgador" (artigo 163º), embora admita a ponderação "sempre que a convicção do julgador divergir do juízo contido no parecer dos peritos", devendo fundamentar sua divergência[771]. Como fazê-lo, contudo?

Esse problema foi enfrentando em decisão da Suprema Corte dos Estados Unidos da América (*Daubert v. Merrel Dow Pharmaceuticals Inc.*, 509 U.S. 579, 113 S.Ct. 2795, 1993), no qual se sugerem cinco critérios para avaliação da admissibilidade de um testemunho pericial, que se podem resumir nos questionamentos seguintes: se a teoria ou a técnica é testável; se ela foi submetida à revisão ou foi publicada; se existem padrões sustentáveis de controle do uso da técnica; se os cientistas, em geral, aceitam que ela funciona; e se há alguma margem conhecida de erro conhecida. Não se trata, contudo, de uma lista exaustiva, mas de indicação de pontos que são relevantes à aceitação de uma explicação científica, como ela costuma ser controlada na comunidade científica dos vários campos do conhecimento humano. Estas exigências são necessárias, além de outras, não porque os peritos não fazem o seu melhor, mas precisamente porque "muitos peritos não entendem o seu papel no processo criminal e não são sensíveis às diferenças entre a sua própria ciência e a aplicação desta no contexto forense"[772].

Em última análise, o problema que se coloca é *uma questão de verdade*, mais especificamente uma questão de *decidibilidade da verdade*. E na investigação criminal, embora devamos trabalhar com um conceito de verdade como correspondência com a realidade, da qual nos podemos aproximar mais ou menos, mas nunca absolutamente, devemos decidir com base em certos *critérios de verdade* (coerência e aceitabilidade justificada). Dessa forma, na fase processual de julgamento em que exista condenação,

---

[771] G. Marques da Silva, *Curso de Processo Penal II*, 2008, p. 219, neste caso, adverte que não estamos perante um novo regime de prova legal, no sentido de que se deve admitir a verdade da perícia *a priori*, pois se exige do juiz avaliar efetivamente a aceitação das teorias e técnicas, bem como sua correta aplicação no caso.

[772] O caso como exemplo e suas diretrizes foram extraídos de P. J. van Koppen, O mau uso da psicologia em tribunal, *Psiciologia e Justiça*, 2008, p. 130ss.

dever-se-ia dizer a rigor que é possível concluir pela condenação, considerando a *coerência das provas* (o conjunto das provas, incluída a prova pericial), bem como a *aceitabilidade* que podemos ter dela, segundo sua capacidade explicativa e o estágio de nosso conhecimento. Nada mais que isso, de tal forma que, em se alterando o nosso conhecimento acerca dos enunciados referidos na condenação, o sistema jurídico deve estar em condições de sempre admitir uma revisão da condenação, o que se alcança pelo instituto da revisão criminal. Somente assim, se a ciência avançar em conhecimento no sentido inverso ao que permitiu uma condenação criminal, o processo penal pode rever suas conclusões, para que uma maior aproximação da verdade, pela evolução da ciência, não represente uma menor diminuição e afastamento da liberdade, sim sua expansão.

A Imputação Jurídica

O fim da investigação é avaliação jurídica que se realiza no ato de imputação jurídica, que se utiliza das diversas formas explicativas para justificar-se. A investigação criminal se pode, portanto, utilizar de várias áreas de conhecimento para o fim de explicar o crime em sua dimensão histórica, natural e social, mas ao final se exige dela uma imputação jurídica como operação que a distingue de todos os demais tipos de conhecimento, na sua fase de valoração especificamente jurídica da responsabilidade penal de um agente.

Embora se assemelhe ao conhecimento histórico na sua narrativa retrospectiva do crime, este não se constitui como um saber meramente histórico para o futuro; embora se assemelhe às ciências naturais na sua explicação causal dos atos ilícitos, estes não interessam por sua mecânica; embora se assemelhe às ciências sociais na sua explicação final do ato do sujeito, este não interessa pelo seu sentido social. O que caracteriza a operação essencial da investigação criminal ao final é a imputação que se faz dos atos ao sujeito, em sua significância normativa do que decorre a possibilidade de resposta igualmente jurídica. É um ato de responsabilização.

A teoria da imputação tem, assim, na teoria jurídica do crime sua principal base de sustentação, devendo seus conceitos serem assumidos pelo caráter metodológico para os juízos diversos que se exigem na avaliação conclusiva de uma investigação criminal[773]. A teoria do crime se pode

---

[773] Cf. R. Carnap, "O caráter metodológico dos conceitos teóricos", *Os pensadores*, Nova Cultural, 1988, pp. 221-254.

TEORIA DA INVESTIGAÇÃO CRIMINAL

entender, assim, precisamente como o esquema teórico que nos permite interpretar os fatos juridicamente, fazendo uma imputação do ato ao sujeito com as consequências da responsabilidade penal que dele decorrem.

Enrique Bacigalupo, a respeito de uma teoria da imputação, explica que "a teoria do delito é, em primeiro lugar, o meio técnico-jurídico para estabelecer a quem se deve *imputar* certos fatos e quem deve responder por eles pessoalmente". Trata-se de um ponto de vista que não é novidade na dogmática, mas que precisa ser melhor desenvolvido em suas diversas formas. Em um conceito preliminar e geral de imputação, pode-se dizer que imputar significa, em síntese, "por nas costas de um sujeito algo objetivo"[774].

A imputação tem, nesse sentido, uma longa tradição kantiana e hegeliana que busca estabelecer suas condições, inicialmente limitadas à comprovação de que o ato acontecido tinha sido querido pelo sujeito, assumindo uma nova perspectiva quando Kelsen sustentou que: "A *imputação* é a conexão, realizada com base em uma norma, entre um fato (obejto da norma) e uma pessoa (o sujeito da norma). É de suma importância esclarecer que essa conexão realizada com base em uma norma, a qual chamamos de imputação, não é de natureza causal nem teleológica, mas sim uma conexão específica, que podemos chamar de normativa, dado que tem lugar com fulcro em uma norma"[775]. Essa concepção, como podemos observar com base nas distintas formas de explicações, retira a ênfase da explicação causal e intencional, para sustentar-se em uma explicação especificamente normativa.

Karl Larenz, contudo, viria a retomar aspectos da concepção hegeliana, ao defender que: "a imputação não significava outra coisa senão o intento de diferenciar o *próprio* fato dos eventos *causais*. Quando afirmo que alguém é o autor de um evento, quero dizer que esse evento é seu próprio fato, com o que quero dizer que ele não é obra da causalidade, mas de sua própria vontade". E nessa mesma linda de argumentação, Honig viria a incrementar a teoria da imputação objetiva: "Dado que a intervenção final nos eventos naturais constitui a essência da conduta humana, a *finalidade objetiva* é o critério para a imputação de um resultado e, por vezes, para sua delimitação a respeito dos eventos causais. *Imputável, de acordo com ele, é aquele resultado que pode ser pensado como finalmente realizado*"[776]. Contudo,

---

[774] E. Bacigalupo, *Direito penal – Parte, geral*, 2005, p. 177ss.
[775] *Apud* E. Bacigalupo, *Direito penal – Parte, geral*, 2005, p. 178.
[776] *Apud* E. Bacigalupo, *Direito penal – Parte, geral*, 2005, p. 179.

na teoria da imputação em seu sentido amplo (que abrande toda a teoria do delito), a imputação objetiva "trata da determinação das propriedades objetivas de uma conduta imputável", como um aspecto da imputação que vincula conduta e resultado, estando relacionado com a limitação da causalidade natural, a partir de bases normativas[777]. Mas ela não esgota todos os aspectos da imputação jurídica segundo a teoria plurifásica que vamos adotar.

As Fases de Imputação: Natural, Subjetiva e Normativa

A imputação jurídica se pode distinguir em três fases, natural, subjetiva e normativa, que se podem conectar com os conceitos metodológicos da teoria do crime existentes nos juízos de tipicidade, antijuridicidade e culpabilidade em uma *teoria plurifásica da imputação*[778].

Na imputação natural, está em questão o problema da causalidade típica da ciência natural que vai impactar os conceitos de ação e resultado. Na imputação subjetiva, está em questão o problema da intencionalidade da ciência humana, que vai impactar nos conceitos de dolo e culpa do tipo. E na imputação normativa, está em questão o problema ético-político da exigibilidade de conduta diversa, que vai impactar o conceito de culpabilidade, no qual se retoma inevitavelmente a discussão entre necessidade legal e possibilidade real do agente.

Causação Natural e Imputação Normativa

Johannes Wessels considera necessário distinguir no estabelecimento da realização do tipo a *imputação empírica*, orientada pela causação natural do resultado, e a *imputação objetiva*, que é uma imputação normativa, na qual o nexo de causalidade é apenas um meio axilar para a determinação da imputação dirigida pela finalidade da norma[779]. Enrique Bacigalupo, por sua vez, ao tratar da realização do tipo objetivo, distingue o tratamento dos *crimes de resultado lesivo*, em que se situa a questão da causalidade e da imputação objetiva, dos *crimes de perigo* e os *de mera conduta*, em que não temos causalidade nem imputação, mas apenas prova da ação, seguida de um *juízo* sobre o perigo quando for o caso, no qual se deve levar em conta

---

[777] E. Bacigalupo, *Direito penal – Parte, geral,* 2005, p. 180.
[778] A respeito dessa teoria, cf. J. Wessels, *Direito penal: Aspectos fundamentais,* 1976, p. 45ss
[779] J. Wessels, *Direito penal – Aspectos fundamentais,* 1976, p. 40

o que se conhece pelo agente, a considerar que muitas condições não são de seu conhecimento[780].

Havendo resultado típico, portanto, deve-se averiguar a existência de nexo entre ação e resultado, que consiste em um vínculo de natureza causal, segundo certos critérios de conhecimento a respeito dos eventos naturais.

Este vínculo, em geral, é aferido segundo o estágio de nosso conhecimento científico a respeito das relações entre causa e efeito dos fenômenos naturais. Nesse sentido, tende a ser considerado em função de uma ciência particular ou do conhecimento comum já absorvido pela sociedade, segundo regras de experiência das práticas sociais. O direito, assim, pode interferir para limitar essa relação causal afastando certas imputações, mas não a desconsiderar a ponto de admitir uma imputação jurídica em confronto com o que se conhece a respeito dos fenômenos causais. Não se trata de submeter o direito ao império do discurso científico, mas de dialogar com as diversas instituições sociais, visando a alcançar um critério razoável de verdade.

Encontram-se várias teorias a respeito dessa relação. Entre as teorias da causalidade, temos a teoria da condição (=teoria da equivalência) e a teoria da adequação. A respeito dessas teorias, J. Wessels explica que, "opondo-se à teoria da adequação, a *teoria da relevância (Mezger-Blei)*, que lhe é semelhante na conseqüência final, diferencia incisivamente entre a questão de causação e o problema da imputabilidade objetiva do resultado: ao determinar o nexo causal, baseia-se, com a doutrina dominante, na teoria da condição (teoria da equivalência). No que toca à *imputação do resultado* orienta-se, ao contrário, pela *relevância jurídico-penal* da corrente causal, onde (semelhante à teoria da adequação) só reconhece as *condições adequadas ao tipo*, dentro do decorrer causal, como fundamentadoras de responsabilidade, deixando em aberto, contudo, mais além, a vista para o atendimento da *finalidade da norma* e as particularidades dos tipos penais em espécies"[781]. O direito penal brasileiro optou por estabelecer expressamente um critério de imputação causal, nos termos da teoria da equivalência das condições[782].

---

[780] E. Bacigalupo, *Direito penal – Parte geral*, 2005, p. 289.

[781] J. Wessels, *Direito penal – Aspectos fundamentais*, 1976, p. 39-44.

[782] Código Penal, art. 13: "O resultado, de que depende a existência do crime, somente é imputável a quem lhe deu causa. Considera-se causa a ação ou omissão sem a qual o resultado

E. Bacigalupo explica-nos que "essa teoria abre mão da determinação de uma causa do resultado e afirma que todas as suas condições têm idêntica e equivalente qualidade causal (...) Partindo dessa concepção de causalidade foi elaborada a chamada teoria da condição, cuja finalidade é a de permitir uma aplicação prática simples dos princípios causais da teoria da equivalência dos antecedentes. (...) A teoria da condição ou da equivalência dos antecedentes encontra dificuldades para separar, como irrelevantes, as contribuições ao fato que estão muito distantes do momento da ação (...). A fórmula da teoria da condição, isto é, a fórmula da supressão hipotética da ação, é na realidade enganosa (...). Por essa razão, na atualidade as preferências inclinam-se para a chamada teoria da lei da causalidade natural. Segunda ela, a causalidade de uma ação com relação ao resultado depende de que a conexão entre ambos esteja respaldada pela existência de uma lei causa natural geral, da qual o caso concreto seja uma expressão particular". Nesse caso, portanto, observa-se que na questão da relação causal se insere o problema da indução científica, o que fica evidenciado pelo autor em citada decisão jurisprudencial, na qual se conclui que "a simples repetição experimental, por outra parte, não pode proporcionar todos os casos possíveis e ao mesmo tempo e, fundamentalmente, somente é capaz de proporcionar uma 'repetição aproximativa' ou 'mais ou menos similar', como notaram os autores de grande importância na matéria"[783].

A imputação objetiva, em virtude da amplitude da causalidade e da necessidade de estabelecer limites a teoria causais, busca estabelecer parâmetros jurídicos de responsabilização por condutas lesivas, em conformidade com as necessidades do direito. Esse reconhecimento da amplitude causal da teoria das condições e sua necessidade de limitações jurídica da responsabilidade é admitida por toda dogmática jurídico-penal contemporaneamente, embora sejam divergentes as diversas opiniões sobre essas limitações. É nesse contexto que surge a teoria da relevância a que se segue a teoria da imputação objetiva. A teoria da relevância considera que, "uma vez comprovada a causalidade natural seria preciso verificar a relevância típica de tal nexo causal a partir de uma correta interpretação do tipo penal". A teoria da imputação, por sua vez, postula "a substituição

---

não teria ocorrido", havendo, contudo, uma *exclusão jurídica* no caso de superveniência de causa relativamente independente.

[783] E. Bacigalupo, *Direito penal – Parte geral*, 2005, p. 230.

da relação de causalidade, como único fundamento da relação entre a ação e o resultado, por outra relação elaboração com base em considerações jurídicas e não naturais". Em suma, a causalidade vem a ser necessária, mas não suficiente para uma imputação jurídica[784].

A respeito, E. Bacigalupo explica que "os princípios da imputação objetiva surgem (...) primeiramente da *finalidade do direito penal*, de garantir expectativas normativas. Pode-se concluir, então, que as *condutas socialmente adequadas,* ou seja, que se desenvolvem dentro da ordem social, não serão típicas. Do fim do direito penal se deduzem especialmente os critérios do risco permitido, o princípio da confiança, a proibição de regresso e a ação na posição de garante. A outra fonte de princípios da imputação objetiva concerne à realização do risco criado pela ação no resultado e provém da *estrutura dos crimes materiais,* que exigem que somente o resultado que seja a concreção do perigo criado pela ação dê lugar à consumação do delito"[785]. J. Wessels, por sua vez, sustenta que "*a teoria dos pressupostos da imputação objetiva* limita a responsabilidade jurídico-penal, em caso de corrente causal anormal e consequências danosas atípicas, já no setor do tipo de injusto objetivo. Ela busca delimitar as fronteiras onde termina a imputabilidade, como base na *finalidade protetiva da norma* e sob o ângulo de visão da *previsibilidade objetiva e evitabilidade* do resultado típico, da *dominabilidade do acontecer e da realização do risco de uma ocorrência de dano criada ou aumentada pelo agente*"[786].

Quanto aos critérios de imputação, sinteticamente, encontramos na doutrina jurídico-penal referência à necessidade de verificar se (a) a ação criou um perigo proibido para a produção do resultado; e (b) o resultado produzido pela ação corresponde à realização do perigo (proibido juridicamente) criado pela ação[787].

Os Estágios de Imputação e a Imputação Subjetiva

J. Wessels, a respeito da imputação objetiva, no sistema de delito, sustenta haver três estágios de imputação: "a) no setor da ação questionamos o que os homens, comparativamente com outras formas de vida, poderiam rea-

---

[784] E. Bacigalupo, *Direito penal – Parte geral,* 2005, p. 244.
[785] E. Bacigalupo, *Direito penal – Parte geral,* 2005, p. 246.
[786] J. Wessels, *Direito penal – Aspectos fundamentais,* 1976, p. 45.
[787] Cf. L. Greco, *Um panorama da teoria da imputação objetiva,* 2014.

AS ETAPAS FUNDAMENTAIS DO MÉTODO

lizar. Medida de imputação é aqui o 'humanamente possível'; b) dentro do tipo de injusto objetivo é de se perguntar (estritamente) o que *alguém* é capaz de realizar no *papel social do autor* (como, por exemplo, médico, motorista etc.) e que exigências o Direito pode nisso apresentar. Medida de imputação é aqui o 'possível de alguém'; c) no campo da culpa a imputabilidade se orienta finalmente segundo o *poder individual-concreto do autor particular*, com seus dados e capacidades pessoais. Aqui se refere ainda só ao 'propriamente possível', portanto em trono do que este homem pode realizar e evitar na lesão ao bem jurídico"[788].

Além da imputação que se realiza no âmbito do tipo objetivo, também no tipo subjetivo há que se fazer uma imputação igualmente. Fala-se, nesse caso, em *imputação subjetiva*. Segundo J. Wessels, "nos delitos dolosos, o *dolo do tipo* determina a direção e o fim do atuar. Como núcleo do injusto pessoal da ação, constitui o *elemento geral* do tipo de injusto subjetivo e o fundamento para a *imputação subjetiva* do resultado típico", salvo nos casos em que a lei permite imputação por culpa[789]. O dolo se define como conhecimento (elemento cognitivo) e vontade (elemento volitivo, no caso de dolo direito, segundo teoria da vontade) de realização da conduta que se encontra descrita no tipo penal, admitindo-se a forma de dolo eventual (pela teoria do consentimento). Segundo Hans Welzel, "dolo é conhecimento e querer a concretização do tipo. (...) O dolo como vontade de fato significa, portanto, vontade de realizar. 'Querer' não quer dizer, em direito penal, querer 'ter' ou 'alcançar' (no sentido do aspirado), mas *querer* 'realizar'"[790].

É elemento subjetivo que se configura como conhecimento e vontade/consentimento atual a respeito dos elementos integradores do tipo, não sua ilicitude, que se encontra (em potencial) na culpabilidade. Situação diversa se observa quanto ao tipo subjetivo do crime culposo, em que "o autor ignora descuidadamente que realiza o tipo". No entanto, segundo E. Bacigalupo, "a mais moderna estrutura do delito culposo corresponde perfeitamente com a estrutura geral que atualmente tem a *teoria da imputação objetiva*, uma vez que a conduta culposa deveria ser aquela que constitui um perigo juridicamente proibido, e o resultado *somente* seria imputável a ela se fosse a realização de dito perigo". O mais importante é entender que

---

[788] J. Wessels, *Direito penal – Aspectos fundamentais*, 1976, p. 45.
[789] J. Wessels, *Direito penal – Aspectos fundamentais*, 1976, p. 49.
[790] H. Welzel, *Direito penal*, 2004, p. 120.

"o dolo não exige conhecimento da punibilidade. O autor não precisa ter agido com consciência da punibilidade da ação que realiza, isto é, não é necessário que soubesse que a ação realizada é repreendida com uma pena por lei". Assim, a compreensão adequada da noção de dolo natural, sem elemento normativo, é essencial à investigação criminal, na medida em que permite o indiciamento conclusivo, independentemente de considerações acerca do juízo de culpabilidade. Não há elemento normativo no dolo, portanto, sendo puramente natural – vontade de praticar a conduta do tipo, evidenciado pelos elementos materiais do crime e demais circunstâncias do fato. O dolo, poranto, "caracteriza-se basicamente pelo conhecimento dos elementos do tipo objetivo, é dizer, dos elementos que caracterizam a ação como geradora de um perigo juridicamente proibido que afeta de maneira concreta um determinado objeto protegido"[791].

Os Níveis da Imputação: Preliminar, Intermediária e Final

A imputação jurídica é um ato que se realiza em diversas fases do processo de investigação, desde a autoridade investigante, passando pelo órgão de acusação até chegar ao juiz que decide ao final, ao que se pode ainda acrescer sua confirmação ou alteração em segundo grau. Podemos assim falar em imputações preliminar, intermediária e final. Esse sentido de imputação ampla é compartilhada pela doutrina[792].

O ato de indiciamento, ou de constituição do arguido como se chama em Portugal, é o momento em que a autoridade investigante, após concluir pelos elementos do tipo penal, imputa à conduta o resultado típico, segundo certos critérios, bem como ao sujeito a conduta típica. Tendo em vista esse objetivo, há que se distinguirem critérios de imputação segundo a espécie de tipo penal, conforme tenha ou não resultado, e seja este de lesão ou de perigo[793].

Em uma compreensão ampla da investigação crime, que se estende por diversas fase do processo, embora se concentre na primeira de inquérito, como temos discutido nessa teoria, a imputação se pode encontrar portanto em vários níveis. Mas não se pode aceitar a ideia de graus de cogni-

---

[791] E. Bacigalupo, *Direito penal – Parte, geral*, 2005, p. 292, p. 295, p. 316.

[792] Cfr. J. L. Moutinho, *O arguido e o imputado no processo penal português*, 2004.

[793] A respeito dessa forma distinta de tratamento da realização do tipo objetivo, segundo as espécies típicas, cf. E. Bacigalupo, *Direito penal – Parte, geral*, 2005, p. 228, 288 e 289.

ção para fundamentar imputações sem convicção motivada em nenhum delas. O fato de que o imputação mais bem fundamentada se encontra na imputação final do juiz na sentença, após ponderara as razões de acusação e defesa, não retira da imputação acusatória, tampouco da preliminar a juízo do órgão oficial de acusação o ônus de motivar sua convicção, sendo arbitrária a ideia de imputar por conclusão implícita.

O indiciamento, portanto, deve estar assentado na convicção motivada da autoridade investigante e com maior peso de exigência nos sistemas que admitem a imputação pelo próprio órgão de acusação, pois isto retira do método processual uma fase de controle que existe na divisão dessas funções. O princípio da convicção motivada, portanto, embora tenha seu maior peso na imputação final pelo juiz, é uma exigência a todos que possam fazer alguma imputação ao agente de um crime.

Indiciamento e Juízos de Tipicidade, Ilicitude e Culpabilidade

Trata-se, ao final, de determinar a verdade jurídica, o que exige operar com as categorias fundamentais da teoria analítica do crime, acerca das quais há grande discussão sobre que se deve enfrentar em cada fase da investigação criminal no curso do processo penal.

A autoridade investigante deve fazer necessariamente uma inferência dedutiva, a respeito da tipicidade dos fatos constatados e comprovados, como forma de chegar ao indiciamento, embora deva considerar que a existência de excludente de ilicitude (leia-se, fatos que indicam sua existência) impede o indiciamento, devendo essa questão ser referida no relatório, como motivo da falta do indiciamento, embora não o faça de forma conclusiva, mas deixando claro que não se indiciou o investigado porque as provas estão a indicar a *possibilidade de excludente*, a ser apreciada na fases seguintes do processo, tanto pelo órgão de acusação, quanto pelo juiz, sobretudo após ouvir igualmente as razões da defesa a respeito da excludente se houver acusação.

Há, portanto, grande equívoco na doutrina tradicional que pretende alhear a autoridade investigante da discussão jurídica acerca do crime. Afinal, a considerar a necessidade da autoridade de concluir a investigação criminal, a possibilidade de averiguar a verdade jurídica é condição sem a qual a conclusão se torna impossível. Isso decorre da própria natureza da investigação criminal, que se orienta por uma hipótese normativa, cuja interpretação jurídica é intrínseca a sua compreensão e a qualquer conclusão acerca dela, como o indiciamento. Por isso, retirar à autoridade investigante a possibilidade de interpretar os fatos juridicamente, seria lhe retirar a própria possibilidade de investigar (o que é uma contradição, já que a isso está obrigado por função pública), ou mesmo de concluir essa investigação satisfatoriamente (o que seria outra contradição, já que é a isso que se destina a investigação). A única ressalva a fazer é que essa conclusão não vincula os demais sujeitos do processo, permanecendo livre a acusação para fazer nova interpretação, bem como o juiz inclusive em relação a esta.

Mas ao proceder nesse sentido, a autoridade investigante precisará recorrer às categorias fundamentais da teoria analítica do crime, não havendo sentido sonegar-lhe a avalição de qualquer elemento, limitando a avaliação ao juízo de tipicidade, com exclusão da antijuridicidade ou culpabilidade. É que o crime permanece sendo uma unidade de compreensão cognitiva, independente da divisão análitca da teoria, não havendo sentido concluir por sua existência e sua autoria, ignorando qualquer juízo de ilicitude ou de culpabilidade, para limitar-se à tipicidade. Assim, portanto, mesmo no indiciamento, a autoridade investigante precisará enfrentar a questão das causas de justificação da ilicitude, bem como das excludentes de culpabilidade, sobretudo nos casos em que a lei expressamente as prevê. É o que se pode dar, por exemplo, nos casos típicos de inimputabilidade.

Dessa forma, em relação à verdade jurídica, a investigação criminal se conclui pela *interpretação* da norma penal, mediante inferências dedutivas que não se podem fazer apenas com base em juízo de tipicidade, sendo necessário os juízos de ilicitude e culpabilidade[794]. O que, contudo, não interessa ao indiciamento é o juízo de reprovabilidade que pertence ao juiz, como antecendente necessário à decisão sobre aplicação ou não da pena criminal, quando for o caso.

A Necessidade da Hermenêutica Jurídica em Todos Níveis de Imputação
Em razão da linguagem que permeia todo o objeto jurídico da pesquisa, ainda que a lei se pretenda taxativa, é um problema específico da metodologia da investigação criminal as condições sob que se especificam a compreensão hermenêutica dos fatos a partir da letra da lei.

---

[794] Aqui, nesse ponto, fazemos uma correção de nossa opnião expressa na primeira edição dessa teoria da investigação criminal, na qual excluíamos da autoridade investigante a possibilidade de juízo de culpabilidade que nessa segunda edição incluímos pelas razões agora apresentadas.

AS ETAPAS FUNDAMENTAIS DO MÉTODO

O problema fundamental da hermenûetica jurídica está em uma disputa entre *voluntas legislatoris* e *voluntas legis*, que se abre para a incerteza da lei não apenas nos casos de conceitos vagos e indeterminados, mas mesmo no contexto taxativo da tipicidade penal. É preciso ter em conta, ademais, a historicidade da interpretação, entre tradição e mudança, que embora possa exigir uma nova legislação (como aconteceu no caso do "enjaculador" dos ônibus de São Paulo), poderá igualmente admitir uma atualização hermenêutica por interpretação extensiva (como aconteceu no caso do feminicídio no STF em 2019), mas este não sem uma alguma perplexidade da tradição jurídica do garantismo penal[795]. O certo, contudo, é que nunca se poderá ignorar o caráter da interpretação criativa. É preciso admitir que em toda interpretação há teorias[796].

---

[795] T. S. Ferraz Jr, *Introdução ao estudo do direito*, 2007; H. Gadamer, *O problema da consciência histórica*, 2003, p. 10ss.

[796] K. Popper, *O conhecimento objetivo*, 1999; Dworkin, *O império do direito*, 2007, p. 55ss.

15
A Devida Metodologia Processual da Investigação

"A dicotomia «acusatório/inquisitório» pode utilmente designar uma dúplice alternativa: primeiramente aquela entre dois modelos opostos de organização judiciária e por conseguinte entre duas figuras de juiz; em segundo lugar aquela entre dois métodos igualmente contrapostos de investigação processual e, portanto, entre dois tipos de juízo" (L. Ferrajoli *Direito e Razão*, 2002)

Os Parâmetros da Devida Investigação Criminal

A metodologia da investigação criminal não se compreende sem o aspecto processual dos atos investigativos que se desenvolvem segundo a lógica jurídica da proporcionalidade da qual diversos sujeitos processuais participam segundo a organização estabelecida pelo sistema processual.

O Estado de Direito pede que o modelo processual de investigação, com suas máximas potestativa e cognitiva, esteja conformado por uma divisão do poder intraprocessual que permita um exercício proporcional dos meios restritivos de direitos, cujo resultado seja ainda a melhor verdade possível, que esteja justificada por provas juridicamente racionais, aptas a legitimar decisões jurisdicionais não apenas finais, mas antes e sobretudo procedimentais, durante a investigação. A verdade, assim, não se entende apenas como um fim que a qualquer custo se deve obter, embora ainda permaneça como um fim, mas antes se entende como um meio com que se assegura a liberdade. Isso coloca a verdade em conexão com a igualdade, devendo

TEORIA DA INVESTIGAÇÃO CRIMINAL

influenciar a disciplina probatória em sentido não apenas negativo, mas antes e sobretudo positivo.

O problema da verdade não se resolve apenas proibindo meios de obtenção, em razão de valores extra-epistêmicos, que venham a reforçar a legitimidade do poder exercido, se para a verdade subsistente nos meios permitidos não se estabelecem normas permissivas de obtenção, já em razão de valores epistêmicos, que venham a garantir a justificação cognitiva do saber. A igualdade, nesse sentido, é uma condição de possibilidade da verdade processual, em sua expressão tanto potestativa quanto cognitiva, contidas em princípios da igualdade de armas e do contraditório, que constituem a coluna central de um processo equitativo[797]. Esses princípios, considerados na perspectiva dos postulados do Estado de Direito, vão pedir precisamente uma certa organização e procedimento que assegurem a funcionalidade da presunção de inocência, garantindo direitos processuais de defesa durante a investigação criminal.

Essas exigências prévias, que Luigi Ferrajoli considera garantias orgânicas e procedimentais da jurisdição, parecem estar compreendidas naquilo que o Tribunal Europeu de Direitos Humanos considera como garantias gerais do processo equitativo que se antepõem a garantias específicas, como a dizer que existe alguma obrigação estatal de organização institucional e procedimental[798]. Trata-se, assim, de um direito a organização e procedimento que, embora encontre objeções e variadas concepções sobre que tipo de direito, vem sendo sustentado pela doutrina jurídica[799].

A ideia de direito a procedimento e organização se pode entender, inicialmente, como direito a uma certa "aplicação e interpretação", orientada ao judiciário, mas também pode ser entendido como direito cujo objeto é a criação de normas, que tem como destinatário o legislador. E é nesse ponto que parece haver uma maior controvérsia. Afinal, pode-se dizer que existe um direito fundamental a organização e procedimento como direito

---

[797] É nesse sentido, aliás, a jurisprudência do Tribunal Europeu de Direitos Humanos, segundo a compreensão de I. C. Barreto, *A Convenção Europeia dos Direitos do Homem*, 2010, p. 166: "Os princípios do contraditório e da igualdade de armas são elementos incidíveis de um processo equitativo".

[798] Cf. L. Ferrajoli, *Diritto e ragione. Teoria del garantismo penale*, 2008, p. 548ss; CEDH, *Guide de l'article 6. Droit à un procés équitable*, 2014, p. 12ss

[799] Nesse sentido, cf. R. Alexy, *Teoria dos direitos fundamentais*, 2011, p. 470ss; também, cf. J. J. Gomes Canotilho, *Estudos sobre Direitos Fundamentais*, 2008, pp. 69-84.

subjetivo? A concepção objetiva dos direitos fundamentais pretende sustentar que o direito a organização e procedimento somente existe como um interesse da coletividade, em que o indivíduo surge como membro. A fundamentação do direito aqui é não-individualista.

Robert Alexy defende, contudo, a existência de direitos a organização e procedimento como direitos subjetivos com status positivo. Ele considera que se trata de um direito que se pode opor ao legislador. Embora exista uma densa discussão sobre seu status positivo ou negativo, bem como sua natureza objetiva ou subjetiva, é necessário entender que há uma relação de dependência entre a garantia dos direitos fundamentais e o conjunto de normas relativas à organização e ao procedimento. E isso é exatamente o que interessa entender no âmbito do processo penal. Pode-se, nesse sentido, até discutir se de fato existe um direito subjetivo a obter do legislador uma determinada organização e procedimento, mas não se pode negar que esse direito é requerido em favor de direitos individuais. Se os devemos remeter a um âmbito político de discussão ou se os podemos discutir no âmbito jurídico, nesse ou naquele ordenamento jurídico, isso é coisa que podemos deixar por concluir, desde que se compreenda a relação de prejudicialidade que a questão possui com direitos processuais penais.

O que importa, sobretudo, é entender que essas garantias exigem uma determinada organização do poder punitivo que implica uma certa divisão entre os sujeitos, de forma que permita um equilíbrio que não frustre a proteção efetiva dos direitos fundamentais implicados no curso de um processo penal, a abranger atos de investigação criminal[800]. E embora se exija que no exercício desse poder se observem também critérios de proporcionalidade durante o procedimento, aquela organização acaba por ser uma condição de possibilidade dessa segunda exigência. Existe como que uma preeminência da divisão do poder em relação à proporcionalidade, quando essa é bem compreendida em conformidade com os dois objetivos do direito penal– punição dos culpados e proteção dos inocentes –, que vão requerer precisamente uma adequada organização dos sujeitos processuais para assegurar um devido juízo de proporcionalidade[801].

---

[800] Na concepção de E. Bacigalupo, *El debido proceso penal*, 2005, p. 206: "La cuestion fundamental es cómo mantener en la fase previa al juicio, cuya importancia decisive ya nadie niega, un equilirio de fuerzas compatible con la igualdad de armas"

[801] A respeito, cf. L. Ferrajoli, *Diritto e Ragione*, 2008, p. 328ss.

Apesar de sua dependência em relação à organização do poder intraprocessual, é relevante começar por uma melhor compreensão da proporcionalidade, visando a evidenciar seu alcance, limites e equívocos, para somente depois estabelecer a devida compreensão da divisão do poder como uma questão de impedimento de autocontrole.

A Proporcionalidade na Investigação Criminal

A proporcionalidade é a específica qualidade processual que se exige das diversas medidas de investigação criminal que resultam em restrição de direitos fundamentais, mas é necessário entendê-la em conformidade com o duplo objetivo do direito penal.

Enrique Bacigalupo considera que, em razão dos limites que os princípios garantistas encontram na fase processual do inquérito, a proporcionalidade exerce um especial papel durante a investigação criminal, estabelecendo limites na garantia de direitos fundamentais que são restringidos[802]. Uma medida restritiva de direitos, nesse sentido, somente se pode considerar legítima se o interesse na persecução penal em concreto tem uma importância adequada para justificar a limitação. Nessa concepção que tem prevalecido na dogmática processual, deve-se ponderar a gravidade da intervenção com o benefício que dela se pode obter[803]. Essa nos parece ser, contudo, uma perspectiva limitada da proporcionalidade, que cria precisamente as condições de desequilíbrio entre acusação e defesa, sem atentar para o objetivo duplo do direito penal no processo. Ademais, como o veremos, ela concebe a proporcionalidade de forma equivocada, ao acreditar que por si só ela seja capaz de produzir resultados equitativos durante a investigação, independentemente de uma devida organização do poder intraprocessual, de que efetivamente vai depender seu real alcance garantista. Essa concepção é a mesma que se pode encontrar em grande parte da doutrina processual, mas, se bem analisados os elementos que compõem o juízo de proporcionalidade, podemos encontrar alguns indícios primários de que outra pode ser a perspectiva da proporcionalidade, como pensamos ser necessário entender.

---

[802] E. Bacigalupo, *El debido proceso penal*, 2005, pp. 55-58, cita ainda o "nemo tenetur se ipsum accusare" e a celeridade, ao lado da proporcionalidade, como princípios que buscam limitar a configuração da fase prévia ao juízo.

[803] E. Bacigalupo, *El debido proceso penal*, 2005, p. 65ss

A proporcionalidade – segundo Nicolas Gonzalez-Cuellar Serrano – aparece como princípio geral do Direito que "obriga ao operador jurídico a tratar de alcançar o justo equilíbrio entre os interesses em conflito"[804]. Ele, contudo, está ciente das dificuldades que o juízo de proporcionalidade oferece na experiência prática do processo penal. Esse juízo começa com a avaliação de elementos empíricos que se encontram na análise da idoneidade e da necessidade, embora nessa já exista alguma consideração valorativa. Depois se segue com a proporcionalidade estrito senso que exige uma análise mais valorativa[805].

A *idoneidade* constitui um critério de caráter empírico e se refere à causalidade entre a medida em relação ao fim, tendo em vista a obtenção de êxito. Ela se apoia, assim, na relação meio-fim, no exame de sua relação de causalidade. A medida deve ser idônea em concreto, segundo a real finalidade estatal, sob pena de haver um "desvio de poder". O problema está em determinar o grau de sua idoneidade. Diz-se que, nesse caso, a idoneidade reclama uma adequação tanto qualitativa como quantitativa. Assim, uma medida de busca deve ser qualitativamente adequada (necessária) para, p. ex., encontrar e apreender documentos; e deve ser quantitativamente adequada (suficiente) para o que se pretende, sem necessidade de prolongar-se no tempo ou expandir-se para ambientes onde não se imagina encontrar qualquer documento. A medida deve, ainda, nesse sentido, ser adequada subjetivamente, limitando-se aos sujeitos envolvidos de alguma forma no processo ou que possam aportar elementos probatórios[806].

A *necessidade*, também denominada de "intervenção mínima", obriga o Estado a comparar medidas aplicáveis que sejam suficientes para o fim desejado. É nesse sentido um juízo comparativo que busca a otimização dos direitos pela menor limitação possível. A comparação exige recorrer a medidas alternativas, o que implica estabelecer critérios. Mas, embora se tenda a exigir que essa medida alternativa seja tão idônea quanto a outra, Nicolas Serrano considera que isso inviabilizaria o juízo, com desconsideração da exigência de otimização dos direitos. Assim, sugere que

---

[804] N. Gonzalez-Cuellar Serrano, *Proporcionalidad y derechos fundamentales en el proceso penal*, 1990, p. 17s.

[805] N. Gonzalez-Cuellar Serrano, *Proporcionalidad y derechos fundamentales en el proceso penal*, 1990, p. 155.

[806] N. Gonzalez-Cuellar Serrano, *Proporcionalidad y derechos fundamentales en el proceso penal*, 1990, pp.152-182

TEORIA DA INVESTIGAÇÃO CRIMINAL

exista apenas uma "aptidão suficiente". A medida alternativa, nesse sentido, bastaria ser suficientemente idônea. Isso, contudo, exige não apenas um juízo técnico-empírico, pois há já nesse juízo de necessidade uma ponderação de valores. A eleição de um meio alternativo não é, efetivamente, uma análise exclusivamente empírica, pois exige considerações valorativas sobre o esquema meio-fim. E nessa valoração, tendo em conta a otimização dos direitos fundamentais, devem entrar não apenas a idoneidade da medida, mas também as consequências que ela traz ao âmbito de proteção dos direitos limitados (v.g. a repercussão social de uma prisão preventiva)[807].

O principal juízo se encontra na análise da proporcionalidade estrito senso que exige uma ponderação de valores. Nicolas Serrano sustenta, assim, que o princípio da proporcionalidade estrito senso é (a) um princípio valorativo, que pressupõe um estudo da relação empírica medida--finalidade, mas que seu campo próprio está no terreno dos valores; (b) um princípio ponderativo, porque exige ponderar um par de valores estatais e individuais; (c) um princípio de conteúdo material, pois embora pareça nos remeter a uma exigência meramente formal de uma perspectiva lógica, o mesmo não se pode dizer de uma perspectiva histórica, pois ele surge nesse sentido para afirmar valores constitucionais como limites do Estado no direito de polícia e direito administrativo, devendo assim ser considerado no direito processual penal[808].

A questão fundamental que caracteriza o juízo estrito de proporcionalidade se encontra, portanto, na ponderação de valores que, no processo penal, costuma ser delimitado a partir do conflito "interesse estatal *versus* interesse individual", tendo geralmente em conta o processo como instrumento a serviço de normas materiais. Nicolas Serrano observa, contudo, que há concepções diferentes, pois se elas fossem apenas instrumentais, não haveria sentido perguntar por sua justiça. Há muitos casos em que as normas processuais negam sua subordinação ao direito material, a exemplo do que acontece com as proibições probatórias. Em sua concepção, portanto, "tudo isso demonstra que as normas processuais podem ser inter-

---

[807] N. Gonzalez-Cuellar Serrano, *Proporcionalidad y derechos fundamentales en el proceso penal*, 1990, pp.189-202.
[808] N. Gonzalez-Cuellar Serrano, *Proporcionalidad y derechos fundamentales en el proceso penal*, 1990, pp.225-227.

pretadas desde o ponto de vista da «justiça processual», o que significa que não são simplesmente instrumentos neutros a serviço da pretensão punitiva do Estado". O princípio da proporcionalidade é, nesse sentido, uma questão de justiça processual[809].

Ademais, há outros motivos que justificam a limitação de direitos fundamentais no processo penal, a exemplo dos seguintes interesses estatais: a) a proteção dos direitos fundamentais do indivíduo; b) a tutela de outros bens constitucionalmente protegidos; e c) o correto desenvolvimento do processo e adequado funcionamento das instituições processuais. Mas quando se considera o interesse individual frente ao interesse estatal, ele tende a resumir-se a questão de manutenção do "ius libertatis", como interesse de não sofrer ingerência nenhuma sobre seus direitos. Pode-se, é certo, entendê-lo não apenas como direito de liberdade, mas como todo e qualquer direito, mesmo aqueles que não se encontram na esfera legal de consequência da medida, a exemplo ainda das consequências que a medida teria na saúde, física e psíquica, do imputado, em sua vida familiar, social e profissional, incluindo ainda as consequências que outras pessoas venham a sofrer, a exemplo da família[810]. Nicolas Serrano chama ainda a atenção para um possível conflito entre exercício de direito de defesa e o interesse estatal no correto desenvolvimento do processo, no tema relativo ao prazo razoável do processo[811]. Mas tudo isso, contudo, está longe de alterar no juízo de proporcionalidade a relação entre meio-fim, tendo em conta a finalidade de tutela do inocente, como o veremos ser necessário.

É, ainda, portanto, no *interesse de persecução penal* do Estado que se encontra a mais detida análise dos critérios que permitem medir a proporcionalidade. Nicolas Serrano, no entanto, considera que apenas se justifica esse interesse se tender a assegurar a proteção final dos bens jurídicos tutelados pelo direito penal. Mas isso representa uma tutela de bens em segundo plano, pois esse bem já foi ofendido pelo crime, restando apenas

---

[809] N. Gonzalez-Cuellar Serrano, *Proporcionalidad y derechos fundamentales en el proceso penal*, 1990, pp. 243-245.

[810] N. Gonzalez-Cuellar Serrano, *Proporcionalidad y derechos fundamentales en el proceso penal*, 1990, p. 273ss.

[811] N. Gonzalez-Cuellar Serrano, *Proporcionalidad y derechos fundamentales en el proceso penal*, 1990, pp. 245-250.

TEORIA DA INVESTIGAÇÃO CRIMINAL

como bem a tutela do inocente, que vem justamente submetido como meio aos fins da persecução penal.

Ademais, o problema está em como medir isso, a considerar os diveres critérios da doutrina e legislação[812]. Todos esses critérios, bem como quaisquer outros que sejam desenvolvidos, são postos na investigação criminal sob uma perspectiva em que se consideram sempre com exclusão das razões (fáticas e jurídicas) de quem sofre a medida, na perspectiva exclusiva da acusação em diálogo com o juiz. Isso limita a proporcionalidade a uma concepção fraca, que não abrange a complexidade do objetivo duplo do garantismo penal, a exigir uma adequada organização do poder intraprocessual que o permita realizar-se. A insistência em erigir a proporcionalidade a parâmetro racional autossuficiente, com dissociação do problema prejudicial da organização do poder, constitui ainda uma forma persistente de discurso de legitimação do poder punitivo. É preciso, contudo, uma melhor compreensão da proporcionalidade, para entender que ela, como uma questão procedimental ("como"), não funciona independentemente da organização do poder ("quem").

A proporcionalidade tem sido considerada tanto um conteúdo material do Estado de direito, quanto uma base racional de justiça. É duvidoso, contudo, que ela possa assumir esse papel de parâmetro de racionalidade e justiça, sem maiores considerações sobre o que lhe é subjacente e sobre tudo que precisa pressupor axiológica e potestitvamente no processo penal. Um e outro sentidos se podem compreender como faces de um mesmo paradigma ético-epistêmico que postula um modelo de relação entre Estado, Sociedade e Indivíduo, que se pode aplicar em diversos campos do direito, embora tenhamos interesse limitado ao processo penal e, de forma mais específica, às medidas de investigação criminal que implicam alguma restrição de direitos fundamentais.

No primeiro sentido, ela vem originariamente conjugada com a proibição de excesso, tendo por orientação permitir a restrição da liberdade individual apenas em função de uma necessidade decorrente de um fim premente da comunidade, embora seja originariamente associada a uma

---

[812] N. Gonzalez-Cuellar Serrano, *Proporcionalidad y derechos fundamentales en el proceso penal*, 1990, p. 251ss, entre outros, cita: a) consequência jurídica do crime; b) importância da causa; c) grau de imputação e d) êxito previsível da medida. A lei portuguesa, estabelece expressamente como critérios a gravidade do crime e as sanções que possivelmente possam ser aplicadas (Cf. P. P. Albuquerque, *Comentários do Código de Processo Penal*, 2011, p. 567-573).

concepção liberal de Estado[813]. No segundo sentido, ela vem investida na função de permitir um sistema de ordenação racional, seja pela legislação, seja pela interpretação do direito, embora se reconheça que ela encontra limites na necessidade de determinar a importância de vários fins colidentes entre si[814].

A proporcionalidade na comunidade jurídico-científica vem geralmente considerada como princípio constitucional. É nesse sentido que J. J. Gomes Canotilho a aborda, como subprincípio concretizador do princípio constitucional do Estado de Direito, associado intimamente aos direitos fundamentais. Sua origem estaria no século XVIII como "máxima suprapositiva", sendo introduzido no século XIX como princípio geral do direito de polícia na fórmula da proibição de excesso. Assume atualmente a qualidade de "regra de razoabilidade" nos países de Common Law e tende a assumir o papel de "regra de controle" exercido pelos tribunais nos países europeus sobre todos os atos do poder público. Nesse sentido, aplica-se no controle de atos de legislação, administração e jurisdição. Trata-se, em sua concepção, de um controle de natureza *equitativa*, que pretende alcançar a justiça no campo da conflitualidade social[815].

Em seu sentido mais geral, a proibição de excesso pretende "evitar cargas excessivas ou actos de ingerência desmedidos na esfera jurídica dos particulares", o que permite compreendê-lo igualmente no sentido também de uma *proibição por defeito,* com o que "o estado deve adoptar medidas suficientes, de natureza normativa ou de natureza material, conducente a uma proteção adequada e eficaz dos direitos fundamentais"[816]. Ora, se essa concepção puder ser abrangente a direitos de defesa, a proporcionalidade deveria ter muito mais a oferecer do que se tem costumado retirar dela na fase de inquérito do processo penal, que vem orientado mais pelo princípio da investigação visando à condenação dos culpados, sem igual proteção aos interesses dos inocentes.

Alguns Problemas Relativos à Proporcionalidade
O problema está inicialmente em crer na ideia de que a proporcionalidade ostenta uma neutralidade metodológica, independente da força com que os

[813] R. Zippelius, *Teoria Geral do Estado*, 2007, p. 389ss
[814] R. Zippelius, *Filosofia do Direito*, 2010, p. 193ss
[815] J. J. Gomes Canotilho, *Direito constitucional e Teoria da Constituição*, 2003, p. 266ss
[816] J. J. Gomes Canotilho, *Direito constitucional e Teoria da Constituição*, 2003, p. 273.

TEORIA DA INVESTIGAÇÃO CRIMINAL

envolvidos no processo conseguem promover seus interesses. Essa parece ser a concepção com que David Beatty pretende sustentar sua teoria do Estado de Direito baseada na proporcionalidade dos juízos jurisdicionais[817]. Apesar de objeções éticas sérias que se podem fazer a essa neutralidade, Beatty tem suas razões para sustentar essa neutralidade. Ele considera que "o caráter moral da sociedade deve ser definido por ela mesma", não cabendo aos juízes assumir pontos de vistas pessoais, mas o ponto de vista das partes no julgamento. Esse é um elemento importante a reter-se dessa concepção, a considerar que a proporcionalidade no processo penal vem viciada precisamente por faltar o ponto de vista de uma das partes.

A neutralidade, nesse contexto, implica reconhecer que o justo é o corretamente proporcional em cada sociedade, sendo a justiça um ideal local, não universal. Assim, "as proporcionalidades variam diretamente com o peso e o valor que as pessoas atribuem aos interesses envolvidos". Segundo Beaty, portanto, "aplicada com isenção, a proporcionalidade é um princípio moral passível de se utilizar em qualquer parte do mundo", que, em suma, "promove a integração entre o real e o ideal, entre o local e o universal...". Essa confiança otimista na proporcionalidade decorre do que Beatty chama de "lógica da proporcionalidade". Ele parece realmente está convencido de que a proporcionalidade pode conduzir-se de maneira lógica sem maiores complicações, pois considera que ela transforma o processo de controle num exercício simples de raciocínio lógico. Essa sua confiança o leva a considerar, equivocadamente, que "a proporcionalidade transforma em questões de fato problemas que na filosofia moral constituem questões de valor"[818].

Essa, contudo, é uma compreensão limitada da proporcionalidade. Em virtude de sua pesquisa não detalhar muito bem os elementos da proporcionalidade, Beatty não se dá conta de que a cognição empírica é uma parte importante do cálculo, mas não constitui toda a sua racionalidade que depende ainda de uma opção valorativa. É em virtude dessa sua incompreensão que talvez conclua equivocadamente que "pelo fato de não atribuir aos direitos nem aos números nenhum status especial, a proporcionalidade pode reivindicar para si a objetiva integridade que nenhum outro modelo

---

[817] D. M. Beatty, *A essência do Estado de Direito*, 2014, p. 304ss
[818] D. M. Beatty, *A essência do Estado de Direito*, 2014, p. 306.

de controle judicial de constitucionalidade é capaz de satisfazer"[819]. E esse parece ser o sentido subjacente com que a proporcionalidade costuma ser assumida no processo penal. No entanto, Beatty admite que a proporcionalidade tem subjacente a si uma dimensão valorativa baseada na igualdade, que nos permite concluir pela "justiça da proporcionalidade". Ela presume, nesse sentido, nas discussões entre maiorias e minorias, que todos os participantes de um debate são iguais entre si. É, certamente, isso que o faz considerar que "somente a proporcionalidade pode garantir que a Constituição realize o melhor de suas possibilidades". Em síntese, Beatty não leva a sério a incomensurabilidade entre certos interesses, como o veremos, mas insiste que é preciso ouvir as partes no debate entre maioria e minoria, o que é um problema fundamental do processo penal, considerando o duplo objetivo do garantismo penal[820].

É também um problema de compreensão tentar ver a proporcionalidade como um outro princípio, dissociado dos demais princípios que constituem o arcabouço garantista fundamental do processo penal, quando o certo deveria ser compreendê-la como o que se postula pelo conjunto dos princípios do sistema processual penal de um Estado de Direito. A proporcionalidade, nesse sentido, precisa ser vista como algo diverso dos princípios, mas não como algo que se substitui a eles, na falta de algum deles durante a investigação criminal. Há, a respeito disso, algumas concepções esclarecedoras.

Robert Alexy, por exemplo, considera que a proporcionalidade é uma máxima que decorre da própria natureza dos princípios, segundo sua teoria dos mandamentos de otimização, em cuja formulação "os princípios são normas que ordenam que algo seja realizado na maior medida possível dentro das possibilidades jurídicas e fáticas existentes"[821]. Assim, afirma expressamente que "a natureza dos princípios implica a máxima da proporcionalidade", o que significa dizer que a proporcionalidade "decorre logicamente" da natureza dos princípios, ou seja, que é deduzível dessa sua natureza[822]. Em outros termos, um sistema jurídico de princípios igual-

---

[819] D. M. Beatty, *A essência do Estado de Direito*, 2014, p. 311ss

[820] É justamente como conflito entre interesses de maioria e interesses de minoria que L. Ferrajoli, *Diritto e Ragione*, 2008, p. 328, compreende o duplo objetivo do direito penal a ser representado por partes distintas no processo penal.

[821] R. Alexy, *Teoria dos direitos fundamentais*, 2011, p. 90.

[822] R. Alexy, *Teoria dos direitos fundamentais*, 2011, p.116ss.

TEORIA DA INVESTIGAÇÃO CRIMINAL

mente importantes, em uma sociedade de valores múltiplos, exige logicamente uma máxima de proporcionalidade, sem a qual perderia toda racionalidade. É nesse sentido que David Beaty, acertadamente nesse ponto, considera a proporcionalidade como "parte essencial e inevitável de todo texto constitucional", porque sem ela haveria uma "impossibilidade lógica" de existir Constituição[823].

Tudo está a indicar que a proporcionalidade não se pode considerar como um princípio, mas tampouco algo que decorre da natureza dos princípios. Não diríamos, portanto, que ela decorre logicamente de princípios postos em confronto, porque melhor se compreende como algo que precede os princípios, como razões que os justificam em seu conjunto, assim como precedem regras muitos específicas sobre medidas restritivas de direitos. É nesse sentido que a concepção de Humberto Ávila tem a vantagem de considerá-la como postulado, embora segundo uma equivocada compreensão do que seja postulado. Afinal, postulados não são "normas imediatamente metódicas que instituem os critérios de aplicação de outras normas situadas no plano de objeto de aplicação"[824]. Primeiro, porque não se limitam à aplicação das normas, pois estão presentes desde a sua criação. Segundo, porque esses critérios são em verdade razões subjacentes às diversas normas, que se justificam sob condições de atenderem ao postulado de justiça implícito[825]. A proporcionalidade, nesse sentido, apenas postula realizar uma ideia de justiça, segundo uma racionalidade meramente procedimental, não estando limitada à atividade de aplicação e interpretação. Ela postula uma racionalidade proporcional de diversas normas em conflito. Mas nesse ponto, como o veremos, entramos nas questões e objeções que se colocam pela filosofia moral sobre a possibilidade de o proporcionalismo nos servir de postulado ético independentemente da admissão de uma norma fundamental anterior com conteúdo materialmente definido.

O juízo de proporcionalidade está, portanto, antes na legislação, segundo aquela concepção constitucionalista que encontramos em Alexy

---

[823] D. M. Beatty, *A essência do Estado de Direito*, 2014, p. 294ss

[824] H. Ávila, *Teoria dos princípios*, 2013, p. 143ss, em sua incerteza terminológica, chega a admitir que "seja qual for a denominaçãoo preferida, os postulados funcionam de forma diferente relativamente a outras normas do ordenamento jurídico".

[825] R. Alexy, *Teoria dos direitos fundamentais*, 2011, p. 120, ao fundamentar a proporcionaldade com base em normas de direitos fundamentais que tem caráter de princípios, admite expressamente que essa fundamentação não exlcui outras baseadas no Estado de Direito, bem como no conceito de Justiça.

A DEVIDA METODOLOGIA PROCESSUAL DA INVESTIGAÇÃO

e Beatty, mas, como já se observou acertadamente, ele terá a mesma estrutura na proporcionalidade sobre as medidas restritivas de direitos fundamentais durante o inquérito[826]. E nesse sentido, a proporcionalidade pressupõe uma regra de sopesamento ou ponderação que corresponde à ideia de concordância prática[827]. Afinal, a proporcionalidade pressupõe a existência sempre de um conflito para o qual postula uma possibilidade de concordância prática como solução racional. Mas nessa sua lógica há um decisionismo subreptício que oculta a insuperável discordância entre elementos importantes do juízo de proporcionalidade[828].

Alexy, ao exigir otimização de princípios colidentes, segundo um primeiro enunciado da lei do sopesamento, parece admitir que a restrição de um princípio se justifica pela mera importância do outro[829]. Isso poderia permitir qualquer restrição de direitos, sempre a titulo de proteção de outros direitos, sem quaisquer condições. Em um segundo enunciado do sopesamento, contudo, ele considera que "quanto mais pesada for a intervenção em um direito fundamental, tanto maior terá que ser a certeza das premissas nas quais essa intervenção se baseia"[830]. O problema é que, além de essa certeza exigir conhecimento que geralmente não se encontra disponível para a decisão[831] – quer no contexto da legislação, quer no contexto da jurisdição –, há de fato uma questão prejudicial que concerne à relação meio-fim.

Afinal, o primeiro problema da proporcionalidade passa antes por estabelecer o que é meio relativamente a que fim. Apenas depois é que se seguem os problemas relativos especificamente à adequação, necessidade e proporcionalidade em sentido estrito. O estabelecimento da relação

---

[826] M. F. Mata-Mouros, *Juiz de Liberdades*, 2011, p. 290.

[827] Nesse sentido, cf. R. Alexy, *Teoria dos direitos fundamentais*, 2011, p. 173.

[828] A respeito desse decisionismo, cf. T. Fischer-Lescano, "Crítica da concordância prática", in *Crítica da Ponderação*, 2016, pp. 37-61.

[829] R. Alexy, *Teoria dos direitos fundamentais*, 2011, p. 593: "Quanto maior for o grau de não-satisfação ou de afetação de um princípio, tanto maior terá de ser a importância da satisfação do outro".

[830] R. Alexy, *Teoria dos direitos fundamentais*, 2011, p. 617: a essa lei ele chama de "lei epistêmica do sopesamento", em oposição àquela primeira que chama de "lei material do sopesamento".

[831] A respeito, cf. K.-H, Ladeur, "Crítica da ponderação na dogmática dos direitos fundamentais", in *Crítica da Ponderação*, 2016, p. 139: "A legitimidade democrática da lei não pode obscurecer o fato de que o conhecimento necessário para a decisão não se encontra dispínvel de forma central...".

entre meio e fim depende da existência de bens jurídicos que se imbricam numa relação intersubjetiva, em que há uma medida concreta (legislativa, administrativa ou jurisdicional) que se destina a realizar algum fim. Há que se estabelecer que fim está em *relação de causalidade* com o meio. Esse fim se define tanto internamente, por um interesse real relativo a uma pessoa ou um objeto, quanto externamente, segundo finalidades atribuídas ao Estado[832]. Mas, concedendo que o Estado, no processo penal, tem como finalidade tanto a punição dos culpados, quanto a proteção dos inocentes, é irremediavelmente arbitrária que toda a discussão sobre proporcionalidade no processo penal sempre se conduza pelo fim da investigação em detrimento de direitos individuais que são limitados, como a colocar o princípio da presunção de inocência a serviço do princípio da investigação.

Essa questão prejudicial, portanto, é o problema fundamental do juízo de proporcionalidade em processo penal, que constitui seu cerne filosoficamente problemático, se tivermos em conta a objeção da incomensurabilidade dos interesses da maioria com os interesses da minoria, segundo a concepção garantista dos fins do direito penal.

Afinal, o proporcionalismo, como filosofia moral, pretende sustentar uma metodologia própria e específica, no contexto de teorias utilitaristas e consequencialistas, que dificilmente se justifica, sobretudo na forma limitada com que se desenvolve no discurso processual legitimador das restrições de direitos. Como teoria ética, "ele abrange todos os métodos que propõem determinar a escolha certa em função das *quantidades* de benefícios e danos, não apenas os métodos que insistem na *maximização* do benefício". É proporcionalista, nesse sentido, quem se predisponha a buscar a "melhor proporção entre benefícios e danos". Utilitarismo e consequencialismo são, portanto, formas de proporcionalismo, que acabam por ser a designação mais ampla para o conjunto de teorias éticas que sugerem um juízo de proporcionalidade como forma de escolha ética[833]. Mas é importante entender que, segundo John Finnis, não é exatamente proporcionalista o método que contém um juízo moral prévio, ou se baseia em algum compromisso prévio a respeito do qual apenas se realiza uma opção. Em

---

[832] H. Ávila, *Teoria dos princípios*, 2013, p.183ss, adverte que "no direito processual manipula-se a ideia de proporção entre o gravame ocasionado e a finalidade a que se destina o ato processual".
[833] J. Finnis, *Fundamentos de Ética*, 2012, p. 81ss

sentido estrito, "há proporcionalismo apenas quando uma avaliação global dos benefícios e danos, sem depender de qualquer outro julgamento moral, é considerado o critério exclusivo do juízo moral, ou o critério para derrogar ou qualificar outros juízos morais"[834]. A diretriz moral básica do proporcionalismo é uma injunção metodológica que consiste essencialmente na comparação de benefícios e danos. Em suma, o que se propõe é um cálculo de proporcionalidade. Ele pressupõe necessariamente que há alguma comensurabilidade entre o que se compara, e é contra isso que o garantismo se insurge ao observar que são incomensuráveis os interesses da maioria e da minoria.

Finnis defende que é impossível realizar esse cálculo, não apenas porque é impossível calcular a globalidade das consequências, mas sobretudo porque é sem sentido, ao se propor comparar bens incomensuáriaveis, tornando a escolha decorrente do cálculo irrazoável, pois ela ainda pode subsistir sendo uma escolha moralmente errada. "A irrazoabilidade de escolhas moralmente erradas não está na incompreensibilidade de escolher um bem menor (...). Pelo contrário, está na irrazoabilidade de buscar o bem arbitrariamente ou inequitativamente, ou fanaticamente, ou inconstantemente, ou por meio de um ataque direto a algum bem básico, ou de alguma forma contrária a um princípio de razoabilidade prática". Contudo, "o proporcionalismo persuade porque a sua máxima metodológica parece *autoevidente*". E ele se fortalece por sugerir que há uma única resposta moral correta, que se tem perpetuado em certas concepções legalistas dogmáticas. Mas se temos em mente que os bens humanos básicos, em qualquer situação considerada moralmente, são incomensuráveis, é fácil perceber que os argumentos proporcionalista tem subjacente a seu cálculo "meras racionalizações de conclusões a que chegou por motivos não proporcionalistas". Essa é a maior crítica de Finnis ao proporcionalismo, que precisamos reter, pois, como ele observa: "Uma vez que um moralista aceite o método proporcionalista, mesmo que como um princípio metodológico entre outros, ele pode produzir argumentos a favor de qualquer solução que lhe agrade"[835].

---

[834] J. Finnis, *Fundamentos de Ética*, 2012, p. 87.
[835] J. Finnis, *Fundamentos de Ética*, 2012, p. 90-94.

Alcance, Limites e Equívocos da Proporcionalidade

O problema é que, como se tem observado, a proporcionalidade subsiste sendo bem-sucedida num espaço de falta de diretrizes normativas suficientemente precisas, em que é necessário tomar decisões[836]. Ela é, em definitivo, um critério de racionalidade condicionado, limitado e impreciso, mas é, igualmente, de fato, uma condição de possibilidade de justiça em um Estado de Direito que pressupõe uma sociedade aberta com valores múltiplos, sem a qual seria impossível conciliar racionalmente conflitos de princípios não absolutos a priori. Ela se pode considerar, nesse sentido, como um postulado do Estado de direito que visa a alcançar uma equidade processual. A proporcionalidade entende-se, assim, como um postulado de justiça, próprio de um Estado (constitucional) de direito em sentido material, que tem em conta a dignidade do homem em sua expressão como indivíduo. Mas é preciso considerá-la de forma realista, tendo em conta o problema potestativo que vem nela imiscuído. Ela não tem uma aptidão autônoma, decorrente de alguma especial metodologia procedimental, para estabelecer posições éticas acertadas por si só. E, nesse sentido, ela vai pressupor o postulado da divisão do poder, como condição de sua possibilidade jurisdicional, sem o qual se torna um instrumento de legitimação de restrições de direitos fundamentais[837].

Ela requer, ademais, que exista antes um fim legitimamente aceito em concorrência com outros fins, para estabelecer meios que se mostram conformes com eles. Mas a cada meio escolhido, em razão de um fim privilegiado, implica que algum outro fim foi desconsiderado, tornando-se em meio daquele outro fim. A relação entre fins e meios, portanto, é tão volátil que dificilmente se pode estabelecer rigidamente o que é meio relativamente a um fim. Como já se observou, "a escolha de certo fim permite valorizar uma ação que, noutras situações, costuma-se condenar". Afinal, "conquanto seja verdade que o fim valoriza os meios, nem sempre ele os justifica, pois o uso destes pode ser condenável em si, ou ter consequências desastrosas, cuja importância pode ultrapassar a do fim buscado"[838].

---

[836] Cf. I. Augsberg, "A desunidade da razão na multiplicidade de suas vozes: a teoria da ponderação e a sua crítica como um programa jurídico-teórico", in *Crítica da ponderação*, 2016, pp. 19-35.

[837] A concepção de D. M. Beatty, *A essência do Estado de Direito*, 2014, p. 304ss, portanto, é aceitável sob essa condição de que os interessados no juízo de proporcionaldiade estejam representados no processo.

[838] C. Perelman, L. Olbrechts-Tyteca, *Tratado da argumentação*, 2002, p. 315.

A DEVIDA METODOLOGIA PROCESSUAL DA INVESTIGAÇÃO

O problema que concerne ao processo penal está em que, geralmente, o que se estabelece como fim é a punição dos culpados, a respeito do que as medidas de investigação criminal restritivas de direitos se mostram como meios. Essa é, ainda, a perspectiva corrente com que se considera o juízo de proporcionalidade no processo penal, com uma tendência a considerar a restrição do direito subordinada aos fins que o princípio da investigação postula, a colocar em risco a concepção liberal dos direitos fundamentais[839]. É dessa perspectiva manca da proporcionalidade que vários modelos de ivnstigação se alimenta, criando uma falsa expectativa de justiça processual.

Outra, contudo, poderia ser a perspectiva do juízo de proporcionalidade, se levarmos em conta que também é fim do processo penal a tutela do inocente[840], em relação à qual deveríamos questionar se também os meios de defesa disponíveis são proporcionais ao fim que se propõe. Afinal, não há nada que obrigue a proporcionalidade a ser considerada exclusivamente apenas naquele sentido anterior, a não ser uma tendência inquisitória que subsiste no processo penal contemporâneo, a enfatizar o princípio da investigação na fase de inquérito. Mas se queremos equilibrar esse princípio com os demais princípios do Estado de Direito, notadamente a presunção de inocência, parece-nos necessário reconsiderar essa compreensão da proporcionalidade na fase de inquérito.

Trata-se de uma questão de efetiva jurisdicionalidade, se não queremos reduzir a jurisdição penal a uma repetição do juízo legal de proporcionalidade ou a uma revisão do juízo administrativo de proporcionalidade que se pressupõe na proporcionalidade do processo.

Afinal, as disposições normativas restritivas de direitos são já expressão de um juízo hipotético de proporcionalidade, que antecipam a relação entre fim e meio[841]. Pressupõe-se, assim, na legislação processual penal, uma proporcionalidade em toda medida restritiva de direitos fundamen-

---

[839] Nesse sentido, partindo de estudo ao direito de propriedade, cf. K.-H. Ladeur, "Crítica da ponderação na dogmática dos direitos fundamentais: apelo para uma renovação da teoria liberal dos direitos fundamentais", in *Crítica da Ponderação*, 2016, p. 170ss.

[840] Como vem subentendido no segundo objetivo de prevenção do direito penal, segundo L. Ferrajoli, *Diritto e ragione*, 2008, p. 325ss.

[841] É nesse âmbito que R. Alexy, *Teoria dos direitos fundamentais*, 2015, p. 116ss, deriva a proporcionalidade dos princípios, assim como D. M. Beatty, *A essência do Estado de direito*, 2014, p. 311ss, considera-a essencial à Constituição

TEORIA DA INVESTIGAÇÃO CRIMINAL

tais em favor de interesses processuais. O próprio direito processual penal se pode entender, assim, como uma manifestação setorial do postulado de proporcionalidade pela legislação, pela previsão de meios de persecução penal com restrição de direitos fundamentais em favor de um fim persecutório dos culpados. Entre os interesses processuais, contudo, o princípio da investigação deveria ser posto na disposição legal do processo penal em proporcionalidade com o princípio da presunção de inocência, com medidas igualmente aptas à garantia desse fim.

As restrições legais, em todo caso, se devem entender como possibilidades restritivas, não como deveres obrigacionais de restrição, o que, para além de poder ser questionada em abstrato pelo controle de constitucionalidade das leis, precisa ser averiguado em concreto, a exigir um juízo administrativo de proporcionalidade, como o que se realiza pela polícia em situações cotidianas de restrição de direitos[842].

A proporcionalidade das restrições de direitos fundamentais, portanto, não se pode averiguar por completo em abstrato, apenas pela sua previsão normativa a admitir uma medida. Ela se realiza precisamente por uma análise concreta do caso em que existe uma restrição, mas é preciso que se distinga materialmente entre juízo administrativo e juízo jurisdicional de proporcionalidade. Afinal, a jurisdicionalidade de uma restrição de direitos segundo a proporcionalidade exige muito mais que apenas conferir ao órgão judicial sua apreciação, como mera corroboração ou refutação de juízo administrativo prévio, nos casos em que o órgão oficial de acusação requer uma medida submetida a condição de reserva judicial, pois nenhum meio eleito resistiria a outros meios hipoteticamente considerados[843]. E esse é o problema com que o juízo de proporcionalidade se depara nas medidas restritivas de direito na fase de inquérito, quando neste não há atuação da defesa em igualdade com a acusação[844].

A considerar que é necessário proceder a averiguações empíricas que dependem do caso concreto, sem a qual a justiça abastrata da proporcionalidade pode incorrer em falta de equidade, o que se exige do juízo jurisdicional é ter em conta as razões dos interesses processuais em igualdade de

---

[842] A respeito dessa compreensão, cf. M. M. Guedes Valente, *Teoria Geral do Direito Policial*, 2014, pp. 196-206.

[843] Nesse sentido, cf. H. Ávila, *Teoria dos princípios*, 2013, p. 194ss.

[844] É isto o que M. F. Mata-Mouros, *Juiz de LIberdades*, 2011, p. 290, mais enfatiza em sua análise crítica.

condições. Certo é que, pela natureza sigilosa própria de certas medidas restritivas na investigação, o imputado mesmo dificilmente poderia participar da discussão sobre a proporcionalidade, mas é igualmente certo que à falta de sua presença o juízo de proporcionalidade resulta sempre imperfeito, dependente da benevolência do órgão de acusação ou do órgão de decisão.

A proporcionalidade jurisdicional, portanto, não se realiza efetiva e completamente pelo mero juízo unilateral de qualquer autoridade judicial, em substituição ou correção de uma proporcionalidade administrativa, ou em complemento de uma proporcionalidade legislativa, sem que haja a participação do interessado na discussão da base empírica em que se discute adequação e necessidade. Nesses casos, fica sempre por faltar a nota essencial de jurisdicionalidade da medida restritiva, havendo mera formalidade substitutiva da administração, que não explica por que razão se transfere a um juiz uma decisão sobre medidas restritivas, sem participação da defesa. O problema da proporcionalidade não está tanto na diversidade e indeterminabilidade de critérios com que cada um dos seus elementos se podem avaliar, mas na sempre ausência da parte a quem interessa o juízo de proporcionalidade, no âmbito das medidas restritivas de direito no processo penal.

A proporcionalidade no processo penal precisa, assim, ser considerada da perspectiva dos princípios que concernem à tutela do inocente e aos direitos de defesa, o que incrementaria a complexidade do juízo comumente limitado a considerar o impacto do princípio da investigação na restrição de direitos fundamentais de liberdade e privacidade[845]. Afinal, ao processo penal não deve interessar apenas a proporcionalidade dos meios de investigação relativamente ao fim de obter a condenação dos culpados, mas também a proporcionalidade dos meios de defesa relativamente ao fim de obter a tutela do inocente. Mas esses dois juízos de proporcionalidade considerados em conjunto tornam a questão muito mais problemática do que o juízo simples faz supor sem colocar em perspectiva real a defesa no processo. Ao conjunto desses dois juízos de proporcionalidade cruzados podemos chamar de proporcionalidade composta ou recíproca. E isso é precisamente o que falta nos modelos de investigação sem atuação pari-

---

[845] Ainda que no cálculo da proporcionalidade se considere o conflito entre interesse estatal e interesse individual, como o observa N. Gonzalez-Cuelllar Serrano, *Proporcionalidad y derechos fundamentaels en el proceso penal*, 1990, p. 243ss.

TEORIA DA INVESTIGAÇÃO CRIMINAL

tária da defesa, visando a garantia da jurisdicionalidade material durante o inquérito penal.

A partir do princípio da presunção da inocência como fim igualmente relevante ao processo penal, da perspectiva da defesa impõe-se um juízo de proporcionalidade entre os meios disponíveis para defender-se das ingerências estatais restritivas de direito sobretudo nos casos que implicam obtenção de prova durante a investigação criminal, a considerar que as medidas indevidamente conferidas, além de não admitirem recurso durante o processo, ao final deste já não interessam em virtude da discussãoo sobre a matéria principal da condenação[846]. O juízo de proporcionalidade simples orientado apenas pelos fins da investigação não consegue alcançar a equidade procedimental que a proporcionalidade pretende, porque deixa sempre de lado a defesa naquelas medidas restritivas de direitos que, ademais, ainda podem resultar em produção de prova a ser posteriormente utilizada em motivação de sentença condenatória. O juízo de proporcionalidade realizado pelo juiz de garantias, nos casos em que há pedido de autorização judicial para medidas restritivas de investigação, apenas sobrepõe-se a um outro qualquer juízo que se poderia realizar pela Polícia ou pelo Ministério Público, mas nada nele se acrescenta materialmente se não for precedido de uma possibilidade real de a defesa manifestar-se[847].

A redução tradicional da proporcionalidade, ao confrontar apenas interesse estatal da investigação como fim e interesse individual como meio, não é suficiente para expressar a complexidade real dos problemas de proporcionalidade que suscita o processo penal. A considerar o duplo fim do direito penal, dever-se-ia melhor falar em proporcionalidade entre meios de defesa e meios de obtenção de prova que implicam restrição de direitos, relativamente a cada fim que se propõem os princípios da investigação e da presunção de inocência no processo penal. Essa perspectiva coloca meios de obtenção de prova e meios de defesa em situação inversamente proporcional. Os meios de defesa deveriam ser inversamente proporcionais às ingerências no âmbito de proteção da liberdade, de forma que aumentassem à medida que o investigado sofresse maior redução daquele âmbito.

---

[846] Cf. a respeito, a constatação de M. F. Mata-Mouros, *Juiz das Liberdades*, 2011, p. 284-288.

[847] Com razão, portanto, F. Ruggieri, *La giurisdzione di garantia nelle indagini preliminari*, 1996, p. VIII, ao considerar que nesse caso o juiz se torna apenas um "longa manus" do Ministério Público.

O funcionamento efetivo dessa proporcionalidade inversa e recíproca fica, contudo, a depender de um equilíbrio entre os diversos sujeitos como condição de sua possibilidade, sem o que todo juízo de proporcionalidade se perde nos escaninhos da consciência da autoridade judicial. Apenas a existência de um equilíbrio de forças entre os sujeitos parciais do processo pode assegurar que o juízo de proporcionalidade tenha em conta todas as perspectivas teleológicas do processo penal e esteja em condições de uma melhor aproximação da justiça processual. E isso nos remete ao próximo postulado fundamental do Estado de Direito na devida metodologia processual da investigação penal – a divisão do poder.

A Divisão do Poder na Investigação Criminal

A divisão do poder é, contudo, um postulado constitucional que sói vir associado à teoria do Estado, em relação aos poderes clássicos (legislativo, executivo e judiciário)[848], embora, se bem entendida, mesmo a partir da teoria clássica, com maior razão, aplica-se ao âmbito do processo penal como exigência de um Estado de Direito. Afinal, de fato, seria ilógico sustentar apenas de uma perspectiva constitucional um sistema que tem em consideração garantias cidadãs frente ao provável abuso no exercício do poder estatal, se quando se pretende regulamentar o uso da força do Estado em outras instâncias, suas soluções fossem absolutamente desvinculadas (e contrárias) ao desenho constitucional. Nesse sentido, portanto, tem-se asseverado que "não se deve crer que este conceito é privativo da organização constitucional do Estado, somente porque nela alcançou o nível de paradigma. Na realidade, pode-se admitir que é o princípio básico segundo o qual se soluciona, no marco do Estado de Direito, a antinomia «eficiência processual-garantias individuais» e isto se apresenta em qualquer nível normativo que seja, mas sobretudo onde o Estado exerce a maior cota de violência: o processo penal"[849].

Assim, nesse sentido, Karl Heinz Gössel, tendo por referência o processo penal alemão, ao tratar da divisão do poder, observa que essa técnica se insere como uma autolimitação do poder público para garantia contra

---

[848] Nesse sentido, L. Ferrajoli, *Principia Iuris I. Teoria del Diritto e della democrazia*, 2007, p. 846ss; J. J. Gomes Canotilho, *Direito constitucional e teoria da constituição*, 2003, p. 250ss; M. G. Ferreira Filho, *Princípios fundamentais do direito constitucional*, 2015, p. 259ss.

[849] M. A. Rusconi, "Division de poderes en el proceso penal e investigacion a cargo del Ministério Público", *El Ministério Público en el proceso penal*,1993, p. 106.

TEORIA DA INVESTIGAÇÃO CRIMINAL

excessos de poder na busca da verdade. Nesse sentido, sustenta que como corolário da divisão do poder, o procedimento penal foi detalhado em três fases de averiguação, acusação e sentença, que deveriam estar sob a direção de distintos órgãos[850]. Bernard Bouloc, tendo por referência o processo penal francês, fala da separação de funções, mas aqui a separação é entre julgamento, instrução e persecução. Não se faz uma séria divisão entre acusação e averiguação[851]. Essa é a mesma divisão que se vai encontrar no processo penal português, a refletir a estrutura do CPP de 1987, acerca da qual Paulo Dá Mesquita sustenta sua tese sobre "repartição de funções e garantia judiciária"[852].

A questão, contudo, precisa colocar-se sob uma perspectiva mais esclarecedora ao processo penal. Não se trata apenas de repartir funções, como mera questão de divisão de tarefas, tampouco como questão dissociada do um mecanismo de controles. Maximiliano Rusconi observa que a divisão do poder deve ser considerada segundo o paradigma do "não-autocontrole". O que importa, em última análise, é "evitar o autocontrole no exercício de uma seção de poder". Interessa, portanto, é que "quem exerça um determinado poder não se controle a si mesmo, mas que o freio e equilíbrio funcional provenha do enfrentamento externo com o outro"[853]. Essa ideia nos permite ver com maior clareza o problema da divisão do poder no processo. E é nessa perspectiva que Rusconi considera haver necessidade de que se divida o exercício do poder entre a função de investigar e a função de julgar, embora aqui nos interesse a divisão entre investigação e acusação.

Mas a projeção da divisão do poder no âmbito do processo penal não nos deve obstruir a compreensão completa do problema do poder punitivo, pois antes que exista uma divisão intraprocessual, existe também uma divisão ainda no quadro dos poderes clássicos do Estado, a partir do qual podemos melhor esclarecer a física do poder punitivo em suas diversas dimensões[854].

---

[850] H. K. Gössel, "El principio de Estado de Derecho en su significado para el procedimento penal", *El derecho procesal penal en el Estado de Derecho*, 2007, p. 26

[851] B. Bouloc, *Procédure pénale*, 2004, p. 38ss.

[852] P. Dá Mesquita, *Direcção do inquérito penal e garantia judiciária*, 2003, p. 23ss.

[853] M. A. Rusconi, "Division de poderes en el proceso penal e investigacion a cargo del Ministério Público", 1993, pp. 99-112.

[854] L. Ferrajoli, *Principia Iuris I*, 2007, pp. 862-865, considera que apesar da aparente similaridade entre essas duas realidades, implicam formas distintas de controle do poder, optando por chamar uma de separação dos poderes e outra de divisão do poder.

A DEVIDA METODOLOGIA PROCESSUAL DA INVESTIGAÇÃO

Antes, contudo, uma questão prévia e oposta ao problema do controle da concentração do poder está nos riscos de uma desconcentração que impeça uma unidade coordenada das funções do Estado, afinal, essa ideia constitui a lógica do poder em várias instâncias, tendo aumentado sua necessidade cada vez mais no âmbito das relações internacionais[855]. Importa assegurar, nesse sentido, que exista uma "unidade na diversidade"; que a divisão não implique uma impossibilidade de o Estado cumprir seus fins por concorrências entre as diversas partes em que o poder se divide. É nessa perspectiva que Thomas Gester-Fleiner nos coloca a questão: "A separação dos poderes enfraquece o Estado?"[856]. Essa preocupação tem algum sentido sobretudo quando se coloca na perspectiva da resposta do Estado à criminalidade organizada. Afinal, a divisão do poder punitivo, como veremos, poderia colocar em risco a capacidade de o Estado cumprir sua função de enfrentamento da criminalidade? Esse, contudo, é um argumento que sempre se pode usar a favor da concentração do poder. Ceder a ele, sem limites e critérios, poderia implicar um "cheque em branco" à autoridade pública. Portanto, se há razões que justificam alguma concentração de poder, elas são conjunturais e precisam ser demonstradas empiricamente, bem como controladas empiricamente até que cessem. Esse é o mesmo argumento que pode justificar a cooperação entre órgãos divididos, visando a uma melhor eficiência do Estado na solução de problemas pontuais, o que pode sempre criar razões para justificar concentrações indiretas. Em qualquer caso, a lógica nos parece ser a mesma: se a divisão do poder é própria ao Estado de Direito, a sua concentração é típica do Estado de Exceção em que se pode tornar aquele pelas constantes e excessivas normas de fortalecimento do Estado em casos de emergência, com exigências de segurança. Portanto, no Estado de Direito, persiste sendo um postulado fundamental de organização do poder a sua divisão, tanto na dimensão macrofísica dos poderes clássicos, quanto na dimensão microfísica processual.

A Divisão Clássica do Poder Estatal

A teoria da divisão do poder encontra sua formulação clássica em Montesquieu, embora antes dele se possam encontrar outras formulações no

---

[855] R. Zippelius, *Teoria Geral do Estado*, 2007, p. 405
[856] T. Fleiner-Gester, *Teoria Geral do Estado*, 2006, p. 488

TEORIA DA INVESTIGAÇÃO CRIMINAL

sentido de uma mera divisão de tarefas[857]. Partindo, contudo, do que considerava uma "experiência eterna" relativa ao poder, Montesquieu chega à concepção que alcançou a natureza de paradigma do Estado de Direito. Em suas palavras: "A liberdade política só se encontra nos governos moderados. Mas ela nem sempre existe nos Estados moderados; só existe quando não se abusa do poder; mas trata-se de uma experiência eterna que todo homem que possui poder é levado a dele abusar. Ele vai até onde encontra limites. Quem diria! Até a virtude precisa de limites". E então conclui com sua fórmula clássica: "Para que não se possa abusar do poder, é preciso que, pela disposição das coisas, o poder limite o poder"[858]. A divisão do poder, em Montesquieu, assume assim um sentido específico, pois "a liberdade dos cidadãos pode ser medida segundo o tipo de separação dos poderes do Estado em questão", tornando-se a teoria um postulado central de um Estado liberal, distinta de outras teorias da separação dos poderes[859].

Essa teoria clássica da divisão do poder se pode entender como paradigma de controle do poder, pois em sua expressão mais ampla se trata de como se pode evitar, em uma comunidade organizada e dotada de força, uma perigosa concentração do poder com o excesso de dirigismo centralizado. Nesse sentido, a divisão pretende criar um sistema de exercício moderado e controlado do poder, através de repartição e coordenação de competências. Para além do tema clássico, portanto, trata-se de ver um programa de controle do poder que ultrapassa o Estado, podendo encontrar-se dentro e fora dele, em forças sociais e sobretudo no cenário internacional[860].

---

[857] Nesse sentido, T. Fleiner-GEster, *Teoria geral do Estado*, 2006, p. 475ss, a falar de Aristóteles e de Locke; embora, na percepção de R. Zippelius, *Teoria Geral do Estado*, 2007, p. 408: "Locke desconfiava também do poder legislativo, exigindo, em termos gerais, a separação dos poderes legislativo e executivo".

[858] Montesquieu, *O Espírito das Leis* (Livro XI, IV), [2005], p. 166.

[859] T. Fleiner-Gester, *Teoria Geral do Estado*, 2006, p. 479.

[860] R. Zippelius, *Teoria geral do Estado*, 2007, p. 401. Na linha dessa concepção mais abrangente, T. Fleiner-Gester, *Teoria geral do Estado*, 2006, pp. 483-485, observa que "a ideia fundamental de uma autêntica separação dos poderes deve provavelmente ser introduzia na própria administração", pois "a maior parte das doutrinas perdeu de vista o fato de que, ao lado de um governo politicamente responsável, um aparelho administrativo poderia se edificar, ter vida própria e restringir sutilmente a liberdade e a independência do cidadão, sem que este se aperceba desse fato".

Gomes Canotilho considera que a ideia de divisão de poderes constitui a dimensão objetiva de Estado de Direito, cuja dimensão subjetiva (dela indissociável) consiste na proteção dos direitos fundamentais[861], ao que podemos acrescer aquela dimensão procedimental que postula uma proporcionalidade no exercício do poder. Mas ela se deve entender em uma dupla perspectiva. Em sentido negativo, implica uma divisão como controle e limite. Em sentido positivo, implica "a organização do poder do Estado tendente a decisões funcionalmente eficazes e materialmente justas". Trata-se, em última análise, de mecanismos para assegurar que o Estado cumpra suas funções de forma justa, sem que se perca em abusos. A divisão de poderes é, assim, um princípio jurídico-organizatório, cuja relevância jurídico-constitucional reside na ordenação de funções como racionalização do poder estatal pelo controle recíproco do poder. O que se pretende, nesse sentido, não é tanto uma rígida separação orgânica, formalmente considerada, mas permitir que se chegue a uma justa decisão que legitima o exercício do poder.

Reihold Zippelius também considera que o importante da divisão dos poderes não é tanto seguir uma separação tradicional que implique uma rígida distinção de funções respectivamente atribuídas a um determinado órgão, como o pretende a clássica divisão do poder. Quer porque a distinção entre legislação, administração e jurisdição tem já pedido que se distinga ainda o governo, quer porque tem sido mesmo difícil impedir que sempre uma mesma função seja exercida por um mesmo órgão[862]. Daí ser mais importante atentar para o que considera um princípio por "distribuição de funções organicamente adequada", afinal, há funções que correspondem a órgãos que foram instituídos para cumprir certos fins, que se justificam por suas vantagens[863]. E é exatamente nesse sentido que podemos entender a história da divisão do poder no processo penal.

A Divisão Intraprocessual do Poder Punitivo

A história do processo penal pode ser compreendida como história de tentativa de uma melhor divisão do poder punitivo. Pode-se, de fato, observar que o processo inquisitório se caracteriza exatamente por ter o poder

---

[861] J. J. Gomes Canotilho, *Direito constitucional e Teoria da constituição*, 2003, p. 250ss.
[862] R. Zippelius, *Teoria Geral do Estado*, 2007, p. 412SS
[863] R. Zippelius, *Teoria Geral do Estado*, p. 411ss

TEORIA DA INVESTIGAÇÃO CRIMINAL

concentrado nas mãos do juiz-inquisidor. Não se pode ignorar que, a despeito da falta de divisão do poder, nesse processo existia a divisão de tarefas, que não contribuía para qualquer limitação do poder. O inquisidor, na história da inquisição espanhola, p. ex., fazia-se auxiliar por um *comissário inquisitorial*, responsável pela investigação, bem como por *promotor fiscal*, responsável pela acusação, e até mesmo por *calificadores*, responsáveis por exames de provas documentais, mas a proeminência dele sobre todos os demais era tal que representava uma unidade sob sua direção, uma divisão de tarefas no máximo, mas não uma divisão do poder punitivo.

O *princípio acusatório*, nessa perspectiva histórica de divisão do poder punitivo, pode-se compreender como uma tentativa de dividir o poder concentrado do juiz[864], embora sob argumentos vários que não se limitam a uma questão puramente potestativa. Se é certo que o princípio acusatório limita o poder do juiz, ao estabelecer que sua atuação dependa (e esteja limitada pelos parâmetros) da ação penal, não se pode ignorar que em grande parte isso se justifica também por um aspecto cognitivo do juízo penal, visando a sua imparcialidade cognitiva. É preciso compreender-se, nesse sentido, o acusatório como princípio que postula a separação entre acusação e julgamento como uma questão de divisão do poder punitivo, por razões também de garantia da verdade, não apenas de liberdade. Pretende-se que o julgamento não esteja viciado pela pré-compreensão do fato julgado. Busca-se, com ele, uma imparcialidade do juízo que estaria viciada pela sua prévia condução da investigação, na qual já se estabeleceria seu pré-juízo.

Ora, de um ponto de vista formal, a simples duplicação do juiz, em juiz de instrução e juiz de julgamento, já permitiria evitar esse problema, desde que cada juiz tivesse a autonomia relativamente ao outro (embora exista quem ainda faça objeção aos resíduos de corporativismo). E de fato, esse tem sido o esquema utilizado por alguns sistemas processuais. Mas a inserção do Ministério Público como órgão titular da ação penal distinto e autônomo do juiz de julgamento se tem consolidado como a técnica mais consistente na realização da divisão do poder punitivo entre acusação e julgamento. O problema dessa técnica, assim com aquela outra da duplicação do juiz, é que geralmente ela vem conjugada com outras relativas às funções de defesa e investigação, que não têm sido levadas muito a sério

---

[864] Cf. L. Ferrajoli, *Diritto e ragione*, 2008, p. 572ss.

da perspectiva da divisão do poder punitivo no processo. E esse tem sido o problema fundamental de que padece os modelos de investigação que transferem a direção do inquérito ao MP, porque permanece a meio caminho de uma efetiva divisão do poder intraprocessual.

É preciso avançar com a ideia de um autônomo *princípio defensório* que não venha confundido no exercício do princípio acusatório. É preciso afastar a persistente concepção que pretende sustentar um órgão de acusação como parte imparcial que estaria inclusive em condições de assegurar os direitos da defesa na fase de investigação criminal. Essa argumentação da parte imparcial (como o vimos), para além de ser uma mitologia do processo penal, representa uma concepção autoritária do processo penal[865]. Ela representa um cripto-autoritarismo que em nada difere do juiz inquisidor. Afinal, a ser possível admitir um órgão de acusação imparcial, que mais se aproxima da noção de parte que o juiz, não haveria razão alguma para negar um julgador imparcial.

A questão é que, pelas mesmas razões que justificam a divisão do poder punitivo pelo princípio acusatório, se queremos levar a sério um princípio defensório, não podemos persistir na ideia de uma defesa tutelada exatamente pelos órgãos que perseguem outras finalidades, seja um juiz instrutor ou um MP investigador, na condução da investigação criminal, seja mesmo o juiz de garantias que em realidade decide pela restrição de direitos, no exercício de uma suposta jurisdição que acaba não se realizando de fato. O processo penal contemporâneo, na perspectiva de uma efetiva divisão do poder, sobretudo no contexto de uma sociedade aberta e democrática, não pode continuar a conceber a defesa tutelada, pois essa consiste exatamente na manutenção da defesa ausente, tornando o sujeito passivo do processo um quase-objeto, em alguns casos muito próximo do processo inquisitório.

Mas, não se logra uma organização da defesa, segundo um Estado de Direito, sem um efetivo contrapoder[866]. E isso não se consegue apenas atribuindo ao juiz essa função, como o pretende o modelo processual de investigação, com uma suposta jurisdição de garantia que se encontra nos sistemas de investigação pelo órgão oficial de acusação. Se quisermos levar

---

[865] R. R. R. Cassara, *Mitologia do processo penal*, 2015, p. 152ss; G. Riccio, *Procedura penale. Tra storia e politica*, 2010, p. 27ss.
[866] Nesse sentido, cf. K. Ambos, *Princípios del proceso penal europeo*, 2005, p. 122ss.

TEORIA DA INVESTIGAÇÃO CRIMINAL

a sério a teoria da divisão do poder, como postulado do Estado de Direito no processo penal, precisamos considerar a necessidade de um *princípio defensório* que assegure a uma defesa autônoma a tutela de seus direitos em igualdade de condições com a acusação. Não se consegue o equilíbrio de sujeitos processuais com uma mera divisão das funções de acusar e julgar, mantendo a defesa em mãos dos acusadores e julgadores. Ademais, sobretudo, não se consegue um equilíbrio entre princípios acusatório e defensório, se a investigação se mantém sob direção exclusiva do órgão de acusação.

O Princípio Investigatório

Assim, portanto, como o princípio acusatório se pode interpretar como uma divisão do poder punitivo entre acusação e julgamento, e podemos falar igualmente de um princípio defensório no mesmo sentido, dever-se-ia pensar o princípio investigatório como uma igual divisão relativamente às funções de acusar, defender e julgar. Essa é, aliás, uma compreensão que parece se encontrar em H. K. Gossel, para quem, no Estado de Direito, o processo penal deve dividir as funções de investigar, acusar e julgar[867]. Embora essa concepção esteja em confronto com tendências que se encontram na tradição europeia-continental, concentrando as funções de acusar e investigar, ela tende àquela intuição básica de que o modelo inglês moderno é exemplo, ao proceder em suas reformas exatamente ao contrário, buscando a divisão dessas funções, ao criar um órgão oficial de acusação[868]. O princípio investigatório, assim, além do sentido cognitivo que vem relacionado à busca da verdade pelo juiz ou tribunal, parece exigir em sentido potestativo que se pense como uma questão de divisão do poder, em relação à máxima da oficialidade, para questionar-se a quem deve competir a busca da verdade e sob que condições de controle a considerar sua limitação no processo penal do Estado de Direito.

A questão, contudo, não se pode colocar apenas em termos de transferência do "dominus" da investigação a um outro órgão distinto do juízo ou do Ministério Público. O postulado da divisão do poder punitivo precisa

---

[867] H. K. Gössel, *El derecho procesal penal en el Estado de Derecho*, 2007, p. 55

[868] E. Mathias, "O equilíbrio do poder entre a polícia e o ministério público", *Processos penais da Europa*, 2005, p. 503: "na Inglaterra, o Parlamento, em 1985, concebeu que as tarefas de investigação e a decisão da persecução eram incompatíveis por natureza, e não poderiam ser confiadas a uma mesma autoridade. O remédio foi a criação do CPS [*Crown Prosecution Service*]..."

A DEVIDA METODOLOGIA PROCESSUAL DA INVESTIGAÇÃO

ser melhor compreendido para entender-se como questão de equilíbrio dos sujeitos que comporta uma forma de controle recíproco das diversas funções[869]. O que se impõe não é tanto nem apenas dividir essas funções, mas as organizar de tal forma que a quem se atribua investigar não possa a si mesmo controlar, devendo ter um controle dos desvios da investigação. Não o controle da própria investigação, que há de permanecer sempre com o órgão que a dirige, mas de suas consequências no âmbito de direitos implicados, tanto de interesse individual, quanto de interesse coletivo. Desde que não esteja atribuída a função a quem acusa ou julga, interessa entender que suas funções estejam sempre limitadas por direitos fundamentais de que não pode dispor imediatamente, sem uma decisão judicial procedente de um juízo de proporcionalidade reciprocamente controlado por órgãos de acusação e defesa. Trata-se de um *órgão oficial de investigação* cuja funções se reconduzem inevitavelmente à Polícia Judiciária, no sentido com que a legislação francesa pós-revolucionária concebe essa separação de poder[870].

O problema da divisão do poder punitivo, no contexto da investigação criminal, passa, portanto, necessariamente pela colocação do Ministério Público, bem como pela questão do equilíbrio de poder entre ele e a Polícia Judiciária[871]. Mas passa também por uma recompreensão da jurisdição durante a investigação, bem como pelo papel efetivo do juiz durante ela, especialmente em matéria probatória. Afinal, apenas retirando do órgão oficial de acusação a direção da investigação e colocando-o em igualdade com um órgão de defesa, a jurisdição se pode exercer sem a necessidade de que o juiz assuma uma perspectiva *pro reo*. Ademais, passa ainda pela restituição da posição de controle da legalidade da investigação pelo Ministério Público, sem que ele mesmo esteja implicado diretamente com os

---

[869] cf. M. A. Rusconi, "La divisão del poder en el proceso penal e investigacion a cargo del ministerio público", 1993, p. 99ss

[870] Cf. a respeito, L. Ferrajoli, *Diritto e ragione*, 2008, p. 800ss, para quem, na lógica do Estado de Direito, a investigação criminal deveria corresponder à polícia judiciária, vinculada ao judiciário com garantias de independência, mas limitada na disponibilidade de direitos fundamentais; cf. também nosso, E. S. Pereira, *Introdução ao Direito de Polícia Judiciária*, 2019.

[871] Cf. E. Mathias, "O equilíbrio do poder entre a polícia e o ministério público", p. 431ss, acerca da "oposição de princípios entre o modelo europeu-continental e o inglês", embora advertindo sobre uma verdadeira convergência na prática, a considerar o aumento do poder das forças policiais em concominante com o ostracismo burocrático do MP.

possíveis abusos[872]. A questão, contudo, é que esse controle da legalidade que se deve exercer sobre os abusos da investigação não interessa apenas no sentido dos excessos como o pressupõe o modelo de investigação sob direção do MP[873].

O controle dos desvios da investigação se deve fazer em dois sentidos, tanto por excesso, quanto por omissão de poder. O problema da investigação não é sempre, embora o possa ser em geral, de excesso dos meios relativamente a direitos do indivíduo. É igualmente, e sobretudo em tempo de enfrentamento da corrupção, de omissão do poder frente a certas classes de investigados, o que diz respeito a exigências de igualdade de tratamento pela lei. Trata-se de compreender os possíveis abusos da investigação tanto como desvio por excesso, quanto como desvio por falta[874].

Essas duas pespectivas, que se podem remeter a interesses da defesa e da acusação, respectivamente, se queremos levar a sério o postulado da divisão do poder que não obstrua um autônomo princípio defensório, dever-nos-ia conduzir a admitir uma antiga exigência que já Luigi Luchini fazia, bem como Francesco Carrara, e que Luigi Ferrajoli ainda hoje insiste em asseverar – a necessidade de um *Ministério Público de Defesa*, ao lado de um *Ministério Público de Acusação*[875]. No sistema jurídico brasileiro, esse Ministério Público de Defesa se pode assumir sem dificuldade pela Defensoria Pública a quem se permitiria atuar na fase processual do inquérito como *custus legis* no interesse de proteção coletiva dos direitos de defesa.

Esse é certamente um caminho necessário para assegurar uma igualdade processual real na investigação criminal, desde a fase processual do inquérito, sobretudo diante das novas técnicas ocultas que, embora inviabi-

---

[872] A respeito, cf. H. K. Gössel, "El Ministerio fiscal y la policía criminal en el procedimento penal del Estado de Derecho", 2007, p. 55: "Teoria y práctica exigen en igual medida transmitir al Ministério Público tareas de investigación sólo el marco de sua oficio de «vigia del Derecho», conformando la investigación de los comportamentos punibles como una función propia e independiente de la Policía".

[873] A tratar dessa questão, mas advertindo sobre sua artificialidade, cf. E. Mathias, "O equilíbrio do poder entre a polícia e o Ministério Publico", p. 502.

[874] A respeito dessas duas possibilidades na teoria do Estado, cf. J. J. Gomes Canotilho, *Direito constitucional e teoria da constituição*, 2003, p. 266, p. 273.

[875] A expressão "Publico Ministerio della Difesa" é de L. Ferrajoli, *Diritto e ragione*, 2008, p. 597, p. 631; L. Luchini, *Elementi di procedura penale*, 1905, p. 226, falava em "tribunato della difesa"; e F. Carrara, *Programa del Corso di Diritto Criminale (Parte Generale, II)*, 1924, p. 331ss, falava em "avvocato dei poveri".

lizem uma chamada direta do investigado ao processo, já produzem provas não repetíveis. Essa instituição pública de defesa viria acrescida, contudo, de uma igual possibilidade de assistência, assim como acontece com a assistência de acusação, em momento posterior à conclusão da investigação ou antes mesmo, sempre que possível. Essa parece ser uma conclusão necessária de uma justiça penal pública que há muito promoveu o confisco do conflito penal com a obstrução do acesso da vítima em nome próprio, por considerar de interesse público a proteção de seus interesses, havendo que existir uma paridade com respeito ao investigado, tendo em conta o interesse igualmente público de proteção dos inocentes, segundo o objetivo duplo que configura o garantismo penal.

Assim, à semelhança daqueles dois adjuntos que previa a legislação processual penal da França pós-revolucionária[876], MP de acusação e MP de defesa assumiriam funções de controle dos desvios – por faltas e por excessos – dos órgãos de investigação, com respeito a interesses individuais e sociais da comunidade. Em síntese, um MP de defesa a controlar os excessos contra os interesses individuais do investigado e um MP de acusação a controlar as insuficiências contra os interesses coletivos da sociedade, em igualdade de condições e possibilidade de controle sobre a investigação criminal que, no entanto, nenhum deles teria à disposição exclusiva.

Esse controle duplo assume um caráter tanto potestativo, quanto cognitivo, pois tende não apenas a justificar a verdade segundo uma epistemologia falseacionista, mas a diminuir o problema da legitimação do poder que se exerce passo a passo na investigação. Com ele criam-se as condições de possiblidade de um efetivo juízo de proporcionalidade dos meios de obtenção de prova que leve em conta seriamente argumentos também em favor da defesa. Afinal, os meios de obtenção de provas, antes de serem atos cognitivos, são essencialmente atos potestativos de restrição de direitos que, uma vez realizados, não se podem reverter. E a legitimação desses atos se baseia fundamentalmente em um juízo de proporcionalidade que pretende apresentar razões que justificam uma limitação de direito individual em favor de um interesse coletivo de investigação.

O problema da proporcionalidade, como se encontra nos modelos unidirecionais de investigação direta pelo Ministério Público, está em que,

---

[876] A respeito, cf. A. Laingui, "La phase préparatorie du procès penal: historique", *RIDP 56*, 1985, pp. 43-85.

TEORIA DA INVESTIGAÇÃO CRIMINAL

nos meios ocultos de obtenção, os argumentos possíveis em favor da defesa nunca são postos pela própria defesa, mas apenas considerados em hipótese pelo juiz à vista exclusivamente de razões apresentadas pela acusação ou pelos órgãos de polícia. É ao juiz que compete sempre, nessas circunstâncias, aduzir razões em favor da defesa com a agravante de, em caso de deferimento da medida, não haver hipótese de recurso como há em caso de indeferimento. Ora, nessas circunstâncias, não nos podemos esquecer da advertência de que, pelo método proporcionalista, podem-se produzir argumentos a favor de qualquer solução[877], o que vem quase sempre em detrimento da defesa, à falta de um órgão específico de proteção de seus direitos.

Ademais, como se observa nos modelos unidirecionais de investigação, a proporcionalidade se limita a uma perspectiva do interesse público da acusação, orientada a obter provas para a condenação dos culpados, em detrimento de uma restrição de direitos individuais. A considerar, contudo, que é também interesse público do processo a proteção do inocente, dever-se-ia realizar reciprocamente um outro juízo de proporcionalidade com vistas ao direito efetivo de defesa, a considerar que a escolha entre fins e meios, entre o que se pode considerar meio relativamente a um fim, é algo aberto[878], não havendo qualquer obstrução conceitual na ideia de proporcionalidade.

O reequilíbrio dos sujeitos pela divisão do poder punitivo que separa acusação e investigação, assegurando ainda uma defesa distinta e efetiva, permite que o juízo de proporcionalidade se realize à vista de argumentos e outros elementos sustentados em igualdade de condições e no momento oportuno à defesa efetiva. Essa organização institucional permitiria, ainda, a recuperação da característica de terceiridade da jurisdição material pela garantia de prévia atuação de alguma defesa, antes que seja imposta uma restrição ao investigado, retirando da acusação a exclusividade de sua perspectiva.

Esse reequilíbrio de sujeitos permite, por fim, integrar ao processo penal efetivamente o fim de proteção dos inocentes, sempre mantido em uma instância meramente formal nos diversos sistemas de investigação, que mantêm a defesa alheada sem uma verdadeira dignidade processual.

---

[877] J. Finnis, *Fundamentos de Ética*, 2012, p. 94
[878] C. Perelman, I. Olbrechts-Tyteca, *Tratado da Argumentação*, 2002, p. 315

A presença de um MP de defesa, ladeando um MP de acusação, e igualmente equidistante da investigação em posição de controle recíproco, vai assegurar assim a possibilidade de um juízo de proporcionalidade invertido que, tomando a proteção dos inocentes como um fim também do processo, propicia uma limitação ao interesse púbico da investigação.

O princípio da investigação, assim, coloca-se em uma perspectiva cognitivo-potestativa que assegura melhor a busca da verdade, pelo controle recíproco dos sujeitos como condição de possibilidade de um melhor juízo de proporcionalidade, evitando que o poder se sobreponha ao saber. Essa reorganização institucional, contudo, é certo, não elimina toda inquisitoriedade do processo penal, que permanece em um mínimo irredutível em condições de ainda gerar outros tantos problemas. Não se pode obscurecer essa irredutibilidade inquisitória do processo penal.

Certamente, assim como acontece com os modelos unidirecionais de investigação, ao pretender eliminar certos problemas, esse modelo bidirecional poderá trazer outros problemas. Mas, parece-nos certo, colocaria a defesa em uma posição mais próxima de igualdade, promoveria melhor a liberdade e asseguraria melhor a verdade, contribuindo para uma diminuição das possibilidades de erros e um melhor processo penal relativamente ao que se encontra no criticado modelo acusatório de investigação criminal. Em suma, esse modelo processual de investigação poderia previnir melhor os possíveis autoritarismos processuais, com seus problemas cognitivo e potestativo, que interessam a uma teoria da investigação criminal, mas nos limites das possibilidades que a prática da investigação criminal sempre tem para redefinir princípios segundos novos paradigmas e programas jurídico-científicos.

V
CONSIDERAÇÕES FINAIS

16
A Investigação Criminal entre Teorias e Práticas

A teoria é o ideal daquilo que nunca se realiza na prática, embora permaneça forte no espírito daqueles que esperam um mundo melhor, no qual se inclui uma melhor investigação criminal, mas é somente na prática que a teoria se pode confirmar, ao passo que a prática sem teoria se pode tornar o exercício cego de um instinto inconsequente.

A teoria nada representa sem a prática da investigação criminal, assim como esta sem aquela igualmente. É sob essa perspectiva que devemos compreender a teoria como "uma condição hipotética ideal, na qual tenham pleno cumprimento normas e regras que na realidade são observadas imperfeita ou parcialmente", segundo a concepção kantiana que compreende a prática como ato que concretiza objetivos relativamente a certos princípios de conduta[879].

É, portanto, ilusório querer pensar a teoria ou a prática de forma independente, ou tentar estabelecer a prevalência de uma sobre a outra ou, ainda que seja possível, desenvolver qualquer atividade séria de que se espera certa eficiência demonstrada por resultados aferíveis, sem mesclar teoria e prática. Ademais, se é certo que a teoria deve anteceder à prática, não vemos, contudo, como se possa teorizar sobre algo que nunca tenha sido praticado. A atividade dos *"teoricistas"* está de tal forma arraigada ao

---

[879] Cf. N. Abbagnano, *Dicionário de filosofia*, 2003, p. 952: "Chama-se teoria um conjunto de regras também práticas, quando são pensadas como princípios gerais, fazendo-se abstração de certa quantidade de condições que exerçam influência necessária sobre a sua aplicação. Inversamente, o que se chama *prática* não é um ato qualquer, mas apenas o ato que concretiza um objetivo e é pensado em relação a princípios de conduta representados universalmente".

TEORIA DA INVESTIGAÇÃO CRIMINAL

que os *"praxistas"* desenvolvem que se torna impossível, e mesmo supérfluo, teorizar sem o contraponto da prática. Nesse sentido, temos em mente que uma possível investigação criminal jurídico-científica, segundo a concepção teórica aqui sustentada, somente se tornará possível na medida em que possamos falar em *teoria e prática,* como faces da *investigação criminal.*

A questão é que a realidade sempre é mais rica em diversidade e problemas do que a teoria pode antecipar, mas podemos em conclusão esboçar certos parâmetros subjacentes que fazem da prática da investigação criminal uma atividade humana complexa, que se desenvolve no âmbito de paradigmas, programas e tradições diversos, em razão dos quais a teoria pode oscilar muito constantemente em sentido diverso da concepção que defendemos até aqui.

A investigação criminal, como forma de saber prático exercido no contexto de uma ideologia jurídico-penal, é uma atividade humana destinada à solução de problemas, que se desenvolve por tradições múltiplas de investigação do crime, segundo determinado paradigma (ou mais de um, em concurso) e conforme certos programas normativos de pesquisa (por vezes interpretados de formas muito diversas). Esses elementos que compõem nossa conclusão acerca de uma teoria da investigação criminal – atividade humana, paradigmas, programas, tradições e problemas – constituii o que podemos chamar de racionalidade jurídico-científica da investigação criminal, cuja teoria não pode ignorar as possibilidades de diversas configurações práticas existentes no que podemos considerar uma comunidade jurídico-científica. É, portanto, a título de considerações finais, que queremos admitir a diversidade possível de racionalidades invstigativas, a partir da apresentação dos elementos fundamentais com que se podem constituir outras teorias a partir das práticas de investigação criminal.

Antes de tudo, isso decorre porque a investigação criminal é uma atividade humana, como qualquer outro campo de conhecimento mesmo cientifico[880], e, nessa perspectiva, há que se reconhecer a *subjetividade* do investigador como pessoa e sua *responsabilidade* como agente de uma função estatal, bem como as influências de *antecedentes sócio-culturais* vários que se concentram na ordenação jurídica da atividade e na *comunidade jurídico-científica* em que se insere e para a qual concorrem sujeitos outros

---

[880] G. F. Kneller, *A ciência como atividade humana",* 1980.

que têm a possibilidade de exercer algum controle sobre a forma de investigar e as conclusões investigativas.

Entre os antecedentes sócio-culturais vários, que concorrem para a formação da subjetividade do investigador, pode-se considerar o paradigma ético-epistêmico como o fundamental, pois nele se concentram elementos que determinam certas formas de decidir subjetivamente sobre como investigar. Mas programas normativos de investigação e as diversas tradições práticas sobre a forma de investigar também têm grande relevância na subjetividade do investigador como pessoa. No conjunto, tudo se pode considerar antecedentes sócio-culturais que acabam sendo representativos de visões de mundo e ideologias, perspectivas filosóficas e religiosas subjacentes, opinião pública e educação própria, tradições outras da forma de investigar, bem como a política e a economia. Pensemos no que representa a visão de mundo como ordenação jurídica, segundo o Estado de direito, a democracia e o constitucionalismo, em conjunto com a ideologia jurídico-punitiva, na forma de investigar os crimes, como elementos preliminares às decisões da autoridade investigante. Pensemos, ainda, no que representa a opinião pública sobre o crime investigado, veiculada pelos meios de comunicação de massa, bem como a própria formação da autoridade investigante segundo tradições jurídicas relativas ao direito penal e o processo penal. Pensemos, por fim, no papel da política criminal, nem sempre expressamente definida, bem como nas suas relações não evidentes com os valores econômicos, contido em uma representação criminológica subjacente e não declaradamente especificada.

Ora, se esses antecedentes sócio-culturais se encontram presentes na atividade científica, como bem os reconhece e explica G. F. Kneller, não os podemos ignorar na atividade de investigação criminal, em que as condicionantes ético-políticas estão asseguradas juridicamente de tal forma que se tornam verdadeiras "obrigações legais" da autoridade responsável pela investigação. Em outros termos, devemos entender que as diversas condicionantes éticas que orientam a forma de investigação vinculam objetivamente a autoridade responsável pela investigação, sob pena de responsabilidade, ainda que subjetivamente ela não faça adesão aos valores garantidos. Sobretudo porque, na comunidade jurídico-científica em que se insere a investigação criminal, não há um controle apenas epistêmico (sobre o conhecimento), mas também axiológico (sobre os valores em jogo). E tudo isso sob uma forma jurídica, mediante *estatutos deontológicos* que ordenam a maneira de agir dos agentes estatais como assunto de interesse público que extrapola o âmbito interno da prática de investigação criminal. Os estatutos deontológicos podem estar previsto em instrumento normativo único, na forma consolidada, ou podem se encontrar dispersos em normas várias, como na Constituição, leis ordinárias e regulamentos administrativos, cuja natureza diversa não exclui a unicidade do objeto que é dispor sobre limites de determinada atividade estatal.

Dessa forma, uma comunidade jurídico-científica que se constitua em torno da atividade investigativa deve ter em conta questões relativas não apenas ao saber, mas também ao poder que se exerce na investigação criminal. Essa particularidade da investigação criminal, que decorre do seu contexto jurídico, implica conferir a uma comunidade científica alguma mudança na concepção ordinária. No entanto, há que se ter em mente que "uma comunidade científica é formada pelos praticantes de uma especialidade científica"[881]. E esses praticantes da investigação criminal podem acabar reorientando as bases teóricas e os metodológicas quando se envolvem na tentativa de solução de seus problemas práticos.

Problemas, Práticas e Tradições da Investigação

O problema prático fundamental de toda investigação é responder a perguntas fundamentais – que, quem, quando, como e por que? – mas dessas questões, outras tantas decorrem e suscitam problemas vários relativos ao objeto e método de investigação, para o que uma tradição de pesquisa pretende dar respostas, baseadas em paradigma de orientação e programas normativos de investigação. Mas a prática da investigação tende a produzir no âmbito de sua atividade certos conhecimentos operativos que não estão especificados no paradigma nem mesmo no programa normativo. Com efeito, para responder às minúcias do problema, as instituições estatais responsáveis pela investigação desenvolvem suas tradições, especificando respostas estratégicas, gerenciais e operacionais, que devem (ou deveriam) guardar consonância com o paradigma e os programas normativos. Na prática, contudo, produzem-se formas diversas de investigação que são méto-

---

[881] T. Kuhn, *A estrutura das revoluções, científicas*, 2009, p. 222). E mais especificamente, segundo G. F. Kneller, *A ciência como atividade humana*, 1980, p. 182), "a comunidade científica é uma associação de pessoas que não estão vinculadas entre si por leis nem cadeias de comando, mas pela comunicação de informações – através de revistas especializadas, conferências, discussões informais e outros canais".

dos particulares orientados a resolver o problema prático, às vezes fora dos limites do programa normativo disponibilizado, buscando atender às ideias-chave do paradigma de orientação; mas às vezes é o próprio paradigma que é sacrificado por programas normativos que lhe são ostensivamente contrários, visando à solução mais facilitada de certos problemas.

A partir dessas tentativas de melhor responder aos problemas práticos se podem suscitar questões teóricas com implicações diretas no desenvolvimento da atividade prática como disciplina. Assim, podemos ascender aos problemas teóricos. Pensemos em uma questão dessa ordem como exemplo de um problema teórico. Como investigar determinado crime, nos limites de um programa normativo de investigação, buscando atender ao máximo a orientação paradigmática? Em termos concretos, como investigar a criminalidade organizada com a menor limitação a direitos fundamentais possíveis? Desse tipo de pergunta, modelos de investigação criminal podem surgir como respostas. Nesses termos, o problema teórico é posto em causa a partir de uma perspectiva teórica preliminar, fundada nas bases valorativas de um paradigma. Ou seja, a forma de por a questão teórica já traz em si a adesão a uma determinada perspectiva que se pretende dar à matriz disciplinar. Ora, essa forma de apreciar a questão reconduz toda a discussão ao nosso ponto de partida – o paradigma da investigação criminal. Não pretendemos fazer uma afirmação que se possa estender a toda e qualquer atividade intelectual, mas no âmbito da investigação criminal, não acreditamos ser possível pensar a atividade cientificamente sem uma adesão prévia a um paradigma, no sentido de uma matriz disciplinar, com todos os seus elementos, especialmente os relativos às partes metafísicas (não empiricamente observáveis) e compartilhamento de certos valores.

É inevitável que tradições várias de pesquisa se desenvolvam no âmbito da investigação criminal, sobretudo à vista da concorrência de paradigmas e da diversidade de programas normativos de investigação. E isso é possível ainda que nos limitemos a observar as práticas de investigação das instituições estatais de um mesmo país, especialmente no caso em que temos uma pluralidade de instituições envolvidas. Consideremos, por exemplo, no caso do Brasil, as várias polícias civis dos diversos Estados-membros que possuem tradições de investigação diversas, embora investiguem sob um mesmo programa normativo de investigação – as leis nacionais que são únicas em matéria penal e processual penal. Em parte, essas tradições

TEORIA DA INVESTIGAÇÃO CRIMINAL

decorrem não apenas das realidades fáticas com que se deparam na prática de investigação, mas igualmente de uma concepção interpretativa própria dos programas normativos. Essa diversidade de tradições se podem observar mesmo em uma única instituição, como a Polícia Federal do Brasil. Isso decorre das diversas tradições relativas a um único campo de pesquisa. É, por isso, importante tentar melhor entender o que se considera uma tradição de pesquisa, no âmbito das ciências, para que possamos entender como essa ideia aparece no âmbito da investigação criminal.

Larry Laudan reconhece que todas as disciplinas intelectuais, sejam científicas ou não, têm histórias repletas de tradições de pesquisa[882]. E vimos em nossa introdução as mais fundamentais, embora cada uma delas se multipliquem na prática. Toda tradição tem um certo número de teorias que a exemplificam e a constituem; toda tradição se evidencia por certos compromissos metafísico e metodológicos. E normalmente, "a tradição de pesquisa especificará também determinados modos de proceder, que constituem os *meios de indagação* legítimos abertos a um pesquisador dessa tradição". Em síntese, uma tradição de pesquisa é um conjunto de questões ontológicas acerca dos objetos de pesquisa e metodológicas acerca dos meios de pesquisa. Ou mais especificamente, "é um conjunto de pressupostos gerais acerca das entidades e dos processos de um âmbito de estudo, e acerca dos métodos apropriados que devem ser utilizados para investigar os problemas e construir as teorias desse domínio". Pensemos em termos relativos à investigação criminal para compreender que cada instituição estatal responsável pela atividade, ainda que se considerem o mesmo paradigma de orientação e os mesmos programas normativos, desenvolve na prática de suas atribuições um conjunto de pressupostos acerca do crime e do método de investigação, recorrendo a certo número de teorias específicas. Nesse sentido, assim se podem considerar a teoria analítico-jurídica do crime, a teoria jurídica das provas criminais e a teoria dos direitos fundamentais aplicada na investigação, como conjunto de teorias específicas que deveriam estar em conformidade com um paradigma, p. ex. a teoria do garantismo penal. Na prática, esses pontos não se encaixam facilmente. Muito constantemente, na investigação criminal, algumas teorias específicas estarão sendo aplicadas sem essa preocupação conciliatória entre paradigma e tradição de pesquisa. Não sem frequência,

---

[882] L. Laudan, *El progreso y sus problemas,* 1986, p. 113ss

poderemos encontrar tentativas de aproveitar teorias específicas acerca do crime, em um contexto processual penal totalmente renovado, criando tradições em desacordo com programas normativos e paradigmas que se imaginam ainda presentes.

Fazendo uma análise superficial das diversas formas práticas de investigação criminal, no âmbito da Polícia Federal do Brasil e sua principal tradição pratico-polcial, nas últimas décadas, pode-se com facilidade vislumbrar pelo menos três (sub)tradições bem distintas que se desenvolvem separada ou conjuntamente. Podemos falar em tradição cartorária, de inteligência e operacional. A tradição cartorária está orientada à investigação de crimes clássicos já consumados, em que se procede com base em provas documentais e testemunhais. A tradição de inteligência surge como uma forma de produzir conhecimento estratégico para investigação de crimes que demonstram continuidade, existência de mais de um autor, tendência à organização criminosa etc., requerendo uma orientação à busca das provas de forma não aleatória. A tradição operacional, por sua vez, praticada por vezes em conjunto com a inteligência, alcançou grande repercussão nas investigações de crimes de lesão a bens de interesse difuso e coletivo (financeiro, econômico e previdenciário) e corrupção político-administrativa. No conjunto, em todos os casos, pode-se observar que o objeto da investigação determina o método de investigação, em que a tradição está orientada à solução de problemas pontuais, a partir de uma orientação paradigmática e dos programas normativos de investigação disponíveis, mas também segundo diretrizes internas de organização e administração do órgão estatal[883].

Programas e Paradigmas, Anomalias e Crises

As diversas tradições de investigação em concurso pressupõem outros tantos programas normativos de investigação criminal. Com efeito, podemos encontrar em um mesmo ordenamento jurídico-penal disposições normativas diversas a respeito da forma de investigação dos crimes, conforme o objeto. No Brasil, p. ex., podemos distinguir pelo menos três programas, se levamos em consideração as disposições relativas aos crimes clássicos

---

[883] Atualmente, pode-se ainda observar a tendência para uma tradição-síntese, em que se conjugam elementos de planejamento, gestão e estratégia (A. M. Barbosa, *Curso de investigação criminal*, 2014)

TEORIA DA INVESTIGAÇÃO CRIMINAL

previstos na codificação básica (Código de processo penal), os crimes de menor potencial ofensivo e a criminalidade organizada. Em relação a cada um deles podemos observar uma distinção não apenas quanto ao objeto de investigação, mas especialmente quanto ao método legal disponível, pois as disposições processuais penais seguem distinguindo as formas de investigação. Uma melhor compreensão dessas formas normativas diversas, em confronto com alguns preceitos constitucionais liberais, pode ser alcançada a partir da idéia de programa de investigação cientifica, segundo a concepção de Imre Lakatos. A partir dessa noção, acreditamos que podemos compreender as disposições normativas sobre o processo penal como programas normativos de investigação criminal, com especificações sobre o método.

Um programa de investigação científica é constituído essencialmente por regras metodológicas, mas de natureza diversas – "algumas indicam os caminhos da investigação a evitar (*heurística negativa*), outras os caminhos a seguir (*heurrística positiva*)"[884]. Sob essa perspectiva, podemos entender cada conjunto de disposições legais a respeito de crimes específicos (clássicos, menor potencial ofensivo e criminalidade organizada) como disposições metodológicas sobre a forma de investigar. Nesse sentido, é possível distinguir nas disposições legais tanto normas que dizem o que é permitido fazer na investigação criminal, ainda que apenas implicitamente, ou o que é permito sob certas condições, bem como o que é proibido, por exclusão da possibilidade. No conjunto das diversas disposições, podemos delinear programas de investigação vários que decorrem de uma interpretação sistemática da legislação, quando relacionamos o tipo de crime com as autorizações legais para investigar. Um exemplo dessa forma de dispor, no Brasil, encontra-se na lei relativa às interceptações telefônicas que exclui esse meio de investigação para crimes punidos com detenção.

Imre Lakatos observa ainda que, em virtude da heurística negativa, todos os programas de investigação podem ser caracterizados por um "núcleo firme", que impede o programa de orientar-se em certos sentidos que se encontram excluídos da pesquisa. Em virtude disso, explica que o desenvolvimento de heurísticas positivas deve ser no sentido de formar um cinturão protetor desse núcleo. Pensemos tudo isso em termos adequados à investigação criminal, a partir da ideia do constitucionalismo, especial-

---

[884] I. Lakatos, *Falsificação e Metodologia dos Programas de Investigação Científica*, 1999, p. 55ss.

A INVESTIGAÇÃO CRIMINAL ENTRE TEORIAS E PRÁTICAS

mente orientada à proteção do núcleo firme dos direitos fundamentais, e da necessidade de desenvolverem-se formas positivas de investigação que reforcem o núcleo, embora não impeçam o desenvolvimento da investigação, segundo as necessidades da realidade evidenciadas pelos paradigmas concorrentes. Em suma, o que está em questão é um confronto entre uma nova realidade emergente da sociedade do risco (tutela penal de novos direitos, criminalidade organizada e terrorismo) – todas tendentes a uma maior ampliação do poder punitivo, com um consequentemente aumento dos poderes investigatórios do Estado. Em sentido contrário, a normatividade de proteção de direitos fundamentais individuais tende a diminuir como forma de atender àquelas exigências fáticas.

Nesse contexto, a lição de Konrad Hesse sobre a força normativa da Constituição é esclarecedora, ao apresentar uma compreensão conciliadora entre Constituição real (que pretende ser a descrição das relações fáticas de poder, segundo Ferdinand Lassale), e Constituição jurídica (que pretende ser um poder entre outros, igualmente relevante na conformação entre fato e norma). Sua proposta passa pelo que ele denomina "condicionamento recíproco entre a Constituição jurídica e a realidade político-social". Ressalta, contudo, que "a força normativa da Constituição não reside, tão-somente, na adaptação inteligente a uma dada realidade". Tendo em conta essa ideia, podemos nos questionar se as emergências sociais se podem considerar suficientes para a redução do núcleo firme de programas normativos de investigação criminal. Afinal, como bem ressalta K. Hesse, é necessária a "compreensão de que essa ordem constituída é mais do que uma ordem legitimada pelos fatos"[885]. Mas, apesar dos questionamentos valorativos que possamos fazer, não podemos deixar de observar que, por vezes, essa ordem fática muito constantemente assume com força a diretriz normativa de programas e tradições, atingindo o coração do paradigma garantista a partir da prática das investigações criminais em desacordo ostensivo com ele.

O garantismo se pode considerar, no quadro de referência do Estado o de direito, o fundamental paradigma da investigação criminal[886]. À evidência, essa afirmação representa adesão a certos valores que se impõem

---

[885] K. Hesse, *A força normativa da Constituição,* 1991, p. 19.

[886] Temos em mente o conceito de paradigma no sentido de *matriz disciplinar,* como "posse comum aos praticantes de uma disciplinar particular" (T. Kuhn, *A estrutura das revoluções científicas,* 2009, p. 219ss)

TEORIA DA INVESTIGAÇÃO CRIMINAL

ao Estado de direito, desde uma perspectiva externa de justificação do poder estatal, bem como uma particular forma de compreendê-los frente aos problemas que se colocam nas sociedades. Não podemos, por isso, ignorar a existência de outras concepções que, sem abdicar do mesmo quadro de referência, pretendem sustentar outros paradigmas de orientação da investigação criminal. Mas não se pode igualmente deixar de observar que certas interpretações fazem uma mudança tendenciosa ou radicalmente profunda no quadro de referência, o que nos permitiria abordar a diversidade de paradigmas, haja vista a mudança de paradigma do sistema penal[887].

O paradigma garantista, materializado nos dez princípios representativos de garantias penais e processuais segundo o sistema de Luigi Ferrajoli, configura "um esquema *epistemológico* de identificação do desvio penal, orientado a assegurar (...) o máximo grau de racionalidade e confiabilidade do juízo e, portanto, de limitação do poder punitivo e de tutela da pessoa contra a arbitrariedade". Essa epistemologia se pode entender sintetizar em dois elementos – (a) o convencionalismo penal, a partir da máxima *autorictas, non veritas facit legem* que pretende representar o princípio da estrita legalidade, e (b) o cognitivismo processual, a partir da máxima *veritas, non auctoritas facit judicium* que pretende representar o princípio da estrita jurisdicionariedade. Esses elementos, que assumimos nessa teoria da investigação criminal, em síntese, representam uma diminuição do âmbito de poder da autoridade investigante, em favor de um maior âmbito de proteção de direitos fundamentais em jogo, mas se trata de paradigma em disputa com outros que podemos encontrar na comunidade jurídico-científica

Luigi Ferrajoli reconhece "a mudança de paradigma do sistema penal", com "orientações tendentes à eficiência e a lógica da diferenciação..."[888]. Esse movimento de mudança, com seus motivos socioeconômicos, foi bem exposto por Jesus-María Silva Sanchez, ao apresentar a descrição do que considera uma *expansão do Direito Penal*, sustentando a possibilidade de falar-se em três velocidades do Direito penal, segundo uma perspectiva político-criminal de compreensão do problema. Em síntese, um direito penal liberal (para aplicação de penas de prisão, mas respeitadas todas as

---

[887] Cf. J.-M. Silva Sánchez, *A expansão do direito penal*, 2002; J. L. Diez Ripollés, *La política criminal en la encrucijada*, 2007.

[888] L. Ferrajoli, *Direito e Razão*, 2000, p. 602.

A INVESTIGAÇÃO CRIMINAL ENTRE TEORIAS E PRÁTICAS

garantias), um direito penal menos liberal (para aplicação de penas não privativas de liberdade, sem respeito a todas as garantias) e um direito penal anti-liberal (para aplicação de penas de prisão, sem respeito a todas as garantias).

Da descrição dessa expansão do direito penal, com suas variadas formas de expressão, podemos extrair igualmente a concorrência de três paradigmas de orientação do sistema penal como um todo, e da investigação criminal em particular. Assim, podemos, atualmente, observar que, além do paradigma garantista, fundado na idéia fundamental de garantia da liberdade, concorrem pelo menos outros dois paradigmas de orientação dos sistemas penais – o "securitarismo" e o "inimiguismo".

O "securitarismo", em síntese, encontra-se fundado nas idéias de risco, segurança e eficiência, e busca justificar-se na demonstração de que existem certas *anomalias* do garantismo, quando posto em confronto com a necessidade de tutela de novos direitos (o que contradiz um direito penal mínimo). Dele se pode extrair ainda a idéia de proteção do homem sob uma perspectiva abstrata e coletiva, em atenção à necessidade de vida em sociedade e certos bens de interesse difuso e coletivo, ou mesmo a constatação de que certos crimes, praticados de forma organizada, atentam contra as condições de vida. Esse modelo penal, que se pode compreender a partir do paradigma secutitarista, pode-se observar no que se tem chamado de seguridade cidadã, em que se enfatiza o sentimento coletivo de insegurança, a relevância dos interesses das vítimas e revalorização do componente aflitivo da pena[889].

A *noção de anomalias*, no âmbito da ciência, remete ao conjunto de problemas que não são explicáveis no quadro conceptual do paradigma, ou até o contradizem. Na ciência, a anomalia resulta também da descoberta de fatos para os quais o paradigma não está em condições de oferecer uma explicação[890]. No âmbito do direito, pode-se considerar o conjunto de problemas (antigos ou novos) não solucionados satisfatoriamente no quadro do paradigma predominante. Contudo, é preciso entender que mesmo na ciência, "a existência de anomalias pode ser conhecida durante muito tempo sem que por isso o paradigma vigente desmorone"[891].

---

[889] A respeito desse modelo, cf. J. L. Díez Ripollés, *La política criminal en la encrucijada*, 2007.
[890] T. Kuhn, *A estrutura das revoluções científicas*, 2009, p. 77ss.
[891] J. Encheverría, *Introdução à metodologia da ciência*, 2003, p. 122.

TEORIA DA INVESTIGAÇÃO CRIMINAL

O "inimiguismo", por sua vez, funda-se nas idéias de inimigo, combate e diferenciação, justificadas na existência de *crises* do garantismo para responder a problemas mais graves, como têm sido considerados a criminalidade organizada e o terrorismo. Nesse contexto, sustenta-se que "quem por princípio se conduz de modo desviado, não oferece garantia de um comportamento pessoal. Por isso, não pode ser tratado como cidadão, mas deve ser combatido como inimigo"[892].

A *noção de crises*, surge diante da impossibilidade de o paradigma vigente responder ao problema novo com simples hipótese *ad hoc*, levando a uma revolução científica[893]. Sob essa perspectiva, contudo, deve-se colocar igualmente em dúvida a existência de crise, tendo em conta que "a mera existência de enigmas não resolvidos dentro de um paradigma não constitui uma crise (...). É somente sob conjuntos especiais de condições que as anomalias podem se desenvolver de maneira a solapar a confiança num paradigma"[894]. Mas é certo que "a seriedade de uma crise se aprofunda quando aparece um paradigma rival", o que no âmbito do direito penal parece estar se configurando cada vez mais. E nesse sentido, é preciso dar atenção mais ao paradigma rival, nesse caso o inimiguismo, que às crises, sobretudo porque estas são igualmente criadas pelo novo paradigma.

O direito penal do inimigo pode, nesse sentido, com proveito, ser abordado como uma exacerbação do paradigma securitarista[895]. No entanto, entendemos por distinguir os dois, considerando que há modelos penais securitários e não-garantistas que prescindem das idéias de inimigo, combate e diferenciação. Mas, no conjunto, os paradigmas em concurso com o garantismo representam, em síntese, no âmbito da investigação criminal, uma relativização de garantias penais e processuais, que implicam reduzir o âmbito de proteção de direito fundamentais e consequentemente ampliar a facilidade de persecução do crime para imputá-lo a alguém.

É nesse sentido, portanto, que a prática da investigação se põe em conflito com uma teoria da investigação orientada por paradigma diverso, embora essa teoria permaneça como ideal que postulamos como orientação de uma revisão prática da investigação.

---

[892] G. Jakobs, *Direito penal do inimigo*, 2005, p. 49.
[893] T. Kuhn, *A estrutura das revoluções científicas*, 2009, p. 93ss.
[894] A. F. Chalmers, *O que é ciência, afinal?*, 1993, p. 128.
[895] J. L. Díez Ripollés, *La política criminal en la encrucijada*, 2007, p. 177

REFERÊNCIAS

Abbagnano, N. *Dicionário de filosofia*. São Paulo, Martins fontes, 2003.

Abbagnano, N. *Dizionario di filosofia*. Torino, UTET, 2013.

Agamben, G. *Estado de exceção*. São Paulo, Boitempo, 2004.

Albert, H. *Tratado da razão crítica*. Rio de Janeiro, Tempo Brasileiro, 1976.

Albuquerque, P. P. *Comentários do Código de Processo Penal: à luz da Constituiçào da República e da Convenção Europeia dos Direitos do Homem*. 4ª edição actualizada. Lisboa, Universidade Católica Editora, 2011.

Ales Bello, A. *Introdução à fenomenologia*. Florianópolis, EDUSC, 2006.

Alessi, G. *Il processo penale. Profilo storico*. Roma-Bari, Laterza, 2011.

Alexy, R. *Teoria dos direitos fundamentais*. São Paulo, Malheiros, 2011.

Almeida Jr., J. M. *O processo criminal brasileiro*. Volume I. Rio de Janeiro, Typ. Baptista de Sousa, 1920.

Almeida Jr., J. M. *O processo criminal brasileiro*. Volume II. Rio de Janeiro, Freitas Bastos, 1959.

Amaral, M. N. *Dewey: Filosofia e experiência democrática*. São Paulo, Perspectiva, 2007.

Ambos, K. *Principios del proceso penal europeo. Analisis de la Convención Europea de Derechos humanos*. Bogota, Universidad Externado de Colombia, 2005.

Andrés Ibáñez, P. "Presunción de inocência e «in dubio pro reo»", *Prueba y coviccion judicial en el proceso penal*. Buenos, Aires, Hammurabi, 2009.

Armenta Deu, T. *Sistemas procesales penales. La justicia penal em Europa y America*. Madrid, Marcial Pons, 2012

Armenta Deu, T. *A prova ilícita. Um estudo comparado*. São Paulo Marcial Pons, 2014.

Araújo Dutra, L. H. *Verdade e Investigação*. São Paulo, EPU, 2001.

Araújo Dutra, L. H. *Pragmática da investigação científica,*. São Paulo, Loyola, 2008.

Araújo Dutra, L. H. *Introdução à teoria da ciência*, Florianópolis, UFSC, 2009.

Araújo Dutra, L. H. Pragmática da investigação: modelos instencionais na investigação policial, *Revista Brasileira de Ciências Policiais*, n.1, v.1, Brasília, ANP, 2010, pp. 137-152.

Asencio Melado, J. M. *Derecho procesal penal*. Valencia, Tirant lo Blanch, 2012.

Augsberg, I. "A desunidade da razão na multiplicidade de suas vozes: a teoria da ponderaçào e a sua crítica como um programa jurídico-teórico", in Campos, R. (org.). *Crítica da ponderação. Método constitucional entre a dogmática jurídica e a teoria social*. São Paulo, Saraiva, 2016, pp. 19-36.

TEORIA DA INVESTIGAÇÃO CRIMINAL

Ávila, H. *Teoria dos princípios*, 5ed. São Paulo, Malheiros, 2006

Ávila, H. *Teoria dos princípios*, 14ed. São Paulo, Malheiros, 2013

Bachelard, G. *O novo espírito científico*. Lisboa, Edições70, 2008

Bacigalupo, E. *El debido proceso penal*. Buenos Aires, Hammurabi, 2005.

Bacigalupo, E. *Direito penal – Parte, geral*. São Paulo, Malheiros, 2005.

Badaró, G. *Proceso penal*. São Paulo, Elsevier, 2008.

Badaró, G. *Processo penal*, 3ed. São Paulo, Revista dos Tribunais, 2015.

Baratta, A. *Criminologia Crítica e Crítica do Direito Penal. Introdução à Sociologia do Direito Penal*. Rio de Janeiro, Revan, 1999.

Barberá, F. A.; Luis y Tuyrégano, J. V. *Polícia Científica*. Valencia, Tirant Lo Blanch, 1998.

Barberá, F. A.; Luis y Tuyrégano, J. V. *Manual de Técnica Policial*. Valencia, Tirant Lo Blanch, 2005.

Barbosa, A. M. *Curso de Investigação Criminal*. Porto Alegre, 2014.

Barreto, I. C. *A Convenção Europeia dos Direitos do Homem*. Coimbra, Coimbra Editora, 2010.

Baumann, J. *Derecho procesal penal. Conceptos fundamentales y princípios procesales*, Buenos Aires, Depalma, 1989.

Beatty, D. M. *A essência do Estado de Direito*. São Paulo, Martins Fontes, 2014.

Beling, E. *Derecho procesal penal*. Cordoba, Imprensa de la Universidad, 1943.

Beling, E. *La doctrina del delito-tipo*. Buenos Aires, Editorial Depalma, 1944.

Beling, E. "As proibições de prova como limite para a averiguação da verdade no processo penal" (1903), in Santiago, N. E. A. (coord). *Proibições probatórias no processo penal*. Brasília, Gazeta Jurídica, 2013, pp. 1-46

Benthan, J. *Tratado de las pruebas judiciales*. Paris, Bossange Fréres, 1825.

Bettiol, G. *Direito penal – Parte geral*. Campinas (SP), Red Livros, 2000.

Bitencourt, C. R. *Tratado de direio penal*. São Paulo, Saraiva, 2000.

Barberá, F. A.; Luis y Tuyrégano, J. V. Munoz Conde, F. *Teoria geral do delito*. São Paulo, Saraiva, 2000.

Blackburn, S. *Dicionario Oxford de Filosofia*. Rio de Janeiro, Zahar, 1997.

Blanché, R.; Dubucs, J. *História da lógica*. Lisboa, Edições70, 2001.

Bloch, M. *Apologia da História ou o ofício de historiador*. Rio de Janeiro, Zahar, 2001.

Bonavides, P. *Curso de Direito Constitucional*. São Paulo, Malheiros, 2002.

Bonfantini, M. A.; Proni, G. "Suposição: Sim ou Não?, Eis a Questão", in Eco, U.; Sebeok, T. (org). *O signo de três*. São Paulo, Perspectiva, 2014.

Boudon, R *Tratado de sociologia*. Rio de Janeiro, Zahar, 1995.

Bouloc, B. *Procédure penale*. Paris, Dalloz, 2014.

Bourdé, G.; Martin, H. *As Escolas Históricas*. Lisboa: Europa-América, 2003.

Bove, L. "Inquisitio", *Novissimo Digesto Italiano*. VIII. Torino, UTET, 1975, p. 716.

Bove, L. "Imperium", *Novissimo Digesto Italiano*, VIII. Torino, UTET, 1975, pp. 209-212.

Bovino, A. *Principios politicos del procedimiento penal*. Buenos Aires, Ediciones del Puerto, 2009.

Braudel, F. *Escritos sobre a História*. São Paulo, Perspectiva, 1978.

Braz, J. *Investigação Criminal*.Coimbra, Almedina, 2009.

Bunge, M. *Teoria e realidade*. São Paulo, Perspectiva, 2008.

Burdese, A. *Manual de derecho publico romano*. Barcelona, Bosch, 1972.

Caballero, J. F. *Teoría del delito*. Buenos Aires, Hammurabi, 1993.

REFERÊNCIAS

Carnap, R. "O caráter metodológico dos conceitos teóricos", *Os pensadores*. São Paulo, Nova Cultural, 1988, pp. 221-254.

Carnelutti, F. *Principi del processo penale*. Napoli, Morane Editore, 1960.

Carnelutti, F. *Das provas no processo penal*. Campinas, Impactus, 2005.

Capra, F. *A teia da vida: Uma nova compreensão dos sistemas vivos*. São Paulo, Cultrix, 2006.

Capretitini, G. P. "Peirce, Holmes, Popper", in Eco, U.; Sebeok, T. (org). *O signo de três*. São Paulo, Perspectiva, 2014.

Carr, F. *O que é história?* Rio de Janeiro: Paz e Terra, 1982.

Carrara, F. *Programa del Corso di Diritto Criminale (Parte Generale, II)*. Firenze, Fratelli Cammelli, 1924.

Carrara, F. *Programa do curso de direito criminal. Parte Geral, Volume II*. São Paulo, Saraiva, 1957.

Cassara, R. R. R. *Mitologia do processo penal*. São Paulo, Saraiva, 2015.

Cassirer, E. *Indivíduo e Cosmos na filosofia do renascimento*. São Paulo, Martins Fontes, 2001.

Castanheira Neves, A. *Sumários de processo criminal*. Coimbra, 1968.

Ceccaldi, P. F. *A criminalística*. Portugal: Europa-América 1988.

Cesari, C. "«Giusto processo», contraddittorio ed irripetibilità degli atti di indagine", *RIDPP*, ANNO XLIV, Fasc. 1, 2001, pp. 56-87.

Chalmers, A. F. *O que é ciência, afinal?* São Paulo, Brasiliense, 1993.

Chase, O. G. *Direito, cultura e ritual. Sistemas de resolução de conflitos no contexto da cultura comparada*. São Paulo, Marcial Pons, 2014.

Cobra, A. N. *Manual de Investigação Policial*. São Paulo, Escola de Polícia de São Paulo, 1965.

Collingwood, R. G. *A ideia de história*. Lisboa, Editorial Presença, 2001.

Colognesi, I. C. ""Potestas", in *Novissimo Digesto Italiano*, XIII, Torino, UTET, 1976.

Confalonieri, A. *Europa e Giusto Processo*. Torino, G. Giappichelli, 2010.

Copi, I. M. *Introdução à lógica*. São Paulo, Mestre Jou, 1978.

Cordero, F. *Procedura penale*. Milano, Giuffrè, 2012.

Cortese, E. *Le grandi linee della storia giuridica medievale*. Roma, Il Cigno GG Edizioni, 2000.

Costa Andrade, M. *Sobre as proibições de prova em processo penal*. Coimbra, Coimbra Editora, 1992.

Coster, M. *Introdução à sociologia*. Lisboa, Editorial Estampa, 1998.

Dá Mesquita, P. *Direcção do inquérito penal e garantia judiciária*. Coimbra, Coimbra Editora, 2003

Dá Mesquita, P. *A prova e o que se disse antes do julgamento*. Coimbra, Coimbra Editora, 2011.

Dancy, J. *Epistemologia contemporânea*. Lisboa, Edições70, 2002.

De Martino, E. *La giurisdizione nei diritto romano*. Padova, CEDAM, 1937.

Dei Malatesta, N. F. *A lógica das provas em matéria criminal*. Lisboa, Livraria Clássica, 1927.

Dei Malatesta, N. F. *A lógica das provas em matéria criminal*. Campinas, Bookseller, 1996.

Delmas-Marty, M. "Evolução do Ministério Público e princípios diretivos do processo penal nas democracias europeias", in *Discursos Sediciosos: Crime, Direito e Sociedade*, v. 2, n. 3. Rio de Janeiro, Revan-ICC, 1997, pp. 97-104.

Descartes, R. *Discurso do método. Regras para a direção do espírito*. São Paulo, Martin Claret, 2004.

De Waal, C. *Sobre pragmatismo*. São Paulo, Loyola, 2007.

Dewey, J. *Logica. Teoria de la investigación*. México, Fondo de Cultura Económica, 1950.

Dienstein, W. *Manual técnico del investigador policiaco*. México, Limuasa, 1965.

Díez Ripollés, J. L. *La política criminal en la encrucijada*. Montevideo-Buenos Aires, Bdef, 2007.

Di Marzo, S. *Storia della procedura criminale romana*. Napoli, Jovene, 1986.

Dimoulius, D.; Martins, L. *Teoria geral dos direitos fundamentais*. São Paulo, RT, 2007.

Diniz, M. H. *Compêndio de Introdução à Ciência do Direito*. São Paulo, Saraiva, 2001.

Domingues, B. G. *Investigação criminal: técnica e tática nos crimes contra as pessoas (vol. I) e contra os patrimônios (vol. II)*. Lisboa, Escola de Cadeia Penitenciária de Lisboa, 1963.

Dortier, J.-F. *Dicionário de Ciêncais Humanas*. São Paulo, Martins Fontes, 2010.

Dworkin, R. *O império do direito*. São Paulo, Martins Fontes, 2007.

Echeverría, J. *Introdução à metodologia da ciência*. Coimbra, Almedina, 2003.

Eco, U. *O Nome da Rosa*. Rio de Janeiro, Record, 1995.

Eco, U. Sebeok, T. A. *O signo de três*. São Paulo, Perspectiva, 2014.

Elias, N. Sociologia do conhecimento: novas perspectivas, *Sociedade e Estado*, v. 23, n. 3. Brasília, Departamento de Sociologia da Universidade de Brasília, 2008, p. 515-554.

Esmein, A. *Histoire de la procédure criminelle em France et spécialement le XIIe siècle jusque'a nos jours*. Frankfurt am Main, Verlag Sauer & Auvermann KG, 1969.

Espínola Filho, E. *Código de Processo Penal brasileiro anotada, Volume I*. Rio de Janeiro, Borsoi, 1954.

Esteves, A. J. "A investigação-ação", *Metodologia das Ciências Sociais*. Lisboa, Editorial Presença, 2009.

Eymerich, N. *Manual dos Inquisidores*. (trad. *Directorium Inquisitorum*, 1376, revisto e ampliado em 1578 por Francisco de La

Peña). Rio de Janeiro, Rosa dos Ventos; Brasília, Universidade de Brasília, 1993.

Fazzalari, E. "Processo (teoria generale)", in *Novissimo Digesto Italiano, XIII*. Torino, UTET, 1957, p. 1068-1078.

Fazzalari, E. *Istituzioni di diritto processuale*. Padova, CEDAM, 1996.

Feitoza, D. *Direito Processual Penal: Teoria, Crítica e Práxis*. Niterói, Impetus, 2008.

Fernandes, F. *O processo penal como instrumento de política criminal*. Cpimbra, Almedina, 2001.

Ferrajoli, L. *Diritto e ragione. Teoria del garantismo penale*. Nona edizione. Roma-Bari, Laterza, 2008.

Ferrajoli, L. *Direito e Razão. Teoria do garantismo penal*. São Paulo, RT, 2002.

Ferrajoli, L. *Principia Iuris I. Teoria del Diritto e della democrazia*. Roma-Bari, Laterza, 2007.

Ferrajoli, L. *Derchos y garantías*. Madrid, Editorial Trotta, 1999.

Ferrajoli, L. *Epistemología jurídica y garantismo*. México, Fontamara, 2004.

Ferrater Mora, J. *Dicionário de filosofia*. São Paulo, Martins Fontes, 2001.

Ferraz Jr, T. S. *Introdução ao estudo do direito*. São Paulo, Atlas, 2007.

Ferrer Beltran, J. "La valoración de la prueba, verdade de los encunciados probatórios y justificacion de la decision", in *Estudios sobre la prueba*. México, Universidad Nacional Autónoma de México, 2006 (disponível em www.bibliojuridica.org).

Ferrer Beltran, J. *Prueba y verdad en el derecho*. Madrid, Marcial Pons, 2005.

Ferreira Filho, M. G. *Princípios fundamentais do direito constitucional*. . São Paulo, Saraiva, 2015.

Ferrua, P. *Il 'giusto processo'*. Bologna, Zanichelli, 2012.

Ferry, L. *A Nova Ordem Ecológica: a árvore, o animal e o homem*. Rio de Janeiro, DIFEL, 2009.

REFERÊNCIAS

Feyerabend, K. *Contra o método*. São Paulo, Unvesp, 2011.

Figueiredo Dias, J.; Costa Andrade, M. *Criminologia*. Coimbra, Coimbra Editora, 1991.

Figueiredo Dias, J.; *Direito penal – Parte geral*. Coimbra, Coimbra Editora, 2007.

Figueiredo Dias, J.; *Direito processual penal*. Coimbra, Coimbra Editora, 1974.

Figueiredo Dias, J.; *Liberdade, Culpa, Direio Penal*. Coimbra, Coimbra Editora, 1995.

Finnis, J. *Fundamentos de Ética*. Rio de Janeiro, Elsevier, 2012.

Fischer-Lescano, T. "Crítica da concordância prática", in Campos, R. (org.). *Crítica da ponderação. Método constitucional entre a dogmática jurídica e a teoria social*. São Paulo, Saraiva, 2016, pp. 37-62.

Fitzgerald, M. J. *Handbook of criminal investigation*. New York, Greenberg, 1951.

Fleiner-Gester, T. *Teoria Geral do Estado*. São Paulo, Martins Fontes, 2006.

Flick, U. *Métodos qualitativos na investigação científica*. Lisboa, Monitor, 2005.

Florian, E. *De las pruebas penales, Tomo I*. Bogotá, Editorial Temis, 1968.

Florian, E. *Delle prove penali*. Varese-Milano, Cisalpino, 1961.

Foddy, W. *Como Perguntar: Teoria e Prática da Construção de Perguntas em Entrevistas e Questionários*. Oeiras, Celta, 1993.

Foucault, M. *Microfísica do poder*. Rio de Janeiro, Graal, 1979.

Foucault, M. *Arqueologia do Saber*. Coimbra: Almedina, 2005.

Foucault, M. *A verdade e as formas jurídicas*. Rio de Janeiro, NAU, 2002.

Fourez, G. *A construção das ciências: Introdução à filosofia e à ética das ciências*. São Paulo, Editora Unesp, 1995.

Gadamer, H.-G. *O problema da consciência histórica*. Rio de Janeiro, FGV, 2003.

Garcia, I. E. *O procedimento policial*. São Paulo, Saraiva, 1983.

Garcia-Pablos de Molina, A. *Criminologia*. São Paulo, RT, 2008.

Garcia-Pablos de Molina, A. Gomes, L. F. *Direito penal – Parte geral*. São Paulo, RT, 2007.

Gardiner, P. *Teorias da História*. Lisboa, Fundação Calouste Gulbenkian, 2008.

Garraud, R. *Compendio de direito criminal*. Lisboa, Livraria Clássica, 1915.

Garrido, V. [*et al.*], *Princípios de criminologia*. Valencia, Tirant lo Blanch, 2006.

Gaspar, A. H. "As exigências da investigação no processo penal durante a fase de instrução", *Que futuro para o Direito processual penal?*. Coimbra, Coimbra Editora, 2009, pp. 87-102.

Gettier, E. Is Justified True Belief Knowledge?, *Analysis, vol. 23*, n. 6. Oxford, Oxford University Press, 1963, pp. 121-123 (disponível em analysis.oxfordjournal.org).

Ghiglione, R. Matalon, *O inquérito. Teoria e Prática*. Oeiras, Celta, 2001.

Giacomolli, N. J. *O devido processo penal. Abordagem conforme a Constituição Federal e o Pacto de são José da Costa Rica*. 2ª ed. São Paulo, Atlas, 2105.

Gimeno Sendra, V. *Derecho procesal penal*. Madrid, Civitas, 2012.

Ginzburg, I. "Sinais: Raízes de um paradigma indiciário", *Mitos, Emblemas, Sinais. Morfologia e História*. São Paulo, Companhia das Letras, 1989, pp. 143-180.

Goldmann, A. I. A Causal Theory Knowing, *The Journal of Philosophy*, Vol. 64, No. 12 (Jun. 22, 1967), pp. 357-372.

Gomes Canotilho, J. J. *Direito Constitucional e Teoria da Constituição*. Coimbra, Almedina, 2003.

Gomes Canotilho, J. J. *Estudos sobre Direitos Fundamentais*. Coimbra, Coimbra Editora, 2008.

Gonzalez-Cuellar Serrano, N. *Proporcionalidad y derechos fundamentales en el proceso penal*. Madrid, Colex, 1990.

Gössel, H.-K. *El derecho procesal penal en el Estado de Derecho. Obras completas. Tomo I. Colección autores de Derecho Penal dirigida por Edgard Alberto Donna*. Santa Fe, Rubinzal-Culzoni, 2007.

Greco, L. *Um panorama da teoria da imputação objetiva*. São Paulo, RT, 2014.

Gross, H. *Guia práctico para a instrucção dos processos criminaes*. Lisboa, A. M. Teixeira, 1909.

Guaragni, F. A. *As teorias da conduta no direito penal*. São Paulo, RT, 2000.

Guarneri, G. "O problema da igualdade de armas no processo penal", *Revista Brasileira de criminologia*, Ano II, N. 9. Rio de Janeiro, Sociedade Brasileira de Criminologia, 1949, pp. 11-14.

Guarneri, G. *Le parti nel processo penale*. Milano, F. Bocca, 1949.

Guedes Valente, M. M. *Processo Penal. Tomo I*. Coimbra, Almedina, 2010.

Guedes Valente, M. M. *Teoria Geral do Direito Policial*. Coimbra, Almedina, 2014.

Guedes Valente, M. M. *Teoria Geral do Direito Policial*. 5a ed. Coimbra, Almedina, 2017.

Guerra, I. C. *Fundamentos e Processos de Uma Sociologia de Acção. O Planeamento em Ciências Sociais*. Estoril (PT), Principia, 2002.

Gui, B. *Manuel de L'Inquisiteur*. "Les classiques de l'histoire de France au moyen age", Paris, Société d'Éditon Les "Belles Lettres", 1964.

Guzmán, N. *La verdad en el proceso penal: una contribución a la epistemologia jurídica*. Buenos Aires, Editores del Puerto, 2006.

Haack, S. *Filosofia das lógicas*. São Paulo, Unesp, 2002.

Haba, I. P. Racionalidad y método para el Derecho: ¿Es eso posible? (I). Doxa: Cuadernos de Filosofía del Derecho, núm. 7 (1990), pp. 169-247 (Disponível em: http://www.cervantesvirtual.com)

Harrowitz, N. "O Arcabouço do Modelo de Detetive: Charles S. Peirce e Edgar Allan Poe", in Eco, U.; Sebeok, T. (org). *O signo de três*. São Paulo, Perspectiva, 2014.

Hegenberg, L. (org). *Métodos*. São Paulo, EPU, 2005.

Hélie, M. F. *Traité de l'instruction ciminelle. Premiere parte: histoire et théorie de la procédure criminelle*. Paris, Henri Plon, 1866 (Disponivel em gallica.bnf.fr).

Hempel, C. G. *Filosofia da ciência natural*. Rio de Janeiro, Zahar, 1970.

Hempel, C. G. As funções das leis gerais na História, in Gardiner, P. *Teorias da Historia*. Lisboa, Fundação Clouste Gulbenkian, 2008.

Hespanha, A. M. *Cultura jurídica europeia. Síntese de um milénio*. Coimbra, Almedina, 2012.

Hesse, K. *A força normativa da Constituição*. Porto Alegre, Safe, 1991.

Hessen, J. *Teoria do conhecimento*. São Paulo, Martins Fontes, 2003.

Hobbes, T. *Leviatã*. "Coleção Os Pensadores". São Paulo, Nova Cultural, [2004].

Hume, D. *Investigação sobre o entendimento humano*. Lisboa, Edições70, [2013].

Husserl, E. *A ideia da Fenomenologia*. Lisboa, Edições70, [2012].

Jaen Valejo, M. *Los principio de la prueba en el proceso penal*. Bogotá, Universidad Externado de Colombia, 2000.

Jakobs, G.; Cancio Melia, M. *Direito penal do inimigo*. Porto Alegre, Livraria dos Advogados, 2005.

Kaufmann, A. *Filosofia do direito*. Lisboa, Fundação Calouste Gulbenkian, 2007.

Keller, A. *Teoria geral do conhecimento*. São Paulo, Loyola, 2009.

Kinderman, P. *As novas leis da psciologia*. São Paulo, Cultrix, 2018.

Kirkhan, R. *Teorias da verdade*. São Leopoldo-RS, Unisinos, 2003.

REFERÊNCIAS

Kneller, G. F. *A ciência como atividade humana*. Rio de Janeiro, Zahar, 1980.

Koselleck, R. [et al]. *O Conceito de História*. Belo Horizonte, Autêntica, 2016.

Kuhn, T. S. *A estrutura das revoluções científicas*. São Paulo, Perspectiva, 2009.

Kunkel, W. *Historia del derecho romano*. Barcelona, Editorial Ariel, 1999.

Lacey, H. *Valores e atividade científica I*. São Paulo, Editora34, 2008.

Ladeur, K.-H. "Crítica da ponderação na dogmática dos direitos fundamentais", in Campor, R. (org) *Crítica da Ponderação. Método constitucional entre a dogmatica juridica e a teoria social*. São Paulo, Saraiva, 2016, pp. 133-224.

Laingui, A. "La phase préparatorie du procès penal: historique". *Revue Internationale de Droit Pénal*, N. 56. PAU (France), Association Internacionale de Droit Pénal, 1985, pp. 43-85.

Lakatos, I. *Falsificação e Metodologia dos Programas de Investigação Científica*. Lisboa, Edições70, 1999.

Laudan, L. *El progresso y sus problemas. Hacia uma teoria del crecimiento científico*. Madrid, Ediciones Encuentro, 1986.

Laudan, L. *Verdad, error y proceso penal*. Madrid, Marcial Pons, 2013.

Le Goff, J. *História e Memória. 1º Volume*. Lisboa, Edições70, 2000.

Le Goff, J. *A História Nova*. São Paulo, Martins Fontes, 1990.

Locard, E. *A investigçaão criminal e os métodos científicos*. São Paulo, Saraiva, 1939.

Lopes Jr, A. *Sistemas de investigação prepliminar no proceso penal*. Rio de Janeiro: LumenJuris, 2003.

Lopes Jr, A. *Direito processual penal*. São Paulo, Saraiva, 2015.

Luchini, L. *Elementi di procedura penale*. Firenze, Barbèra, 1905. Disponível em forgottenbooks.org

Luhmann, N. *Legitimação pelo procedimento*. Brasília, UnB, 1980.

Lyotard, J.-F. *A Fenomenologia*. Lisboa, Edições70, 2006.

Maier, J. B. *Derecho Procesal Penal. Tomo I: Fundamentos*. 2a ed. Buenos Aires, Editores Del Puerto, 2004.

Mannheim, K. *Ideologia e utopia*. Rio de Janeiro, Zahar, 1982.

Manzini, V. *Istituzioni di Diritto processuale penale*. Padova, CEDAM, 1967.

Marconi, M. A.; Lakatos, E. M. *Ténicas de pesquisa*. São Paulo, Atlas, 2009.

Marques da Silva, G. *Do Processo penal preliminar*. Lisboa, UCP, 1990

Marques da Silva, G. *Curso de Processo Penal II*, LIsboa, Verbo, 2008.

Marques da Silva, G. *Processo penal II*, Lisboa, Verbo, 2011.

Marques da Silva, G. *Direito processual penal português I*. Lisboa, UCP, 2013.

Marques da Silva, G. *Direito processual penal português III*. Lisboa, UCP, 2014.

Marques da Silva, G. "Prefácio", *Prova Penal: Estado democrático de Direito*. Florianópolis, Emporio do Direito, 2015.

Márquez Piñero, R. *El tipo penal. Algunas consideraciones em torno al mismo*. Instituto de Investigaciones Jurídica. Série G: Estúdios Doctrinales, Num. 99. México, Universidad Autônoma de México, 2005. (disponível em: http://www.bibliojuridica.org)

Martins da Costa, P. B. *Igualdade no processo penal brasileiro*. São Paulo, RT, 2001.

Mata-Mouros, M. F. *Juiz de Liberdades: Desconstrução de um mito processual* Coimbra, Almedina, 2011.

Mathias, E. "O equilíbrio de poder entre a Polícia e o Ministério Público", Delmas-Marty, M. (org) *Processos Penais da Europa*. Rio de Janeiro, Lumens Juris, 2005, pp. 481-506.

Medaur, O. *A processualidade no direito administrativo*. São Paulo, Saraiva, 2008..

Mehmeri, A. *Inquérito policial: dinâmica*. São Paulo, Saraiva, 1992.

TEORIA DA INVESTIGAÇÃO CRIMINAL

Mendes de Almeida, J. C. *Princípios fundamentais do processo penal*. São Paulo, Saraiva, 1973.

Mereu, I. *Historia de la intolerancia*. Barcelona, Paidós, 2003.

Mir Puig, S. *Direito penal: Fundamentos e teoria do delito*. São Paulo, RT, 2007.

Mirabete, J. F. *Processo penal*. São Paulo, Atlas, 1997.

Miranda, J. *Manual de Direito Constitucional. Tomo IV: Direitos Fundamentais*. Coimbra, Coimbra Editora, 2000.

Mittermaier, C. J. A. *Tratado da prova em matéria criminal*. Campinas, Bookseller, 1997.

Mommsen, T. *Derecho penal romano*. Bogotá, Temis, 1991.

Monet, J.-C. *Polícias e Sociedades na europa*. São Paulo, Edusp, 2006.

Montero Aroca, J; Gomez Colomer, J. I. *Ley de Enjuiciamiento Criminal*. Valencia, Tirant lo Blanch, 2014.

Montesquieu, *O Espírito das Leis*. São Paulo, Martins Fontes, [2005].

Morin, E. *Introdução ao pensamento complexo*. Lisboa, Instituto Piaget, 2008.

Moser, P. K. [et al.]. *A teoria do conhecimento: uma introdução temática*. São Paulo, Martins Fontes, 2009.

Moutinho, J. L. *O arguido e o imputado no processo penal português*. Lisboa, UCP, 2004.

Nucci, G. S. *Código de processo penal comentado*. 13ª ed. Rio de Janeiro, Forense, 2014.

O'Brien, D. *Introdução à teoria do conhecimento*. Lisboa, Gradiva, 2006.

O'Hara, E.; Osterburg, J. W. *Introdução à Criminalística. Aplicação das ciências física na descoberta dos crimes*. Rio de Janeiro: Fundo de Cultura, 1956.

Òmnes, R. *Filosofia da ciência contemporânea*. São Paulo, Unesp, 1996.

Pereira, E. S. *Saber e Poder. O processo (de Investigação) Penal*. Florianópolis, Tirant Lo Blanch, 2019.

Pereira, E. S. *Introdução ao Direito de Polícia Judiciária*. Belo Horizonte, Fórum, 2019.

Pereira, E. S. *Introdução às ciências policiais*. 2a ed. São Paulo, Almedina, 2019.

Pereira, E. S. *Introdução às ciências policiais*. São Paulo, Almedina, 2015.

Pereira, E. S. *Investigação, Verdade e Justiça*. Porto Alegre, Núrias Fabris, 2014.

Pereira, E. S. "Ciências sociais e investigação criminal: metodologia da investigação crimina na lógica das ciências sociais", *Revista Brasileira de Ciêncais Policiais*, V. 2, N. 2, 2011, pp. 35-46

Pereira, E. S. "Investigação e crime organizado: funções ilegítimas da prisão temporária", *Boletim do IBCCRIM* n. 157, 2005.

Pereira, E. S. «Conjecturas e refutações» na investigação criminal: perícia, contraditório e ponderação jurídico-científica das provas criminais, *Galileu, v.* XVIII, p. 193-215, 2013.

Pereira, E. S. "Direito penal e investigação: convencionalismo e dogmatismo no conceito de crime como objeto de investigação criminal", *Revista Brasileira de Ciências Criminais, n. 101*, 2013, p. 283-316.

Perelman, C. *Lógica jurídica*. São Paulo, Martins Fontes, 1998.

Perelman, C.; Olbrechts-Tyteca, L. *Tratado da argumentação*. São Paulo, Martins Fontes, 2002.

Peretz, H. *Método em Sociologia: A observação*. Lisboa: Temas e Debates, 2000.

Perez Luño, A. E. *Lo derecho fundamentales*. Madrid: Editorial Tecnos, 2007.

Perrodet, A. "Sistema italiano", in Delmas-Marty, M. (org). *Processos penais da Europa*, Rio de Janeiro, Lumen Juris, 2005, pp. 341-429.

N. Picardi, "Il principio del contradittorio", *Rivista di Diritto Processuale*, Anno LIII, N. 5. Padova, CEDAM, 1998, pp. 673-681.

Pinker, S. *Os anjos bons de nossa natureza*. São Paulo, Companhia das Letras, 2011.

REFERÊNCIAS

Plascencia Villanueva, R. *Teoria del delito*. Mexico, Universidad Autonoma de Mexico, 2004.

Plascencia Villanueva, R. "Cuerpo de delito", Cuadernos de la Judicatura, Número 7, Sección de Previa, 2001. Disponível em: http://www.bibliojuridica.org

Popper, K. *A Lógica da pesquisa científica*. São Paulo, Cultrix, 1975.

Popper, K. *A sociedade aberta e seus inimigos, Tomo 1*. Belo Horizonte, Itatiaia, 1987.

Popper, K. *A sociedade aberta e seus inimigos, Tomo 2*. Belo Horizonte, Itatiaia,1987.

Popper, K. *Conhecimento objetivo*. Belo Horizonte, Itatiaia, 1999.

Popper, K. *Conjeturas e Refutações*. Coimbra, Almedina, 2006.

Popper, K. *O Mito do Contexto*. Lisboa, Edições70, 2009.

Popper, K. *A pobreza do historicismo*. Lisboa, Esfera do Caos, 2007.

Prado, G. *Prova penal e sistema de controles epistêmicos. A quebra da cadeia de custódia das provas obtidas por métodos ocultos*. São Paulo, Marcial Pons, 2014.

Prost, A. *Doze lições sobre a história*. Belo Horizonte, Autentica, 2008.

Pugliese, G. "Cognitio", in *Novissimo Digesto Italiano, III*. Torino, UTET, 1975.

Putnam, H. *O colapso da verdade e outros ensaios*. Aparecida (SP), Ideias&Letras, 2008.

Quivy, R.; van Campenhoudt, L. *Manual de Investigação em Ciências Sociais*. Lisboa, Gradiva, 2008.

Rafaraci, T. *La prova contraria*. Torino, Giappichelli, 2004.

Reale, M. *Teoria tridimensional do direito*. São Paulo, Saraiva, 1994.

Reale, G.; Antisteri, D. *História da filosofia, V. II*. São Paulo, Paulus, 1990.2003.

Regis Prado, L. *Bem jurídico-penal e Constituição*. São Paulo, RT, 2009.

Reis, C. *A História entre a Filosofia e a Ciência*. Belo Horizonte, Autêntica, 2011.

Riccio, G. *La procedura penale. Tra storia e politica*. Napoli, Editoriale Scientifica, 2010.

Ricoeur, P. *O justo 2*. São Paulo, Martins Fontes, 2008.

Roxin, C. *Política criminal e sistema jurídico-penal*. Rio de Janeiro, renovar, 2005.

Roxin, C. *Derecho procesal penal*. Buenos Aires, Editores del Puerto, 2003.

Ruggieri, F. *La giurisdizione di garantia nelle indagini preliminar*. Milano, Giuffrè, 1996.

Rusconi, M. A. "Division de poderes en el proceso penal e investigacion a cargo del Ministério Público", in *El Ministério Público en el proceso penal*. Buenos Aires, AD-HOC, 1993, pp. 99-112.

Rüsen, J. *Reconstrução do passado. Teoria da história II: os princípios da pesquisa histórica*. Brasília, Editora UnB, 2010.

Russell, B. *Conhecimento humano*. São Paulo, Unesp, 2018.

Salmon, W. *Lógica*. Rio de Janeiro, Zahar, 1969.

Santalucia, B. *Diritto e processo penale nell'antica Roma*. Milano, Giufrè, 1998.

Santalucia, B. *Derecho penal romano*. Madrid, Centro de Estudios Ramon Areces,1990.

Santos, C. J. *Investigação Criminal Especial: Seu Regime no Marco do Estado Democrático de Direito*, Porto Alegre, Nuria Fabris, 2013.

Schaff, A. *História e Verdade*. Lisboa, Editorial Estampa, 2000.

Schmidt, E. *Los fundamentos teoricos y constitucionales del derecho procesal penal*. Buenos Aires, Lerner, 1957.

Sebeok, T. A. "Um, Dois, Três, UBERDADE Desta Vez", in Eco, U.; Sebeok, T. A (org). *O signo de três*. São Paulo, Perspectiva, 2014.

Sebeok, T. A. Umiker-Sebeok, "Você Conhece Meu Método". Uma justaposiçào de Charles S. Peirce e Sherlock Holmes, in Eco, U.; Sebeok, T. A (org). *O signo de três*. São Paulo, Perspectiva, 2014.

Seda Nunes, A. *Questões preliminares sobre as ciências sociais*. Lisboa, Presença, 2005.

Sentis Melendo, S. *In dubio pro reo*. Buenos Aires, EJEA, 1971.

Serrano Maíllo, A. *Introdução à Criminologia*. São Paulo, RT, 2007.

Sidoti, F. *Criminologia e Investigazione*. Milano, Giuffrè, 2006.

Silva Sánchez, J.-M. *A expansão do direito penal*. São Paulo, RT, 2002.

Silva Sánchez, J.-M. *Aproximação ao direito penal contemporâneo*. São Paulo, RT, 2011.

Simmel, G. "A natureza da compreensão", *Escritos sobre a história*. Rio de Janeiro: Contraponto, 2011.

Soderman, J. O´Connel, *Modern criminal investigation*. Funk & Wagnalls, 1962

Sorrentino, T. *Storia del processo penale. Dal'Ordalia all'Inquisizione*. Catanzaro, Rubbetino, 1999.

Sotelo Regil, F. *La investigación del crimen: Un curso para el policía profesional*, México, Limuasa. 1974

Sousa, S. S. *Investigação Criminal Cibernética: Por uma Política Criminal de Proteção à Criança e ao Adolescente na Internet*. Porto Alegre, Nuria Fabris, 2015.

Tarski, A. *A concepção semântica da verdade*. São Paulo, Unesp, 2007.

Taruffo, M. *La prueba de los hechos*. Madrid, Editorail Trotta, 2011.

Taruffo, M. *Uma simples verdade: o juiz e a construção do fato*. São Paulo, Marcial Pons, 2012.

Tavares, J. *Teoria dos crimes omissivos*. São Paulo, Marcial Pons, 2012.

Tavares, J. *Teoria do crime culposo*. Florianópolis, Tirant Lo Blanch, 2018.

Thorwald, J. *El siglo de la investigación*. Barcelona, Labor, 1966.

Tochetto, D. (org). *Tratado de perícias criminalísticas* Porto Alegre, Sagra-DC LUzzato, 1995.

Tonini, P. *A prova no processo penal italiano*. São Paulo, RT, 2002

Tonini, P. *Manuale di procedura penale*. Milano, Giuffrè, 2013.

Tonini, P.; Conti, C. *Il diritto delle prove penali*. Milano, Giuffrè, 2014.

Tourinho Filho, F. C. *Processo penal 1*. São Paulo, Saraiva, 1984.

Tourinho Filho, F. C. *Manual de Processo Penal*. São Paulo, Saraiva, 2013.

Tornaghi, H. *Instituições de processo penal, Vol. II*. São Paulo, Saraiva, 1977.

Tucci, R. L. *Lineamentos de processo penal romano,*. São Paulo, EDUSP-Buschatsky, 1976.

Tucci, R. L *Do corpo de delito no direito processual penal brasileiro*. São Paulo, Saraiva, 1978.

Turberville, A. S. *La inquisición española*. México, Fondo de Cultura Económica, 1950.

G. Ubertis, *Principi di procedura penale europea*. Milano, Raffaello Cortina, 2009.

Urosa Ramírez, G. A. "Consideraciones críticas en torno al cuerpo del delito en matéria federal", *Revista de la Facultad de Derecho de México*, Número 241, Sección de Artículos, 2003. Disponível em: http://www.bibliojuridica.org

Vanderboch, C. *Investigacion de delitos*. México, Editorial Limusa, 1976.

Van Koppen, P. J. O mau uso da psicologia em tribunal, *Psicologia e Justiça*. Coimbra, Almedina, 2008.

Van Fraasen, C. *A imagem científica*. São Paulo, Unesp, 2007.

Vasconcellos, J. E. *Pensamento sistêmico: o novo paradigma da ciência*. Campinas, Papirus, 2002.

Vázquez, C. *De la prueba científica a la prueba pericial*. Madrid, Marcial Pons, 2014.

REFERÊNCIAS

Vera, A. *Metodologia da pesquisa científica*. Porto Alegre, Globo, 1983.

Veyne, P. *Como se escreve a história*. Lisboa, Edições70, 2008.

Von Bertalanffy, L. *Teoria geral dos sistemas*. Petrópolis, Vozes, 2008.

Weber, M. *Conceitos sociológicos fundamentais*. Lisboa, Edições70, 2009.

Wehner, H. *Historia de la Criminología* (trad. "Geschichte der Kriminalistik").Barcelona, Zeus, 1964.

Weil, E. *Filosofia política*. São Paulo, Loyola, 1990.

Welzel, H. *O novo sistema jurídico-penal*. São Paulo, RT, 2001.

Welzel, H. *Direito penal – Parte geral*. Campinas, Romana, 2004.

Wessels, J. *Direito penal – Aspectos fundamentais*. Porto Alegre, Safe, 1976.

Winter, I. B. "Acusatorio versus inquisitivo. Reflexiones acerca del proceso penal", *Proceso penal y sistemas acusatórios*. Madrid, Marcial Pons, 2008, pp. 11-48.

Wolter, J.; Freund, G. *El sistema integral del Derecho penal. Delito, determinación de la pena y proceso penal*. Madrid, Marcial Pons, 2004.

Zaffaroni, E. R. "Sociologia do processo penal", *Criminalia*, Año XXXIV. México, Rotas, 1968, pp. 488-576.

Zaffaroni, E. R.; Pierangeli, J. H. *Manual de Direito penal brasileiro – Parte geral*. São Paulo, RT, 2009.

Zagzebski, I. "O que é conhecimento?", in Greco, J.; Sosa, E. (org). *Compêndio de epistemologia*. São Paulo, Loyola, 2008, pp. 153-190.

Zbindem, K. *Criminalística. Investigação Criminal*. Lisboa, Escola da Cadeia Penitenciária, 1957.

Zippelius, R. *Teoria geral do Estado*. Lisboa, Fundação Calouste Gulbenkian, 2007.

Zippelius, R. *Filosofia do direito*. Lisboa, Quid Juris, 2010.